労働紛争対応の手引

日本司法書士会連合会 編

残業代等計算ソフト
CD-ROM付

青林書院

はしがき

　平成20年11月に「個別労働紛争解決支援の実務」を刊行してからまもなく4年を迎えますが，今般，その後の関係法令の改正や同改正に伴う実務の変更などをフォローするため，同書籍を改訂のうえ，新たに書籍名を「労働紛争対応の手引」とし，装丁もリニューアルして出版することとなりました。

　本手引では，平成21年・平成22年改正雇用保険法，平成21年改正育児介護休業法，平成22年改正労働基準法，平成24年改正労働者派遣法，平成24年改正労働契約法及び平成24年改正高年齢者雇用安定法等の内容や，平成23年に厚生労働省が策定した「心理的負荷による精神障害の認定基準」及び平成24年に同省が公表した「職場のパワーハラスメントの予防・解決に向けた提言」等の実務上重要となる通達及び指針などを盛り込んだほか，各種統計資料を最新のデータに更新するとともに，重要判例や書式例を補充しました。さらに，付録として，勤務時間及び賃金を労働基準法に基づき正確に計算できるソフト（CD-ROM）を収録しました。

　厚生労働省の発表によれば，個別労働紛争解決制度として各都道府県労働局等に設置された総合労働相談コーナーにおける相談総件数は4年連続で100万件（平成23年度は1,109,454件）を超える高水準で推移しており，そのうち民事上の個別労働紛争にかかる相談，助言・指導申出件数は制度施行以来増加傾向にあり，平成23年度はいずれも過去最高を記録（平成23年度の相談件数は256,343件，助言・指導申出件数は9,590件）したとのことです。なお，紛争内容としては，「いじめ・嫌がらせ」が増加するなど多様化傾向にあるとのことです。また，最高裁判所行政局の調べでは，平成23年の労働関係民事通常訴訟事件の新受件数は3,170件，労働審判事件の新受件数は3,586件とのことです。

　長引く景気の低迷に追い討ちをかけるように東日本大震災が発生し，景気回復に向けた予測が非常に難しい状況にあることなどから，企業における厳しい経営環境のもと雇用情勢はさらに悪化し，労働条件その他労働関係に関する労働者と事業主との間の個別労働関係紛争は今後ますます増加するものと予想されます。しかしながら，前出の統計数値をみると分かるとおり，相談件数に比

して実際に法的措置が講じられた件数は少なく，法的解決を求める潜在ニーズはまだまだ多くあるものと思われます。

　このような状況下にあって，私たち司法書士には，個別労働関係紛争に対し，実情に即した適正な法的解決を図ることが求められていると認識しており，より多くの司法書士が，本書を参考として個別労働関係紛争の分野に積極的に取り組むことにより，より良い労働・雇用環境の創出に資することができればと強く望みます。

　平成24年9月

　　　　　　　　　　　　　　　　　　　　日本司法書士会連合会
　　　　　　　　　　　　　　　　　　　　　　会長　細　田　長　司

はしがき（初版）

　平成13年10月，「個別労働関係紛争の解決の促進に関する法律」が施行され，都道府県の労働局には『総合労働相談コーナー』が設置されることとなったが，ここに寄せられている総合労働相談件数及び民事上の個別労働紛争相談件数は設置以降増加傾向にあり，平成19年度においては，99万7237件となっている。民事上の個別労働紛争相談の内容は多岐にわたっているが，最も多い相談は「解雇」に関するものであり，以下「労働条件の引下げ」「いじめ・嫌がらせ」「退職勧奨」「出向・配置転換」「セクシャル・ハラスメント」などと続く。

　一方，裁判手続に表れたデータを見ると，平成16年の労働関係通常訴訟事件・仮処分事件の新受件数の合計は，平成3年に比べて約3倍となっているが，総件数としては，3000件程度と相談数に比較してみると極めて少ない（なお，労働審判制度の導入により，労働関係通常訴訟事件は平成17年からは減少傾向にある）。依然として，在職中における労働者の権利行使が，事実上困難であることが数字となって表れていると考えられる。

　個別労働関係紛争の相談件数の増加の背景としては，企業側の，IT化や世界的競争に対応していく必要性，あるいは昨今の経済情勢を反映した経営を取り巻く厳しい環境等々を原因とした，組織の再編や経費圧縮などの効率化が指摘されている。このような，企業の雇用管理の変化に伴って，勤労者意識も当然に変化し，集団主義的な性格をもっていた我が国の企業の労働関係も個別化の方向に進んでいるものと理解されている。より具体的には，年功序列制度の廃止，正社員のベースアップ・ゼロなどの給与抑制や採用抑制，人員削減，パート・アルバイトや契約社員などの賃金が安い非正規雇用者の増加などが指摘されており，これらが所謂「格差社会」の拡大にも繋がっていると言われている。

　このような状況の下，労働契約に関するルールを法律で明確化することにより，トラブル発生の防止，労使紛争発生時の解決を速やかにするべく，平成20年3月1日，労働契約法が施行されるに至り，また，全雇用者にしめる非正規雇用者の割合の増加傾向（1980年代から増加傾向で推移しており，2007年には

全雇用者の約3割強を占めているとされている）に鑑み，少子高齢化，労働力減少社会において，パートタイム労働者がその能力をより一層有効に発揮することができる雇用環境を整備するため，平成20年4月1日からは改正パートタイム労働法が施行されるに至っている。

　他方，平成19年版労働経済白書によれば，「雇用情勢は厳しさが残るものの，改善に広がりがみられる。」としており，今後の課題として，企業部門で先行している回復を，雇用の拡大，賃金の上昇，労働時間の短縮へとバランスよく配分し，勤労者生活の充実を通じて，社会の安定を基盤とした持続的な経済発展を実現していくこととしている。その視点は，「人口減少へと転じた我が国が，社会の活力を維持し，今後も持続的な経済発展を実現していくためには，一人ひとりが仕事と生活の調和のとれた働き方のもとで，実りある職業生活を実現していくことが大切である。」というワークライフバランス（仕事と生活の調和）を図ろうとする観点である。

　本書は，この分野における国民・市民の法的需要に，一人でも多くの司法書士が応えることができるよう，個別労働関係紛争に限定した解決の実務として上梓したものである。これまで述べたような状況を考えれば，今後も個別労働関係紛争件数は高い水準で推移していくことが考えられ，多くの事案における訴額が比較的少額であることを鑑みれば，この分野における司法書士のニーズも増え続けていくことであろう。そして，その需要は，労働者側のみに留まらず，当然に中小零細事業者にも及び，さらに，法的側面のみならず，企業の社会的責任（CSR：Corporate Social Responsibility）についても言及していく必要もあると考えられる。

　本書が，この分野に取り組む司法書士の一つの実務指針となり，それによって，労働者・使用者双方の権利意識の向上と法令遵守が推進され，労働者が日々健康に仕事に取り組むことができるような，より良い職場環境に資することとなれば幸甚である。

　　平成20年10月

日本司法書士会連合会
会長　佐藤　純通

凡　例

1．引用法令
(1)　法令等は，原則として正式名称を用いているが，長いものは通称を用いた。カッコ内における引用については，後掲の「法令等略語」によった。
(2)　複数の法令条項を引用する場合は，同一法令の条項は「・」で，異なる法令の条項は「，」で区切って併記した。

2．引用判例
判例は，後掲の「判例集・文献等略語」を用いて，次のように表記した。
〔例〕最判平17・6・3民集59巻5号938頁
　　　←最高裁判所平成17年6月3日判決，最高裁判所民事判例集59巻5号938頁

■法令等略語

育児介護	育児休業，介護休業等育児又は家族介護を行う労働者の福祉に関する法律（育児・介護休業法）
会	会社法
会更	会社更生法
健保	健康保険法
公益通報者保護	公益通報者保護法
高年齢雇用安定	高年齢者等の雇用の安定等に関する法律（高年齢者雇用安定法）
国徴	国税徴収法
個別労働	個別労働関係紛争の解決の促進に関する法律（個別労働関係紛争解決促進法）
雇保	雇用保険法（雇保法）
雇保則	雇用保険法施行規則
雇用均等	雇用の分野における男女の均等な機会及び待遇の確保等に関する法律（男女雇用機会均等法）
最賃	最低賃金法（最賃法）

裁判外紛争解決	裁判外紛争解決手続の利用の促進に関する法律（ADR促進法）
商	商法
障害者雇用促進	障害者の雇用の促進等に関する法律（障害者雇用促進法）
職安	職業安定法（職安法）
所得	所得税法
賃確	賃金の支払の確保等に関する法律（賃確法）
賃確則	賃金の支払の確保等に関する法律施行規則
パート	短時間労働者の雇用管理の改善等に関する法律（パートタイム労働法）
パート則	短時間労働者の雇用管理の改善等に関する法律施行規則
民	民法
民再	民事再生法
民執	民事執行法
民訴	民事訴訟法
民訴規	民事訴訟規則
民訴費	民事訴訟費用等に関する法律
民調	民事調停法
民保	民事保全法
労安	労働安全衛生法（労安衛法）
労基	労働基準法（労基法）
労基則	労働基準法施行規則
労組	労働組合法（労組法）
労契	労働契約法（労契法）
労災	労働者災害補償保険法（労災法）
労災則	労働者災害補償保険法施行規則
労審	労働審判法
労審規	労働審判規則
労調	労働関係調整法（労調法）
労働派遣	労働者派遣事業の適正な運営の確保及び派遣労働者の保護等に関する法律（労働者派遣法）
労働派遣令	労働者派遣事業の適正な運営の確保及び派遣労働者の保護等に関する法律施行令

■判例集・文献等略語

民集	最高裁判所民事判例集
裁集民	最高裁判所裁判集民事
労民集	労働関係民事裁判例集
判時	判例時報
判タ	判例タイムズ
労経速	労働経済判例速報
労判	労働判例

目　　次

はしがき
はしがき（初版）
凡　　例

第1章　個別労働紛争の現状

Ⅰ　個別労働紛争の現状 …………………………………………… *2*
　① 個別労働紛争の増加　*2*
　② 個別労働紛争増加の背景　*3*
　③ 全国一斉労働トラブル相談会の実施　*5*
Ⅱ　司法書士の個別労働紛争へのアプローチ ……………………… *7*
　① 司法書士の3つのスタンス　*7*
　② 訴訟支援について　*9*
　③ 企業法務について　*13*
　④ ADRについて　*17*

第2章　相談上の留意点

Ⅰ　司法書士への相談の傾向 ……………………………………… *24*
Ⅱ　相談者からの事情聴取と証拠収集についての留意点 ………… *25*
　① 「労働者性」の確認　*25*
　② 事実関係の確認　*25*
　③ 証拠収集の助言　*26*
　④ 就業規則，契約書などの証拠資料の確認　*26*
　⑤ 請求権の法律構成　*26*
　⑥ 紛争解決方法の選択　*27*

⑦　感情的要素などの取扱い（リーガル・カウンセリングの視点から）
　　　　　27
　Ⅲ　法的判断をする上での留意点 ……………………………………*28*
　Ⅳ　裁判所以外の紛争解決制度（行政機関，ADR等）の概要と利用法
　　　　…………………………………………………………………………*28*
　　　①　労働局による相談・助言・指導　*28*
　　　②　紛争調整委員会のあっせん　*29*
　　　③　労働基準監督署　*30*
　　　④　都道府県主管の労政事務所等　*30*
　　　⑤　労働委員会　*31*
　　　⑥　個人加盟組合（地域ユニオン，職種ユニオン）　*31*
　　　⑦　弁護士会の仲裁センター・紛争解決センター等　*31*
　　　⑧　ADR：司法書士会調停センター　*32*
　Ⅴ　裁判所における各制度の概要と利用法 ………………………*32*
　　　①　通常訴訟　*32*
　　　②　少額訴訟　*32*
　　　③　支払督促　*32*
　　　④　仮処分　*33*
　　　⑤　仮差押え　*33*
　　　⑥　先取特権による差押え　*34*
　　　⑦　民事調停　*34*
　　　⑧　労働審判　*34*
　Ⅵ　社会保障制度等の各種給付制度の概要と利用法 ……………*35*
　　　①　雇用保険の失業給付　*35*
　　　②　健康保険の傷病手当金　*36*
　　　③　未払賃金の立替払制度　*37*

第3章　労働法に関する基礎知識

　Ⅰ　労働法 ……………………………………………………………………*40*

1　労働法とは何か　*40*
　　2　個別的労働関係法　*40*
　　3　集団的労働関係法　*49*
　　4　雇用保障法　*50*
　　　【あっせん申請書記載例】　*57*
Ⅱ　労働契約 ……………………………………………………*58*
　　1　労働契約法の概要　*58*
　　2　労働契約　*63*
　　3　就業規則の性格と効力　*67*
Ⅲ　労働者性 ……………………………………………………*74*
　　1　問題の所在　*74*
　　2　「労働者」の定義　*74*
　　3　労働基準法上の「労働者」の判断基準　*75*
　　4　「労働者性」に関する裁判例　*78*
　　5　従業員兼務役員　*83*
　　6　取締役の「労働者性」に関する裁判例　*88*
Ⅳ　過渡的労働関係 ……………………………………………*89*
　　1　採用内定の法的性質と対処法　*89*
　　2　試用期間の法的性質と採用拒否　*91*
Ⅴ　求人広告等の労働条件 ……………………………………*93*
　　1　労働条件の明示義務　*93*
　　2　求人票等の労働条件と労働契約　*93*
Ⅵ　非典型の労働関係 …………………………………………*96*
　　1　パートタイム労働者（短時間労働者）　*96*
　　2　有期雇用労働者――雇止めの制限　*103*
　　3　派遣労働者　*108*
　　4　偽装請負　*126*

第4章　賃金に関する基礎知識

- Ⅰ　賃金一般 ………………………………………………………………… *136*
  - ① 労働契約法における「賃金」決定の原則　*136*
  - ② 賃金制度　*136*
- Ⅱ　労働基準法上の「賃金」………………………………………………… *137*
  - ① 「労働の対償」であること　*138*
  - ② 「使用者が労働者に支払うもの」であること　*139*
- Ⅲ　「賞与」と「退職金」…………………………………………………… *139*
  - ① 賞　与　*139*
  - ② 退職金　*140*
- Ⅳ　賃金に関する労働法の規制 …………………………………………… *141*
  - ① 最低賃金制度（最低賃金法）　*141*
  - ② 一定事由による差別の禁止　*142*
  - ③ 賠償予定の禁止　*143*
  - ④ 前借金との相殺禁止　*144*
  - ⑤ 賃金支払に関する諸原則　*145*
  - ⑥ 労働契約終了時の賃金の清算　*149*
  - ⑦ 賃金の非常時払い　*149*
  - ⑧ 減給制裁の制限　*149*
  - ⑨ 賃金債権の消滅時効　*150*
- Ⅴ　労働不能の場合の賃金の保障 ………………………………………… *150*
  - ① 休業手当　*150*
  - ② 出来高払制の保障給　*151*
- Ⅵ　賃金債権の履行の確保 ………………………………………………… *151*
  - ① 労働基準法上の履行の強制　*151*
  - ② 民法による先取特権　*152*
  - ③ 法律上の倒産手続が行われた場合　*152*
- Ⅶ　未払賃金の立替払制度 ………………………………………………… *154*
  - ① 制度の概要　*154*

② 要 件 155

第5章 賃金請求事件（定例賃金）

Ⅰ 賃金請求事件 …………………………………………160
  ① 概 要 160
  ② 未払賃金に関する相談の類型 160
  ③ 請求できる賃金 164
  ④ 未払賃金の遅延損害金 165
  ⑤ 賃金請求権の消滅時効 165
Ⅱ 要件事実と予想される主な争点 …………………………166
  ① 要件事実 166
  ② 予想される主な争点 166
Ⅲ 証拠収集その他準備段階の留意点 ………………………186
  【未払賃金確認書記載例】 187
Ⅳ 裁判以外の手続を利用した回収方法 ……………………187
  ① 労働基準監督署への申告 187
  【労働基準法違反申告書記載例】（労基法104条1項に基づく） 188
  ② 内容証明郵便の送付 189
  【内容証明郵便による未払賃金請求の通知書記載例】 189
Ⅴ 訴訟以外の裁判手続を利用した回収方法 ………………190
  ① 訴訟以外の裁判手続の利用 190
  ② 仮差押えと一般先取特権に基づく差押えの比較 190
  【未払賃金債権で使用者の売掛金債権を仮差押えする場合の申立書記載例】 193
  【一般先取特権に基づいて使用者の売掛金債権を差押えする場合の申立書記載例】 200
Ⅵ 訴状作成上の留意点——労働者側から ……………………202
  【退職後に未払賃金を請求する場合の訴状記載例】 202
Ⅶ 答弁書作成上の留意点——使用者側から …………………205

【賃金請求に対する答弁書記載例】（合意相殺を主張するもの）　205

第6章　時間外手当請求事件

Ⅰ　労働時間と時間外手当に関する基礎知識 …………………………210
　① 概　要　210
　② 労働時間・休憩時間・休日の原則　210
　③ 労働時間の概念　213
　④ 時間外労働と休日労働　215
　⑤ 時間外労働，休日労働をさせる要件　216
　⑥ 時間外・休日・深夜労働と割増賃金　218
　⑦ 労働時間・休憩・休日に関する規定の適用除外者　222
　⑧ 法定労働時間の例外　222
　⑨ 時間外手当の計算　224

Ⅱ　時間外手当請求訴訟 …………………………………………………232
　① 時間外手当請求事件の「攻撃防御の構造」　232
　② 賃金不払残業の発生パターンと典型的な争点　232
　③ 証拠収集その他準備段階の留意点　243
　　【内容証明郵便による割増賃金等支払請求書記載例】　243
　　【証拠保全申立書記載例】　245
　④ 訴状作成上の留意点──労働者側から　249
　　【割増賃金等請求事件の訴状中の「請求の趣旨」及び「請求の
　　　原因」の記載例】　249
　⑤ 答弁書作成上の留意点──使用者側から　259
　　【答弁書記載例】　259
　⑥ 準備書面の作成──労働者側から　263
　　【原告準備書面記載例】　263
　　【文書提出命令申立書記載例】　265

第7章　年次有給休暇

- Ⅰ　年次有給休暇の法的性質 …………………………………………… *268*
- Ⅱ　年休の取得要件 …………………………………………………… *268*
  - 1　継続勤務　*269*
  - 2　全労働日の8割以上出勤　*269*
- Ⅲ　年休時季の特定 …………………………………………………… *270*
  - 1　時季指定権の行使　*270*
  - 2　時季変更権の行使　*270*
- Ⅳ　年休取得に対する不利益扱い …………………………………… *272*
- Ⅴ　未消化年休の扱い ………………………………………………… *273*
  - 1　年休の時効　*273*
  - 2　年休の買上げ　*273*

第8章　労働契約終了に関する基礎知識

- Ⅰ　解雇以外の労働契約終了に関する基礎知識 …………………… *276*
  - 1　労働契約終了の形態　*276*
  - 2　退職勧奨・退職強要　*279*
  - 3　退職の意思表示の法的性質　*280*
  - 【退職願撤回通知書記載例】　*282*
- Ⅱ　解雇の基礎知識 …………………………………………………… *283*
  - 1　解雇権濫用法理　*284*
  - 2　解雇の合理的理由と社会的相当性　*285*
  - 3　懲戒解雇　*288*
  - 4　整理解雇　*291*
  - 5　変更解約告知　*294*
  - 6　法令上の解雇制限　*295*
  - 7　解雇における裁判手続の検討　*296*
  - 8　復職を求めないで金銭請求をする場合　*301*

第9章　解雇予告手当請求事件

I　解雇予告手当とは ·· 306
　① 概　要　306
　② 解雇予告の除外事由　306
　③ 解雇予告義務に違反した解雇の効力　307
　④ 解雇予告義務の規定が適用されない労働者　309
　⑤ 解雇予告手当の計算方法　309
　⑥ 付加金について　312
　⑦ 遅延損害金について　312
　⑧ 消滅時効及び除斥期間　313
II　要件事実と予想される主な争点 ·································· 313
　① 要件事実　313
　② 予想される主な争点　313
III　証拠収集その他準備段階の留意点 ······························ 318
IV　訴状作成上の留意点──労働者側から ························ 319
　　【解雇予告手当を請求する場合の訴状記載例】（付加金あり）　319
V　答弁書作成上の留意点──使用者側から ······················ 321
　　【解雇予告手当請求に対する答弁書記載例】（自主退職を主張するもの）　321

第10章　退職金請求事件

I　退職金に関する基礎知識 ·· 324
　① 退職金の性質　324
　② 退職金の支給根拠　324
　③ 自己都合退職と会社都合退職による増額，減額　326
　④ 退職金の不支給・減額条項　327
　⑤ 退職金の引下げ　333
　⑥ 退職金の支払時期　333

Ⅱ　退職金請求訴訟 …………………………………………………………334
　　　① 要件事実等　334
　　　② 典型的な争点　336
　　　③ 証拠収集その他準備段階の留意点　337
　　　　【退職金支払請求書記載例】　338
　　　④ 訴状作成上の留意点——労働者側から　339
　　　　【訴状中の「請求の趣旨」及び「請求の原因」の記載例】　339
　　　　【証拠説明書記載例】　341
　　　⑤ 答弁書作成上の留意点——使用者側から　342
　　　　【答弁書記載例】　342
　　　⑥ 準備書面　345
　　　　【第1準備書面記載例】　345

第11章　地位確認等請求事件

　Ⅰ　地位確認等請求事件 ……………………………………………………350
　　　① 準備段階における留意点　350
　　　　【解雇事由にかかるモデル退職証明書】（資料：厚生労働省モデル様式）　351
　　　　【解雇通告に対するモデル内容証明郵便】　352
　　　② 訴状作成上の留意点——労働者側から　357
　　　　【地位確認等請求事件の訴状記載例】　357
　　　③ 答弁書作成上の留意点——使用者側から　363
　　　　【答弁書記載例】　363
　Ⅱ　地位保全・賃金仮払いの仮処分命令の申立て ………………………367
　　　　【地位保全等仮処分命令申立書記載例】　367
　Ⅲ　労働審判の申立て …………………………………………………………369
　　　① 復職を望む場合　370
　　　　【就労を命ずる審判を求める場合の「申立ての趣旨」の記載例】　370
　　　② 金銭的解決の意向を含む場合　370

【金銭的解決の意向を予備的に主張する場合の申立書記載例】 *371*
【傍聴許可申立書記載例】 *379*

第12章　職場のいじめ

Ⅰ　職場のいじめ問題の現状 …………………………………………………*382*
Ⅱ　職場のいじめへの法的対応の可能性と限界 ……………………………*383*
　① 職場のいじめを規制する法律の不在　*383*
　② 厚生労働省の取組状況　*383*
　③ 職場のいじめの定義と違法性の判断枠組み　*385*
　④ 職場のいじめに関する相談上の留意点　*386*
Ⅲ　職場のいじめへの対処法 …………………………………………………*387*
　① 民事裁判手続以外の対処法　*387*
　② 民事裁判手続による対処法　*389*
　③ 職場のいじめと労災　*395*

第13章　セクシュアルハラスメント

Ⅰ　セクシュアルハラスメントの概念と法理 ………………………………*400*
　① セクシュアルハラスメントの定義　*400*
　② 事業主のセクハラ防止措置義務　*401*
　③ セクハラの概念と事実認定　*403*
Ⅱ　民事的救済方法の構成 ……………………………………………………*404*
　① セクハラと不法行為の成立要件　*404*
　② 法人の不法行為責任と使用者責任　*407*
　③ セクハラと労災　*411*

第14章　メンタルヘルス問題と企業の健康配慮義務

Ⅰ　日本におけるメンタルヘルス問題の動向 ………………………………*416*

1　メンタルヘルス問題の現状　*416*
　　　2　メンタルヘルス問題と現代の労働問題　*417*
　　　3　メンタルヘルス問題を捉える視点　*420*
　Ⅱ　メンタルヘルス不全と休職 ………………………………………………*421*
　　　1　「私傷病休職」の制度趣旨　*421*
　　　2　復職判定　*422*
　　　3　職場復帰に際しての健康配慮義務　*424*
　Ⅲ　メンタルヘルスに関する労働関係法規と労働安全衛生行政の指針
　　　………………………………………………………………………………*425*
　　　1　労働安全衛生法（労安衛法）　*425*
　　　2　労働安全衛生行政の指針　*426*
　Ⅳ　労働災害補償 ………………………………………………………………*427*
　　　1　労働者災害補償保険法（労災法）　*427*
　　　2　労災保険と健康保険，厚生年金の関係　*427*
　　　3　業務上災害の認定基準　*428*
　Ⅴ　労災保険給付と民事損害賠償 ……………………………………………*434*
　　　1　民事損害賠償の範囲　*434*
　　　2　労災保険給付と民事損害賠償の調整　*434*
　Ⅵ　民事上の損害賠償請求 ……………………………………………………*435*
　　　1　債務不履行責任と不法行為責任　*435*
　　　2　安全配慮義務違反に基づく損害賠償請求　*436*
　　　3　裁量労働制と安全配慮義務　*439*

付録 CD-ROM 収録『残業代等計算ソフト』のご案内 ………………………*442*

判例索引
事項索引

第1章
個別労働紛争の現状

I 個別労働紛争の現状

1 個別労働紛争の増加

　厚生労働省の発表によれば（厚生労働省ＨＰ：平成24年5月29日発表），平成23年度に全国の労働基準監督署（以下「労基署」という）や労働局等に設置された「総合労働相談コーナー」に寄せられた個別労働紛争の相談件数は，110万9,454件であり，前年度比1.8％減を示している。ここ数年の相談件数は**図表１**のように高水準で高止まりしている傾向にある。

図表１　相談件数の推移

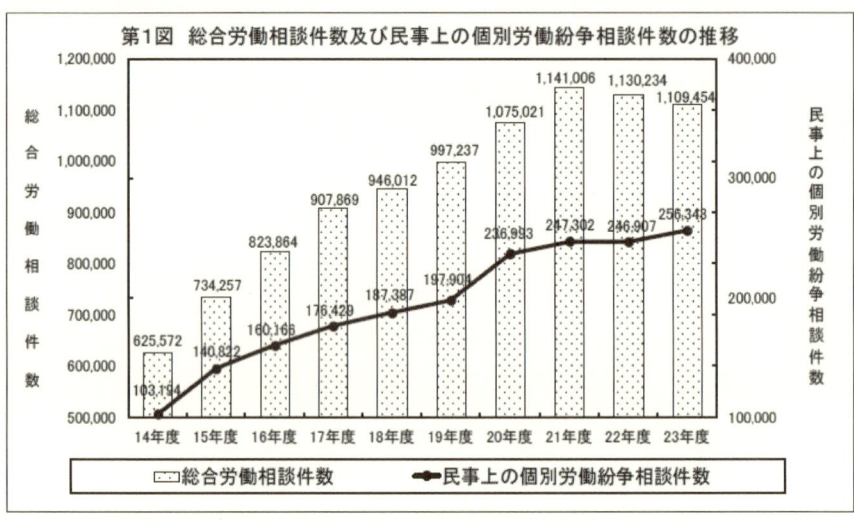

※民事上の個別労働紛争とは，労働条件その他労働関係に関する事項についての個々の労働者と事業主との間の紛争である。

　上記グラフのデータは，厚労省発表「平成23年度個別労働紛争解決制度施行状況」2頁にあります。
　http://www.mhlw.go.jp/stf/houdou/2r9852000002bko3-att/2r9852000002bkpt.pdf
　出所：厚生労働省ＨＰ

　上記相談件数のうち，賃金未払やサービス残業などの労働基準法等の労働関係法規の違反を伴わない解雇や労働条件の引下げなどの民事上の個別労働紛争相談件数は，制度施行以来増加傾向にあり，平成23年度の相談件数は，前年度比3.8％増の25万6,343件と過去最高を記録している。

その内訳は，「解雇」に関するものが最も多く18.9％，「いじめ・嫌がらせ」に関するものが15.1％，「労働条件の引下げ」に関するものが12.1％と続いている。前年度と比べて，これまで高水準であった「解雇」に関するものの件数は減少し（前年度比3.9％減），「いじめ・嫌がらせ（同16.6％増）」，「退職勧奨」（同3.6％増），「自己都合退職」（同28.1％増）などが増加し，紛争内容は多様化傾向にある。

　また，都道府県労働局長による助言・指導申出件数は，9,590件（前年度比24.7％増）と大幅に増加し，あっせん申請受理件数も6,510件（同1.9％増）と微増している状況にある。

　なお，民事上の個別労働紛争件数には，賃金未払やサービス残業，解雇予告手当などのいわゆる労働関係法規違反の紛争は含まれていないと考えられるため，実際の個別労働紛争の相談内容別件数は明らかではない。実際には，後述する労働トラブル110番の集計結果からも明らかなように賃金の支払に関する相談が解雇の相談と並んで最も多い相談類型と考えられる。

　このように民事上の個別労働紛争の相談は，右肩上がりで増加傾向にあり，また，この問題を終局的に解決するために地方裁判所に持ち込まれる労働事件数も近年増加傾向にある。すなわち，平成18年以降の地方裁判所における通常訴訟の労働事件新受付数は，平成18年に2,153件，同19年2,292件，同20年2,493件，同21年3,320件，同22年3,135件と増加傾向にあり，また，平成18年4月から導入された労働審判事件数についても，平成21年に通常訴訟の受付件数を上回り，以後高水準で推移している。しかし，その全体件数は，労働審判事件数と合わせても6,000件程度に留まるのが現状である。

　これに対し，例えばドイツの労働裁判所における1年間の新受付件数は約49万件，フランスの労働審判所では約16万件といわれている（水町勇一郎『労働法〔第4版〕』431頁参照）。これら西欧諸国と比較するとわが国では裁判所に持ち込まれる労働事件がいかに少ないかがわかる。

② 個別労働紛争増加の背景

　近年の個別労働紛争増加の背景には，以下のような雇用情勢を取り巻く環境の変化が挙げられる。特にリーマン・ショック後の急激な景気悪化は，下記雇

用情勢を背景に個別労働紛争を一挙に増加させるものとなった。企業業績の悪化による賞与の大幅な減少や残業規制，非正規労働者を中心とする雇用の削減などによる雇用調整により，雇用情勢は最悪期を脱したと思われるものの，賃金の低下や雇用条件の悪化など，依然として厳しい状況にある。

(1) 企業の人事制度の変化

経済のグローバル化や規制緩和に伴う企業間競争の激化などにより，企業を取り巻く経済環境はこれまで以上に厳しくなり，人事管理面において変化が現れてきている。具体的には，終身雇用制及び年功序列処遇体系の見直しが進み，中途採用の増加，採用方法の多様化，成果主義・能力主義的処遇制度の導入・拡大など，人事管理面の個別化・多様化が進んでいる。

(2) 就業形態の多様化

バブル経済の崩壊に伴い，企業は事業の再構築と人件費のコスト削減のために正規労働者の削減と非正規労働者の増加を図る傾向へと進み，このような非正規労働者の増加とともに，正規労働者との賃金や待遇の格差に対する問題が表面化してきた。従来は，非正規労働者としての雇用形態を任意的に選択してきた者も多かったが，最近では，企業の正社員絞り込みも相まって，正規労働者として働く職場がないという非正規労働者が増えてきている（非正規労働者の増加については，本章11頁以下で詳述する）。

また，雇用経済の多様化やインターネットの普及などによる情報化社会の進展の中で，個々の労働者の権利意識の向上を背景に企業共同体の統制が弱まってきていることも指摘されている。

(3) 集団的労働条件決定システムの低下

労働者と使用者との間には，情報の質及び量の格差や交渉力の格差が存在することから，労働組合法は，労働者が労働組合を組織し団結することを擁護し，労使間の実質的な対等性の確保を図ってきた。

しかしながら，使用者と組合との間の労働争議などの集団的労使紛争は，第1次石油危機の頃をピークに，労働組合の組織率の低下などを背景に減少傾向にあるといえる。例えば，労働争議の件数は，昭和49（1974）年には1万件を超えていたが，最近では年間700件程度に留まっている（厚生労働省「平成22年労働争議基礎調査」）。また，労働委員会への労働争議調整新規申立件数も，昭和49

年に2,000件程度に達していたものが，平成19年には500件程度にまで減少している（ただし，リーマン・ショック等による急激な景気後退を背景に，平成21年には733件と前年比33％増となり，平成以降では最大の申立件数となった（平成22年版「厚生労働白書」））。

　これらの要因としては，協調的な労使関係が定着してきたことや労働組合の組織率の低下などが指摘されている。労働組合の組織率は，昭和24年に55.8％あったのが，現在では18.5％まで減少している（厚生労働省「平成22年労働組合基礎調査」）。これは，組合組織率が従来から低かったサービス業の拡大，非正規労働者の増加，労働者の組合に対する意識の変化などが考えられる。そのため，最近では，組合のない事業所においては，青年ユニオン，パートユニオンなどのユニオン系組合や地域ごとに組織されるコミュニティユニオンなどの個人加盟組合の活動が活発になってきている。

③　全国一斉労働トラブル相談会の実施

　上記のとおり，個別労働紛争が増加傾向にある中で，日本司法書士会連合会は，平成19年以降，毎年11月23日（勤労感謝の日）を中心に「全国一斉労働トラブル110番」を実施している。
　以下，平成22年度の集計結果を基に最近の労働相談の特徴を分析したい。

(1)　相談内容別件数

　実施箇所は，全国39箇所，相談件数は，電話相談394件，面接相談45件の合計439件の相談が寄せられた。このうち，賃金（退職金を含む）未払に関する相談が127件（29％），サービス残業に関する相談が58件（13％），退職・解雇に関する相談が52件（12％），パワハラ・セクハラ・いじめに関する相談が40件（9％），労働条件の切下げに関する相談37件（8％），有給休暇等28件（6％），その他，派遣・請負や雇止めに関する相談等があった。なお，これらの相談は，行政の相談窓口や他団体の一斉相談会においても，近年同様な傾向が表れている。

(2)　年齢別相談件数——60歳以上の者からの相談が比較的多い

　年齢別相談件数（有効回答311件）は，50代が92件（30％）と最も多く，次いで40代が68件（22％），60歳以上が62件（20％），30代が55件（18％），20代が32件

(10%) と各年代から相談が寄せられた。日本の年代別雇用者数のうち65歳以上の雇用者数の全体に占める割合 (4.6%)（総務省統計局・労働力調査2010年統計）と比較しても，本相談会において60歳以上の者からの相談が多く寄せられたことが数字として表れた。60歳を超えている労働者は，定年退職後，別会社でアルバイト員として稼働したり，定年時の会社と再雇用契約を締結して嘱託社員として稼働したりするケースがみられるが，今後，高齢化社会の進展に伴い，60歳を超える労働者からの相談は益々増加することが予想される。

具体的には，次のような相談が寄せられた。

① 62歳からアルバイトを開始し，その後1日の労働時間が5.5時間から6時間に延長されたことに伴い，社会保険，厚生年金の天引きの対象となった。以降，会社負担額分だけ時給が減額されてしまった（60歳代・男性）。

② 平成19年に65歳までは働いてもらいたいといわれ，1年更新の嘱託社員として採用されたが，平成21年末に突然，退職金 (50万円) を受領して退職するか，平成22年末まで勤務し，退職金を支給しないかの選択を迫られた（60歳代・男性）。

③ 62歳から期間の定めなくアルバイト員として働いてきたが，突然，時給を下げられた。このままでは生活を維持していくのも大変だ（60歳代・女性）。

(3) 勤務先規模別件数

勤務先の規模（有効回答301件）は，従業員30人未満の企業が全体の60％を占める結果となった。このような零細企業は，労働組合がないことが多く，かつ使用者の人事権や解雇権などの権利の濫用を直接受けることが少なくないことから，より労使トラブルが発生しやすいと推測される。

(4) 雇用形態別件数——非正規労働者からの相談が比較的多い

雇用形態別相談件数（有効回答340件）は，正規労働者からの相談の占める割合が約59％，パートや派遣社員などの非正規労働者が約41％であった。これは，日本の全雇用者数（役員を除く）のうち非正規労働者数の占める割合が34.3％（総務省統計局・労働力調査2010年統計）であることと比較すると，本相談会において，若干ではあるが非正規労働者からの相談が多く寄せられたといえる。非正規労働者は，年々増加傾向にあり，処遇や雇用調整の局面においてよりトラブルが発生しやすい傾向にあると考えられる。一方，サービス残業などの相談は，

正規労働者から多く寄せられている。

以下，具体的な相談事例を挙げる。

① アルバイトの時給が800円ということで働き始めたが，実際に給与明細書をみると日給月給表示であり，時給に換算すると750円程度しか支払われていない。差額を請求したい（30歳代・女性）。

② 1年契約の契約社員として5年間働いてきたが，その間，特に更新手続もなく，今後も働けると思っていたが，今年になって，突然契約の打切りを通告された。従わなければならないのか（20歳代・男性）。

③ 契約社員として働いてきたが，妊娠を告げた途端に会社を辞めてもらいたいと告げられた。今後は，同社で働く意思はないが，契約期間満了までは働きたい（20歳代・女性）。

(5) 性別相談件数（有効回答405件）

男女別では，男性219件（54％），女性186件（46％）であった。また，自営業者や役員などを除く雇用者数の男女比は，男性が56％，女性が44％であり（総務省統計局・労働力調査2010年統計），今回の110番の男女比もこれに近い結果といえる。

ところで，非正規労働者の数は，全体の雇用者数の約34.3％（1,757万人）を占め，このうちの約69％（1,218万人）を女性が占めている。男性の雇用者数全体に占める男性の非正規労働者数がわずか18.9％であるのに対し，女性のそれは53.8％を占め，男女間では相談内容も異なる傾向がある。女性労働者特有の相談としては，セクハラや育児休業，産前産後の休業時の不利益扱いなどが挙げられる。

なお，相談者の地位は，男女にかかわらず役職のない平社員（パート・アルバイト，契約社員などの非正規労働者を含む）が約88％を占めている。

Ⅱ 司法書士の個別労働紛争へのアプローチ

1 司法書士の3つのスタンス

Ⅰにおいて個別労働紛争の全体的な傾向と司法書士会の「全国一斉労働トラブル110番」での相談傾向を分析したが，以下では，これらを踏まえて，司法

書士が個別労働紛争に取り組む上での課題を具体的に考えてみたい。

ここでは，司法書士が個別労働紛争に関与する場面を，便宜上，次の①訴訟支援，②企業法務，③ADRの3つに分けて考えてみることにする。

(1) 訴訟支援

司法書士の訴訟支援の方法には，簡裁訴訟代理権に基づいて代理人になることと裁判所に提出する書類の作成による本人訴訟支援の2つがある。

簡裁訴訟代理等関係業務とは，平成15年4月1日施行の改正司法書士法により認められた簡裁訴訟代理権に基づいて，民事訴訟，民事保全，民事調停，裁判外での和解などを代理人として行うことである。

本人訴訟支援とは，司法書士の従来からの業務である裁判所に提出する書類の作成を通じて，当事者本人で行う訴訟を支援することである。最高裁判所が公表した「裁判の迅速化に係る検証に関する報告書（第4回）」（平成23年7月8日）によれば，民事第一審訴訟事件のうち，当事者双方に訴訟代理人が選任された事件は40.1％，原告側にのみ訴訟代理人が選任された事件は35.6％，被告側にのみ訴訟代理人が選任された事件は4.5％となっている。当事者双方又は当事者の一方に訴訟代理人が選任されない事件数が相当数存在するのであり，司法書士の訴状，答弁書，準備書面等の作成業務は，こうした本人訴訟を支援する重要な役割を果たしている。

(2) 企業法務

司法書士は，主として商業登記や会社法などの分野において，日常的に企業の法務相談に応じている。さらに，最近では企業と継続的な契約を結んで，企業法務に関わる司法書士も増えてきている。

個別労働紛争との関係では，主として紛争に至る前の段階での予防法務に関わることが多い。また，企業のコンプライアンス体制の構築や運営に携わる司法書士も増えてきている。

(3) ADR：司法書士会調停センター

平成19年4月1日，「裁判外紛争解決手続の利用の促進に関する法律」（以下「ADR促進法」という）が施行され，各地の司法書士会において調停センターが稼働し始めている。

裁判外紛争解決手続（以下「ADR」という）とは，訴訟によらず，第三者が介

入して民事紛争の解決を図る手続のことである。

司法書士の新たな活動分野として，民間紛争解決手続において手続実施者となること，紛争当事者の代理人となることが加わったことになる。

2 訴訟支援について

(1) 簡裁訴訟代理，本人訴訟支援の選択

個別労働紛争に関する訴訟を提起したいという相談を受けた司法書士は，簡裁訴訟代理人又は本人訴訟支援のいずれかを選択することになるが，多くの場合は，訴訟の目的の価額が140万円以内であれば簡裁訴訟代理人として受任し，140万円を超えれば書類作成による本人訴訟支援を選択することになる。

ただし，訴訟の目的の価額が140万円以内の事案であっても，紛争の性格や相談者の経済的事情，自ら紛争を解決したいなどのニーズがある場合には，本人訴訟支援を選択するのが適当なケースもある。簡裁訴訟代理と本人訴訟による場合のメリット，デメリットを十分に説明した上で，相談者自身に選択してもらうことが必要である。

簡裁訴訟代理人として受任する事件類型としては，定例賃金の未払，賃金引下げによる差額賃金の請求事件，解雇予告手当の請求事件，時間外手当の請求事件，（少額な）退職金の請求事件，職場のいじめ・セクハラ等の事案における損害賠償請求事件などが典型的なものである。迅速な解決を図るために，比較的紛争の度合が軽い事案では，少額訴訟，示談交渉，民事調停などの手段を選択することもあるであろう。

一方，裁判所に提出する書類の作成を受任する事件類型としては，地方裁判所が管轄となる不当解雇の場合の地位確認請求事件，地位保全賃金仮払いの仮処分申立事件，労働審判申立事件，（高額な）退職金・時間外手当・損害賠償の請求事件などが主なものである。

(2) 司法過疎と司法サービスへのアクセス障害への対応

司法制度改革において司法書士に簡裁訴訟代理権が付与されるきっかけとなったのは，司法制度改革審議会が意見書の中で，弁護士が地域的に偏在していることや絶対数が不足していることで，国民の権利擁護が十分でないことを指摘し，司法サービスへのアクセス向上等の観点から全国にあまねく存在する隣

接法律専門職能である司法書士を活用すべきであると提言したことであった。

このような趣旨から簡裁訴訟代理権が付与されたものである以上，司法書士が司法過疎の問題に積極的に取り組むべきことは当然である。

しかし，それだけでなく，弁護士数が足りているはずの都市部においても，現実には，弁護士へのアクセスが難しい，裁判所は敷居が高い，訴訟手続には専門的知識を要するなどの理由で，司法サービスへのアクセス障害という問題が発生してしまっている。

個別労働紛争に関していえば，行政機関による指導・監督が打ち切られて「後は裁判で」ということになった場合，労働者が相談できる法律専門職能が少ないため，泣き寝入りせざるを得ないケースが多いというのが実情である。使用者側が弁護士にアクセスするのは比較的容易であり，相談できる顧問の隣接法律専門職能なども存在するのに対し，労働者側が，特に少額事件のケースにおいて，相談したり事件を依頼する法律専門職能が不足しているのである。

市民にとって身近な存在である司法書士が，積極的に個別労働問題に取り組むことによって，市民の司法サービスへのアクセスを容易にし，権利の擁護に努めることが求められる。

(3) 個別労働紛争の多様化傾向

個別労働紛争には，労働者の権利救済が第一に図られるべきものから，苦情類型と呼ばれる利益調整的なものまで，多様化の傾向がみられる。

バブル崩壊後の平成不況時やリーマン・ショック直後の時期には，司法書士への個別労働紛争に関する相談は，経営に行き詰った企業で働く労働者からの定例賃金の未払，賃金の引下げ，賞与・退職金の未払等に関するものが大半を占めていた。景気回復の兆しが見え始めて減少したとはいえ，企業の経営不振などを理由とする賃金の未払など，直ちに生活の困窮につながり，労働者の権利救済が第一に図られるべき事案は，依然として主要な紛争類型となっている。

しかし，他方で，必ずしも権利義務に関するとはいい難いが，利益侵害であるという苦情類型と呼ばれる紛争類型も増大している。例えば，職場のいじめ・セクハラ，リストラに絡んだ退職勧奨，メンタルヘルス不全や休職・復職，成果主義制度における評価の公正性や透明性の問題をめぐる紛争などが，その例として挙げられる。

また，時間外手当や退職金の請求など，外形的には明白な権利主張の形がとられていても，背後に，仕事に対する正当な評価がなされなかった，道具のように扱われたなどの原因があり，自分を再認識させたいという「承認」をめぐる争いであることも多い。

　このように，今日の個別労働紛争は，多様化しつつ増加する傾向にあり，緊急に権利救済を図るべきケース，単に権利や利益の実現だけでなく感情や人間関係的なニーズにも配慮して応答していくべきケースなど，個別の事案に即した対応を考えていく必要がある。

(4) **パート，派遣，契約社員等の非正規労働者からの相談**

　パート・アルバイト，派遣社員，契約社員など，非正規労働者からの相談が多いことも，司法書士への相談の特徴の1つである。

　非正規労働者の増大とその就業形態が固定化する傾向にあり，その雇用の不安定さと低い待遇が故にワーキングプアと呼ばれる貧困問題が発生し，また，そうした問題の温床となっているといわれる偽装請負や日雇い派遣などが大きな社会問題となった。

　司法書士は，全国青年司法書士協議会などが中心となって，多重債務問題，ホームレス問題，生活保護などの問題に積極的に取り組んできたが，平成19年度の日本司法書士会連合会定時総会において，司法書士会全体として貧困問題に取り組むことが決議された。

　そこで，まず，非正規労働者に関する問題の所在を確認しておく。

(a) **非正規労働者の増加と就業形態の固定化**

　1990年代半ばから，産業界の大々的な雇用調整と事業再構築が行われ，長期雇用と高い労働条件を享受する正社員が縮小し，パート・アルバイト・有期契約労働者・派遣労働者などの雇用が不安定で労働条件が低い非正規労働者の割合は上昇を続け，平成23年版労働経済白書によれば，平成2年には非正規社員の割合は20.2％であったものが，平成20年には34.0％の割合にまでなり，平成21年には派遣社員の減少などの影響によりいったん33.4％まで低下したが，平成22年には再び34.2％に上昇した。

　また，従来は諸種の調査において非正規労働者の相当多くの者が現在の雇用形態を自ら選択したと答えていたが，厚生労働省の「就業形態の多様化に関す

る実態調査」によれば，2000年代に入って，現在の雇用形態を選択した理由について「正社員で働く機会がないから」と答えた者が増加している。現在は正社員以外の従業員だが，他の就労形態に変わりたいとする者の割合は，平成11年の13.5％から平成19年には30.6％に上昇し，特に派遣労働者，契約社員についてはそれぞれ平成19年には51.6％，50.2％となっている。また，他の就労形態に変わりたいとする労働者のうち9割近くが正社員への就業を希望している。

(b) **待遇の格差と雇用の不安定さ**

非正規労働者の増加は先進諸国共通の現象であるとされ，日本においてその割合が特に多いというわけではない。

しかし，仕事内容も労働時間もほとんど同じなのに，雇用形態の違いによって賃金額，賞与，退職金，キャリア，そして雇用の保障度合いなどの待遇に大きな格差をつけられた労働者が存在するのは，日本の特徴的な現象だとされている。

例えば，EU諸国では，必要とされる技能の種類・レベルが同じである職務に雇われていれば，パートタイム労働者は，フルタイム労働者と同じ時間給が支払われ，時間に比例して賃金が低くなるというにすぎない。ILOの新175号条約でも，「同一職務同一賃金」の原則が基本原則として取り入れられている。また，雇用期間については，ドイツ，フランスなどいくつかの国では，有期雇用契約を締結するには，明確な臨時的必要性があることを要求する法制もある。

これに対して，日本の現行労働法は，最低賃金法による最低賃金を下回らず，また，国籍・信条・社会的身分・性・労働組合への加入などの一定の事由による差別に当たらない限り，賃金額や支払形態をいかにするかは，契約の自由に委ねられている。また，雇用期間についても，3年までの期間（短期に関する規制はない）の契約であれば，有期雇用契約の締結は自由であり，更新についても制限はない。

このため，多くのケースにおいて，企業は雇用を打ち切ることが正社員よりはるかに容易であり，人件費コストを低廉に抑えられる故に，非正規労働者を雇い入れているのが実情である。

このような問題状況の中，①平成20年4月1日施行の改正パートタイム労働法で，通常の労働者と同視すべき短時間労働者については通常の労働者との差

別的取扱いを禁止する規定を設け，②平成20年7月1日施行の改正最低賃金法で，主要先進諸国の中では格段に低いと批判を受けていた最低賃金額について，生活保護と最低賃金との整合性を配慮することが法律で明記されるなど部分的な対応策がとられた。

しかし，その他の分野については，現行の労働者派遣法，パートタイム労働法，高年齢者雇用安定法，雇用保険法，最低賃金法等に定められた制度を使って対応していかざるを得ないことになるが，現在の法制度の枠組みの中では，法的救済には限界があることも認識しておく必要がある。

上記の法令のうちパートタイム労働法，高年齢者雇用安定法などは，労働政策立法と呼ばれるもので，権利義務を創設する規定や強行的準則としての効力を有する規定も含まれているが，その数は多くなく，「使用者の配慮義務」「使用者の措置義務」，単に「使用者の努力義務」を定めたにすぎないものもあるので，当該規定に基づいて具体的な法的請求が可能なのか，監督行政機関に申告して指導を求めることができるのかなど，当該制度を使ってどこまで具体的なアクションを起こせるのか，あるいは限界があるのか，その法的効果を正確に理解しておくことが必要である。

なお，この点については，**第3章**「労働法に関する基礎知識」40頁以下の各法令の解説を参照されたい。

③ 企業法務について

司法書士が労働関係の企業法務に取り組む姿勢について，①企業のリスクマネジメント，②法令遵守，③CSRという3つの視点から考えてみる。

(1) 企業のリスクマネジメント

従来，労働者の不満や苦情は社内の上司や人事部などによってインフォーマルに処理されることが多かった。しかし，終身雇用制や年功序列賃金などの長期雇用システムが崩れ始めるとともに，企業共同体内での紛争防止メカニズムが働きにくくなり，労働者の多様な不満や苦情が企業外に紛争として発現しやすくなってきている。

特に，平成16年6月に公益通報者保護法が成立し，内部告発が社会的意義を持つ正当な行為であるとの認識が広がり，さらに，インターネットの匿名掲示

板を利用した「ネット告発」と呼ばれる現象も起きているなど，企業リスクが飛躍的に高まっている。

企業としては，ひとたび企業外に紛争が発現すれば，訴訟リスクのほか，企業内のモラル・ダウン，対外的な企業イメージの低落など多大な損失を被ることになる。

かつては，日本の，特に中小・零細企業においては，契約原理に基づいた労務管理に消極的で，規則はできれば作らずに済ませるか，作るとしても極力あいまいな規定にして企業側に裁量の幅を残し，その都度，経営者の意思によって個別的に解決を図るというやり方が好まれてきた。

しかし，従業員の企業への帰属意識が薄まり，個人主義的な価値観を持つ従業員も増えている今日においては，従来の家父長的な労務管理の手法は，かえってトラブルを引き起こす原因にもなりかねない。

平成20年3月1日に施行された労働契約法は，1条において「労働者及び使用者の自主的な交渉の下で，労働契約が合意により成立し，又は変更されるという合意の原則」を定め，「労働者の保護を図りつつ，個別の労働関係の安定に資することを目的とする。」としている。ここに示された「合意原則」「労使対等原則」から導かれる，合意と納得により決定された労働条件と透明なルールに基づいた労務管理への転換こそが，理念的な正当性を有するだけでなく，今日においては，紛争の発生，悪化，泥沼化を防ぐための現実的な方法であるともいえる。

(2) 法令遵守（コンプライアンス）

労働関係については，①労働基準法や労働安全衛生法など，罰則と行政監督を予定する労働関係法規による公法的規制と，②労働契約法，民法，労働判例法理など，労働契約の実体的内容を規制する私法的規制の2つが存在する。したがって，労働関係における法令遵守を果たすためには，上記の2つの方面からの検討が必要となるが，その具体的な内容を知るには，単に法令だけを読んで済ますことはできない。

まず，前者の労働関係法規には，その具体的内容が政令・省令に委ねられていることが多く，また，解釈・運用に関する多数の行政通達が存在し，更に厚生労働省から各種の指針も公表されているので，これらも参照する必要がある。

そこで，本書では，企業法務に必要と思われる政令・省令，行政通達，指針については，できる限り紹介するように努めた。

後者の私法的規制については，裁判所によって，民法の規定を修正する多くの判例法理が形成されている。平成19年，労働契約法の成立により，「安全配慮義務」「解雇権濫用法理」（労基18条の2を移設）「出向命令権濫用法理」「懲戒権濫用法理」など主要な判例法理が明文化された。しかし，それら判例法理の具体的な基準については，直接，判例に当たらなければ明らかにならない。また，今回の労働契約法には規定されなかった「整理解雇法理」「雇止め法理」などの重要な判例法理が多数存在する。そこで，本書では，実務の指針となる判例，裁判例についても，できるだけ多く紹介するように努めた。

(3) CSR（企業の社会的責任）

法令遵守と類似し，重なる部分も多いが，これと区別される概念にCSR（Corporate Social Responsibility）＝企業の社会的責任がある。

CSRとは，一般的には，「今日，経済・社会の重要な構成要素となった企業が，企業活動を展開するにあたって，社会的公正や環境などに配慮しながら，消費者，取引先，投資家，地域社会，従業員などの利害関係者（ステークホルダー）に対して責任ある行動をとるとともに，説明責任を果たしていくこと」と定義される。

平成15年2月，日本経済団体連合会が「企業の社会的責任（CSR）推進にあたっての基本的考え方」を発表し，厚生労働省でも「労働におけるCSRのあり方に関する研究会」を発足させ，平成16年6月25日には中間報告書が取りまとめられた。また，引き続き組織された「労働におけるCSR推進研究会」が，平成20年3月に，労働CSRの意義等，企業の取組状況，自主点検チェック項目等を取りまとめた最終報告書を公表している。

CSRの考えは，労働関係に関する企業法務に取り組む上で，重要な視点を提示していると思われるので，以下に個別の労働問題との関係を意識しつつ，労働CSRについて検討してみる。

(a) CSRの3つのレベル

まず，CSRには次の3つのレベルがあるとされる（高巌＋日経CSRプロジェクト編『CSR企業価値をどう高めるか』37頁）。この3つのレベルのどこまでを視野に

入れるかによって，企業法務に関わるスタンスや姿勢に大きな違いが生じてくると考えられる。

> ① 狭義のコンプライアンス＝形式的な法令遵守
> ② 倫理実践（広義のコンプライアンス）＝法の背後にある基本的な考え・精神まで積極的に守り実践していくこと
> ③ 社会貢献＝地域社会をよりよいものにする，人間の尊厳を促進する，勇気をもって取り組むこと

(b) 形式的な法令遵守と実質的な法令遵守

法令の解釈には，必ずグレーゾーンが存在する。そこにおいて，できる限り法の精神を受けとめて前向きに運用するのか，法令の抜け穴を探して合法的に経済的利益を追求するのかによって，実際の法令の適用の仕方には大きな違いが出てくる。

例えば，「名ばかり管理職」「裁量労働制の下で働く労働者の過労自殺」「偽装請負」などは，後者の経営姿勢から生み出されたものであろう。

(c) 新たな労働問題の発生とCSR

法令は，常に現実を後追いする形で制定されるものであり，裁判所によって形成される判例も，司法の事後的救済という性格から，必ず現在進行形の問題とはタイムラグが生じる。

このことから，法令の文言や現在確立された判例のみに従って行動すれば，労働者や職場環境に現実の被害を生みだす結果となりかねない。

「職場のいじめ問題」「休職から職場復帰の際の健康配慮義務」などの問題は，まさに現在進行形で判例が形成される途上の問題であり，具体的なケースにおいては，どのような企業対応をとるべきなのか，難問に直面することが多く，企業の経営姿勢が問われる場面である。

(d) 労働条件の格差と貧困問題

従業員の雇用と賃金を保障して，生活を下支えすることは，労働CSRの最も基本的な要請と考えられる。

倫理実践，社会貢献レベルのCSRでは，非正規労働者と正規労働者との雇用保障，待遇面での格差により発生したワーキングプアと呼ばれる貧困問題などは，企業の社会的責任として解消すべき問題と捉えられる。

(e) **働く意味を問い続ける労働者とCSR**

現代は「心の時代」「自分さがしの時代」とも呼ばれ，家族や地域などのコミュニティとの繋がりが希薄となった結果，職場が生活領域の多くを占めるようになり，自己のアイデンティティーや自尊心，自己実現や幸福感を仕事に求めることになった。前述した苦情類型に属するトラブルが増加しているのも，こうしたことと無関係ではない。

もちろん，こうした希望が与えられるためには，雇用の保障と最低限度以上の賃金が与えられていることが前提条件となろう。しかし，前述した非正規労働者の就業形態の固定化の問題も，単に収入が低いというだけでなく，仕事に関して「powerless（権力不在的）であること」「meaningless（内面的な意義を感じられない）であること」（熊沢誠『格差社会ニッポンで働くということ』19頁）も，不本意と感じる大きな要因であることを理解しておくべきである。

形式的な法令遵守だけでは，仕事にやりがいや使命感を求める社員は自分の会社に誇りが持てず，従業員のモチベーションが下がり，かえって企業の生産性を落とす結果になると指摘されている。

これに対して，社会貢献レベルのCSRは，「働く意味」を求める従業員の使命感，誇り，やりがいといったモチベーションと企業の経営目標を融合させて，企業価値を高め，成長に結び付けようとする経営理念ということができよう。

4 ADRについて

(1) ADR促進法

ADR促進法1条において，ADRは，「訴訟によらず民事上の紛争の解決をしようとする紛争の当事者のため，公正な第三者が関与して，その解決を図る手続」と定義されている。

ADRには，司法型（民事調停等）や行政型（紛争調整委員会のあっせん等）のものもあるが，同法が対象としているのは，民間型のものである。

同法は，一定の基準を満たした民間型ADR機関に法務大臣の認証を与え，認証を受けた機関では，弁護士でない者も報酬を受けて紛争処理を認めるほか，時効中断効（裁判外紛争解決25条），訴訟手続の中止（同26条），調停前置の不適用（同27条）という一定の法的効果を付与し，ADRの利用を促進することを主な

目的としている。認証の対象となるのは，当事者間の和解成立を図る「和解の仲介」手続（同2条1号）であり，仲裁は含まれていない。

民間型ADRのさきがけは，平成2年3月に第二東京弁護士会が開設したことを皮切りに全国各地に設置された弁護士会仲裁センターであるが，ADR促進法の成立を契機として，個別労働紛争を対象とするものとして，新たに司法書士会，社会保険労務士会，産業カウンセラー協会などがADR機関を立ち上げている（平成24年8月現在，全国で18の単位司法書士会の調停センターが法務大臣の認証を受けて稼働している。http://www.moj.go.jp/KANBOU/ADR/jigyousya/ninsyou-index.html）。

(2) **ADRの理念モデル（裁判準拠型と対話促進型）**

ADR促進法は，基本理念について定める3条において，ADRは，「法による紛争の解決のための手続」であるとしているが，ここで「法による」とは，「不適格な者が行う紛争解決手続ではない」「公序良俗に反するような紛争解決ではない」といった趣旨である（内堀宏達『ADR法概説とQ&A』100頁）とされる。

したがって，この枠内にある限り，必ずしも実体法に準拠した解決だけを要求されるものではなく，どのようなADRの理念に基づき，また，運用を行うかは，各民間ADR機関の制度設計に委ねられているといえる。

さて，ADRの理念については相異なる2つの動向がみられるが，裁判制度・法システムとの位置をどう捉えるかという視点から，次のように整理され，紹介されている（和田仁孝編『ADR理論と実践』3頁以下）。

(a) 第1　裁判準拠型モデル

基本的に，法・裁判制度を紛争処理システムの基幹的制度と認識しつつ，ADRはこれを補完・補充するものとして捉え，ADRは，本来，訴訟が提供すべき「法的権利に基づく解決」をできる限りそれに近い形で提供することを機能目標とするモデル。

(b) 第2　対話促進型モデル

法・裁判制度では応答しきれない人間関係的ニーズ，感情的・情緒的ニーズなど，個々の利用者が抱える多様で複合的なニーズに応答していくことにADR独自の存在意義を見出し，当事者の自主的な問題処理の創造的過程を促進していこうというモデル。

上記の紹介は，両者の違いを理念的に示したものであって，両モデルの接近化や両者を統合する方向への動きもみられるという。しかし，いずれの理念モデルを基本に据えるかによって，実際の紛争処理のあり方は，相当に違ったものになる。

(3) 司法書士会調停センター

司法書士会の調停センターは各都道府県に置かれる単位司法書士会が開設するものであるため，その制度設計は各単位会に任されているが，多くの単位会は，前述した対話促進型モデルを基本とするか，調停スタイルの1つとして採用している。

ところで，個別労働紛争の分野に関しては，既に個別労働関係紛争解決促進法によって都道府県の労働局による相談・調整サービスの体制（行政型 ADR）が作られ，また，労働審判法により法規範に従った公正・迅速・適正を旨とする司法システム（司法型 ADR）が用意されている。これらは，「低廉」「迅速性」「専門性の高さ」において優れており，相当な利用数と評価を得ている。

こうした環境の下での民間型 ADR の存在意義を考えるならば，上記の紛争解決手続では掬いきれない当事者のニーズに着眼する必要があると思われる。この観点から注目すべきは，個別労働紛争の中にあって，権利義務に関する主張の背後に感情的・人間関係的な問題が複雑に絡んだ苦情類型と呼ばれる紛争が増加しているという事実である。従来，法律専門家は，法律要件と結びつかない事実や当事者の感情を，ともすれば「とり上げる意味がない」「とるに足りない」ものとして最初から排除してきたのではないであろうか。しばしば法律専門家が口にする「世間話」「ぐち話」といった言葉に，そうした意識が現れているように思われる。しかし，法律とは関係のないことであっても，当事者にとっては，片時も頭を離れない現実であり，葛藤に苦しむ原因となり，紛争の基底にあって核心をなすものであることも少なくない。うつ病などのメンタルヘルス不調の原因となるストレス要因の1番に挙げられるものが対人関係であり，精神疾患等が急増し，労働者の健康の問題だけでなく企業の生産性にも悪影響を及ぼし，深刻な社会問題となっていることは周知の事実である（**第14章**「メンタルヘルス問題と企業の健康配慮義務」参照）。法律と関係がなければとるに足りない問題などとは到底いえないのである。

もとより，裁判には法規範に基づき紛争を最終的に解決するという役割があり，司法型 ADR においても法規範に基づく公正な解決が求められている。また，労働局などの行政機関にあっては大量の事案を迅速・公正に処理しなければならないという要請があるであろう。こうした既存の紛争解決機関が上記のような問題を扱おうとすれば，機能不全に陥ってしまうであろうし，逆に本来の目的を達し得ないことになるであろう。

　しかし現実には，感情的な問題や人間関係の問題が本質的なものでありながら，他に適当な紛争解決機関が見つからないために，法的な権利主張の形をとって裁判所や行政機関に持ち込まれている事案が少なからず存在すると思われる。こうした事案で，しばしば当事者は裁判所やあっせん手続の場において自身の思いの丈を語ろうとするが，それは法律とは関係のないこととして斥けられてしまう。ここには，当事者の求めるものと紛争解決手段との間にミスマッチが生じていると思えるのである。

　また，多くの労働者は，できれば企業内にとどまり，問題が企業内で解決されることを望んでいる。しかし，一度決定的な対立構造を作り出してしまうと，目の前の問題に決着はつけられても，元の関係に戻ることは難しくなってしまう。この点，対話促進型調停は，原則として当事者同席のもと，コミュニケーションや関係調整に関するトレーニングを積んだ調停人が中立な第三者として関わり，当事者間の対話の回復を図り，人間関係の調整を行うという手法である。過去の問題の清算よりも，当事者が問題と向き合い，将来の課題に当事者が協働して取り組むことを目標としており，継続的な関係の調整にこそ適した手法であるといえる。また，夜間・休日の調停，職場への出張調停，時間や回数の柔軟な設定，丹念できめ細かい対応など，既存の紛争解決機関が掬いきれないニーズに応えるための工夫を凝らしている。

　ただ，現時点では，残念ながら個別労働紛争を扱う民間 ADR 機関が活発に利用されているとはいい難い状況にある。ADR に対する認識と理解が進んでいないことが最大の原因ではあるが，敷居の低いはずの民間 ADR 機関といえども企業共同体にとってはやはり外部なのであり，そこにまだ壁が存在することも否めない。米国で大企業を中心に普及している苦情処理 ADR は，上司や人事部とのインフォーマルな話合い段階，社内のあっせんや判定などの解決手

続，外部の第三者のあっせんや仲裁を組み合わせたものが多いようであり（菅野和夫「米国企業における苦情処理 ADR と社内オンブズパーソン」花見忠先生古稀記念『労働関係法の国際的潮流』149頁），企業の内部と外部の連続性が図られている。米国の苦情処理 ADR には大きなヒントが含まれているように思われる。

　今日の個別労働紛争は多様化しつつあり，事案の性格や当事者のニーズに応じて，それぞれの紛争解決機関が役割を分け合うのが望ましい。そうすることが，当事者のニーズに応えることであるとともに，各紛争解決機関の機能の純化にも繋がると思われる。裁判所，行政機関，企業内の制度，民間 ADR 機関などの，それぞれのあり方や相互の関係が検討されることが望まれている。そうした中，現在，各都道府県の労働局や一部の簡易裁判所と民間 ADR 機関との間で，民間 ADR 機関の活用や連携をテーマとした意見交換や協議を行うという動きが出始めている。今後，こうした意見交換や協議の場が広がり，紛争の個性に応じてそれに適した紛争解決機関に振り分けられ，繋げられるという連携の形に発展していくことを期待する。

第2章
相談上の留意点

I　司法書士への相談の傾向

　司法書士会では，全国の単位会に総合相談センターを設け，無料法律相談を行っている。この総合相談センターでの法律相談においては，近時，個別労働紛争に関する相談が増加傾向にある。特に労働基準監督署や都道府県の労政主管事務所との連携が図れている地域では，これらの労働関係機関からの紹介案件が増えている。

　相談の内容としては，①未払賃金請求事件（時間外手当・退職金・賃金引下げを含む），②予告手当など解雇に伴う金銭請求事件，③職場のいじめ・セクハラに関する事件などが主な紛争類型となっている。

　①　賃金請求事件については，景気の変動によって，不況期には，経営破綻型の「払いたくても払えない」式のものが増え，回復期や好況期には，トラブル退職型とも呼べる，何らかの職場でのトラブルがあったり，会社に対する不満・不審感をもって退職した労働者が，残業手当などの賃金や損害賠償を請求したいといったものが増えるという傾向がある。

　②　解雇に関する相談については，解雇の無効を争って地位確認を請求したいというものは比較的少なく，何らかの金銭給付を請求したいというものが多い。解雇されたこと自体やそこに至る過程で不当な行為が行われ自尊心を傷つけられたとして，会社の不当性を明らかにしたい，精神的な損害に対する慰謝料を請求したいというものも少なくない。

　③　職場のいじめは，最近，特に増えつつある紛争類型である。リストラに伴う企業ぐるみの退職勧奨・退職強要型のものから，個人的な価値観の相違からいじめへと発展したものまで，多種多様なものがあり，類型化が困難なほどである。いじめを止めさせたい，謝罪を求めたい，精神的な損害に対する慰謝料を請求したいというものが多い。しかし，職場のいじめの特徴として，明白な違法行為であるといういじめよりも，1つ1つの事実を取り上げれば些細なことにしか思えないが，長期間，繰り返し行われるという態様のものが多く，客観的な証拠がないことも多い。しかも，いじめの対象となった労働者には，うつ状態などの症状が出現している者も多く，またその中には従来型のうつ病

とは異なる「現代型うつ」「非定型的うつ」などと呼ばれるものも含まれており，非常に対応が困難な相談類型であるといえる。

II 相談者からの事情聴取と証拠収集についての留意点

　一般法律相談と労働問題に関する法律相談とに本質的な違いがあるわけではないが，労働問題特有の問題や特徴的な傾向というものは存在する。

　そこで，以下では個別労働紛争に関する相談上の留意点を，次の簡単な設例を使って，具体的に，①「労働者性」の確認，②事実関係の確認，③証拠収集の助言，④就業規則・契約書・証拠資料等の確認，⑤請求権の法律構成，⑥紛争解決方法の選択，⑦感情的要素などの取扱いという視点から考えてみたい。

【設例】
> 会社に辞めさせられました。解雇されたんです。解雇するには30日分の予告手当を支払わなければならないはずですよね。支払ってもらうには，どうしたらよいでしょうか。

1 「労働者性」の確認

　会社との契約が労働契約ではなく，請負契約，準委任契約等であれば，そもそも予告手当支払の問題は生じない。就業形態の多様化に伴い，労働契約といえるか判断が難しい契約形態が増えているので，相談の入口で処方を間違えないよう，微妙なケースでは，就労の実態について詳しく事情を聴取することが必要となる。

2 事実関係の確認

　労働者が「辞めさせられた。」と言っていても，詳しく話を聞いてみると，使用者から確定的な解雇の意思表示はなく，退職勧奨にすぎないことや退職勧奨を受けて既に辞職届を提出してしまっているというケースもある。とりわけ，解雇のようなドラスティックな措置がとられたケースでは，相談者の感情や解釈が入り混じった事実が語られることがあるので，具体的な事実を丹念に聞き取り，事案を分析する必要がある。

③ 証拠収集の助言

　使用者が解雇の事実を争うことが予想される場合，会社を辞めてしまった労働者には手持ちの証拠が少ないのが通常であり，会社内に証人がいたとしても協力を得られる可能性は低い。

　そこで，解雇の場合であれば，解雇理由証明書や離職票の交付を請求するほか，交渉の席や電話での会話を録音する，メールの記録を残すなど，いかに証拠の収集の仕方を工夫するかが重要になってくる。

　解雇以外についても，紛争類型ごとに要件事実を押さえ，要証事実についてどのような証拠資料が必要となるかを知った上で，早い段階で，相談者に，「何を」「どのように」集めればよいかを助言する必要がある。

④ 就業規則，契約書などの証拠資料の確認

　設例のケースで，会社に退職金規程がある場合，退職金請求の問題も生じてくる可能性がある。また，多くの会社の退職金規程では，退職事由によって支給率に差異を設けており，退職事由の規定の仕方や支給率も会社によって様々である。仮に，解雇ではなく勧奨による退職である場合，退職金規程の退職事由の規定の仕方が「解雇」となっているか「会社都合による退職」となっているかで，退職金の支給率が変わってくる場合がある。

　多くの相談者は，就業規則や退職金規程などの細かい規定やその法的意味についてまで正確な理解をしているわけではない。したがって，相談者には必ず就業規則，退職金規程，契約書等の資料を持参してもらい，直接資料に当たってその内容を確認する必要がある。

⑤ 請求権の法律構成

　相談を進めていくうちに，相談者の主訴であった予告手当についても，退職金についても，請求が成り立たないことが判明することがある。

　しかし，相談者の要求や主張からいったん離れて，退職する以前の状況についてまで範囲を広げて詳しく聞いてみると，例えば残業手当，賃金引下げ後の差額賃金，休業手当など別の請求であれば可能なケースもある。

　ただし，司法書士がいかに相談者にとっての利益に繋がると考えても，相談

者のこだわりは別のところにあることもあるので，押しつけにならないように注意しなければならない。あくまで相談者のニーズから出発して，ともに解決の道筋を探っていくという姿勢が求められる。

6 紛争解決方法の選択

　個別労働紛争については，裁判所の手続以外にも，労働関係行政機関や労働組合などによる各種の紛争解決制度がある。

　事案の性質や，相談者の置かれた状況，使用者の対応，相談者がどのような解決方法を希望しているかなどを考慮に入れながら，それに相応しい紛争解決方法や紛争解決機関に関する情報を提供して，相談者自身に選択してもらうのが望ましい。

7 感情的要素などの取扱い（リーガル・カウンセリングの視点から）

　これまで何度も述べてきたように，個別労働紛争，特に苦情類型と呼ばれる紛争においては，相談者の要求が表面的には金銭の支払などであったとしても，その背後には怒りや悲しみといった感情が潜んでいることが多い。また，権利主張や事実へのこだわりには，当事者固有の正義感などが分かち難く結びついていることもある。

　このような当事者の重層性を持った複合的なニーズに応答していくために，新しい法律相談のあり方として，リーガル・カウンセリングという手法が提唱されている。

　従来の法律相談においては，聴取する情報は法的要件に関連する事実に絞り，その事実の真実性の吟味を行った上で，法律をこれに当てはめ，一定の結論や法的解釈を示すことが中心であった。

　これに対してリーガル・カウンセリングにおいては，まず，法律要件に関連する事実だけでなく，感情的要素，人間関係，経済的事情など様々な葛藤や不安を抱える相談者の声に耳を傾け，多様な情報を収集することに努める。次に，そうした多様な情報を収集して，個別の紛争を取りまく全体状況が把握できた後に，当事者の基底的なニーズに即して問題の再構成を行っていく。さらに，法的問題を解析した上で，それを再構成された問題状況の中に位置付けた

上で，その文脈の中で適切な伝え方を吟味しながら法情報を提供していく。その後に，総合的に判断し，相談者にとってもっとも望ましい解決策をともに模索する，あるいは相談者が紛争を乗り越えて新たな生活に積極的に取り組んでいけるように支援していくというプロセスがとられることになる。

III 法的判断をする上での留意点

　労働法の分野においては，労働基準法以外にも多数の労働関係法令があるほか，解雇権濫用法理をはじめ多数の判例法理が存在している。

　労働契約法において，就業規則法理，出向命令権の濫用法理，懲戒権濫用法理などの判例法理が明文化されたが，具体的な基準については判例や裁判例に当たって調べなければならない。また，労働契約法に規定されたものは主要な判例法理にすぎず，そのほかにも膨大な判例群が存在するため，これらの理解がないと適切な相談を行うことができない。

　本書では，できる限り，実務に有用と思われる判例・裁判例を紹介しているので，参考にしていただきたい。

IV 裁判所以外の紛争解決制度（行政機関，ADR等）の概要と利用法

　前述したとおり，個別労働紛争に関する紛争解決機関には，裁判所以外にも労働関係行政機関や労働組合などがある。紛争の状況に応じて，まずはこれらの機関を紹介したり，あるいはこれらの機関の利用と併せて裁判所の手続を利用したりすることが適切な場合がある。そこで，これらの機関の利用の便宜のために，それぞれの機関や制度の特徴を説明しておく。

1　労働局による相談・助言・指導

(1)　総合労働相談コーナー

　平成13年10月に成立した個別労働関係紛争の解決の促進に関する法律（個別労働関係紛争解決促進法）3条に基づき，各都道府県労働局が，局内や労働基準監督署の中，駅周辺ビル内など全国約300ヵ所に総合労働相談コーナーを設置

し，総合労働相談員により情報提供，相談その他の援助を行っている。

　同コーナーはワンストップ・サービスとして労働関係について幅広い相談を受け付けているが，同コーナー自体が紛争解決手続を行うのではなく，情報提供や相談だけで自主的な解決ができない事案については，所轄の行政機関等を紹介することになる。

(2)　**都道府県労働局長の助言・指導**

　個別労働関係紛争の当事者の一方又は双方から解決のための援助を求められた場合に，都道府県労働局長が必要な助言又は指導ができる（個別労働4条）。行政機関が，事実関係を整理した上で，法令や判例等に照らし，紛争当事者に助言・指導を行う形で問題点を指摘したり解決の方向性を示すことにより，紛争の自主的解決を促進しようとする制度である。

　なお，男女雇用機会均等法の下での紛争については，同法の紛争解決援助制度により，都道府県労働局長による助言，指導又は勧告の手続が適用される（雇用均等17条1項）。

② 紛争調整委員会のあっせん

　個別労働関係紛争の当事者の一方又は双方から申請があった場合に，各都道府県労働局に置かれる紛争調整委員会による個別労働関係紛争のあっせんを行う制度（個別労働5条）である。

　あっせん手続は，学識経験者から選ばれた弁護士・学者等のあっせん委員3名が担当し，当事者双方から事情を聴取したり意見書の提出を求め，双方の主張の要点を確かめ，必要な場合にはあっせん案を提示することができる（同13条1項）ことになっている。

　出席は強制されず，また，紛争解決の見込みがないと認める場合には，あっせん委員は手続を打ち切ることができる（同15条）。あっせんが打ち切られた場合，あっせんを申請した者がその旨の通知を受けた日から30日以内にその対象となった請求について訴え提起したときは，時効中断との関係ではあっせん申請のときに訴えが提起されたものとみなされる（同16条）。

　あっせんが成立した場合，通常，民法上の和解契約として取り扱われ，執行力は認められていない。

あっせん申請がなされている主な紛争類型は，解雇，退職勧奨，労働条件の引下げ，セクハラ，いじめ・嫌がらせ等である。

なお，平成22年度におけるあっせんの合意の成立率は約36.8％であった。

③ 労働基準監督署

労働局の中に位置し，労働基準法等の所管する法律に基づき，労働条件の確保・改善の指導，安全衛生の指導，労災保険の給付などの業務を行う機関である。

労働基準監督署に置かれる労働基準監督官は，事業所に対し，事業所等の臨検，帳簿・書類の提出を求め，使用者・労働者の尋問を行う等の権限があり，法令違反があれば是正勧告を出して監督指導に当たる（労基101条1項）。また，労働基準法違反の罪については司法警察官としての職務を行う（同102条）。しかし，実際に事件が送検されるのはごく少数の悪質なケースに限られている。

労働基準法や関係法規違反がある場合には，使用者に対する指導や是正勧告などによって法律違反状態が解消され，その結果，労働者の権利が救済されることがある。例えば賃金未払，残業代未払，解雇予告手当の未払などの事案では，労働基準監督署への申告は，有効な手段といえる。

しかし，所管する法令以外の事案（セクハラ等）や民事上の問題，例えば不当解雇や契約の解釈問題等については介入は差し控えられる。また，賃金等の回収についても民事上の問題となるので，使用者が任意に支払わなければ訴訟を提起せざるを得ないことになる。

④ 都道府県主管の労政事務所等

都道府県の労働行政を進めるための部局の中に，労働問題全般に関する相談窓口を設置しているところがある。東京都の労働相談情報センター，神奈川県の労働センターなど，名称は各地によって異なる。

これらの機関は必要に応じて労働問題に関するトラブル解決のための調整も行っており，この点が労働基準監督署の対応とは異なる。例えば東京都の労働相談情報センターでは，当事者間で自主的な解決が困難な場合には，労使の要請を受けて，解決のための事実上の「あっせん」を行っている。あっせんに強

制力はないが、解決率は比較的高い。

パワーハラスメントや明確な法的請求権がないような場合などにも、実情に応じた調整によって、比較的円満に解決に至ることもある。

⑤ 労働委員会

元々は不当労働行為等の団体的労使紛争の解決を目的とする機関であるが、都道府県に設置された地方労働委員会では、各県の条例に基づき、個別的労使紛争についての相談、あっせん等も行っている。

⑥ 個人加盟組合（地域ユニオン、職種ユニオン）

勤務する会社に労働組合がない場合、個人として加入することが可能な地域ごと、職種ごとの労働組合である。

労働組合に加入して組合員になる必要があり、また、個人の労働者の利益ではなく組合員全体の利益を図ることを目的とする団体であるから、団体の目的に拘束されることはある。

しかし、支援を得ることができれば、不当解雇された場合の職場復帰交渉、使用者が経営困難に陥っているケースでの資産の譲渡交渉、職場ぐるみのパワハラの改善交渉など、個人では困難なケースでの交渉や柔軟な解決が図れるというメリットがある。

⑦ 弁護士会の仲裁センター・紛争解決センター等

各地の弁護士会の中には、仲裁センターや紛争解決センターなどを設置しているところがある。ベテランの弁護士があっせん・仲裁人となって当事者間の話合いや仲裁判断で紛争を解決する。あっせん等により当事者の和解で解決されることが多く（約97％）、仲裁判断で終了するケースはそれほど多くないようである。職場の紛争については、解雇・退職、賃金、労働災害などが持ち込まれている。

平成22年度における全国の仲裁センター及び紛争解決センター等全体の応諾率は69.4％、受理事件対比解決率は27.9％、応諾事件の対比解決率は55.1％となっている（平成22年度版仲裁統計年報）。

8 ADR：司法書士会調停センター

「裁判外紛争解決手続の利用の促進に関する法律」が平成16年12月1日に公布され，平成19年4月1日から施行されている。

同法に基づく法務大臣の認証を受けた機関については，時効中断効（裁判外紛争解決25条），訴訟手続の中止（同26条），調停前置の不適用（同27条）という一定の法的効果が付与されている。

個別労働紛争を対象とするものとしては，前述の弁護士仲裁センターのほか，司法書士会，社会保険労務士会，産業カウンセラー協会などがADR機関を立ち上げている。

V 裁判所における各制度の概要と利用法

1 通常訴訟

審理は，口頭弁論又は弁論準備期日による争点整理，証人尋問，判決という形で進行し，口頭弁論や弁論準備期日は月1回程度入れられるというのが一般的である。司法統計によると，労働関係民事訴訟の本案の場合，平均審理期間は地裁で約11ヵ月となっている。解雇無効を争う地位確認事件は2年近くかかるといわれてきたが，近時は迅速化の傾向にある。

2 少額訴訟

少額訴訟は，簡易裁判所において，訴額60万円以下の金銭の支払を目的とする事件について，原則として1回の期日で判決言渡しまで行う手続である（民訴368条・370条）。

未払賃金請求事件，解雇予告手当請求事件などで，複雑・困難でない事件については適しているといえる。

3 支払督促

使用者が正当な理由もないのに賃金などの金銭を支払わない場合，使用者の住所，主たる事務所等の所在地を管轄する簡易裁判所の裁判所書記官に支払督促の申立てをすることができる（民訴383条）。貼用印紙額は訴え提起手数料の

2分の1の額である。

　裁判所から使用者に対して仮執行の宣言を付した支払督促が送達されてから2週間以内に使用者が督促異議の申立てをしなければ，支払督促は確定判決と同じ効力を有することになり（同396条），労働者は支払督促に基づいて強制執行の手続をとることができる。

　したがって，支払督促の申立ては，使用者が労働者の請求を争わないことが予想される場合には，迅速かつ低廉な方法として活用できる。しかし，使用者が請求を争う場合には，支払督促に督促異議を申し立てると支払督促は失効し（同390条），管轄裁判所へ訴え提起があったものとみなされる（同395条）ため，かえって時間がかかってしまうことになる。なお，その場合，督促申立ての際に貼用した印紙は訴訟費用の一部として取り扱われる（同395条）。

④　仮処分

　解雇・退職事件の場合には，早期に収入を確保する必要があるため，地位保全・賃金仮払仮処分の申立てがなされることが多く，労働事件おける仮処分事件の約9割を占めるとされる。地位保全の仮処分は任意の履行を期待する仮処分であるが，賃金仮払仮処分は強制執行（保全執行）によりその内容を実現できる満足的仮処分としての性格を有する。

　そのほかでは，退職強要禁止の仮処分，配転・出向効力停止の仮処分などがあり，これらは断行の仮処分としての性格を有する。

　解雇の場合，原則として債権者（労働者）・債務者（使用者）の双方審尋手続となるが，口頭弁論が開かれることは少なく，陳述書その他の書証により対処することになる。

　審尋手続の中で和解に至る場合も多く，早い場合で2〜3ヵ月，遅くとも6ヵ月程度で結論に至ることが多い。裁判所からの和解勧試により和解が成立し，本訴の提起を必要とせず最終的な解決になることが多い。

⑤　仮差押え

　賃金未払事件などの金銭請求に関する事件で，使用者の経営状態が悪化しているようなケースでは，支払の原資となる資産を保全するため，仮差押手続を

用いるべき場合もある。

　保証金の供託が必要となるが，労働債権保全のための仮差押保証金は，一般事件よりも低額であるのが通常である。

6　先取特権による差押え

　給料その他の「雇用関係」に基づいて生じた債権は，使用者の総財産について先取特権を有する（民306条2号・308条）。平成15年の民法改正により，「最後ノ6箇月間ノ給料」という制限が外され，被担保債権の範囲が拡大された。

　執行裁判所に「担保権の存在を証明する文書」を提出することにより（民執181条1項4号・193条），先取特権の実行としての強制執行を行うことができる。

　判決などの債務名義を得なくてもできる強制執行であり，保全手続と異なり終局的な回収であって，仮差押えのような保証金を要しないなど，大きなメリットがある。

7　民事調停

　民事調停手続は簡易裁判所に申し立てることによって開始され（民調2条），原則として裁判官と民間人とによって構成される調停委員会が双方の主張を調整して調停案を示し，当事者がこれを受け入れたときに調停が成立する。調停が成立したときには，その内容が調停調書に記載され，裁判上の和解と同一の効果を持つ（同16条）。

　当事者の互譲によって紛争の解決を図るため，労働契約という継続的関係にある当事者の紛争の解決方法として適している。労働事件については，社会保険労務士など専門家の調停委員が配置されることもあるようである。

8　労働審判

　司法制度改革における労働分野の改革の柱とされた労働審判法が，平成18年4月1日から施行されている。

　最高裁判所の発表の統計によれば，労働審判申立件数は，平成18年4月の制度発足後，毎年増加傾向にあり，平成18年に877件，同19年1,494件，同20年2,052件，同21年3,468件，同22年3,375件となっている。

また，申し立てられた事件種別にみると，地位確認が48.8％，賃金・退職金が36.9％（平成18年4月1日から平成22年12月31日）となっている。
　注目すべきは，その解決率の高さであり，労働審判制度発足以降平成22年12月31日までの間に終局に至った事件のうち，調停成立が69.5％，労働審判確定が18.6％となっており，申立件数に対する事件解決率は83％を超えている。
　従来，解雇の主たる解決手段であった仮処分申立ての代替手段として労働審判が利用され，賃金・退職金といった比較的立証が容易な事件のほか，当初は複雑な事案が多いため労働審判になじまないと考えられていた残業代請求事件にも労働審判が利用されているとのことであり，今後は，法的手段を選択する際に労働審判を検討すべき場面が増えてくると思われる。
　なお，労働審判手続に関する詳しい解説は，**第11章**「地位確認等請求事件」369頁以下を参照。

Ⅵ　社会保障制度等の各種給付制度の概要と利用法

　会社を相手として訴訟を提起しようという相談者の中には，解雇されたり，退職を余儀なくされた労働者もいる。裁判には少なくとも数ヵ月の期間を要するし，再就職をすぐには果たせない場合，その間の生活費をどうするかという問題が起こってくる。
　労働事件を扱う際には必ず直面する問題であり，労働者の生活支援に役立つ最低限度の社会保障制度の知識を持っておきたい。

① 雇用保険の失業給付

　労働者が離職した場合，雇用保険の失業給付が最も確実に生活費を確保できる手段である。
　離職日以前の2年間（特定受給資格者は1年間）に，雇用保険に加入していた期間が12ヵ月（特定受給資格者は6ヵ月）以上あり，かつ賃金支払の基礎となった日数が月11日以上ある月が通算して12ヵ月（特定受給資格者は6ヵ月）以上あれば，失業給付を受ける資格を得ることができる。ただし，後述する特定受給資格者及び特定理由離職者は，離職日以前の1年間に6ヵ月以上であれば足りる。

解雇の効力を争っている場合には，公共職業安定所に裁判所の事件継続証明書など解雇を争って係争中であることを証する書面を提出することにより，仮給付を受けることができる（勝訴して賃金を受け取った場合には給付金を返還する）。

雇用保険は，個人経営であって常時5人未満の労働者を雇用する農林水産業等を除き，労働者を1人でも雇用している事業所には適用が義務付けられている。また，パートタイム労働者であっても，1週間の所定労働時間が20時間以上であり，かつ1年以上引き続き雇用されることが見込まれる者は雇用保険に加入させることが義務付けられている。

零細企業の中には，雇用保険の適用手続をとっていなかったり，加入させるべき労働者を加入させていないこともある。しかし，上記の要件を満たせば，2年間遡って加入することができる。過去の給与明細等を証拠資料として事業所を管轄する公共職業安定所に申告すれば，事業所に対して適用，加入させるよう指導してくれる。

次に，雇用保険の失業給付は，自己都合等により退職した者については3ヵ月間の給付制限があるのに対し，解雇・倒産等により離職した特定受給資格者にはそれがない。また，年齢や加入期間によっては，所定給付日数が多くなることがある。

なお，所定給付日数，特定受給資格者，特定理由離職者，仮給付については，**第11章**「地位確認等請求事件」353頁以下を参照のこと。

② 健康保険の傷病手当金

1年以上継続していた被保険者であった者で，退職時に傷病手当金を受けていたか受けられる状態にあった場合には，退職後も傷病手当金の給付を受けることができる（健保104条）。

傷病手当金とは，業務外の病気やケガで労務不能の状態となり継続して3日間仕事を休み，給料の支払がない場合，4日目から1年6ヵ月間を限度に標準報酬日額の3分の2の給付を受けられる制度である。請求する先は，全国健康保険協会の各支部又は健康保険組合となる。

なお，労務不能の状態が長引く場合には，雇用保険の受給期間の延長申請をしておいた方がよい。失業給付の受給期間は，原則として離職日の翌日から1

年間であるが，この申請をしておけば，治癒して就労可能となったときに求職の申込みをして失業給付を受けることができる（雇保20条1項）。

③ 未払賃金の立替払制度

　賃金が未払のまま退職したが，企業が倒産してしまい，会社からは賃金の回収ができなくなってしまった場合，労働者を救済する制度として，政府が事業主に代わって支払う「未払賃金の立替払制度」（賃確7条）がある。

　詳しい内容については，**第4章**「賃金に関する基礎知識」154頁を参照されたい。

第3章
労働法に関する基礎知識

I 労働法

1 労働法とは何か

「労働法」という名称の法律はないが、労働者の債権を保護する法規を総称して「労働法」と呼ぶ。労働法の代表的なものとして「労働基準法」「労働組合法」「労働関係調整法」があり、これらを「労働三法」と呼ぶ。

労働法は、近年、働き方の多様化、女性労働者の増加、労働者の高齢化等に伴い、法律の改正や新たな法律が施行されている。

近年立法化された、労働契約法は本章58頁以下、労働審判法は**第8章**「労働契約終了に関する基礎知識」298頁以下、個別労働関係紛争の解決の促進に関する法律は本章55頁以下で説明する。

労働法の法源は、その目的及び適用対象によって、(1)個別的労働関係法、(2)集団的労働関係法、(3)雇用保障法の3つの区分に大別することができる。

労働法は、それぞれ法律の施行目的、社会的背景・政策により、強行規定、努力規定、私法上の効力、要件と効果、監督機関、罰則規定等が定められている。

2 個別的労働関係法

個々の労働者と使用者との関係を規律する法律の総称である。雇用関係法、労働者保護法と呼ばれることもある。

(1) 労働基準法（労基法）

労働契約においては、締結当事者である使用者と労働者の間にはその交渉力において大きな格差があるのが通常であり、民法の基本的立場である「契約自由の原則」をそのまま適用すると、労働者が劣悪な労働条件の下で労働させられることになる可能性が高い。

憲法27条2項で「賃金、就業時間、休息その他の勤労条件に関する基準は、法律でこれを定める。」と規定されたのは、労働契約においては、上記のような理由から、国家による立法規制が必要であるとの判断に基づいたもので、この要請を受けて制定されたのが、労働基準法である。

この法律では、第1章「総則」において、「労働条件は、労働者が人たるに

値する生活を営むための必要を充たすべきものでなければならない。」(労基1条1項),「この法律で定める労働条件の基準は最低のものであるから,労働関係の当事者は,この基準を理由として労働条件を低下させてはならないことはもとより,その向上を図るように努めなければならない。」(同条2項)と規定するなど,労働契約において各当事者が当然遵守すべき基本原則が確認され,第2章以下には,賃金や労働時間,休憩,休日など様々な労働条件の最低基準について詳細な規定が置かれている。

労基法の規定は多くが「この法律で定める最低基準に達しない労働条件を定める労働契約は,その部分については無効」になる強行法規性(労基13条前段)と,「この場合において,無効となった部分はこの法律で定める基準による」ことになる直律性を有している(同条後段)。

また,法違反について罰則を科し,労働基準監督署などの専門の行政機関に監督させることにより同法の遵守を図っている。

(2) **最低賃金法(最賃法)**

最低賃金法は,賃金が労働者の生活を支える最も重要な労働条件であることを考慮して,地域別最低賃金と特定最低賃金(以前は,産業別最低賃金)からなる最低賃金制度を設け,その制度の上で,労使自治が展開されることを図っている。

平成19年改正の目的は,最低賃金制度を強化して,労働者の生活を下支えすることにあった。改正法における最低賃金新制度は,2つの最低賃金からなっている。

1つは,地域別最低賃金で,これは中央最低賃金審議会又は地方最低賃金審議会の調査審議により,厚生労働大臣又は都道府県労働局長が各地域(都道府県)ごとの実情を考慮して定める制度である。地域別最低賃金額の決定の考慮要素として生活保護との整合性に配慮するものとされている。この最低賃金に違反すると,罰則の適用があり,また労働契約の賃金を定める部分は,無効となり,最低賃金と同様の定めをしたものとみなされる。

もう1つは,特定最低賃金で,一定の事業若しくは職業に係る最低賃金を地域別最低賃金より高く設定している。平成23年度の各地の最低賃金は,次頁の**図表1**のとおりである。それ以降については下記のホームページで確認できる。
http://www2.mhlw.go.jp/topics/seido/kijunkyoku/minimum/minimum-01.htm　労働基準

図表1　都道府県の最低賃金（平成23年度）　　　　　　　　　　平成23年10月12日現在

都道府県名	最低賃金時間額【円】	都道府県名	最低賃金時間額【円】
北海道	705（691）	京　都	751（749）
青　森	647（645）	大　阪	786（779）
岩　手	645（644）	兵　庫	739（734）
宮　城	675（674）	奈　良	693（691）
秋　田	647（645）	和歌山	685（684）
山　形	647（645）	鳥　取	646（642）
福　島	658（657）	島　根	646（642）
茨　城	692（690）	岡　山	685（683）
栃　木	700（697）	広　島	710（704）
群　馬	690（688）	山　口	684（681）
埼　玉	759（750）	徳　島	647（645）
千　葉	748（744）	香　川	667（664）
東　京	837（821）	愛　媛	647（644）
神奈川	836（818）	高　知	645（642）
新　潟	683（681）	福　岡	695（692）
富　山	692（691）	佐　賀	646（642）
石　川	687（686）	長　崎	646（642）
福　井	684（683）	熊　本	647（643）
山　梨	690（689）	大　分	647（643）
長　野	694（693）	宮　崎	646（642）
岐　阜	707（706）	鹿児島	647（642）
静　岡	728（725）	沖　縄	645（642）
愛　知	750（745）	全国加重平均額	737（730）
三　重	717（714）		
滋　賀	709（706）		

※　かっこ書は、平成22年度地域別最低賃金額

局勤労者生活部勤労者生活課

(3) 賃金の支払の確保等に関する法律（賃確法）

この法律は，景気の変動，産業構造の変化その他の事情により企業経営が安定を欠くに至った場合及び労働者が事業を退職する場合における賃金の支払等の適正化を図るため，貯蓄金の保全措置及び事業活動に著しい支障を生じたことにより賃金の支払を受けることが困難となった労働者に対する保護措置その他賃金の支払の確保に関する措置を講じ，もって労働者の生活の安定に資することを目的とする法律である（賃確1条）。

既に退職した労働者に対する賃金の支払が遅延している場合に（退職金を除く），その退職の日の翌日から発生する遅延利息（損害金）の利率を年14.6％と定めているのが特徴である（同6条）。

また，事業主が倒産した場合などにおける，未払賃金の立替払制度について規定している（同7条）。制度の詳細については，**第4章「賃金に関する基礎知識」**154頁以下を参照されたい。

(4) 労働安全衛生法（労安衛法）

この法律は，労働災害防止のための危害防止基準の確立，責任体制の明確化及び自主的活動の促進の措置を講ずる等その防止に関する総合的計画的な対策を推進することにより職場における労働者の安全と健康を確保するとともに，快適な職場環境の形成の促進を目的とする法律である。

労安衛法は，使用者が遵守すべき安全衛生の最低基準を定めたものであるが，それにとどまらず，職場の安全と労働者の健康を確保するために有害な材料や危険な機械の製造関係や，危険防止を怠った元請事業者・注文者などに対しても罰則を科している点に特徴がある。また，職場の安全・衛生の確保と労働者の健康の増進及び快適な職場環境の形成のために事業主に対しいくつかの努力義務を課している。そのため，各事業活動において必要な資格を有する業務を免許や技能講習，特別教育などを通して取得することを義務付けている。

労安衛法の「労働者」及び「事業主」は，基本的に労基法上の「労働者」（労基9条）と「使用者」（同10条）と同じ概念である。また，多くの規定に労基法と同様に処罰規定を置いているが，他方，本法は労基法や最賃法のような労働契約に対する直律的効力（同13条，最賃4条2項）を規定していない（菅野和夫

『労働法〔第9版〕』343頁参照）という特徴がある。

(5) 労働者派遣事業の適正な運営の確保及び派遣労働者の保護等に関する法律（労働者派遣法）

　この法律は，労働者派遣事業を職業安定法による労働者供給事業の禁止の範囲から除外するとともに，派遣労働者の保護のために，派遣元企業の事業規制と，派遣先企業の取引上，就業管理上の規制を行っている。

　本法の基本的性格は，事業の開始と運営に対する罰則付きの行政的取締法規であるが，契約関係に対する規制も行っており，強行規定も含まれている。

　労働者派遣法の詳細は，本章108頁以下で説明する。

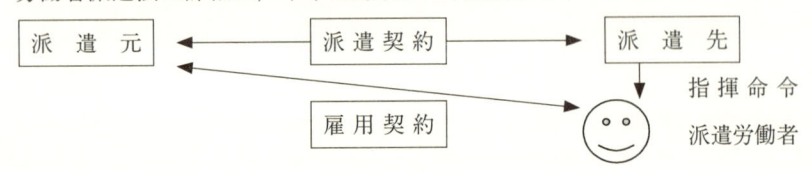

```
┌─────┐  ←──派遣契約──→  ┌─────┐
│派 遣 元│                    │派 遣 先│
└─────┘  ←─────────────    └─────┘
                                    ↘  指揮命令
            雇 用 契 約              ☺
                                      派遣労働者
```

(6) 雇用の分野における男女の均等な機会及び待遇の確保等に関する法律（男女雇用機会均等法）

　この法律は，雇用の分野における男女の均等な機会及び待遇の確保を図るとともに，女性労働者の就業に関して妊娠中及び出産後の健康の確保を図る等の措置を推進することを目的とする法律である。性別を理由とする差別については，労基法4条により賃金差別のみが禁止されているところ，これ以外の差別については，一定の範囲で判例法理による展開がみられてきたが，昭和60年国連女性差別撤廃条約の批准のための整備の一環として本法は制定された（昭和61年4月施行）。

　制定当初の男女雇用機会均等法は，女性労働者のための片面的な差別禁止と就業の援助を図る性格を持つ法律であり，雇用における男女平等の実現という観点からは不十分な面が多かったため，平成9年に男女差別の規制の強化・拡充がなされた。すなわち，①募集・採用，配置・昇進，教育訓練についての従来の努力義務規定が禁止規定となり，また，②募集・採用，配置・昇進などで女性のみを対象とする従来の片面性を指針により修正し，より差別解消のための実効性確保の措置が強化された。さらに，③差別に関する紛争解決手続が整

備され，同時に④セクシュアルハラスメント防止のための事業主の配慮義務規定が新設されるなど，大幅な改正がなされた。しかし，なお女性に対する差別を禁止する片面的性格を残し，規制も使用者の一定の行為に限定されている点などで課題が残るものとなった。

そこで平成18年の法改正において，①男性に対する差別，②省令で規定する性別以外の事由を理由とする間接的な差別，③婚姻，妊娠，出産等を理由とする不利益扱い，などが禁止の対象に加えられ，④差別的取扱いが禁止される事項についても，降格，職種，雇用形態の変更，退職勧奨，雇止めが追加された。また，⑤努力義務であったセクシュアルハラスメント防止のための事業主の配慮義務が措置義務とされ，強化されるとともに，男性も対象とされた。

なお，都道府県労働局長は，労働者と使用者との間で紛争が生じ，当事者からその解決について援助を求められた場合には，必要な助言，指導又は勧告ができ，さらに，調停の申請があり，紛争解決の必要があると認めるときは，個別労働関係紛争の解決の促進に関する法律で定める紛争調整委員会に調停を行わせることができるようになった。

男女雇用機会均等法上の差別禁止規定は，基本的には強行規定と解されるため，解雇や配転・出向などの法律行為であれば無効となり，事実行為としては不法行為責任を生じさせると解される。また，特定の規定については，具体的措置を指針として定めているものがあるが，指針に則った措置の是非は，裁判における考慮要素になり得るものとして重要な意味を持つ。

(7) **短時間労働者の雇用管理の改善等に関する法律（パートタイム労働法）**

この法律は，短時間労働者の適正な労働条件の確保，雇用管理の改善，通常の労働者への転換推進，福利厚生の充実等を目的とする法律である。パートタイム労働法は，制定当初は事業主の努力義務を定めたにすぎず，実効性の確保の面で課題が残るものであったが，近年の非正規労働者の増加や格差問題を背景に平成19年6月に規制を強化する形で大幅な改正がなされた。

パートタイム労働法ならびにパートタイム労働者については，本章96頁以下で詳述する。

(8) 労働者災害補償保険法（労災法）

(a) 労働者災害補償保険

業務上の事由又は通勤による労働者の負傷，疾病，障害，死亡等に対して迅速かつ公正な保護をするため，必要な保険給付を行い，あわせて，業務上の事由又は通勤により負傷し，又は疾病にかかった労働者の社会復帰の促進，当該労働者及びその遺族の援護，労働者の安全及び衛生の確保等を図り，もって労働者の福祉の増進に寄与することを目的とする（労災1条）。

(b) 適用される事業所

労働者を使用する事業を適用事業とする。労働者は，労基法の「労働者」と同じ概念である。非適用事業（国の直営事業及び官公署の事業）及び暫定任意適用事業（個人経営の農林，畜産，水産の事業で小規模）を除く全事業は強制適用事業で，保険料を支払っていない事業主の下での労働災害についても，保険給付はなされる。

(c) 特別加入制度

自動車運送業・土木建築業等の個人業者・一人親方，これら事業主の事業の従事者，家内労働者などについても労災保険への特別加入制度が設けられている。

(d) 保険料

政府は事業主から保険料を徴収する。

(9) 育児休業，介護休業等育児又は家族介護を行う労働者の福祉に関する法律（育児・介護休業法）

この法律は，育児・介護休業に関する制度並びに子の看護休暇に関する制度を設けるとともに，育児・介護を行う労働者に対する支援措置を講ずることにより，雇用の継続及び再就職の促進を図り，もってこれらの者の職業生活と家庭生活との両立に寄与することを目的とする法律である。

育児・介護休業法は，女性だけでなく男性にも休業の権利を保障するものであり，労働基準法の産前産後休業（労基65条）や育児時間（同67条）のような女性のみの規定とは異なる。

以下，育児休業と介護休業に分けて整理する。

(a) 育児休業

1歳未満の子を養育する労働者は，日々雇用される者を除いて，当該子が1

歳になるまでの一定の期間，育児休業を申し出ることができる（育児介護5条1項）。これに対し，事業主は一定の場合を除き，原則として申出を拒むことができない（同6条1項）。この育児休業権は，強行的権利であり，当事者でこれを排除する合意をしても無効である。なお，期間雇用労働者については，当該事業主に継続雇用されている期間が1年以上あり，子が1歳に達する日を超えて引き続き雇用されることが見込まれる者であれば申出ができる（同5条1項ただし書）。

休業期間中の賃金については，事業主は支払う義務がなく，あくまで労使の私的自治に委ねられる。しかし，この間の所得保障のため要件を満たす労働者には雇用保険から休業開始前の賃金の50％が「育児休業給付」として支給される（雇保61条の4）。

また，事業主は，労働者が育児休業の申出をし，又は取得したことを理由として，解雇その他不利益な取扱いをしてはならないとされている（育児介護10条）。ここでいう，不利益扱いとは，あくまで育児休業の申出や取得自体を理由とするものである。前述したように，休業期間中の賃金について，ノーワーク・ノーペイの原則に基づき賃金請求権は発生しないとすることは，不利益扱いではなく，また，労務を提供し得なかった部分に応じて，賞与の支給額に差を設けることも不利益扱いに当たらない。判例は，昇給の要件や賞与支給の要件として出勤率の要件を定め，産前産後休業や育児休業の期間を欠勤日として取り扱うことにより，昇給の見送りや賞与を不支給とするような，実質的に権利行使を抑制し，法の趣旨を没却する取扱いを公序良俗に反し無効と判断している（日本シェーリング事件・最判平元・12・14民集43巻12号1895頁，東朋学園事件・最判平15・12・4労判862号14頁）。

なお，育児・介護休業法は，仕事と家庭の両立支援策を更に充実させ，子育て期間中の働き方の見直しや仕事を継続しやすい仕組みづくりと父親も子育てができる働き方の実現を目指し，平成21年6月に以下のように改正された。

① 子の出産後8週間以内に父親が育児休業を取得した場合，特別な事情がなくとも，再度，育児休業を取得することが可能となった（育児介護5条2項）。
② 労使協定により専業主婦（夫）の夫（妻）などを育児休業の対象外にで

③ 父母がともに育児休業を取得する場合は，育児休業取得可能期間を1歳から1歳2ヵ月まで延長された（同9条の2）。
④ 小学校入学前の子が2以上の場合には，子の看護休暇制度が年5日から年10日まで拡充された（同16条の2）。
⑤ 3歳未満の子を養育する労働者について，短時間勤務制度（1日6時間）を設けることを事業主の義務とし，労働者からの請求があったときは，所定労働時間を超えて労働させてはならないことになった（同23条1項・16条の8）。
⑥ 配偶者が専業主婦（夫）や育児休業期間中である場合等の労働者について，子が小学校に入学するまで，時間外労働の制限を請求することができるようになった（同17条1項）。
⑦ 育児・介護休業法に定める事項についての紛争に関し，紛争の当事者である労働者，事業主の双方又は一方からその解決について援助を求められた場合，都道府県労働局長が助言，指導又は勧告を行うことによって紛争解決の援助を行う仕組みが整備された（同52条の4）。
⑧ 育児・介護休業法に定める事項についての紛争に関し，紛争の当事者である労働者，事業主の双方又は一方から申請があった場合，個別労働紛争の解決の促進に関する法律の紛争調整委員会に調停を行わせることができることとなった（同52条の5）。

(b) **介護休業**

要介護状態にある配偶者，父母，子，配偶者の父母及び同居し，かつ，扶養している祖父母，兄弟姉妹，孫を持つ労働者は，日々雇用される者を除いて，要介護者1人につき，要介護状態に至ったごとに1回，通算93日の範囲内で休業することができる（育児介護2条4号・5号・11条）。ここでいう，「要介護状態」とは，負傷，疾病又は身体上若しくは精神上の障害により，厚生労働省令で定める期間にわたり常時介護を必要とする状態をいう（同2条3号）。また，期間雇用労働者のうち，当該事業主に継続雇用されている期間が1年以上あり，介護開始予定日から起算して93日を経過する日を超えて引き続き雇用されることが見込まれる者は対象となる（同5条1項ただし書）。

なお，平成21年6月の育児・介護休業法の改正により，要介護状態にある対象家族の介護その他の厚生労働省令で定める世話を行う労働者は，事業主に申し出ることにより，要介護状態にある対象家族が1人の場合は年5日，2人以上の場合は年10日を限度として，介護休暇を取得することができる規定が新たに創設された（同16条の5・16条の6）。

休業期間の賃金の支払については，育児休業と同様，雇用保険から休業開始前の賃金の50％が「介護休業給付」として支給される。

その他，介護休業に関しても介護休業を申し出た労働者の不利益扱いの禁止（同16条）や時間外労働の制限（同18条），深夜業免除の請求権（同20条），勤務時間の短縮等の措置（同23条2項）などの規定が置かれている。

③ 集団的労働関係法

労働者の団体である労働組合と使用者若しくは使用者団体との関係や，労働組合内部の規律などに関して定める法律の総称である。

(1) 労働組合法（労組法）

憲法で保障されているいわゆる労働三権（団結権，団体交渉権，団体行動権——憲法28条参照）を具体化した法律である。

この法律は，「労働者が使用者との交渉において対等の立場に立つことを促進することにより労働者の地位を向上させること」を根本目的としており，さらに，使用者との交渉において労働者側が自らの代表者を選出したり，労働組合を結成したりすることを擁護することや，使用者と労働者が労働協約を締結するための団体交渉をすることやその手続を助成することを目的とすると定めている（以上，労組1条参照）。

上記の目的に沿った正当な団体交渉や争議行為であれば，労働者は刑事上及び民事上免責される（同条2項・8条）。更に同法では，労働組合の結成や加入などを理由とした労働者への不利益な取扱い（解雇など）等を不当労働行為とし（同7条），そのような行為があった場合の救済制度（同27条以下）を設けるなどして，労働者個人の保護を図るとともに，労働協約については規範的効力（同16条）及び一般的拘束力（同17条・18条）を認め，労働組合の活動を助成している。

(2) 労働関係調整法（労調法）

「この法律は，労働組合法と相俟って，労働関係の公正な調整を図り，労働争議を予防し，又は解決して，産業の平和を維持し，もって経済の興隆に寄与することを目的とする。」（労調1条）

この法律では，労働争議の調整手続として，斡旋（「第2章」），調停（「第3章」）及び仲裁（「第4章」）の3つの手続について定めており，各手続の進め方が規定されている。

しかし同法において最も強調されているのは，使用者と労働者という労働関係の当事者が「自主的に」労働争議の発生の防止及び発生してしまった労働争議の解決に努めなければならないということである（同2条～4条）。

したがって，上記の3つの制度を規定した一連の条文の最後にいずれも，「この章の規定は，労働争議の当事者が，双方の合意又は労働協約の定により，別の（斡旋・調停・仲裁）方法によって，事件の解決を図ることを妨げるものではない」（同16条・28条・35条）とする規定が置かれている。

④ 雇用保障法

労働者の就職のサポートや，失業した場合の保障等について定める法律の総称である。労働市場法と呼ばれることもある。

(1) 職業安定法（職安法）

① 職業安定法は，「公共職業安定所その他の職業安定機関が関係行政庁又は関係団体の協力を得て職業紹介事業等を行うこと」と「職業安定機関以外の者の行う職業紹介事業等が労働力の需要供給の適正かつ円滑な調整に果たすべき役割にかんがみその適正な運営を確保すること」を目的とする（職安1条）。

② 公共職業安定所と民間職業紹介事業者の基本ルール
・職業を自由に選択することができる（同2条）。
・職業紹介，職業指導等について，差別的取扱いを受けることがない（同3条）。
・従事すべき労働条件を明示しなければならない（同5条の3）。
・労働者の個人情報を収集し，保管し，又は使用するに当たっては，その業務の目的の達成に必要な範囲内でしなければならない（同5条の4）。

- 法令違反がない限り，求人の申込みはすべて受理しなければならない（同5条の5・5条の6）。
- 求職者に対しては，その能力に適合する職業を紹介し，求人者に対しては，その雇用条件に適合する求職者を紹介するように努めなければならない（同5条の7）。

③ 民間事業者の規制
- 有料の職業紹介事業を行おうとする者は，厚生労働大臣の許可を受けなければならない（同30条）。
- 職業紹介に通常必要となる経費等を勘案して厚生労働省令で定める種類及び額の手数料を徴収する場合，あらかじめ厚生労働大臣に届け出た手数料表に基づき手数料を徴収する場合の他，求職者からは手数料を徴収してはならない（同32条の3）。

④ 労働者供給事業の禁止（同44条）。

⑤ 罰則・処罰規定がある（同64条・65条）。

(2) **雇用保険法（雇保法）**

雇用保険は，労働者が失業した場合及び労働者について雇用の継続が困難となる事由が生じた場合に必要な給付を行う（雇保1条）。

失業等給付は，「求職者給付」「就職促進給付」「教育訓練給付」及び「雇用継続給付」とする（同10条）。

(a) **求職者給付**

原則として，離職の日以前2年間に，被保険者期間が通算して12ヵ月以上であったときに，支給する（雇保13条）。

(b) **就職促進給付**

安定した職業に就いた者であって，基本手当の支給残日数が所定給付日数の3分の1以上かつ45日以上である者には，手当を支給する。

(c) **教育訓練給付**

労働者が自己の能力を高めるために職場外で自主的に教育訓練を受けた場合に，費用の2割に相当する額（上限10万円）を支給するもの，適用対象となる教育訓練給は，厚生労働大臣によって指定される。一般被保険者であった期間が3年以上などの要件がある。

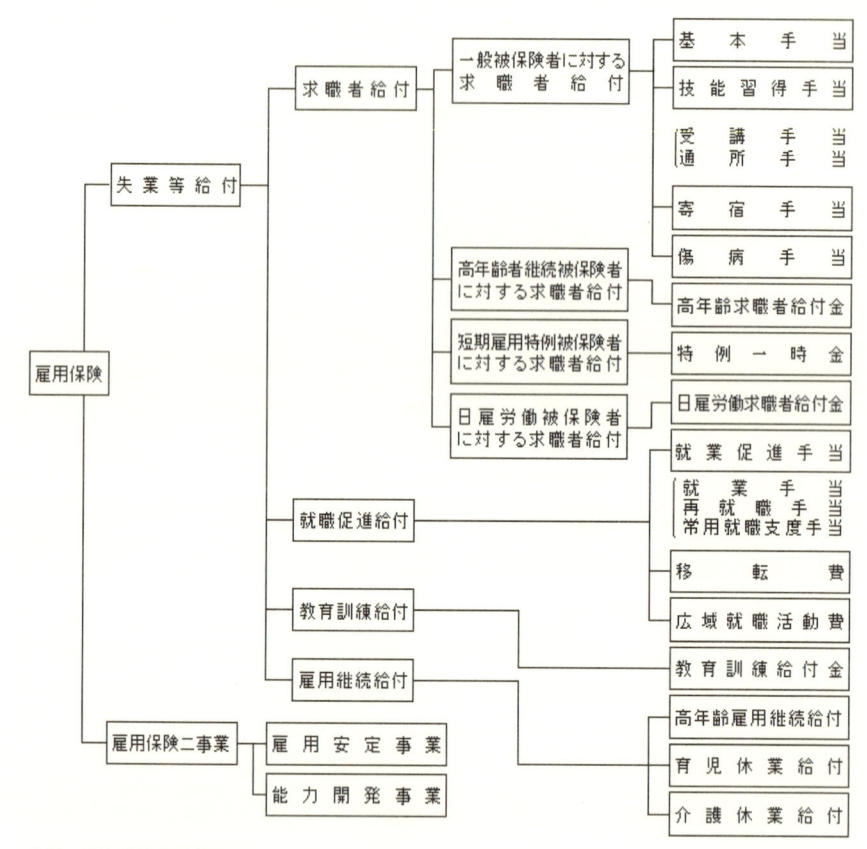

```
雇用保険 ─┬─ 失業等給付 ─┬─ 求職者給付 ─┬─ 一般被保険者に対する求職者給付 ─┬─ 基本手当
         │              │              │                                  ├─ 技能習得手当
         │              │              │                                  ├─ 受講手当／通所手当
         │              │              │                                  ├─ 寄宿手当
         │              │              │                                  └─ 傷病手当
         │              │              ├─ 高年齢継続被保険者に対する求職者給付 ─ 高年齢求職者給付金
         │              │              ├─ 短期雇用特例被保険者に対する求職者給付 ─ 特例一時金
         │              │              └─ 日雇労働被保険者に対する求職者給付 ─ 日雇労働求職者給付金
         │              ├─ 就職促進給付 ─┬─ 就業促進手当（就業手当／再就職手当／常用就職支度手当）
         │              │              ├─ 移転費
         │              │              └─ 広域就職活動費
         │              ├─ 教育訓練給付 ── 教育訓練給付金
         │              └─ 雇用継続給付 ─┬─ 高年齢雇用継続給付
         │                              ├─ 育児休業給付
         │                              └─ 介護休業給付
         └─ 雇用保険二事業 ─┬─ 雇用安定事業
                          └─ 能力開発事業
```

出所：厚生労働省職業安定局

(d) **雇用継続給付**

「高年齢雇用継続給付」「育児休業給付」「介護休業給付」の3種類がある。

(3) **高年齢者等の雇用の安定等に関する法律（高年齢者雇用安定法）**

　この法律は，主に定年の引上げ，継続雇用制度の導入等による高年齢者の安定した雇用の確保，高年齢者等の再就職の促進などの措置を講ずることによって，高年齢者等の雇用の安定を図ることを目的とする法律である。

　同法は，事業主に対し，60歳を下回る定年を強行的に禁止し（高年齢雇用安定8条），65歳未満を定年と定めている事業主に対しては，(ｱ)定年の引上げ，(ｲ)

継続雇用制度の導入，あるいは(ウ)定年の廃止のいずれかの措置を講じなければならない（同9条1項），と規定する。60歳を下回る定年の定めは無効であり，この場合，定年の定めがないことになる点に注意を要する。この高年齢者の雇用確保措置に係る年齢は，経過措置として，平成25年4月1日までに次のとおり段階的に引き上げられることになっている（同法附則4条1項）。また，平成25年3月31日までの間，高年齢者雇用確保措置に関する義務は，努力義務とされている（同4条2項）。

平成18年4月1日～平成19年3月31日	62歳
平成19年4月1日～平成22年3月31日	63歳
平成22年4月1日～平成25年3月31日	64歳
平成25年4月1日以降	65歳

　厚生労働大臣は，高年齢者雇用確保措置に違反している事業主に対し，必要な指導及び助言をすることができ（同10条1項），指導又は助言をした場合において，なお事業主が違反していると認められるときは，上記措置を講ずべきことを勧告することができる（同条2項）。

　同法は，急速な高齢化の進展等に対応し，高年齢者の安定した雇用の確保等を図るため，平成24年8月29日，その一部を改正する法律が成立し，平成25年4月1日から施行されることとなった。同改正法の内容は，次のとおりである。

① 　高年齢者雇用確保措置義務を努力義務とする経過措置は廃止され（附則4条2項削除），措置義務とする本則9条1項の規定が適用されることとなった。

② 　継続雇用制度の対象となる高年齢者につき，事業主が労使協定により基準を定め，当該基準に基づく制度を導入したときは，継続雇用制度を導入したものとみなす措置は廃止された。

③ 　継続雇用制度の対象となる高年齢者が雇用される事業主の範囲を，当該事業主の経営を実質的に支配可能な関係にある事業主などの特殊関係事業主にまで拡大した（同9条2項）。

④ 　厚生労働大臣は，高年齢者雇用確保措置義務に関する勧告に従わなかっ

たときは，その旨を公表することができるとされた（同10条3項）。

なお，平成16年の高年齢者雇用安定法の改正により，シルバー人材センターは，労働者派遣法の特例として，届出により臨時的・短期的又は軽易な作業に関する一般労働者派遣事業を行うことができるようになったが（同42条5項・6項），シルバー人材センターとその業務に就業する高齢者とは雇用契約関係ではなく，請負又は委任契約の関係に立つとされ，基本的には労働者性は否定される可能性が高い。しかし，裁判例の中には，会員の就業中の負傷につき，シルバー人材センターに民法715条の使用者責任が認められた事例（大阪シルバー人材センター事件・大阪地判平14・8・30労判837号29頁）も存在する。

(4) 障害者の雇用の促進等に関する法律（障害者雇用促進法）

この法律は，身体障害者又は知的障害者（以下「障害者」という）の雇用の促進のための措置，職業リハビリテーションの措置，その他障害者がその能力に適合する職業に就くこと等を通じて，障害者の職業生活における自立と職業の安定を図ることを目的とする法律である。

障害者雇用促進法は，すべての事業主は障害者の雇用に関し，障害者である労働者が有為な職業人として自立しようとする努力に対して協力する責務を有し，当該労働者の能力を正当に評価し，適当な雇用の場を与えるとともに適正な雇用管理を行うことによりその雇用の安定を図るように努めなければならない（障害者雇用促進5条），と規定する。また，事業主は，その雇用する障害者である短時間労働者が，フルタイムの雇用への移行を希望したときは，当該短時間労働者に対し，その有する能力に応じた適切な待遇を行うように努めなければならない（同80条）。

これらは，いずれも努力義務であるため，使用者が適切な雇用管理措置をとらなかったとしても，直ちに私法上の効力を生じさせるわけではないが，公法上は行政指導等の根拠規定となり得るものである。

また，障害者雇用促進法は，事業主は進んで障害者の雇入れに努めなければならない（同37条），と規定した上，国，地方公共団体及び事業主に対し，政令で定める雇用率に達する人数の障害者を雇用すべき義務を課している。そして，厚生労働大臣は，雇用率を満たしていない事業主に対して障害者の雇入れ計画の作成を命ずることができ，この計画が著しく不適当である場合は，その変更

の勧告を，また，特に必要があると認めるときは，計画を作成した事業主に対して，その適正な実施に関し勧告をすることができる（同46条）。さらに，事業主が正当な理由なく，上記勧告に従わないときは，その旨を公表することができる（同47条）。

(5) 個別労働関係紛争の解決の促進に関する法律（個別労働関係紛争解決促進法）

この法律は，労働条件その他労働関係に関する事項についての個々の労働者と事業主との間の紛争（労働者の募集及び採用に関する事項についての個々の求職者と事業者との間の紛争「個別労働関係紛争」を含む）について，あっせんの制度を設けること等により，その実情に即した迅速かつ適正な解決を図ることを目的とする（個別労働1条）。

(a) **総合労働相談**

都道府県労働局長は，個別労働関係紛争を未然に防止し，及び個別労働関係紛争の自主的な解決を促進するため，労働者，求職者又は事業主に対し，労働関係に関する事項並びに労働者の募集及び採用に関する事項についての情報の提供，相談その他の援助を行うものとする（個別労働3条）。これを受けて，各所に総合労働相談コーナーを設け，労働関係に関する相談に応じている。

(b) **都道府県労働局長による助言・指導**

都道府県労働局長は，個別労働関係紛争に関し，当該個別労働関係紛争の当事者の双方又は一方からその解決につき援助を求められた場合には，当該個別労働関係紛争の当事者に対し，必要な助言又は指導をすることができる（個別労働4条1項）。助言又は指導をするため必要があると認めるときは，広く産業社会の実情に通じ，かつ，労働問題に関し専門的知識を有する者の意見を聴くものとする（同4条2項）。

(c) **紛争調整委員会によるあっせん**

都道府県労働局長は，個別労働関係紛争（労働者の募集及び採用に関する事項についての紛争を除く）について，当事者の双方又は一方からあっせんの申請があった場合において，必要があると認めるときは，紛争調整委員会にあっせんを行わせるものとする（個別労働5条1項）。

都道府県労働局に，紛争調整委員会を置く（同6条1項）。委員会は，あっせ

個別労働紛争解決システムのスキーム

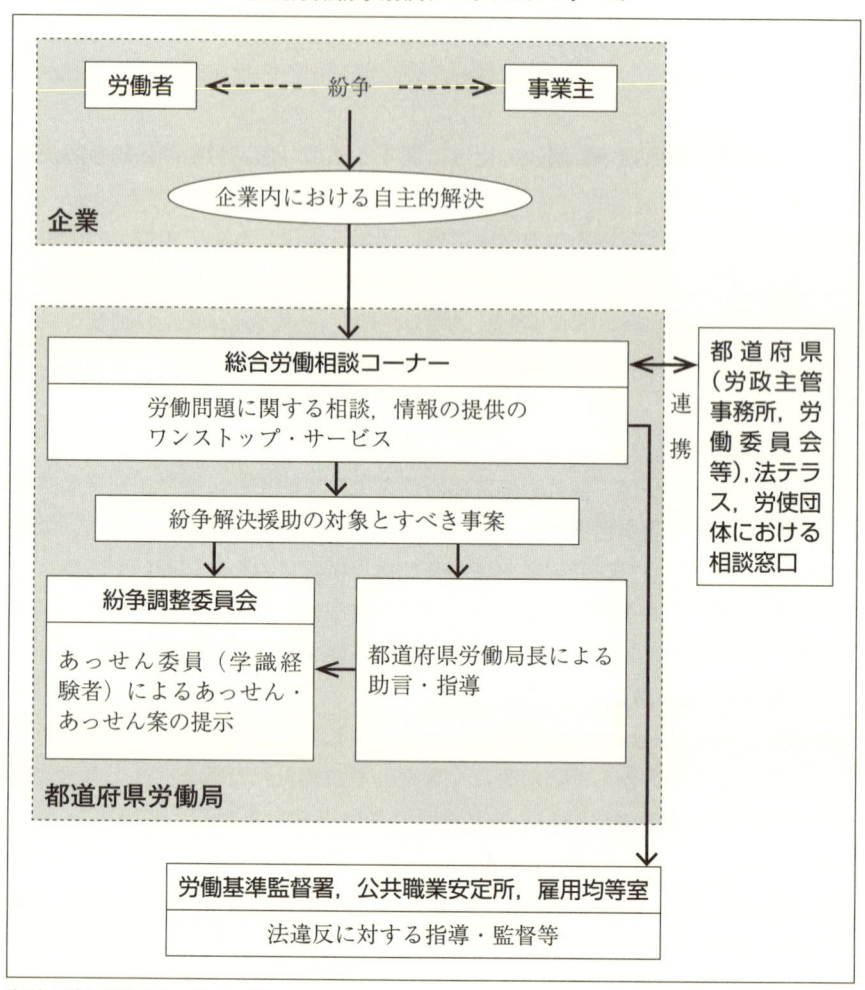

```
企業
  労働者 <----紛争----> 事業主
           ↓
    企業内における自主的解決
           ↓

都道府県労働局
  総合労働相談コーナー  <---連携--->  都道府県
  労働問題に関する相談，情報の提供の              （労政主管
  ワンストップ・サービス                          事務所，労
           ↓                                    働委員会
  紛争解決援助の対象とすべき事案                  等），法テラ
           ↓                                    ス，労使団
  紛争調整委員会    都道府県労働局長による      体における
  あっせん委員（学識経   助言・指導              相談窓口
  験者）によるあっせん・
  あっせん案の提示

  労働基準監督署，公共職業安定所，雇用均等室
      法違反に対する指導・監督等
```

出所：厚生労働省ホームページ

んを行う機関とする（同6条2項）。委員会は，3人以上で政令で定める人数以内の委員をもって組織する（同7条1項）。委員は，学識経験を有する者のうちから，厚生労働大臣が任命する（同条2項）。委員会によるあっせんは，3人のあっせん委員によって行う。あっせん委員は，紛争当事者間をあっせんし，双

【あっせん申請書記載例】

<table>
<tr><th colspan="3" style="text-align:center">あっせん申請書</th></tr>
<tr><td rowspan="7">紛争当事者</td><td rowspan="2">労働者</td><td>氏　名</td><td>労　働　太　郎</td></tr>
<tr><td>住　所</td><td>〒○○○－○○○○
東京都○○区○○○－○○－○○
電話○○（○○○）○○○○</td></tr>
<tr><td rowspan="2">事業主</td><td>氏　名
又は名称</td><td>株式会社○○○○</td></tr>
<tr><td>住　所</td><td>〒○○○－○○○○
東京都○○区○○○－○○－○○
電話○○（○○○）○○○○</td></tr>
<tr><td colspan="2">※上記労働者に係る事業場の名称及び所在地</td><td>（株式会社○○○○　○○支店
〒○○○－○○○○
東京都○○区○○○－○○－○○）
電話○○（○○○）○○○○</td></tr>
<tr><td colspan="2">あっせんを求める事項及びその理由</td><td>　申請人は，平成20年４月１日に入社し，総合職従業員として勤務してきたが，平成24年８月31日，社長から勤務状況が著しく不良で改善の見込みがないこと及び職務能力，作業能率が著しく劣り，向上の見込みがないことを理由として，同日付けで解雇を通告された。
　本件解雇は，客観的に合理的な理由を欠くものであり，本件解雇は無効である。しかし，相手方は，本件解雇が就業規則第32条１項及び同条３項に基づくことを理由に解雇の撤回に応じてくれない。よって，解雇の撤回を求めて本件申請をするものである。</td></tr>
<tr><td colspan="2">紛　争　の　経　過</td><td>　平成24年７月31日の業務終了後，上司である○○部長から同年８月の最終出勤日をもって，退職して欲しい旨の通告を受けた。申請人は，その理由に納得がいかず抗議をしたが，その後は，度々，自己都合による退職を勧められるようになった。同年８月25日付書面で本件退職勧奨を正式に拒否したところ，本件解雇に至った。</td></tr>
<tr><td colspan="2">その他参考となる事項</td><td>訴訟は提起していない。また，他の救済機関も利用していない。会社には労働組合はない。</td></tr>
</table>

　　平成○○年○○月○○日

　　　　　　　　　　　申請人　氏名又は名称　　労　働　太　郎　㊞

　　　　○○　労働局長　殿

方の主張の要点を確かめ，実情に即して事件が解決されるように努めなければならない（同12条）。必要に応じ，参考人から意見を聴取し，又はこれらの者から意見書の提出を求め，事件の解決に必要なあっせん案を作成し，これを紛争当事者に提示することができる（同13条1項）。あっせん案の作成は，全員一致をもって行うものとする（同条2項）。

合意が成立した場合には，通常，民法上の和解契約（民695条）として取り扱われる。あっせんによっては紛争の解決の見込みがないと認めるときは，あっせんを打ち切ることができる（個別労働15条）。

II 労働契約

1 労働契約法の概要

(1) 労働契約法の成立

労働契約関係における基本立法である労働契約法が，平成19年12月5日に成立し，平成20年3月1日から施行されている。

これまで，使用者と労働者の契約関係を規制する法制度としては，対等・平等な当事者間の契約を前提とした民法に雇用に関する規定（民623条以下）が設けられていたが，独立した法律は存在しなかった。

その一方で民法とは別に，労働者保護の観点から，罰則と行政監督を予定する労働基準法，最低賃金法，労働安全衛生法などによって，労働条件の最低基準に関する規制が行われてきた。

しかし，民法と労働基準法等の労働法だけで労働契約関係のすべてをカバーすることはできず，その間隙を埋めるものとして，裁判所が，解雇権濫用法理や就業規則法理などをはじめとする数多くの労働契約の判例法理を形成してきた。これらの判例法理は，主として，企業の中核的人材を長期的に内部育成し活用するという長期雇用システムを前提とし，使用者の権限行使の行き過ぎを抑制する法理として形成されてきたものだといえる。

そして，紛争が発生した場合，最終的には裁判所の判断により処理されることになるが，個別労働紛争の分野においては，労働契約の判例法理が重要な役割を果たしてきた。ところが，これらは裁判所が個々の訴訟事件の処理を通じ

て形成してきたものであるため，労働法の専門家でないと認識が困難な不透明なルールでもあった。

　個別労働紛争が少なかった時代には，労働契約関係の問題は通常の民事訴訟とそこでの判例法理の援用に委ねることで足りたといえるかもしれない。しかし，バブル崩壊以降，**第1章**「個別労働紛争の現状」で述べたとおり，労働関係民事訴訟が3倍以上に増加し，労働関係行政機関への相談件数も飛躍的に増加したことから，一方で裁判に代わる簡易・迅速な新たな紛争解決制度の創設，他方で体系的でわかりやすい解決や未然防止に資するルールの整備が求められることになった。

　そして，前者については，平成13年に個別労働関係紛争解決促進法に基づく都道府県労働局による相談・助言・あっせんサービスが開始され，平成18年4月からは労働審判手続が開始されたことにより，個別労働紛争に関する紛争解決システムが整備された。

　後者については，労働契約関係に関する実体法の整備が課題となっていたが，平成19年，上記の労働契約の判例法理を基礎として，労働契約の成立，展開，終了に関する労働法上の原則と基本的なルールを定めた労働契約法が制定されるに至った。

　これによって，個別労働紛争に関する手続面と実体面での体制が，一応，整えられたことになる。

　しかし，労働市場における非正規労働者の割合が増大している中で，有期労働契約に関する明確な規定がないことから，有期契約労働者の雇用の不安定さや待遇格差などの問題が指摘されるようになった。そのため，平成21年2月，厚生労働省労働基準局長の委嘱を受けて，「有期労働契約研究会」が設置され，平成22年9月10日に「有期労働契約研究会報告書」が公表された。

　その後，平成22年10月に労働政策審議会労働条件分科会に，有期労働契約法制の在り方の検討について諮問がなされ，議論の末，平成24年3月23日に「法律案要綱」に基づく労働契約法の「改正法案」が閣議決定されるに至った。

　こうして，有期労働契約の適正な利用のためのルールを明確にするために，平成24年8月3日，労働契約法の一部を改正する法律が成立し，同年8月10日に公布された。

同改正労働契約法は，有期契約労働者の雇用の安定化を図るため，有期労働契約が一定の要件を満たす場合に，労働者の申込みにより無期労働契約に転換させる仕組みなどを設けている。改正の内容は，次のとおりである。

(a) **有期労働契約の無期労働契約への転換**
① 同一の使用者との間で締結された2以上の有期労働契約の契約期間を通算した期間が5年を超える労働者が，当該使用者に対し，現に締結している有期労働契約の契約期間が満了する日までの間に，期間の定めのない労働契約の締結の申込みをしたときは，使用者は当該申込みを承諾したものとみなされる。この場合，当該申込みに係る期間の定めのない労働契約の内容である労働条件は，現に締結している有期労働契約の内容である労働条件（契約期間を除く）と同一の労働条件（当該労働条件について別段の定めがある部分を除く）となる（労契18条1項）。
② 有期労働契約の契約期間が満了した日と当該使用者との間で締結されたその次の有期労働契約の契約期間の初日との間に空白期間が6ヵ月以上あるとき等は，当該空白期間前に満了した有期労働契約の契約期間は通算しないとされている（同条2項）。

(b) **有期労働契約の更新等**
有期労働契約であって次のいずれかに該当するものの契約期間が満了する日までの間に当該有期労働契約の更新の申込みをした場合又は当該契約期間の満了後遅滞なく有期労働契約の締結の申込みをした場合であって，使用者が当該申込みを拒絶することが，客観的に合理的な理由を欠き，社会通念上相当であると認められないときは，使用者は，従前の有期労働契約の内容である労働条件で当該申込みを承諾したものとみなされる（同19条）。

（i）当該有期労働契約が過去に反復更新されたことがあって，その契約期間の満了時に当該有期労働契約を更新しないことにより当該有期労働契約を終了させることが，期間の定めのない労働契約を締結している労働者に解雇の意思表示をすることにより当該期間の定めのない労働契約を終了させることと社会通念上同視できると認められること。

（ii）当該労働者において当該有期労働契約の契約期間の満了時に当該有期労働契約が更新されるものと期待することについて合理的な理由があるもので

あると認められること。

(c) **期間の定めがあることによる不合理な労働条件の禁止**

　有期労働契約を締結している労働者の労働契約である労働条件が，期間の定めがあることにより，同一の使用者と期間の定めのない労働契約を締結している労働者の労働条件と相違する場合においては，当該労働条件の相違は，労働者の業務の内容及び当該業務に伴う責任の程度，当該職務の内容及び配置の変更の範囲その他の事情を考慮して，不合理と認められるものであってはならない（同20条）。

　　（注）上記有期労働契約の更新等（労契19条）の規定は，公布日である平成24年8月10日から施行され，無期労働契約への転換（同18条）及び不合理な労働条件の禁止（同20条）の規定は，公布日から起算して1年を超えない範囲内において政令で定める日から施行される。また，労契法18条の規定は，施行の日以後の日を契約期間の初日とする期間の定めのある労働契約について適用し，施行日前の日が初日である期間の定めのある労働契約の契約期間は，同条1項に規定する通算契約期間には，算入しない（附則2条）。

(2)　労働契約法の性格

　労働契約法は，民法の特別法と位置付けられ，労働関係の権利義務を定める上での契約法上の基本ルールを定めた民事法規であり，その効力は私法的効力に限定され，罰則や行政監督（公法的効力）は予定されていない。したがって，労働契約法の実現は，自主的交渉によるか紛争解決機関（最終的には裁判所）を利用して図っていくことになる。

　労働契約法で定められた実体的なルールは，労働者の交渉力格差・経済的格差を考慮した上で，労働者保護の観点を加えて裁判所によって形成された労働契約法理を基礎としたルールであり，労働者の保護が図られることと紛争が未然に防止されることを目的としている。

　また，こうした労働契約のルールを明確な法形式で示すことによって，労使が交渉する際の拠り所となり自主的かつ適正な交渉が促進されること，さらに，紛争解決の準則となることも期待されている。

(3)　労働契約の基本原則

　労働契約法は，労働契約におけるいくつかの原則を同法の基本理念（指導原理）として明らかにしている。

(a) **合意の原則**

労働契約法は，労働契約の根本理念として「合意の原則」を挙げている。すなわち，労働契約は労働者及び使用者が対等な立場での自主的な交渉において合意することによって締結し，変更されるべきであるとして，合意の原則を労働契約のあるべき姿として宣明し，同法の第一の指導原理としている（労契1条・3条1項）。

(b) **均等処遇の原則**

「労働契約は，労働者及び使用者が，就業の実態に応じて，均衡を考慮しつつ締結し，又は変更すべきものとする。」（労契3条2項）とし，均等処遇の原則を宣言している。

第1章で述べたとおり，正規労働者と非正規労働者との間の雇用保障と待遇面での格差が大きな問題となっているが，パートタイム労働者に関しては平成19年6月改正のパートタイム労働法で通常の労働者と同視すべきパートタイム労働者に関する差別的取扱い禁止等の規定が置かれたものの，それ以外の非正規労働者（契約社員，嘱託，臨時社員，派遣労働者等）の均等処遇に関しては立法的介入が未だなされていなかった。

本原則は，労働契約の締結，変更の基本理念として，就業の実態に応じた均等処遇の原則を宣明したものであって，具体的な法的効果を伴うものではないが，具体的な法律問題や労使交渉において援用されうる基本理念だとされる。

企業の経営理念，基本姿勢が問われる場面であり，形式的な法令遵守にとどまらない，法の精神を積極的に守り実践していく姿勢が求められる。

(c) **仕事と生活の調和の原則（ワークライフ・バランス）**

「労働契約は，労働者及び使用者が仕事と生活の調和にも配慮しつつ締結し，又は変更すべきものとする。」と規定する（労契3条3項）。

バブル崩壊以降の人員削減の中で，特に30歳代の男性を中心に週60時間以上の長時間労働に従事する労働者の割合が4分の1近くに増加し，過労死や過労自殺などの労災認定や損害賠償訴訟も増加してきている。また，労働者の心身の健康や家庭生活に深刻な影響を与えている。このような状況を根本的に改善することが国家の基本的課題となり，労働契約法においても本原則が盛り込まれた。

本原則も理念を宣言したにとどまり，具体的な法的効果を伴うものではないが，具体的な法律問題において援用されうる基本理念だと解される。

(d) **信義誠実の原則**

「労働者及び使用者は，労働契約を遵守するとともに，信義に従い誠実に，権利を行使し，及び義務を履行しなければならない。」(労契3条4項)。

この原則は，民法の信義誠実の原則（民1条2項）に対応した規定であり，就業規則の合理的解釈の根拠になると解される。

(e) **権利濫用の戒め**

「労働者及び使用者は，労働契約に基づく権利の行使に当たっては，それを濫用することがあってはならない。」(労契3条5項)。

労働契約の判例法理は，使用者の優越的地位を前提とした権限行使の行き過ぎを抑制する法理として発達してきたものが多い。労働契約法は，それらのうち解雇権濫用法理，懲戒権濫用法理，出向命令権の濫用法理については特別規定が置かれたが，本条は，それら特別規定化されていない権利の濫用を抑制する一般規定として位置付けられることになる。

(f) **労働契約の内容の理解の促進**

「使用者は，労働者に提示する労働条件及び労働契約の内容について，労働者の理解を深めるようにするものと」(労契4条1項)し，「労働者及び使用者は，労働契約の内容について，できる限り書面により確認するものとする」(同条2項)。

これらの規定は訓示規定であって，請求権などの法律効果を生じさせるものではないが，特に前者については，「契約内容の解釈や使用者の権限行使に関する具体的問題において援用されることも考えられる」(菅野和夫『労働法〔第9版〕』76頁)とされる。

2 労働契約

(1) 労働契約の定義

労働契約法には「労働契約」の定義規定は置かれていないが，「労働契約」は「労働者が使用者に使用されて労働し，使用者がこれに対して賃金を支払うことについて，労働者及び使用者が合意することによって成立する」(労契6

条)と規定していることから,「労働契約」とは,「労働者が使用者に使用されて労働し,使用者がこれに対して賃金を支払うことを合意する契約」と解することができる。

また,労働基準法も「労働契約」を定義していないが,同法の規制が及ぶ範囲を画するために,「労働者」は「事業に使用される者で,賃金を支払われる者」(労基9条)と定義していることから,「労働契約」とは,「労働者が使用者の事業に使用されて労働し,使用者がこれに対して賃金を支払うことを合意する契約」と解することができる。

このように労働契約法と労働基準法が適用対象とする「労働契約」は,「事業」に使用されるか否かという点を除けば,基本的に同一である。

なお,労働基準法における「事業」とは,「工場,鉱山,事務所,店舗等の如く,一定の場所において相関連する組織のもとに業として継続的に行われる作業の一体」(昭22・9・13発基17号)をいう。例えば,個人が一時的に職人などを使用する場合,民法の雇用ないし労働契約法の労働契約にはなり得ても,業としての営為がないので,「事業に使用される」とはいえないことになる。

【適用除外】

労働契約法は,同居の親族のみを使用する場合の労働契約には適用されず(労契19条2項),国家公務員及び地方公務員には適用されない(同条1項)。

これに対し,労働基準法は,同居の親族を使用する事業及び家事使用人に適用されず(労基116条2項),現業国家公務員及び現業・非現業の地方公務員については全面的ないし部分的に適用される。

(2) 労働条件の決定と変更

労働条件とは,労働契約関係における労働者の待遇の一切をいう。

まず,労働契約における合意の原則(労契1条・3条1項)から,労働契約の内容である労働条件の決定と変更は,労働者と使用者の合意によるべきことが原則となる。

しかし,労働者と使用者には交渉力の格差があり,また,使用者の指揮命令権に服していることから,現実には,使用者が契約条件を労働者に不利に一方的に決定しがちになる。そこで,労働者保護の観点から,次のような規制がなされている。

(a) **労働契約法と判例法理による規制**

まず，前述したとおり，労働契約法に明文化された労働契約法理（解雇権濫用法理，就業規則法理，懲戒権濫用法理，出向命令権の濫用法理，安全配慮義務）が諸種の準則を設定している。

また，今回，労働契約法に明文化されなかった労働契約法理（整理解雇法理，有期労働契約の雇止め法理など）も，労働契約法を補う法的ルールと位置付けられる。

(b) **労働関係法による規制**

労働基準法と最低賃金法に定められた労働条件は最低の基準であり（労基1条2項，最賃4条1項），それらの基準に達しない労働条件を定める労働契約は，その部分について無効となり，無効になった部分は，労働基準法，最低賃金法で定める基準によることになる（労基13条，最賃4条2項）。

また，労働安全衛生法は，使用者が遵守すべき安全衛生の最低基準を定立し，罰則付きの義務を課している。ただし，同法は，労働契約に対する直律的効力は規定していない。

さらに，労働関係法の中には，時々の政策目標達成のために制定される労働政策立法と呼ばれるものがあるが，これらの中にも労働契約の内容に規制を及ぼすものがある。まず，労働契約関係における権利義務を創設するものとして，育児・介護休業法による「育児休業・介護休業の権利」（育児介護5条1項・11条・12条・15条）などがある。次に，労働契約関係における強行的準則を創設するものとして，男女雇用機会均等法による「性による差別的取扱いの禁止」（雇用均等6条），パートタイム労働法による「通常の労働者と同視すべき短時間労働者に対する差別的取扱いの禁止」（パート8条1項），高年齢者雇用安定法による「60歳未満の定年の禁止」（高年齢雇用安定8条）などがある。

(c) **就業規則による規律**

就業規則とは，労働者の就業上遵守すべき規律及労働条件に関する具体的細目について定められた規則類の総称である。

就業規則で定める基準に達しない労働条件を定める労働契約は，その部分については無効となり，無効となった部分は就業規則で定める基準によることになる（最低基準効，労契12条）。

(d) **労働協約による規律**

労働協約は,「労働組合と使用者又はその団体との間の労働条件その他に関する協定であって,書面に作成され,両当事者が署名又は記名押印」したもの (労組14条参照) と定義される。労働協約は,要式行為であることに注意を要する。

労働協約の適用を受ける場合,労働協約に定める労働条件その他の労働者の待遇に関する基準に違反する労働契約の部分は無効となり,無効となった部分は労働協約の定める基準によることになる。労働契約に定めがない部分についても同様に労働協約の定める基準によることになる (規範的効力,労組16条)。

なお,労働協約の適用を受けるのは,その労働協約を締結した労働組合の組合員だけである。労働協約で定めた労働条件を事業場全体に及ぼすためには,その内容を就業規則に盛り込み,「周知」「合理性」の要件を満たして就業規則の変更を行わなければならない。ただし,「一の工場事業場に常時使用される同種の労働者の4分の3以上の数の労働者が一の労働協約の適用を受けるに至ったときは,当該工場事業場に使用される他の同種の労働者に関しても,当該労働協約が適用される」(一般的拘束力,労組17条)。

(e) **労働契約法・民法等の一般的規定や任意規定・労使慣行による補充**

合意に優越する規範が存在しない事項については,当事者の合意によるべきことになるが,合意内容が一義的に明確でない場合にその合意内容を探求したり,そもそも合意が存在しない場合にはそれを補充したり,更に著しく不合理な合意の場合にはその効力を制限したりする必要がある。それらの場合には,労働契約法の基本原則 (労契3条4項・5項など),民法の一般規定 (民1条2項・3項・90条・536条2項など) や「雇用」に関する規定 (同623条以下) などが適用されることになる。

(3) **法令・労働協約・就業規則の優劣関係**

労働契約の一定の内容に関して,法令・労働協約・就業規則などの規範が競合してそれらの間に相違がある場合,いずれの規範が優先して適用されるのかが問題となる。

これらの規範の序列を図式的に示せば,次のようになる。

法令(強行規定) > 労働協約 > 有利特約 > 就業規則 > 労働契約 > 任意規定

(a) **法令（強行規定）と労働協約・就業規則・労働契約との優劣関係**

就業規則は当該事業場に適用される法令に反してはならない（労契13条・労基92条）。また，労働協約も，法令（強行規定）に反してはならないことは当然である。さらに，労使当事者間の個別の労働契約も，法令（強行規定）に違反する場合には無効となる（労基13条，最賃4条2項）。

ただし，強行規定の内容が最低の労働条件を定めるものであって，労働協約・就業規則・労働契約で定める労働条件がその基準を上回る場合には，労働協約・就業規則・労働契約の定めが優先することになる。

(b) **労働協約と就業規則・労働契約との優劣関係**

就業規則は，使用者と労働組合との合意の結果である労働協約には反し得ない（労基92条1項）。ただし，就業規則に優越するのは労働協約の規範的効力を有する部分に限られる（労組16条）。

労使当事者間の個別の労働契約も，使用者と労働組合との合意の結果である労働協約には反し得ない。

なお，団体交渉はギブ・アンド・テイクの取引であるため，労働協約は，有利・不利を問わず，両面的に規範的効力を持つ（有利性原則はない）。したがって，労働協約よりも有利な就業規則や労働契約の定めも無効となる。

(c) **就業規則と労働契約との優劣関係**

「就業規則で定める基準に達しない労働条件を定める労働契約は，その部分については無効」（労契12条）となる。

ただし，労働契約当事者間で就業規則とは別個の，就業規則より有利な，個別的な特約が定められている場合には，その特約が優先する（労契7条ただし書・12条）。

③ 就業規則の性格と効力

労働者が企業に入社する際には，当該企業に存在する就業規則を前提として，その就業規則に従うことを受容して労働契約関係に入るのが通例である。労働組合の組織率が低下した今日，労働契約において就業規則が果たしている役割は極めて大きいといえる。

このようなことから，労働契約法は，就業規則の労働契約に対する効力を明

らかにすることを，同法制定の最重要事項と位置付けた。

そこで，以下では，就業規則について一般的な説明をした後，労働契約法で明記された就業規則の効力について解説する。

(1) 就業規則の意義

「就業規則」とは，前述したとおり，職場規律や労働条件に関する事項を定めた規則類のことである。

企業経営は，労働力が組織的に組み入れられて，はじめて合理的・効率的な運営が図られる。そのため，多数の労働者を使用する事業においては，労働条件を公平・統一的に設定し，かつ，職場規律を画一的な規則として設定することが必要となる。

(2) 就業規則の作成・変更に関する規制

(a) 作成・届出義務

労働基準法は，常時10人以上の労働者を使用する使用者は，就業規則を作成し，行政官庁に届け出なければならない（労基89条）としており，同条の違反に対しては罰則が設けられている（同120条1項）。

ここで「作成」とは，労働基準法89条が定める必要記載事項をすべて含んだ規則を書面で作成することをいう。

「届出」は，常時10人以上の労働者を使用するに至ったときに，遅滞なく労働基準監督署長にすべきものとされている（労基則49条）。また，就業規則を変更した場合にも，同様に届出義務が生じる（労基89条）。

(b) 記載事項

労働基準法は，就業規則に必ず記載しなければならない事項（必要記載事項，労基89条1号～10号）を定めており，これらを記載しなければ就業規則の作成義務を果たしたことにはならない。

なお，必要記載事項には，いかなる場合も必ず記載しなければならない「絶対的必要記載事項」（同条1号～3号）と，制度として採用する場合において記載しなければならない「相対的必要記載事項」（同条3号の2～10号）がある。

就業規則の一部を「賃金規程」「退職金規程」などの別規則とすることは差し支えないが，本規則と同時に作成しなければ作成義務を果たしたことにならない。

【就業規則の必要記載事項】（労基89条1号〜10号）

1. 始業及び終業の時刻，休憩時間，休日，休暇並びに労働者を2組以上に分けて交替に就業させる場合においては就業時転換に関する事項
2. 賃金（臨時の賃金等を除く。以下この号において同じ。）の決定，計算及び支払の方法，賃金の締切り及び支払の時期並びに昇給に関する事項
3. 退職に関する事項（解雇の事由を含む。）
3の2. 退職手当の定めをする場合においては，適用される労働者の範囲，退職手当の決定，計算及び支払の方法並びに退職手当の支払の時期に関する事項
4. 臨時の賃金等（退職手当を除く。）及び最低賃金額の定めをする場合においては，これに関する事項
5. 労働者に食費，作業用品その他の負担をさせる定めをする場合においては，これに関する事項
6. 安全及び衛生に関する定めをする場合においては，これに関する事項
7. 職業訓練に関する定めをする場合においては，これに関する事項
8. 災害補償及び業務外の傷病扶助に関する定めをする場合においては，これに関する事項
9. 表彰及び制裁の定めをする場合においては，その種類及び程度に関する事項
10. 前各号に掲げるもののほか，当該事業場の労働者のすべてに適用される定めをする場合においては，これに関する事項

(c) 労働者の意見聴取義務

　使用者は，就業規則の作成又は変更について，当該事業場に労働者の過半数で組織する労働組合がある場合にはその労働組合，それ以外の場合には労働者の過半数を代表する者の意見を聴かなければならない（労基90条1項）。そして，使用者は，就業規則の作成又は変更を届け出る際には，上記の労働組合又は労働者代表の意見を記した書面を添付しなければならない（同条2項）。

　ここで「意見を聴く」とは，文字どおり意見を聴けばよいという意味であり，同意を得るとか協議をすることまでを要求しているものではない。したがって，仮に，労働者代表がすべてに反対する意見を述べても，就業規則の効力に影響はない。また，意見表明を拒み，又は「意見を記した書面」の提出を拒む場合には，「意見を聴いたことが証明できる限り」届出は受理される（昭23・5・11基発735号，昭23・10・30基発1575号）。

(d) 周知義務

使用者は，就業規則を常時各作業場の見やすい場所に掲示し，又は備え付けること，書面を交付すること，又はコンピューターを使用した方法によって，労働者に周知させなければならない（労基106条1項）。この義務は，常時10人未満の労働者を使用する使用者にも及ぶ。

(3) 就業規則の労働契約に対する効力

労働基準法が，就業規則の労働契約に対する効力について明らかにしていたのは，「就業規則に定める労働条件に達しない労働契約の部分は無効となり，無効になった部分は就業規則に定める基準による」（平成19年12月改正前の労基93条）ということ，つまり，就業規則に定める労働条件が労働契約に定める労働条件を上回る場合に，就業規則が労働契約の基準を引き上げるという効力（最低基準効）がある，ということだけであった。

このため，就業規則の効力については，「就業規則が労働者を拘束するためには，労働者の個別的な同意を要するのか」「使用者が就業規則を労働者に不利に変更した場合，労働者を拘束するのか」「行政官庁への届出，労働者代表の意見聴取，労働者への周知などは，就業規則の効力要件か」などの諸点について問題とされてきた。

これらの問題について，秋北バス事件において最高裁大法廷判決（昭43・12・25民集22巻13号3459頁）が出された後，数多くの判例の積み重ねにより，就業規則の判例法理が形成されてきた。そして，労働契約法においては，それらの判例法理をそのまま受け入れて，就業規則の法的効力が明文化された。

以下，労働契約法が定める就業規則の効力について解説する。

(a) 就業規則の最低基準効

「就業規則で定める基準に達しない労働条件を定める労働契約は，その部分については，無効とする。この場合において，無効となった部分は，就業規則で定める基準による。」（労契12条）

就業規則が労働基準法よりも労働者に有利な労働条件を規定している場合には，その労働条件が事業場の労働条件の最低基準としての労働契約内容を強行的直律的に規律することになる（就業規則の「最低基準効」）。

労働条件の引下げについて個々の労働者が同意している場合であっても，個

別的な労働契約によっては引き下げることはできず，労働協約か就業規則の改正を必要とする。

ただし，就業規則等で定められるのは，従業員一般に適用される労働条件や服務規律の制度であって，各労働者の基本給，手当額などの個別的な労働条件については，就業規則に定められた基準・方法に従って各人ごとに決定・通知されるのが通常であるから，その基準・方法に従っている限り，手当額などの個別的な労働条件については個別的同意で変更が可能である。

(b) **労働契約の成立における労働契約規律効**

労働契約法7条は，労働者と使用者が「労働契約を締結する場合」において，その事業場にすでに就業規則が存在する場合，その就業規則の労働契約に対する効力を規定したものである。

同条は，①使用者が就業規則を労働者に「周知」させ，②就業規則が「合理的」な労働条件を定めていれば，労働契約の内容は，その就業規則で定める労働条件によるとしている（就業規則の「労働契約規律効」）。労使当事者間で労働契約の内容は就業規則によることを明示的・黙示的に合意していたことまでは要求していない。

ただし，③当事者間で就業規則の内容と異なる「合意」（就業規則よりも有利な労働条件を定めるものに限る）をしていた部分については，就業規則の労働契約規律効は生じない。

① まず，「周知」とは，実質的に見て事業場の労働者集団に対して就業規則の内容を知りうる状態に置いていたことと解され，そのような周知方法によって，当該労働者も採用時又は採用直後に就業規則の内容を知りうることが必要とされる。逆にそのような方法がとられれば，採用の際に実際に就業規則を知ったかどうかは問われない。

② 次に，「合理性」とは，就業規則の定める当該労働条件自体の合理性のことであり，就業規則の変更の場合における変更内容とプロセスの全体にわたる総合判断としての合理性とは異なる。

通常，企業の人事管理上の必要性があり，労働者の権利・利益を不当に制限していなければ合理性が肯定される。

③ 就業規則の労働契約規律効は，労働者と使用者の間で就業規則と異なる

労働条件を合意していた部分については生じない。個別的な合意がある場合であっても、その合意で定める労働条件が就業規則で定める労働条件より不利なものである場合には、前述した就業規則の最低基準効が働いて就業規則の労働条件が労働契約の内容を規律するため（労契7条ただし書）、就業規則とは別個の特約として効力を認められるのは、就業規則よりも有利な労働条件を定めるものに限られる。

(c) **労働契約の変更における労働契約規律効**

労働契約法9条～13条は、就業規則を変更することによって労働条件の内容を変更する場合の要件、効果、手続について規定している。

(ア) 労働契約の内容の変更　労働契約法8条が「労働者及び使用者は、その合意により、労働契約の内容である労働条件を変更することができる」とし、更に同法9条本文が「使用者は、労働者と合意することなく、就業規則を変更することにより、労働者の不利益に労働契約の内容である労働条件を変更することはできない」として、就業規則の変更によって労働契約の内容を変更することについても、労働契約の合意原則（労契3条1項）が原則として妥当することを明らかにしている。

(イ) 就業規則による労働契約の内容の変更　次に、使用者が就業規則の変更により労働条件を変更する場合において、変更後の就業規則が労働者に「周知」され、かつ、就業規則の「変更について合理性」が認められる場合には、「労働契約の内容である労働条件は、当該変更後の就業規則に定めるところによるものとする」（同10条）としている。

これは、労働者の合意を得なくても（反対しても）、「周知」と「変更の合理性」の要件を備えれば、変更された就業規則の条項が労働契約内容を規律することを意味し、労働契約の合意原則の例外を認めるものである（「合理的変更の労働契約規律効」）。

ここで「周知」とは、事業場の労働者集団に対して変更内容を知りうる状態に置くことであり、変更内容を個別的に認識させることまでは要求されていない。

また、「変更の合理性」の判断要素と判断方法については、「労働者の受ける不利益の程度、労働条件の変更の必要性、変更後の就業規則の内容の相当性、労働組合等との交渉の状況その他の就業規則の変更に係る事情に照らして合理

的なものであるとき」（同10条）としている。これは，就業規則の不利益変更に関する判例法理における判断要素と判断手法を変更することなく立法化したものだとされる。したがって，本条の下での合理性判断においても判例法理が承継されることになり，具体的な判断に際しては，過去の判例・裁判例を参照することが必要になってくる。

　本条には，既存の規定の変更のみならず，新たな規定の追加も含まれる。しかし，本条は既に就業規則が存在する事業場において就業規則の変更により労働条件を変更する場合について定めたもので，そもそも就業規則を定めていなかった事業場において新たに就業規則を作成して労働条件を変更する場合については適用外となる。しかし，「既存の就業規則における規定の新設と，就業規則それ自体の新設による労働条件の変更を比較した場合，異なる取扱いをすべき実質的理由があるとは思えない。」とし，「秋北バス大法廷判決も『新たな就業規則の作成または変更によって』労働条件を変更する場合について合理的変更法理を定立していた。」ことから，「就業規則それ自体の新設による労働条件の変更についても，『就業規則の変更による労働条件の変更』に関する本条を類推適用してその労働契約に対する効力を判断するのが妥当であろう。」（菅野和夫『労働法〔第9版〕』127頁）とされている。

　　(ウ)　就業規則によっては変更されないとの特約　「労働契約において，労働者及び使用者が就業規則の変更によっては変更されない労働条件として合意していた部分については，第12条に該当する場合を除き，この限りではない。」（同10条ただし書）として，労働契約の合意原則を貫徹するために，就業規則によっては変更されないとの特約がある場合には，合理的変更の労働契約規律効は及ばないことを明らかにしている。

　なお，就業規則で定める基準に達しない労働条件を定める労働契約は，その部分については無効となる（同12条）ため，就業規則によって変更されない特約とは，就業規則の基準よりも有利な労働条件を定めるものに限られることになる。

　(d)　**法令及び労働協約と就業規則との関係**

　就業規則が法令又は労働協約に反する場合には，当該反する部分については，就業規則の労働契約規律効（労契7条），合理的変更の労働契約規律効（同10条）

及び就業規則の最低基準効（同12条）は適用されない（同13条）。

（注）労働契約法案の国会審議では，政府と与党・野党間で，就業規則の労働契約に対する効力の部分については，「判例法理を足しも引きもせずに立法化するという基本的考え方」であることが確認されている（平成19年11月20日参議院厚生労働委員会）。
　したがって，就業規則の労働契約に対する効力を理解するためには判例の理解が不可欠となり，また，具体的な問題についての判断基準を探る上でも判例の調査が必要となる。判例の詳細は，**第5章**「賃金請求事件（定例賃金）」172頁以下を参照されたい。

Ⅲ 労働者性

1 問題の所在

　労働契約法や労働基準法が適用されるのかどうかを判断するメルクマールとして，「労働者」概念がある。

　労働契約法上の労働者に該当すれば，労働契約法の各条項及び判例の労働契約法理の適用を受けることになる。また，労働基準法上の労働者に該当すれば，同法の適用を受けるだけではなく，その附属法・関連法である「賃金支払確保等に関する法律」「最低賃金法」「労働安全衛生法」「労働者災害補償保険法」「育児・介護休業法」などの適用も受けることになる。

　次に，労働契約法や労働基準法の適用を受ける「労働者」であるか否かは，民法の雇用・請負・委任契約という契約の形式によるのではなく，労働関係の実態において「使用されて労働し，賃金を支払われる」者としての「労働者」といえるのか否かによって判断されることになる。

　その結果，労働契約法2条及び労働基準法9条が定義する「労働者」に該当しないものは，判例の労働契約法理及び上記の各法規の保護を受けないこととなり，一般法である民法の契約理論によることになる。

　以下，労働契約法及び労働基準法の適用対象である「労働者」について，説明する。

2 「労働者」の定義

　労働契約法は，「労働者」とは「使用者に使用されて労働し，賃金を支払われる者」と定義している（労契2条1項）。つまり「使用されること」と「賃金

支払」が要件とされている。

　また，労働基準法は，「労働者」とは，「職業の種類を問わず，事業又は事務所（以下，「事業」という。）に使用される者で，賃金を支払われる者」と定義している（労基9条）。ここでも，「使用されること」と「賃金支払」が要件とされている。

　両者の違いは，労基法が「事業又は事務所」に使用されるという要件を加えている点だけである。しかし，この要件は，平成10年の労働基準法改正で包括適用法式（それまでの17業種に労基法を適用する個別適用方式から，すべての業種に労基法が適用されることになった）に改正されたことにより，労働者の要件としての意味を持たなくなっている。

　したがって，労働契約法上の労働者と労基法上の労働者は，基本的には同一の概念ということができる。

③　労働基準法上の「労働者」の判断基準

　労働基準法9条によれば，労働者性の有無は，「使用されること＝指揮監督下の労働」という労務提供の形態と，「賃金支払＝報酬の労務に対する対償性」という2点によって判断されることになる。この2つの基準は，総称して「使用従属性」と呼ばれている。

　しかしながら，現実の就労の形態は様々であり，特に近年においては多様な就労形態や契約形式が生み出されているため，具体的な事案で「指揮監督下の労働」といえるか，「報酬が提供された労務に対するもの」であるかの判断には困難が伴うことが多い。

　現在の裁判実務においては，労務提供の形態や労務対償性及びこれらに関連する諸要素を勘案して総合的に判断するという立場がとられているが，過去の裁判例等で示された具体的な判断基準を分析・整理した詳細な資料として《労働基準法研究会報告「労働基準法の労働者の判断基準について」昭60・12・19》があるので，これに依拠しながら，以下，労働者性の判断基準について説明する。

(1) 「使用従属性」に関する判断基準
(a) 「指揮監督下の労働」に関する判断基準

(ア) 仕事の依頼，業務従事の指示等に対する諾否の自由の有無　　使用者の具体的な仕事の依頼，業務従事の指示等に対して諾否の自由を有していれば，他人に従事して労務を提供しているとはいえず，対等な当事者間の関係となり，指揮監督関係を否認する要素となる。しかし，一定の包括的な仕事の依頼を受諾する契約を結んでいる場合，具体的な仕事の依頼について拒否する自由が制限される場合があり，また，専属下請けのように事実上，拒否できない場合もあるから，このような場合には，その事実関係だけではなく，契約内容等も勘案する必要がある。

(イ) 業務遂行上の指揮監督の有無　　(i) 業務の内容及び遂行方法に対する指揮命令の有無　　業務の内容及び遂行方法について使用者の具体的な指揮命令を受けていることは，指揮監督関係の基本的かつ重要な要素である。しかし，指揮命令の程度が問題であり，通常注文者が行う程度の指示等にとどまる場合には，指揮監督を受けているとはいえない。ただ，管弦楽団員の場合のように，業務の性質上放送局等「使用者」の具体的な指揮命令になじまない業務については，「それらの者が事業の遂行上不可欠なものとして事業組織に組み入れられている点」をもって，使用者の一般的な指揮監督を受けていると判断する裁判例がある。

(ii) また，使用者の一般的な指揮監督を受けているとの判断を補強する要素として，通常予定されている業務以外の業務に従事することがある場合には，使用者の一般的な指揮監督を受けているとの判断を補強する重要な要素となる。

(ウ) 拘束性の有無　　勤務場所及び勤務時間が指定され，管理されていることは，一般的には，指揮監督関係の基本的な要素である。しかし拘束が業務の性質上（例えば演奏），安全を確保する必要上（例えば建設）等から必然的に勤務場所及び勤務時間が指定される場合があり，当該指定が業務の性質等によるものか，業務の遂行を指揮命令する必要によるものかを検討する必要がある。

(エ) 代替性の有無――指揮監督関係の判断を補強する要素　　本人に代わって他の者が労務を提供することが認められているか否か，また，本人が自らの判断によって補助者を使うことが認められているか否かは，指揮監督関係そ

のものに関する基本的な判断基準ではないが，労務提供の代替性が認められている場合には，指揮監督関係を否認する要素の1つになる。

(b) 報酬の労務対償性に関する判断基準

報酬が時間給を基礎として計算される等労働の結果による較差が小さい，欠勤した場合には応分の報酬が控除され，残業をした場合には通常の報酬とは別の手当が支給される等，報酬の性格が使用者の指揮監督の下に一定時間労務を提供していることに対する対価と判断される場合には，使用従属性を補強することとなる。

(2) 労働者性の判断を補強する要素

以上の「使用従属性」の判断基準で判断が困難なときは，以下の要素も勘案して，総合判断する必要がある。

(a) 事業者性の有無

労働者は，機械，器具，原材料等の生産手段を有しないのが通常である。しかし最近では，相当高価なトラック等を所有して労務を提供する場合があり，この場合(1)の使用従属関係だけで判断することは適当ではなく，その者の事業者性の有無をあわせて判断することが適当な場合もある。

(ア) 機械，器具の負担関係　本人が所有する機械，器具が安価な場合は問題ないが，著しく高価な場合には自らの計算と危険負担に基づいて事業経営を行う事業者としての性格が強く，労働者性を弱める要素となる。

(イ) 報酬額などから事業者性の有無　当該企業で働く正規従業員と比べて著しく高額な場合，(ア)とも関係するが，一般的には，当該報酬は労務提供に対する賃金ではなく，自らの計算と危険負担に基づいて事業経営を行う事業者に対する代金の支払と認められ，労働者性を弱める要素になると考えられる。

(ウ) その他　以上のほか，裁判例においては，業務遂行上の損害に対する責任を負う，独自の商号使用が認められている等の点をもって，事業者性を補強する要素としているものがある。

(b) 専属性の程度

特定の企業に対する専属性の有無は，直接に使用従属性の有無を左右するものではないが，労働者性の有無に関する判断を補強する要素の1つと考えられる。

(ア) 他社の業務に従事することが制度上制約され，また時間的に余裕がな

く事実上困難な場合，専属性が高く，経済的に当然企業に従属していると考えられ，労働者性を補強する要素の１つと考えられる。ただし，専属下請けなどについては，(1)(a)(ｱ)のとおり注意が必要である。

　(ｲ)　報酬に固定給部分がある，その額も生計を維持しうる程度のものである等，報酬に生活保障的な要素が強い場合には，(ｱ)と同じく労働者性を補強するものと考えられる。

　(c)　その他

以上のほか，裁判例においては，採用，委託等の際の選考過程が正規従業員とほとんど同じであること，報酬に関する源泉徴収を行っていること，労働保険の適用対象としていること，服務規律を適用していること，退職金制度・福利厚生を適用していること等，使用者が自らの労働者と認識していると推認される点を労働者性を補強する事由と判断しているものがある。

（労働基準法研究会報告「労働基準法の労働者の判断基準について」は，http://www.mhlw.go.jp/shingi/2004/04/s0423-12.html「第１回　今後の労働契約法制の在り方に関する研究会　資料６-２と６-３」から入手できる）

④　「労働者性」に関する裁判例

「労働者性」に関し，肯定された裁判例と否定された裁判例を以下に挙げる。

(1)　肯定された裁判例

(a)　嘱託員

会社において塗料製法の指導，研究に従事することを職務内容とするいわゆる嘱託であって，直接上司の指揮命令に服することなく，また遅刻，早退等によって給与が減額されることはない等一般従業員と異なる待遇を受けているいわゆる嘱託であっても，①毎日ほぼ一定の時間（週６日間朝９時から夕方４時まで）会社に勤務し，これに対し，②所定の賃金（本給のほか時給の２割５分増しの割合で計算した残業手当の支給を受けていた）が支払われている場合には，労働法の適用を受ける労働者と認めるべきであるとした事例（大平製紙事件・最判昭37・５・18民集16巻５号1108頁）。

(b)　委託検針員

電力会社と委託検針員との間の契約が，形式的には準委任ないし請負であっ

ても，①委託検針員を採用する過程は，社員の採用過程と変わるところがなく，両者は対等の当事者というには程遠いこと，②契約内容である検針日，検針地区，検針枚数，手数料額等も，被告会社の一方的な決定事項で，改変を求める余地がないこと，③検針業務遂行の過程においても，自主的に決定しうる事項は，検針現場への行き方，検針順序などであって，検針員には自由裁量の余地は乏しいこと，④業務の代替性についても，家族らが代行検針に従事することは，事実上極めて困難であること，⑤就労時間には何ら定めがないというものの，事実上の制約があって社員とほぼ同様に拘束され，また病気の場合に診断書の提出が義務付けられることにより，被告会社の一種の監督に服しているとみることもできること，⑥収入面においても，検針枚数及び手数料単価が一定していることにより，毎月の手数料収入はほとんど定額化されて一種の固定給的な性格をおび支給日も毎月一定しており，一般従業員の賃金とさして変わりがないこと，⑦委託検針員のうち多数の者は，労働組合を結成し，被告会社も交渉団体としてこれを承認していること，以上を総合考慮すると，対等の地位に立つ事業主体として独立に検針業務を請負うものとみることは相当でなく，実質的には両者間には支配従属の関係があるから，右検針員は労働者の地位を有するとした事例（九州電力委託検針員事件・福岡地小倉支判昭50・2・25労民集26巻1号1頁）。

(c) **研修医**

大学病院の研修医が，医療行為に従事する場合に，①指導医からの指示に基づいて，検査の予約等をしており，指導医と研修医との間に業務遂行上の指揮監督関係が認められること，②研修時間中において，指導医からの指示に対する諾否の自由が与えられていなかったこと，③場所的，時間的拘束性が認められること，④業務用器具についてはいずれも被告病院の器具を用いること，⑤研修医に対して月額6万円及び副直手当相当額の金員を支給していること，⑥事実上，他の業務への従事が制約されていること，⑦支給を受けた金員は，給与所得として源泉徴収がなされていることが認められ，全体としてみた場合，他人の指揮命令下に医療に関する各種業務に従事しているということができるので，労働者に該当するとされた事例（関西医大研修医事件・最判平17・6・3民集59巻5号938頁・大阪高判平14・5・9労判831号28頁・大阪地堺支判平13・8・29労判813

号5頁)。

(d) **個人業務委託業者**

住宅設備機器の修理補修等を業とする会社と業務委託契約を締結してその修理補修等の業務に従事するカスタマーエンジニア(以下「CE」という)について，①修理補修等の業務の大部分は，能力，実績，経験等を基準に級を毎年定める制度等の下で管理され全国の担当地域に配置されたCEによって担われており，その業務日及び休日も会社が指定していたこと，②業務委託契約の内容は，会社が定めており，個別の修理補修等の依頼の内容をCEの側で変更する余地はなかったこと，③報酬は，会社による個別の業務委託に応じて修理補修等を行った場合に，会社があらかじめ決定した顧客等に対する請求金額に当該CEにつき決定した級ごとの一定率を乗じ，これに時間外手当等に相当する金額を加算する方法で支払われていたこと，④CEは，会社から修理補修等の依頼を受けた業務を直ちに遂行するものとされ，承諾拒否をする割合は僅少であり，業務委託契約の存続期間は1年間で会社に異議があれば更新されないものとされていたこと，⑤CEは，会社が指定した担当地域内においてその依頼に係る顧客先で修理補修等の業務を行い，原則として業務日の午前8時半から午後7時まで会社から発注連絡を受け，業務の際に会社の制服を着用してその名刺を携行し，業務終了時に報告書を会社に送付するものとされ，作業手順等が記載された各種マニュアルに基づく業務の遂行を求められていたことが認められ，会社との関係において，労組法上の労働者であるとした事例(INAXメンテナンス事件・最判平23・4・12労判1026号27頁)。

(e) **オペラ歌手**

年間を通して多数のオペラ公演を主催する財団法人との間で期間を1年とする出演基本契約を締結した上，各公演ごとに個別公演出演契約を締結して公演に出演していた合唱団員について，①出演契約は，上記財団が，試聴会の審査の結果一定水準以上の歌唱力を有すると認めた者を原則として契約期間のすべての公演に出演することが可能である合唱団員として確保し，各公演を円滑に遂行することを目的として締結されていたこと，②合唱団員は，出演契約を締結する際，財団からあらかじめ指定するすべての公演に出演するために可能な限りの調整をすることを要望され，合唱団員が出演を辞退した例は，出産・育

児や他の公演への出演等を理由とする僅少なものにとどまっていたこと、③出演契約の内容や、契約期間の公演の件数、演目、各公演の日程及び上演回数、稽古の日程、その演目の合唱団の構成等は、財団が一方的に決定していたこと、④合唱団員は、公演及びその稽古につき、財団の指定する日時、場所において、歌唱の労務を提供し、提供すべき歌唱の内容について財団の選定する合唱指揮者等の指揮を受けていたこと、⑤合唱団員は、財団の指示に従って公演及び稽古に参加し歌唱の労務を提供した場合に、契約で定められた単価及び計算方法に基づいて算定された報酬の支払を受け、予定された時間を超えて稽古に参加した場合には超過時間により区分された超過稽古手当の支払を受けていたことが認められ、労組法上の労働者に当たるとした事例（新国立劇団合唱団員事件・最判平23・4・12労判1026号6頁）。

上記(d)(e)の判例は、労働組合法上の労働者性についてのものであるが、法的な契約方式にとらわれず、就労実態から労働者性を判断する要素を示したものとして、労働基準法上の労働者性の判断においても参考となる。

以下に、その他の労働者性を肯定した裁判例を挙げておく。

① アサヒ急配事件・大阪地判平18・10・12労判928号24頁（会社車両での運送業務従事者、使用従属関係が認められる労働者とした事例）
② エーシーシープロダクション製作スタジオ事件・最判平15・4・11労判849号23頁（中国籍デザイナー、雇用契約に基づく職務著作とした事例）
③ 新宿労基署長事件・東京高判平14・7・11労判832号13頁（フリーのカメラマン、使用従属関係の下に労務を提供していたとした事例）
④ チボリ・ジャパン事件・岡山地判平13・5・16労判821号54頁（楽団員らの契約関係は、期間の定めのある労働契約とした事例）
⑤ 実正寺事件・高松高判平8・11・29労判708号40頁（葬式、法事等の受付事務従事者、労基法上の労働者に当たるとした事例）

(2) **否定された裁判例**

(a) **トラック運転手**

①業務用機材であるトラックを所有し、自己の危険と計算の下に運送業務に従事していたものである上、②運送物品、運送先及び納入時刻を指示していた以外には、業務遂行に関して特段の指揮監督を行っておらず、③時間的、場所

的な拘束も，一般の従業員と比較してはるかに緩やかであり，上告人が旭紙業の指揮監督下で労務を提供していたと評価するには足りない。そして，④報酬の支払方法，公租公課の負担等についてみても，労働者に該当すると解するのを相当とする事情はないとして，労働者に該当しないとした事例（横浜南労基署長（旭紙業）事件・最判平8・11・28判時1589号136頁）。

(b) 外 務 員

証券会社の外務員につき，労働関係の実態を問題にし，①営業活動において時間や場所に制限や拘束がなく，②会社からの指揮命令を受けず，③報酬は出来高払い制であり，④会社は外務員に対し懲戒権を持たないといったことから，雇用契約ではなく委任類似の契約とした事例（山崎証券事件・最判昭36・5・25民集15巻5号1322頁）。

(c) 一人親方大工

原審の適法に確定した事実関係の概要は，次のとおりである。①上告人は，具体的な工法や作業手順の指定を受けることはなく，自分の判断で工法や作業手順を選択することができた。②上告人は，事前にM木材の現場監督に連絡すれば，工期に遅れない限り，仕事を休んだり，所定の時刻より後に作業を開始したり所定の時刻前に作業を切り上げたりすることも自由であった。③M木材は，上告人に対し，他の工務店等の仕事をすることを禁じていたわけではなかった。④上告人ら内装大工は，M木材から提示された報酬の単価につき協議し，その額に同意した者が工事に従事することとなっていた。上告人は，請求書によって報酬の請求をしていた。上告人の報酬は，M木材の従業員の給与よりも相当高額であった。⑤上告人は，一般的に必要な大工道具一式を自ら所有し，これらを現場に持ち込んで使用しており，上告人がM木材の所有する工具を借りて使用していたのは，当該工事においてのみ使用する特殊な工具が必要な場合に限られていた。⑥上告人は，M木材の就業規則及びそれに基づく年次有給休暇や退職金制度の適用を受けず，また，上告人は，国民健康保険組合の被保険者となっており，M木材を事業主とする労働保険や社会保険の被保険者となっておらず，さらに，M木材は，上告人の報酬について給与所得に係る給与等として所得税の源泉徴収をする取扱いをしていなかった。

以上によれば，K工務店はもとより，M木材の指揮監督の下に労務を提供し

ていたものと評価することはできず，M木材から上告人に支払われた報酬は，仕事の完成に対して支払われたものであって，労務の提供の対価として支払われたものとみることは困難であり，職長手当の支払を別途受けることとされていたことその他所論の指摘する事実を考慮しても，上記の判断が左右されるものではないとした事例（藤沢労基署長事件・最判平19・6・28労判940号11頁）。

以下に，その他の労働者性を否定した裁判例を挙げる。
① 国・磐田労働基準監督署長（レースライダー）事件・東京地判平19・4・26労判955号32頁（モーターサイクルライダー，モーターサイクル製造会社とのライダー契約において，使用従属関係，指揮監督関係，拘束性の有無等が否定された事例）
② NHK西東京営業センター事件・東京高判平15・8・27労判868号75頁（NHKの受信料の集金業務等に関する委託契約を締結した受託者，受託業務の実態等から使用従属関係が認められないとした事例）
③ 加部建材・三井道路事件・東京地判平15・6・9労判859号32頁（傭車運転者，指揮命令を受けず，報酬も労務提供の対価でないとした事例）
④ 太平洋証券事件・大阪地決平7・6・19労判682号72頁（証券会社の外務員，委任ないし委任類似の契約であるとした事例）

5 従業員兼務役員

(1) 問題の所在

取締役などの役員が，会社の業務執行以外の事務ないし労務に従事していることがある。これらの役員についても，その就労実態等から会社との間に使用従属関係が認められる場合には労働者性が肯定され，労働契約法，労働基準法その他の労働保護法規，労働契約法理などの適用を受けることになる。このように従業員の地位を兼ね備える役員のことを従業員兼務役員という。

会社と取締役などの役員との関係は，対等な当事者であることを前提とした「委任契約」（会330条）関係であるため，労働者のように手厚い保護がなされているわけではない。そのため，会社から解任されたり，退職金請求をする場面などで，従業員（労働者）である旨の主張がなされることがあり，役員が労働者に該当するか否かが問題になる。

会社の役員には，取締役，代表取締役，監査役などがあるが，このうち主と

して問題となるのは取締役である。代表取締役は、後述するように、原則として労働者性を否定される。監査役については、会社法上、使用人を兼務できない（同335条2項）ため事例としては少ないが、就労実態等から労働者性が認められることもある（千切屋織物退職金請求事件・京都地判昭50・8・22判時803号120頁）。

そこで、まず取締役と労働者の地位の違いについて説明し、(2)で取締役の労働者性の判断基準について解説することにする。

(a) **選任と解任**

取締役は株主総会の決議で選任する（会329条1項）。これに対して、従業員の採用権限は代表取締役にある。

取締役の解任は、株主総会の普通決議で、いつでも、理由を問わずにすることができる（同339条1項）。ただし、正当な理由なく解任した場合、会社は損害の賠償をしなければならない（同339条2項）。これに対し、労働者の解雇は代表取締役の権限であるが、解雇予告又は予告手当の支払が必要となり（労基20条）、更に解雇権濫用法理（労契16条）の規制によって容易には解雇の有効性が認められない。

(b) **報酬・退職金**

取締役の報酬は、定款に定めがないときには、株主総会の決議で決められる（会361条）。通常は、株主総会で承認を得た総額の範囲内で、取締役会で具体的な配分額が決められている。定款又は株主総会の決議によって取締役の報酬が決められた場合には、その後、株主総会が当該取締役の報酬を無報酬とする旨の決議をしても、当該取締役が同意しない限り、報酬請求権を失わないとする判例がある（取締役報酬事件・最判平4・12・18民集46巻9号3006頁）。減額についても同様に解される。しかし、その実現を図るには、民事訴訟手続などによらなければならない。また、退職金についても、それが在職中の職務執行の対価であるときは取締役の報酬に含まれ、株主総会で決定される。

これに対し、労働者の賃金、退職金については、労使当事者の合意によって決められ、その支払については、労働基準法等の規制を受け、さらに、罰則と行政監督によって履行の確保が図られている。また、賃金を引き下げるためには、個別の同意、就業規則の変更等が必要になり、その要件についても労働契約法理によって厳しい制限が加えられている。

(c) 労災保険法

　法人の取締役，理事，無限責任社員等の地位にある者であっても，法令・定款等の規定に基づいて業務執行権を有すると認められる者以外の者で，事実上，業務執行権を有する者の指導，監督を受けて労働に従事し，その対償金として賃金を受けている者は，原則として労働者として取り扱われる。

　監査役又は監事は，法令上使用人を兼ねることを得ないものとされているが，事実上一般の労働者と同様に賃金を得て労働に従事している場合には，労働者として取り扱われる。

　なお，中小事業主，中小事業主の家族従事者などについては，労災保険上の労働者ではないにもかかわらず，労災保険への任意的な特別加入制度が設けられている（労災則46条の16以下）。

(2) 取締役の労働者性の有無

　取締役と従業員との間の区別は必ずしも明確ではなく，取締役の労働者性が争点となる事例が多い。しかし，この点に関する下級審の裁判例が積み重ねられており，高知地方裁判所中村支部判事補下田敦史によって過去の裁判例における判断基準を分析・整理された「『労働者』性の判断基準—取締役の『労働者』性について—」（判タ1212号34頁以下）が公表されているので，以下にその要点を紹介する。

《取締役の労働者性の判断基準》

　① 業務執行権限の有無

　　法令・定款上によって業務執行権限を有する取締役は，指揮監督を行う使用者の立場にあり，指揮監督を受ける者ではないから，原則として，労働者性を否定し，特段の事情がある場合に労働者性を肯定する（ポップマート事件・東京地判平11・12・24労判777号20頁）のが一般である。

　　法令上業務執行権が認められる取締役には，代表取締役（会363条1項1号），取締役会の決議によって選定された業務執行取締役（同363条1項2号）などがある。

　② 取締役の業務執行

　　法令・定款上の業務執行権限を有しない取締役については，会社の業務執行に関する意思決定を行っていない場合には，労働者性を肯定するのが

一般で，具体的には次のように考えられる。
- (i) 会社が一人株主，同族企業，ワンマン経営等であって代表取締役の意向に基づいて経営されている，取締役会が開催されていない，会社の意思決定に参加する機会がないなどの場合には，労働者性を肯定するのが一般である。
- (ii) 取締役会に出席していた，役付取締役として業務執行に当たっていた，会社の経営に直接関与していた，代表取締役とともに，あるいは補佐して業務を遂行していたなどの場合は，労働者性を否定するのが一般である。

③ 代表取締役の指揮監督の有無

代表取締役の指揮命令下の労務提供を理由に労働者性を肯定する裁判例がある。一方，代表取締役の指揮命令を肯定しながら，労働者性を否定する裁判例もある。

組織運営上の必要から代表取締役の指揮命令を受ける場合があることなどを考えると，代表取締役の指揮命令を受けていることは，労働者性を認める1つの要素ではあるが，あまり重要な要素とはいえない。

④ 拘束性の有無

勤怠管理を受けるなど拘束性が認められる場合には，使用者の指揮命令を受けているものと認められる。

タイムカードなどで勤怠管理を受けている場合，拘束性が認められ，使用者の指揮命令を受けているとして，労働者性を肯定するものが多い。

⑤ 労務の内容

他の従業員と同様の業務に従事している場合には労働者性を肯定されやすいが，代表取締役自身も同様の業務に従事するような小規模会社では，そのことをもって，必ずしも取締役の労働者性を肯定することはできない。

⑥ 取締役就任の経緯
- (i) 就任当初から取締役である場合で，会社設立時に中心的な役割を果たしている取締役は，労働者性を否定する要素となるが，それ以外はあまり関係がないものと思われる。
- (ii) 従業員が取締役に選任された場合には，従業員たる地位が清算され

たか否かの検討が必要となり，取締役就任時に退職金の支給がなく，退職に伴う手続がとられておらず，取締役就任の前後で業務内容が変わっていないなどの場合には，労働者性が肯定されやすい。
⑦ 報酬の性質及び額
　(i) 労働者性を肯定する要素としては，次のようなものがある。
　　ア　賃金として決算処理，税務処理されていること
　　イ　一般従業員と比較して高額ではないこと
　(ii) 労働者性を否定する要素
　　ア　会計上，役員報酬として処理されていること
　　イ　諸手当はなく役員報酬のみ支給されていること
　　ウ　報酬額が一般従業員に比べ高額であること
　　エ　報酬が勤務時間，欠勤等に関係なく支給されていること
　ただし，(ii)の処理がとられていても使用従属性とは関係なく，判断要素としては補足的なものにすぎない。
⑧ 雇用保険加入の有無
　雇用保険の被保険者資格取得届の提出には，労働契約に係る契約書，労働者名簿，賃金台帳その他当該適用事業者に係る被保険者となった事実及びその事実のあった年月日を証明できる書類を提出するので，会社がこれらの書類を提出した以上，労働者性を否定するのは難しい。
　ただし，従業員が途中から取締役に選任された場合には，雇用保険被保険者資格喪失の手続がとられないこともままあることを考慮して判断される。
⑨ 当事者の認識
　会社が，当該取締役を労働者として認識していた場合，労働者性を肯定するのが一般である。
⑩ その他
　当該取締役が，複数の会社の取締役等を兼ねていることを，労働者性を否定する要素の1つとしている裁判例が散見される。また，親会社の従業員が子会社に出向して取締役に就任している場合，一般的には，出向元との間では労働関係にあり，出向先との間では委任関係にあることになる。

⑥ 取締役の「労働者性」に関する裁判例

取締役の「労働者性」に関し、肯定された裁判例と否定された裁判例を以下に挙げる。

(1) 労働者性が肯定された事例

① アンダーソンテクノロジー事件・東京地判平18・8・30労判925号80頁（取締役であり営業部長などをしていた者・地位確認等請求事件）

② 大阪中央労基署長（おかざき）事件・大阪地判平15・10・29労判866号58頁（かばん等を扱う会社の取締役・労災保険不支給決定取消請求事件）

③ オー・エス・ケー事件・東京地判平13・11・19労判816号83頁（システム開発会社の取締役・賃金等請求事件）

④ 黒川建設事件・東京地判平13・7・25労判813号15頁（建設会社の取締役に就任したが従業員であるとされた事例・退職金等請求事件）

⑤ 東亜化成事件・東京地判平12・4・25労判791号79頁（経営上の意思決定に関与していなかった従業員兼務取締役・退職金等請求事件）

⑥ バベル事件・東京地判平11・11・30労判789号54頁（企業からの翻訳の請負受注会社・賃金等請求事件）

⑦ 総合計画研究所事件・東京地判平7・7・3労判695号157頁（商業登記簿上取締役の登記がされていた者・賃金等請求事件）

⑧ 興栄社事件・最判平7・2・9労判681号19頁（印刷業の合資会社の専務取締役・退職金請求事件）

⑨ 前田製菓事件・最判昭56・5・11労経速1083号12頁（製菓会社の従業員兼取締役・退職金請求事件）

(2) 労働者性が否定された事例

① ブレックス・ブレッディ事件・大阪地判平18・8・31労判925号66頁（フランチャイズ店舗の店長として採用された者・賃金等請求事件）

② オスロー商会ほか事件・東京地判平9・8・26労判725号48頁（常務取締役の就任に伴い労働契約を黙示的に合意解約した事例・地位確認請求事件）

③ 美浜観光事件・東京地判平10・2・2労判735号52頁（ホテル・旅館・食堂・休憩所の経営及び管理・退職金請求事件）

④ ザ・クロックハウス事件・東京地判平11・11・15労判786号86頁（フラン

チャイズ本部の取締役・退職金請求事件）

⑤　協和機工事件・東京地判平11・4・23労判770号141頁（冷暖房機器メーカーの取締役・退職金請求事件）

⑥　遠山商事事件・大阪地判平10・10・23労判758号90頁（酒類の販売，名実ともに共同経営者・地位確認等請求事件）

⑦　加藤産商事件・東京地判平12・1・14労判788号85頁（化学工業薬品類の販売，製造，輸入業・地位確認請求事件）

⑧　ポップマート事件・東京地判平11・12・24労判777号20頁（食料品・日用雑貨の小売業・地位確認等請求事件）

Ⅳ　過渡的労働関係

1　採用内定の法的性質と対処法

(1)　採用内定者とは

　使用者は，労働者を採用する場合，通常，企業による募集を行い，これに応募してきた求職者に対し，一定の試験や面接などによる選考を行い，その結果採用内定の通知をすることになる。一般的に「採用内定者」とは，企業が学校卒業予定者等からの求人応募者を選考し，採用を決定した者であり，まだ在学中であって就労日の到来していない者の総称をいう。この採用内定の性格は，使用者からの募集が「契約申込みの誘引」に当たり，これに対する求職者からの応募が「申込み」となり，採用内定通知が使用者からの「承諾」になると解されている。つまり，この時点で労働契約は成立するが，この契約は，「入社予定日を就労の始期とする解約権留保付労働契約」と解される（大日本印刷事件・最判昭54・7・20民集33巻5号582頁）。

(2)　採用内定の取消し

　採用内定の取消しについては，内定の実態が多様であるため，具体的な事実関係に即して判断する必要があるが，その法的性格は，一度成立した労働契約を一方的に解約することであり，客観的に合理的な理由がなければ認められない。例えば，就労開始日に卒業できなかった場合や健康上の問題で就労することができない場合，重大な刑事事件を犯した場合などは，合理的な理由がある

といえよう。

　判例は、「内定取消事由は内定当時知ることができず、また知ることが期待できない事実であって、客観的に合理的で社会通念上相当として是認することができるものに限られる」と判示し、採用内定の段階で従業員の不適格な印象を認めながら、当該従業員の能力に期待し採用内定を決定した後、この不適格性を打ち消す理由が出なかったとしてなされた採用内定の取消しを否定している（前掲大日本印刷事件）。

　したがって、たとえ誓約書や採用内定通知書に記載されている取消事由に該当する場合であっても、その内容に合理性がない場合には、適法な内定取消しとはいえない。

　なお、新卒予定者ではなく、ヘッドハンティングのような中途採用の場合において、採用内定の取消しを無効とした事例として、「採用内定者は、現実には就労していないものの、当該労働契約に拘束され、他に就職できない地位に置かれているから、企業が経営の悪化を理由に留保解約権の行使（採用内定取消し）をすることは、いわゆる整理解雇の有効性の判断に関する（省略）四要素を総合考慮のうえ、解約権留保の趣旨、目的に照らして客観的に合理的と認められ、社会通念上相当と是認することができるかどうかを判断すべきである」としたものがある（インフォミックス事件・東京地決平９・10・31労判726号37頁）。

(3) **不当な採用内定の取消し等に対する対処法**

　採用内定者は、使用者の違法な採用内定取消しに対し、労働契約に従った履行、つまり入社予定日からの労働者の地位とその間の賃金請求を求めることが可能である。具体的には、従業員たる地位保全・賃金仮払いの仮処分の申請や、使用者の恣意的な内定取消しに対し、債務不履行又は不法行為に基づく損害賠償を請求することなどが考えられる。

　ところで、旧労働省は、平成５年４月１日不況を理由とした採用内定の取消し又は延期を防止するため、事業主が新規学校卒業者の募集人員の削減や採用内定の取消しなどを行おうとする場合は、公共職業安定所又は学校に対して事前通知をすることを義務付ける省令を公布し（職業安定法施行規則の一部を改正する省令）、同年６月24日には、「新規学校卒業者の採用に関する指針」を策定し、都道府県知事と全国の労働基準局長に通知している。

そこで，上記指針に基づき，職業安定所に対し，行政指導を求めることも方法の1つである。

② 試用期間の法的性質と採用拒否
(1) 試用期間の法的性質

使用者は，労働者を期間の定めのない労働者として雇用する場合，本採用を決定する前に一定期間の試用期間を設けることが一般的である。試用期間とは，労働者の職務能力や企業適応性の有無をみて，本採用するか否かを決定するための期間と解されるが，その法的性質が問題となる。

判例は，試用期間の法的性質について，「解約権留保付労働契約であり，留保解約権の行使は客観的に合理的理由が存在し，社会通念上相当と是認される場合にのみ許される」と判示している（三菱樹脂事件・最判昭48・12・12民集27巻11号1536頁）。つまり，採用決定後における調査の結果により，又は試用期間中の勤務態様等により，当初知ることができず，また知ることが期待できないような事実を知るに至った場合において，そのような事実に照らし，その者を引き続き当該企業に雇用しておくのが適当でないと判断することが，解約権留保の趣旨・目的に徴して，客観的に相当であると認められる場合にのみ許されるとしている。すなわち，本採用拒否には，適格性の欠如と判断した合理的な理由が必要であり，その判断に妥当性が求められることになる。ただし，本採用労働者の解雇の場合と比較すると，若干緩やかに解されることになろう。

(2) 試用期間と契約期間の定め

試用期間は，新規採用に当たり，当該労働者の資質や能力，適正の有無等など採用決定当初，十分に判断できない事項について，後日における調査や観察に基づき最終決定を留保する趣旨と解されるので，一定の合理的な期間である必要がある。労働者にとっては，不安定な地位にある期間であるため，合理的な範囲を超えた長期の試用期間や期間を定めず会社の従業員として相応しいと認めたときに本採用とするというような定めは，公序良俗に反するものとして無効となる。

試用期間は，就業規則で定められるのが通常であり，3ヵ月前後が最も多いであろう。労働契約は，契約期間に制限があるものの，目的については特に制

限がないため，試用の目的で労働契約に期間を設けることは可能である。その場合，契約期間が満了することによって，労働契約は当然に終了することになるのか，単に試用期間が満了するだけで契約は終了しないのかが問題となる。

判例は，「本件雇用契約締結の際に，１年の期間の満了により本件雇用契約が当然に終了する旨の明確な合意が上告人と被上告人との間に成立しているなどの特段の事情が認められるとすることにはなお疑問が残るといわざるを得ず，このような疑問が残るのにかかわらず，本件雇用契約に付された１年の期間を契約の存続期間であるとし，本件雇用契約は右１年の期間の満了により終了したとした原判決は，雇用契約の期間の性質についての法令の解釈を誤り，審理不尽，理由不備の違法を犯したものといわざるを得ず，右違法は判決に影響を及ぼすことが明らかである。」（神戸弘陵学園事件・最判平２・６・５民集44巻４号668頁）とした。この事案では，①高校の常勤講師として１年間の契約で雇用されたこと，②勤務内容が期間の定めのない教員と同様であること，③採用時に学園側から勤務状況を見て再雇用するかどうかを判断する趣旨の発言がなされていた等の事実を認定した上，明示あるいは黙示に労働者の適格性等の判断のためという目的が示されている場合には，期間の満了によって労働契約が終了するという明確な合意のない限り，試用期間になるという判断を示した。

実務上は，採用時に当事者間でどのような契約や発言がなされたかがポイントになるが，試用期間と解される場合には，既述の本採用拒否に照らして客観的に合理的な理由があるか否かが問題となる。そして，正当事由のない本採用拒否に対しては，解雇の場合に準じた対処法を検討すべきであろう。

なお，試用期間中の者であっても，14日を超えて引き続き使用されるに至った場合は，解雇予告制度が適用される（労基21条４号，昭24・5・14基収1498号）。これとの均衡上，試用期間の開始前の採用内定取消しの場合は，解雇予告の適用はないものと考えられる。なお，解雇予告若しくは解雇予告手当については，**第９章**「解雇予告手当請求事件」306頁以下を参照されたい。

V　求人広告等の労働条件

1　労働条件の明示義務

　職業安定法は，使用者が労働者の募集を行うに際して労働条件の明示を義務付けており（職安5条の3・42条），虚偽の広告や虚偽の条件を提示して募集を行った者は処罰される（同65条）。しかし，募集の際に明示された労働条件が事実と相違する場合に，明示された労働条件が労働契約の内容になるか否かに関しては，職業安定法にも労働基準法にも規定がないため，後日トラブルとなることが少なくない。

　一方，使用者は，労働契約締結に際し，賃金，労働時間その他の労働条件を明示しなければならない（労基15条1項）とされており，明示すべき事項については，労働基準法施行規則に11号にわたり列挙されている（労基則5条3項）。また，使用者は，労働者に提示する労働条件及び労働契約の内容について，労働者の理解を深めるようにするものとする（労契4条1項），との規定もある。それでも，労働契約書を交わす企業は，決して多くはないというのが実情である。

　なお，労働契約締結の際に明示された労働条件と事実とが異なる場合には，労働者の労働契約解除権の問題となることに注意すべきである（労基15条2項）。

2　求人票等の労働条件と労働契約

　求人票や求人広告等の内容は，労働者の労働契約の申込みを誘引するものであり，その内容が当然に労働契約の内容になるとみることはできない。そのため，求人票や求人広告等に記載された労働条件と労働契約の内容との関係が問題となる。

　この点，求人票に記載された「見込額」は，法律的に確定額ではないので，賃金確定額が見込額より低かった場合にも，求人票に記載された見込額の請求権が生じるわけではないと判断した裁判例もあるが（八洲測量事件・東京高判昭58・12・19判時1102号24頁），同判決は，使用者が見込額を著しく下回る額で賃金額を確定すべきでないことは信義誠実義務の原則から明らかであると判示して

いる。また，中途採用者に対し，求人広告や社内説明会において，新卒者と差別しないとの説明をしながら，給与待遇を新卒者の下限に位置付けた事例において，前記説明によって新卒採用者の平均的格付けによる給与を支給する旨の合意が成立したとはいえないが，そうした説明は，応募者をして新卒者と同等の給与待遇を受けることができるものと信じさせかねないものであり，労働契約の締結過程における信義則に反するとして，慰謝料を認容した裁判例もある（日新火災海上保険事件・東京高判平12・4・19労判787号35頁）。

しかし，他方で求人票や求人広告に記載された労働条件が労働契約の内容になると判断した裁判例もある。すなわち，「求人票は，求人者が労働条件を明示したうえで求職者の雇用契約締結の申込みを誘引するもので，求職者は，当然に求人票記載の労働条件が雇用契約の内容になることを前提に雇用契約締結の申込みをするのであるから，求人票記載の労働条件は，当事者間においてこれと異なる別段の合意をするなどの特段の事情がない限り，雇用契約の内容になるものと解すべきである。」（丸一商店事件・大阪地判平10・10・30労判750号29頁。同趣旨の裁判例として千代田工業事件・大阪高判平2・3・8労判575号59頁）と判示する。本事案は，使用者が職安に提出した求人票には「退職金有り」「退職金共済に加入」と明示されており，これを見て応募し，採用されたのであるから，退職金を支給することが労働契約の内容になっていたと判断し，少なくとも中小企業退職金共済法における最下限の掛金によって計算した退職金については，使用者に支払う義務があるとされた例である。

労働契約書を交わしていない場合，労働者は自身の労働条件を把握できないことが多く，そのような場合，求人票記載の労働条件は証拠資料としても重要な意味を持つことになる。

求人公開カード（一般）

受付年月日	24. 8. 1	紹介期限日	24. 10. 31		公開区分		職業分類		

事業所名	（フリガナ） 株式会社○○エンジニアリング			
所在地	〒103-0027 東京都中央区日本橋○丁目○番○号 ☎03-0000-0000　FAX 03-0000-0000 Eメール ホームページ	産業分類 ソフトウェア業	職種 営業職・技術職	事業所在地 事業所在地に同じ
仕事の内容	一人一人の能力を最大限発揮できる職場環境の構築を心掛けており、また、顧客の満足と一ニーズに即した高いサービスを提供しております。 システム開発・保守、ソフトウェアの開発を主たる業務とし、その他ウェブサイトの企画・構築・保守やシステムネットワークの構築にも力を注いでおります。	就業場所	（　JR　）線（日本橋　駅・バス停から徒歩（15）分	転勤の可能性　なし
創業	平成14年	学歴 履修科目	高卒以上	雇用形態 正社員	採用人数 1人
資本金	1,000万円	必要な経験等		雇用期間 常用　年月日～年月日	
従業員	企業全体 18人（うち女性 5人） 事業所 36人	必要な免許資格	普通自動車免許 PCに関して基本的な操作が出来る方。	就業時間	① 8時30分～17時30分 ② ③	休憩時間 60分
加入保険等	雇用　労災　健康　厚生 企業年金基金　退職金共済 退職金制度（勤続3年以上）	形態	月給制	時間外あり 月平均 10時間	
	利用可能な託児施設	なし	日給・時給・年俸の額		休日	日　土　祝　毎週	年間休日数 127日
	マイカー通勤	不可	その他の場合	円			
	入居可能住宅	なし 単身用 あり 世帯用 あり	賃金締切日　毎月末日 賃金支払日　毎月20日				
	委託託児所か・通勤・帰省付記事項						
定年制	あり　一律　60歳	毎月の賃金 （税込）	a 基本給（月額または平均労働日数22日） 235,000円～258,000円		月給（ベースアップ込みの前年度実績） 3,000円～10,000円 又は　　　％～　　　％		
再雇用あり	65歳まで		b 定期的に支払われる手当 通勤手当 実費 皆勤手当 5,000円		賞与（前年度実績）年2回 又は　　　万円～　　　万円	計2.8月分		
勤務延長	なし	労働組合	a+b	240,000円～273,000円	通勤手当	実績（上限有り）毎月1万円まで		
備考	試用期間3ヶ月　月給220,000円	求人条件にかかる特記事項						
				就業場所住所				
選考方法	選考及び就業場所までの地図 （もより駅・バス停からの道順）事業所在地に同じ							
選考日時	随時		もより駅、バス停から徒歩（　）分					
携行品	履歴書（写真貼付）							
採否決定	7日後							
担当者	課係役職名　（人事部） 氏名　甲野太郎							
連絡先	☎03-0000-0000 内線							

Ⅵ 非典型の労働関係

1 パートタイム労働者（短時間労働者）
(1) パートタイム労働者とは

「短時間労働者の雇用管理の改善等に関する法律」（以下「パートタイム労働法」という）に規定のある「短時間労働者」は、「1週間の所定労働時間が同一の事業所に雇用される通常の労働者の1週間の所定労働時間に比べて短い労働者」と定義されている（パート2条）。例えば、「パートタイマー」「アルバイト」「嘱託」「契約社員」「臨時社員」「準社員」など、名称にかかわらず、この条件に当てはまる労働者であれば、「短時間労働者」としてパートタイム労働法の対象となる（以下「パートタイム労働者」という）。

なお、ここにいう「通常の労働者」とは、社会通念に従い、その労働者の雇用形態、賃金体系等を総合的に判断するとされており、業務に従事する中にいわゆる正規型の労働者がいる場合は、当該正規型の労働者をいい、その業務に従事する者の中に正規型の労働者がいない場合は、その業務に基幹的に従事するフルタイムの労働者（当該業務に恒常的に従事する1週間の所定労働時間が最長の正規型でない労働者）をいう（平19・10・1雇児発1001002号参照）。

パートタイム労働者は、労働基準法及び労働契約法に規定される労働者であり、その他、最低賃金法、労働組合法、労働者災害補償保険法などの労働関連法規の適用を受ける点で、正規労働者と何ら変わりはないが、労働条件の内容が不明確になりがちであり、正規労働者と比較して賃金が低く、また勤続に伴う昇給や賞与などの支給もなく、正規労働者とは格差ある処遇にあるのが通常である。他方、パートタイム労働者は、正規労働者の広範な責任や過剰労働を避け、自ら任意的にパートタイム労働者として稼働することを選択する者も少なくない。しかし、近年は企業の再編やコスト削減、成果主義の導入などに伴い就職できない若者やリストラ等により再就職が困難な中高年労働者層を中心に非任意的にパートタイム労働者として稼動せざるを得ない労働者が増加傾向にある。

(2) パートタイム労働法

このようにパートタイム労働者は，労使双方にとって必要な雇用形態である点は否定できないが，期間が定められていることが多く，雇用が不安定となり，労働条件の内容が不明確になりがちであるという問題がある。そこで，パートタイム労働者の労働条件を明確にする観点から，雇用管理の改善に関する措置，福利厚生の充実，職業能力の開発など，事業主に対し一定の措置を講ずることによって，労働者がその有する能力を発揮することができるようにするために，パートタイム労働法は平成5年に施行された。

しかしながら，本法は，事業主の努力義務を定めたものに留まる点や，前述のとおり，企業のコスト削減による雇用調整の結果，正規労働者と非正規労働者の待遇格差などの問題を受けて，平成19年にほぼ全面的に改正されるに至った。以下，改正点を中心に主要な論点を整理する。

(a) 労働条件に関する文書の交付

パートタイム労働法は，労働基準法15条1項に規定されている労働条件明示義務に加え，指針で一定の労働条件に関する文書を交付すべき旨を「努力義務」としてきたが，平成19年改正により「義務」として規制が強化された。

文書に明示すべき事項は，下記のとおりである（①〜⑤は労基15条1項，労基則5条，⑥はパート則2条）。

---
① 労働契約の期間
② 就業の場所・従事すべき義務
③ 始業・終業の時刻，所定労働時間を超える労働の有無，休憩時間，休日，休暇
④ 賃金の決定・計算・支払方法，支払時期
⑤ 退職に関する事項
⑥ 昇給，退職手当，賞与の有無

パートタイム労働者に関する労働条件明示の法律関係は，上記①〜⑤の労働基準法15条1項関連事項については，同条1項を根拠に使用者に明示義務が課せられ，これに違反した場合は労働基準法120条により罰則が適用される。一方，⑥の特定事項については，パートタイム労働法6条1項を根拠に違反した場合には同法47条により使用者には過料が科せられる。具体的には，各都道府県の労働局が助言，指導，勧告を行い，是正されない場合に過料の請求となろう。

なお，同法は，文書に明示すべき事項として義務付けた上記以外の労働条件に関する明示に関しては，努力義務としている（パート6条2項）。

(b) **通常の労働者との均等待遇の確保**

通常の労働者と同視すべきパートタイム労働者については，通常の労働者と待遇において差別的に取り扱うことが禁止された。平成19年の改正の大きな柱は，これまで事業主の責任が努力義務であった同法に待遇の差別的取扱いの禁止，義務規定が盛り込まれたことである。その背景として，雇用分野の規制緩和や企業の再編など市場中心主義の方向に大きく重心を移行したことに伴い，正規労働者が減少する一方で非正規労働者の数が急速に増加してきた点が挙げられる。そのため，これまで正規労働者が担ってきた仕事領域にパートタイム労働者が入るようになり，正規労働者と同じ仕事をしていながら賃金に格差が生じているという矛盾が大きく注目されるようになったのである。

同改正は，企業の労務管理に与える影響も大きく，全体的により労働者保護の側面が強くなったと考えられる。

ここで，「通常の労働者と同視すべきパートタイム労働者」とは，次の要件を備えるものに限定されている。

すなわち，①業務の内容及び責任の程度が当該事業所で雇用される通常の労働者と同一であること，②当該事業主と期間の定めのない労働契約を締結している労働者であること，③当該事業所における慣行その他の事情からみて，当該事業主との雇用関係が終了するまでの全期間において，その職務の内容及び配置が当該通常の労働者の職務の内容及び配置の変更の範囲と同一の範囲で変更されると見込まれるものであることが必要である（パート8条1項）。

上記パートタイム労働者については，パートタイム労働者であることを理由として，賃金の決定，教育訓練の実施，福利厚生施設の利用その他の待遇について，差別的な取扱いが禁止されている（同）。

なお，②の「期間の定めのない労働契約」には，反復して更新されることによって期間の定めのない労働契約と同視することが社会通念上相当と認められる期間の定めのある労働契約も含まれることに注意を要する（同条2項）。

この通常の労働者と同視できるパートタイム労働者が果たしてどのくらい存在するかについては，法案審議における厚生労働省の答弁によれば，3％から

5％程度といわれており，非常に厳しく設定されているといえよう。

なお，本条に違反する事業主の賃金に関する差別的な取扱いに関しては，労働基準法3条や4条違反の場合と同様に差額請求が可能と解される（季刊労働法220号72頁）。また，本条に違反する解雇や定年の定め等の法律行為は無効となり，教育訓練の不実施や福利厚生施設の利用拒否などの事実行為に対しては，不法行為による損害賠償責任を生じさせ得る（同71頁，菅野和夫『労働法〔第9版〕』204頁）。

職務内容が同一と判断されるためには，業務の内容と責任の程度の双方において実質的に同一といえるかが重要である。この点，行政通達によれば，業務の種類が同一であるかは，「労働省編職業分類」の細分類を目安に判断し，それが同一と判断される場合は，各々が従事している個々の業務に分割し，その中から中核的な業務を抽出した結果，その業務に必要な知識や技能の水準などの観点から比較して，実質的に同一といえるか否かを判断する。

(c) 職務に関連する賃金に関する均等処遇の努力義務

賃金に関しては，事業主は，通常の労働者との均衡を考慮しつつ，前述の「通常の労働者と同視すべきパートタイム労働者」を除くパートタイム労働者の職務の内容，職務の成果，意欲，能力，又は経験等を勘案して，その賃金を決定するように努めるものとされた（パート9条1項）。この賃金とは，基本給や賞与，職務手当など職務の内容と密接に関連して支払われるものをいい，次に挙げる手当等は含まれない（パート則3条）。

(i) 通勤手当
(ii) 退職手当
(iii) 家族手当
(iv) 住宅手当
(v) 別居手当
(vi) 子女教育手当

また，事業主は，職務内容が同一のパートタイム労働者であって，当該事業における慣行その他の事情からみて当該事業主に雇用される期間のうち少なくとも一定の期間，その職務の内容及び配置が当該通常の労働者の職務の内容及び配置の変更の範囲と同一の範囲で変更されると見込まれるものについては，

当該変更が行われる期間において,通常の労働者と同一の方法により賃金を決定するように努めなければならない(パート9条2項)。

(d) **教育訓練実施に関する措置義務**

事業主は,通常の労働者に対して実施する教育訓練であって,当該通常の労働者が従事する職務の遂行に必要な能力を付与するためのものに関しては,既に当該職務に必要な能力を有している場合を除き,職務内容が同一のパートタイム労働者に対しても実施しなければならない(パート10条1項)。また,事業主は,通常の労働者と同視すべきパートタイム労働者及び職務内容が同一のパートタイム労働者を除くパートタイム労働者には,通常の労働者との均衡を考慮しつつ,当該労働者の職務の内容,職務の成果,意欲,能力及び経験等に応じ,教育訓練を実施するように努めなければならない(同条2項)。

(e) **福利厚生施設の利用に関する配慮義務**

事業主は,通常の労働者に対して利用の機会を与える福利厚生施設であって,健康の保持又は業務の円滑な遂行に資するものとして厚生労働省令で定める施設については,その雇用するパートタイム労働者に対しても,利用の機会を与えるように配慮する義務が課せられている(パート11条)。なお,厚生労働省令は,この配慮義務が課せられる施設を,給食施設,休憩室,更衣室に限定している点に注意されたい(パート則5条)。

(f) **通常の労働者への転換**

改正パートタイム労働法は,上記のように適正な労働条件の確保,教育訓練の実施,福利厚生の充実と並んで,通常の労働者への転換の推進に関する措置義務を課している。事業主は,次のいずれかの措置を講じなければならないとされている(パート12条)。

① 通常の労働者の募集を行う場合において,当該募集に係る事業所に掲示すること等により,その者が従事すべき業務の内容,賃金,労働時間その他の当該募集に係る事項を当該事業所において雇用するパートタイム労働者に周知すること。

② 通常の労働者の配置を新たに行う場合において,当該配置の希望を申し出る機会を当該配置に係る事業所において雇用するパートタイム労働者に対しても与えること。

③　一定の資格を有するパートタイム労働者を対象として通常の労働者への転換のための試験制度を設けること、その他の通常の労働者への転換を推進するための措置を講ずること。

(g)　**紛争解決の援助**

事業主は、前述した労働条件の文書交付等に関する義務（パート6条1項）や差別的取扱いの禁止（同8条1項）、教育訓練に関する措置義務（同10条1項）、福利厚生に関する配慮義務（同11条）、通常労働者への転換の措置義務（同12条1項）及び待遇の決定に関する説明義務（同13条）について、パートタイム労働者から苦情の申出を受けたときは、企業内苦情処理機関にて自主的解決を図ることが努力義務とされている（同19条）。したがって、使用者としては、苦情処理機関の設置に努めなければならないということになる。

また、実際に紛争が生じた際には、都道府県労働局長による助言・指導・勧告による紛争解決援助（同21条1項）や紛争調整委員会による調停による解決手続が用意されている（同22条）。従来の紛争解決処理と異なる点は、あっせんではなく、調停による解決に変更された点である。パートタイム労働者の待遇等に関する紛争は、差別禁止や均等待遇に関するものが多く、男女雇用機会均等法に関する紛争と類似しているため、この紛争解決システムと同様な整備を図ることとなったのである。

(3)　**パートタイム労働者の年休**

パートタイム労働者であっても正規労働者と同様に年次有給休暇が付与されるのが原則である（有給休暇については、**第7章**「年次有給休暇」268頁以下で詳述する）。ただし、週所定労働時間が30時間未満の労働者の年休については、所定労働日数に比例して算定された日数となる（労基39条3項、労基則24条の3）。

実務上、使用者は、正規労働者以外の労働者の年休取得に対しては、週の所定労働時間にかかわりなく年休権を認めず、休暇分の賃金をカットするケースが少なくないが、所定の要件を満たしている限り、年休権は法律上当然に発生し、これと異なる合意を労使間で定めても無効であることに注意を要する（労基13条）。

所定労働日数の少ない労働者の年休付与日数（週の所定労働時間が30時間未満の労働者）

週所定労働日数	年間所定労働日数	6ヵ月	1年6ヵ月	2年6ヵ月	3年6ヵ月	4年6ヵ月	5年6ヵ月	6年6ヵ月
4日	169～216日	7日	8日	9日	10日	12日	13日	15日
3日	121～168日	5日	6日	6日	8日	9日	10日	11日
2日	73～120日	3日	4日	4日	5日	6日	6日	7日
1日	48～ 72日	1日	2日	2日	2日	3日	3日	3日

(4) パートタイム労働者の雇用保険

雇用保険制度は，個人経営であって常時5人未満の労働者を雇用する農林水産業等を除き，労働者を1人でも雇用する事業所に適用され，そこで雇用される労働者は被保険者となる。ただし，(i)65歳に達した日以後に雇用される者，(ii)1週間の所定労働時間が20時間未満である者，(iii)同一の事業主に継続して31日以上雇用されることが見込まれない者，(iv)季節的に雇用される者であって，4ヵ月以内の期間を定めて雇用される者又は1週間の所定労働時間が30時間未満である者は，適用対象から除外されている（雇保6条1号～4号・38条1項）。

したがって，パートタイム労働者であっても，上記(i)又は(iv)に該当せず，次の要件を満たす場合には，一般被保険者としての資格を有する。

> ① 週の所定労働時間が20時間以上であること
> ② 31日以上引き続き雇用することが見込まれること

従来，週所定労働時間が20時間以上30時間未満で1年間以上の雇用に就くことが見込まれる者は，短時間労働被保険者として，一般被保険者と区別されていたが，平成19年の法改正により短時間労働被保険者の区分は廃止され，一般被保険者に吸収された（平成19年10月1日施行）。

一般被保険者の失業等給付は，離職前の2年間に被保険期間が通算して12ヵ月以上（賃金支払の基礎となった日が11日以上である月を1ヵ月として計算する）ある者に支給される（雇保13条1項）。ただし，離職の理由が倒産・事業の縮小・廃止，解雇等である者や期間の定めのある労働契約が更新されなかったことその他やむを得ない理由に基づく者等については，離職前1年間に被保険期間が通算6

ヵ月以上あればよい（同条2項）。

　零細企業などは，パートタイム労働者に対しては，雇用保険の加入手続をとっていない場合もあり，このような場合は，遡って加入を求めることも検討すべきである。具体的には，当該事業所を管轄する公共職業安定所に申告し，事業所に対して指導，加入を求めることになろう。

② 有期雇用労働者——雇止めの制限
(1) 有期雇用労働者

　有期雇用労働者とは，期間の定めのある労働契約によって雇用される労働者の総称である。前述のパートタイム労働者と重複する点が多いが，パートタイム労働者でも期間の定めのない労働契約を締結している労働者もいれば，有期雇用労働者でもパートタイム労働者の要件を満たさない雇用形態の者もいる。

　有期雇用労働者は，一般的に期間の定めのない長期雇用の正規労働者と比較して，雇用調整や処遇面において明確に区別されるのが通常であり，かつ契約期間満了の度に契約を更新されるのか，打ち切られるのかという不安定な地位に置かれる一方，使用者は，労働需要に応じて，短期の労働契約を締結し，更新すべきか否かの選択権を行使できることになる。そのため，契約期間満了後の雇用をめぐり，労使間で紛争となるケースが少なくない。

　次項では，契約期間満了時に問題となる雇止めについて詳述する。

(2) 雇止めの性格

　雇止めとは，一般的に期間の定めのある労働契約（有期労働契約）を反復継続した後に，その期間の満了を理由として労働契約の更新を拒絶することをいう。有期労働契約は，期間の満了により当然に終了するのが原則であるが，実際には契約期間満了後も有期契約が長期にわたって反復更新され，労働者が雇用継続について期待利益を有する場合がある。また，事実上黙示の更新がなされているケースも少なくない。そのような場合にまで，使用者の雇止めを無制限に認めるとなると，労働者の法的地位が不当に害されることになる。

　この点，労働者が契約期間満了後も労働を継続し，使用者がこれに格別異議を述べないときは，契約は，従前の雇用と同一条件で黙示に更新されたものと推定される（民629条1項）。この黙示の更新後の契約期間については，各当事者

は期間の定めのない労働契約の場合と同様にいつでも解約をなし得る旨の規定（同627条1項）を根拠に，更新後の契約期間は，期間の定めのない労働契約に転化すると解するのが通説である（東京大学労働法研究会編『注釈労働基準法（上）』316頁）。この場合は，雇止めの問題ではなく，労働契約法16条の解雇権濫用法理の問題となる。

他方，契約期間を過ぎて使用し続けた場合に，一挙に解雇が制限される期間の定めのない労働契約に転化してしまうというのは雇用の実態にそぐわないとして，従前と同一の期間の定めがあるものとして更新されたとみるべきとする有力な見解もある（菅野・前掲190頁）。

なお，形式的に更新手続がとられている場合は，雇止めの法理によることに注意を要する。

有期労働契約は，期間の満了により当然終了することから，雇止めの意思表示は，解雇のような意思表示と異なり，法的効果を発生させるものではないと解されている。そのため，雇止めが許されない場合の法的効果については，意思表示の無効ではなく，期間満了による労働契約終了の効果が発生しないという効果に留まると考えられる。後掲日立メディコ事件の判例も「従前の労働契約が更新されたのと同様の法律関係となるものと解される」と判示している。

(3) **判例による雇止めの制限**

判例は，有期労働契約の更新につき，その実態に基づいて実質的な観点から労働者保護を図っているといえる。次の2つが典型的な事例である。

第1のケースは，労働契約が反復更新され，実質的に期間の定めのない労働契約と異ならない状態で労働契約が存在していると認められる場合である。この場合，雇止めの意思表示は，実質上解雇の意思表示に当たるものとして，解雇権濫用法理などの解雇に関する法理が類推適用される。

判例は，①従事していた業務が臨時的か恒常的であったか，②継続雇用をすることにつき，当事者間でいかなる言動・認識があったのか，③更新の状況や手続などが厳格であったか，などの諸事情を判断要素としている。本事案は，雇用期間2ヵ月の基幹臨時工が簡易な更新手続により，契約を5回〜23回更新され，職務内容も本工と区別がなく，使用者からも長期の雇用を期待させる言動があった等の事実から解雇に関する法理の類推適用を認めたものである（東

芝柳町工場事件・最判昭49・7・22民集28巻5号927頁)。

　第2のケースは，労働契約の期間が明確であり，長期にわたり反復更新されているとはいえないため，実質的に期間の定めのない契約と同視できない場合でも，業務内容の恒常性や当事者間の言動・認識などから雇用継続に対する労働者の期待利益に合理性がある場合は，解雇に関する法理が類推適用されるとするものである。判例は，当初20日間の臨時工として雇用され，その後，2ヵ月間の雇用契約を5回更新した後，不況を理由として雇止めされた事案につき，「5回にわたる契約の更新によって本件労働契約が，期間の定めのない契約に転化したり，あるいは，……期間の定めのない労働契約が存在する場合と実質的に異ならない関係が生じたということもできない」とした上で，雇用関係のある程度の継続が期待されていたと認められる場合には，解雇に関する法理が類推適用されると判示している（日立メディコ事件・最判昭61・12・4労判486号6頁）。

　第1のケースは，更新手続が形骸化しており，職務内容も本工と差異のない常用的臨時工で，かつ採用時に長期雇用を期待させる言動があったのに対し，第2のケースでは，契約期間満了の都度，ある程度厳格な更新手続がとられ，職務内容も本工と異なる比較的軽易な作業であった点などが相違する。

　その後の裁判例は，個別的に判断しているため，一概に類型化することは困難であるが，おおむね業務の内容，反復更新の回数・年数，上司や人事担当者等の言動，更新手続の厳格性などを考慮要素としていると考えられる。ただし，最近では，期間雇用の雇用管理が従前と比較して，厳正化されつつあり，更新手続の態様から期間の定めのない労働契約と端的に同視できるような事案は減少傾向にあるようである。

　厚生労働省の研究会では，裁判例における判断過程から，主に下記6項目を考慮要素として整理しているので参考にされたい（「有期労働契約の反復更新に関する調査研究会報告」平12・9・11発表）。

①業務の客観的内容
　従事する仕事の種類・内容・勤務の形態（業務内容の恒常性・臨時性，業務内容についての正社員との同一性の有無等）
②契約上の地位の性格
　契約上の地位の基幹性・臨時性（例えば，嘱託，非常勤講師等は地位の臨時性が

認められる。)，労働条件についての正社員との同一性の有無等
③**当事者の主観的態様**
　継続雇用を期待させる当事者の言動・認識の有無・程度等（採用に際しての雇用契約の期間や，更新ないし継続雇用の見込み等についての雇主側からの説明等）
④**更新の手続・実態**
　契約更新の状況（反復更新の有無・回数，勤続年数等），契約更新時における手続の厳格性の程度（更新手続の有無・時期・方法，更新の可否の判断方法等）
⑤**他の労働者の更新状況**
　同様の地位にある他の労働者の雇止めの有無等
⑥**その他**
　有期労働契約を締結した経緯，勤続年数・年齢等の上限の設定等

　なお，前述のとおり（本章58頁以下），労働契約法が平成24年に一部改正され，雇止めの制限法理については，有期労働契約の更新等（労契19条）として規定された。
　すなわち，「有期労働契約が過去に反復更新されたことがあって，その契約期間の満了時に当該有期労働契約を更新しないことにより当該有期労働契約を終了させることが，期間の定めのない労働契約を締結している労働者に解雇の意思表示をすることにより当該期間の定めのない労働契約を終了させることと社会通念上同視できると認められること」（同条1号），又は，「当該労働者において当該有期労働契約の契約期間の満了時に当該有期労働契約が更新されるものと期待することについて合理的な理由があるものであると認められる」（同条2号）場合に，有期契約労働者の契約期間が満了する日までの間に，労働者が当該有期労働契約の更新の申込みをした場合又は当該契約期間の満了後遅滞なく有期労働契約の更新の申込みをした場合に，使用者が当該申込みを拒絶することが，客観的に合理的な理由を欠き，社会通念上相当であると認められないときは，使用者は，従前の有期労働契約の内容である労働条件と同一の労働条件で当該申込みを承諾したものとみなすものである。
　今回の雇止め法理の法文化については，有期契約労働者の当面の雇用の安定と明確化による紛争防止を図ることができるものとして評価することができる。他方で，契約期間が満了する日までの間に労働者が更新の申込みをする必要がある点や使用者が当該申込みを拒絶することが客観的に合理的理由を欠き，社

会通念上相当であると認められないときという点については，従来の判例法理にはない要件と考えられ，その結果，労働者にとってより厳しい判断にならないかという懸念も残る。

今後，この点をいかに判断するかは，実務の動向を注視する必要があろう。

(4) **有期労働契約の締結，更新及び雇止めに関する基準**

平成15年の労働基準法改正により，契約期間の上限が原則1年から3年に延長され（労基14条1項），これに伴い厚生労働大臣は，有期労働契約の締結及び満了時の紛争に関し，使用者が講ずべき事項についての基準を定めることができることとなった（同条2項）。これにより，通達による指針は，告示による基準として策定され（「有期労働契約の締結，更新，雇止めに関する基準」平15・10・22厚生労働省告示357号），かつ同基準に関し，行政官庁は助言及び指導を行うことができるようになった。

同基準は，使用者に対し，有期労働契約の締結に際して，①更新の有無及び更新ありの場合は，更新する場合又はしない場合の判断基準を明示すること，②1年継続勤務等の一定の要件を満たす有期労働契約を更新しないこととする場合には，少なくとも当該期間満了日の30日前までにその予告をすべきこと，③労働者が雇止めの理由について証明書を請求したときは，遅滞なく交付しなければならないこと，④雇入れの日から起算して1年を超えて継続勤務している有期労働者を更新する場合には，当該契約の実態及び労働者の希望に応じて，契約期間をできる限り長くするよう努めること，などを求めている。

なお，労働契約法は，判例の法理や上記基準を考慮して，「使用者は，期間の定めのある労働契約について，その労働契約により労働者を使用する目的に照らして，必要以上に短い期間を定めることにより，その労働契約を反復して更新することのないよう配慮しなければならない。」（労契17条2項）との規定を設けている。この規定は，訓示規定と解されているようであるが，今後は，使用者が本件配慮を著しく欠いているような場合には，使用する目的との関係において，雇止めが制限される論拠の1つになり得よう。

③ 派遣労働者
(1) 労働者派遣事業の適法化と改正の流れ

労働者派遣とは,「自己の雇用する労働者を,当該雇用関係の下に,かつ,他人の指揮命令を受けて,当該他人のために労働に従事させることをいい,当該他人に対し当該労働者を当該他人に雇用させることを約してするものを含まない」(労働派遣2条1号) と定義される。

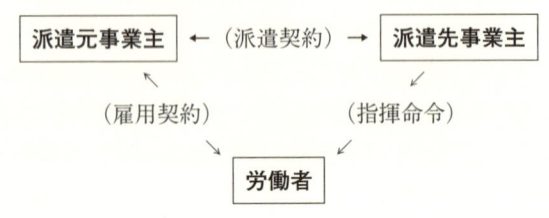

```
   派遣元事業主  ←（派遣契約）→  派遣先事業主
        ↖                              ↙
     （雇用契約）              （指揮命令）
           ↘    労働者    ↙
```

ところで,職業安定法は,労働組合等が許可を得て無料で行う場合を除いて,労働者供給事業を禁止し (職安44条),供給側企業も供給を受ける側も処罰の対象としている (同64条)。労働者供給事業は,かつては土木建築・港湾荷役・鉱山等で多く行われ,封建的な労働関係の下で労働者が中間搾取や強制労働の犠牲となるなどの実態があった。労働者供給事業には,こうした弊害が発生するおそれがあるため,厳しい規制がなされてきたのである。

労働者派遣事業も,従来は労働者供給事業の1つとして違法とされていたが,昭和60年労働者派遣法が成立し,労働者派遣事業は一定の要件の下で職業安定法の労働者供給事業の禁止の範囲から除外され (同4条6項後段),適法化されるに至ったものである。

労働者派遣事業が解禁された背景には,一方で,技術革新の進展に伴って増加した専門的な知識,技術,知識を要する業務,あるいは減量経営を行うため分離可能な業務を,外部に委託したいという企業の側のニーズの高まりがあった。他方で,労働者の側にも,自分の持っている専門的な知識,技術,知識を活かしてスペシャリストとして働きたい,あるいは自分の都合のよい時間や場所で働きたいという者が増加し,そうしたニーズに対応する雇用機会を求める声があった。

労働力の需要側・供給側双方のニーズに基づいてそれを調整し,労働者保護

のための規制を加えた上で承認された労働者派遣事業は，従来の封建的労働関係を伴った労働者供給事業とは異なったものである。しかし，労働者派遣は，雇用関係と指揮命令関係を分離するという従来なかった労働関係であり，立法当初から，二重の支配・収奪関係による低賃金化や労働諸条件の劣悪化，景気の安全弁として利用されることによる雇用の不安定化，相互の使用者責任の不明確化などの問題をはらんでいるとの指摘がなされていた。

　労働者派遣法の制定後，人材派遣業者と派遣労働者の数は，アウトソーシングの進展などによって着実に増加した。また，バブル崩壊に伴い産業界全体で大規模な雇用調整が行われ，その後も，産業界は正社員数を絞り込み，非正規労働者や業務の外注化でその不足を補うという方向を推し進めていった。こうした状況の中で，規制改革路線が政策の主流となって，労働者派遣事業についても，平成11年，平成15年の改正労働者派遣法によって大幅な規制緩和がなされた。

　しかし近年，雇用労働者全体に占める非正規労働者の割合が3分の1にまで増加し，正社員として働くことを希望してもその機会が与えられないという就業形態の固定化の問題，正社員との待遇格差といった問題が生じてきた。さらに，平成20年秋のリーマン・ショック後に製造業を中心に派遣切りが相次ぎ，大きな社会問題になった。

　こうしたことから，行き過ぎた規制緩和に歯止めをかけ，規制を強化する方向での労働者派遣法改正法が，一部修正の上，平成24年3月28日に成立し，同年4月6日に公布された。平成24年改正法では，法律の名称が「労働者派遣事業の適正な運営の確保及び派遣労働者の保護等に関する法律」と変更され，目的規定に「派遣労働者の保護等」が明記された。また，日雇派遣の原則禁止，派遣料金のマージン率などの情報公開の義務，派遣元事業主の無期雇用への転換措置等の努力義務，違法派遣の提供を受けた場合の労働契約申込みみなし制度などに関する規定が設けられた。しかし，平成22年の法案提出時に盛り込まれていた製造業務派遣及び登録型派遣の原則禁止に関する規定は削除され，附帯決議において，改正法施行1年経過後をめどに，登録型派遣のあり方，製造業務派遣のあり方などについて論点を整理し，労働審議会での議論を開始することとされた。

平成24年改正法の施行日は，平成24年10月１日である。ただし，労働契約申込みみなし制度については，施行日から３年後の平成27年10月１日からの施行となる。

(2) 労働者派遣事業の規制

(a) 労働者派遣事業の許可と届出

労働者派遣事業は，許可を受けるか届出をして，はじめて適法に行うことができる。労働者派遣法や職業安定法に違反して行えば，罰則の対象となる。

さて，労働者派遣には常用型派遣と登録型派遣の２種類がある。

常用型派遣とは，派遣労働者と期間の定めのない労働契約を結ぶことを前提とするものであるのに対し，登録型派遣というのは，派遣を希望する労働者を登録しておき，普段は両者の間に労働契約関係はなく，派遣の都度，派遣労働者と派遣期間だけの労働契約を締結するという形態のものである。

労働者派遣法は，その事業の派遣労働者が常時雇用される労働者のみである労働者派遣事業を「特定労働者派遣事業」とし，特定労働者派遣事業以外の労働者派遣事業を「一般労働者派遣事業」としている（労働派遣２条４号・５号）。

登録型派遣である一般労働者派遣事業は，派遣労働者の雇用が不安定な形態であるため，厚生労働大臣の許可が必要とされる。これに対し，常用型派遣である特定労働者派遣事業は，雇用の安定の面での問題が少ないため厚生労働大臣への届出のみで足りるものとしている。

(b) 適用対象事業と派遣可能期間

労働者派遣法は，平成11年改正法により，労働者派遣を行うことができる業務を制限列挙する方式を改め，港湾運送，建築，警備，医療関係，製造工程以外の業務については労働者派遣ができるというネガティブ・リスト方式を採用した（労働派遣４条１項・３項）。

また，平成15年改正法で「物の製造」業務が対象業務に加えられたため，現在，派遣事業が禁止されている業務は，①港湾運送業務，②建設業務，③警備業務，④病院等の医療関係における医療関連業務（社会福祉施設等において行われるものや紹介予定派遣等による場合を除く）のみとなった。ただし，港湾運送業務は港湾労働法の許可により，建設業務は建設雇用改善法の許可により派遣事業を行うことが認められている。

次に，労働者派遣を行う期間についても，制定以来，派遣可能期間の上限を設けてきたのを，平成15年改正法において，専門等26業務，有期プロジェクト業務，日数限定業務，産前・産後休業等代替業務については，派遣可能期間が廃止され，派遣労働者を受け入れる期間に制限がなくなった。

 しかし，上記以外の業務（物の製造業務など）については，派遣可能期間は1年であり，派遣先は，就業の場所ごとの同一の業務について，派遣元事業主から1年を超えて継続して労働者を受け入れてはならない（同40条の2第1項・2項）。ただし，派遣先が当該派遣先事業場の過半数組織組合又は過半数代表者の意見を聞いて，当該事業場への派遣可能期間をあらかじめ1年を超え3年までの期間で定めていれば，その定めた期間が派遣可能期間となる（同40条の2第3項）。

【専門等26業務】（労働派遣令4条）
 ①情報処理システム開発等の業務，②機械設計等の業務，③放送機器等の操作の業務，④放送番組等の制作における演出の業務，⑤事務用機器等の操作の業務，⑥通訳，翻訳，速記の業務，⑦秘書の業務，⑧ファイリングの業務，⑨市場調査関係の業務，⑩財務処理の業務，⑪対外取引・国内取引の文書作成の業務，⑫デモンストレーションの業務，⑬添乗業務，⑭建築物の清掃業務，⑮建設設備の運転等の業務，⑯建築物等の受付・案内，駐車場管理等の業務，⑰研究開発業務，⑱事業の実施体制等の調査，企画，立案の業務，⑲書籍等の制作における編集業務，⑳広告デザイン業務，㉑インテリアコーディネータ業務，㉒アナウンサー業務，㉓OAインストラクション業務，㉔テレマーケッティングの営業業務，㉕セールスエンジニアの営業，金融商品の営業の業務，㉖放送番組等における大道具・小道具業務

【有期プロジェクト業務】（労働派遣40条の2第1項2号イ）
 完成期日が契約により定められているプラント工事，情報処理システム開発等。

【日数限定業務】（労働派遣40条の2第1項2号ロ）
 派遣先に雇用される通常の労働者の1ヵ月間の所定労働日数の半分以下で，かつ月10日以下の業務。書店の棚卸，土日だけの展示場のコンパニオン等。

【産前・産後休業等代替業務】（労働派遣40条の2第1項3号・4号）

派遣先における労働者が産前・産後休業，育児休業，介護休業をする場合における当該労働者の業務。

(c) **派遣元事業主の関係派遣先に対する労働者派遣の制限**

派遣元事業主は，当該派遣元事業主の経営を実質的に支配することが可能となる関係にある者その他の当該派遣元事業主と特殊な関係のある者として厚生労働省令で定める者（以下「関係派遣先」という）に労働者派遣をするときは，関係派遣先への派遣割合（関係派遣先での派遣就業に係る派遣労働者の総労働時間数を，派遣元事業主が雇用する派遣労働者のすべての派遣就業に係る総労働時間数で除して得た割合）が100分の80以下となるようにしなければならない（労働派遣23条の2，平成24年改正）。

また，派遣元事業主は，厚生労働省令で定めるところにより，その派遣割合を厚生労働大臣に報告しなければならない（同23条3項，平成24年改正）。

(d) **マージン率などの情報提供義務**

派遣元事業主は，事業所ごとの派遣労働者の数，労働者派遣の役務の提供を受けた者の数，労働者派遣に関する料金の額（労働者派遣料金額）の平均額から派遣労働者の賃金の額の平均額を控除した額を労働者派遣料金額の平均額で除して得た割合（いわゆるマージン率）などに関し情報の提供を行わなければならない（労働派遣23条5項，平成24年改正）。

(注) 厚生労働大臣は，上記(c)(d)の規定に違反した派遣元事業主に対し，指導又は助言をした場合において，当該派遣元事業主がなお上記(c)(d)の規定に違反したときには，当該派遣元事業主に対し，必要な措置をとるべきことを指示することができるとされた（同48条3項，平成24年改正）。

(e) **日雇派遣の原則禁止**

派遣元事業主は，その業務を迅速かつ的確に遂行するために専門的知識，技術又は経験を必要とする業務のうち，労働者派遣により日雇労働者（日々又は30日以内の期間を定めて雇用する労働者をいう）を従事させても適正な雇用管理に支障を及ぼすおそれがないと認められる業務又は雇用の機会の確保が特に困難であると認められ労働者の雇用の継続等を図るために必要と認められる場合その他の政令で定める場合を除き，その雇用する日雇労働者について労働者派遣を行ってはならない（労働派遣35条の3第1項，平成24年改正）。

(注) 日雇労働者の派遣が例外として認められる政令で定める業務とは，専門等26業務のうち，次のものである（労働派遣令4条1項，平成24年改正）。

①情報処理システム開発等の業務，②機械設計等の業務，③事務用機器の操作の業務，④通訳，翻訳，速記の業務，⑤秘書の業務，⑥ファイリングの業務，⑦市場調査関係の業務，⑧財務処理の業務，⑨対外取引・国内取引の文書作成等の業務，⑩デモンストレーションの業務，⑪添乗業務，⑫建築物又は博覧会場における受付・案内の業務，⑬研究開発業務，⑭事業の実施体制等の調査，企画，立案の業務，⑮書籍等の制作における編集業務，⑯広告デザイン業務，⑰OAインストラクション業務，⑱セールスエンジニアの営業，金融商品の営業の業務。

また，政令で定める雇用の継続等を図るために必要として認められる場合とは，派遣元事業主が日雇労働者の安全又は衛生を確保するため必要な措置その他の雇用管理上必要な措置を講じている場合であって，次のいずれかに該当するときである（同条2項，平成24年改正）。

①当該日雇労働者が60歳以上の者である場合，②当該日雇労働者が昼間の学生である場合，③当該日雇労働者及び生計を一にする配偶者等の1年分の収入の合計額が500万円以上である場合（同施行規則28条の3）。

(3) 労働者派遣契約，派遣元事業主・派遣先の講ずべき措置

労働者派遣は，前述したとおり，雇用関係と指揮命令関係を分離するという労働関係であるため，派遣労働者の労働条件や使用者の責任が不明確になるおそれがある。そこで，労働者派遣法は，①派遣元事業主と派遣先は法定事項を定めた派遣契約を必ず締結するものとし，さらに，派遣元・派遣先の責任を明確にするために，②派遣元事業主の講ずべき措置，③派遣先の講ずべき措置を定めている。

(a) **労働者派遣契約**

① 労働者派遣契約の当事者は，労働者派遣契約の締結に際し，派遣労働者の就業条件について，派遣労働者の従事する業務の内容，派遣先の名称・所在地，派遣就業の場所，指揮命令者，派遣の期間，就業日，就業の開始時刻・終了時刻・休憩時間，安全衛生，苦情処理に関する事項などを定め，派遣労働者の人数をこれらの事項の違いに応じて定めなければならない。更に平成24年改正法により，派遣労働者の新たな就業機会の確保，休業手当等の支払に要する費用の負担に関する措置その他の労働者派遣契約の解除に当たって派遣労働者の雇用の安定を図るために必要な措置に関する事項も定めなければならないとされた（労働派遣26条1項）。

② 労働者派遣（紹介予定派遣を除く）の役務の提供を受けようとする者は，労働者派遣契約の締結に際し，派遣労働者の特定を目的とする行為（履歴

書の提出，事前面接，若年者を希望するなど）をしないように努めなければならない（同26条7項）。
③　派遣労働者の就業条件が適正に確保されるために，派遣元事業主は，派遣先が派遣就業に関する法令に反したときは，派遣の停止又は労働者派遣契約の解除をなしうる（同28条）。この結果，派遣先が損害を被っても債務不履行による損害賠償責任を負わないことになる。
④　労働者派遣の役務の提供を受ける者は，その者の都合による労働者派遣契約の解除に当たっては，当該労働者派遣に係る派遣労働者の新たな就業機会の確保，休業手当等の支払に要する費用の負担に関する措置その他の当該派遣労働者の雇用の安定を図るために必要な措置を講じなければならない（同29条の2，平成24年改正）。

(b) **派遣元事業主が講ずべき措置**

①　派遣元事業主は，その期間を定めて雇用する派遣労働者又は派遣労働者として期間を定めて雇用しようとする労働者（以下「有期雇用派遣労働者等」という）の希望に応じ，次のいずれかの措置を講じなければならない（労働派遣30条，平成24年改正）。
　(i)　期間を定めないで雇用する派遣労働者として就業させることができるように就業の機会を確保し，又は派遣労働者以外の労働者として期間を定めないで雇用することができるように雇用の機会を確保するとともに，これらの機会を有期雇用派遣労働者等に提供すること。
　(ii)　当該派遣元事業主が職御紹介を行うことができる場合にあっては，有期雇用派遣労働者等を紹介予定派遣の対象とし，又は紹介予定派遣に係る派遣労働者として雇い入れること。
　(iii)　(i)(ii)に掲げるもののほか，有期雇用派遣労働者等を対象とした期間を定めないで雇用される労働者への転換のための教育訓練その他の期間を定めないで雇用される労働者への転換を推進するための措置を講ずること。
②　派遣元事業主は，その雇用する派遣労働者の従事する業務と同種の派遣先に雇用される労働者の賃金水準との均衡を考慮しつつ，当該派遣労働者の従事する業務と同種の業務に従事する一般の労働者の賃金水準又は当該

派遣労働者の職務の内容，職務の成果，意欲，能力若しくは経験等を勘案し，当該派遣労働者の賃金を決定するように配慮しなければならない。また，派遣元事業主は，その雇用する派遣労働者の従事する業務と同種の派遣先に雇用される労働者の水準との均衡を考慮しつつ，当該派遣労働者について，教育訓練及び福利厚生の実施その他当該派遣労働者の円滑な派遣就業の確保のために必要な措置を講ずるように配慮しなければならない（以上につき同30条の2，平成24年改正）。

③　派遣元事業主は，派遣労働者として雇用しようとする労働者に対し，当該労働者を派遣労働者として雇用した場合における当該労働者の賃金の額の見込みその他の待遇に関する事項等を説明しなければならない（同31条の2，平成24年改正）。

④　派遣元事業主は，労働者を派遣労働者として雇い入れようとするときは，あらかじめその旨（紹介予定派遣労働者として雇い入れる場合はその旨も）を明示しなければならず（同32条1項），また，派遣労働者として雇い入れた者以外の者を新たに労働者派遣の対象としようとするときは，あらかじめその旨（紹介予定派遣の対象としようとする場合はその旨も）を明示し，その者の同意を得なければならない（同条2項）。

⑤　派遣元事業主は，派遣先との間で正当な理由なく，派遣元事業主との雇用関係の終了後に派遣労働者を雇用することを禁ずる旨の契約を締結することは許されない（同33条2項）。

⑥　派遣元事業主は，派遣労働者として雇い入れようとする場合は当該労働者に対し，労働者派遣をしようとする場合及び労働者派遣に関する料金の額を変更する場合には当該派遣労働者に対し，労働者派遣に関する料金の額として厚生労働省令で定める額を明示しなければならない（同34条の2，平成24年改正）。

⑦　派遣元事業主は，労働者派遣をするときには，当該労働者に対し派遣就業の条件及び派遣可能期間の制限がある場合はその期間の満了日を明示しなければならず（同34条），派遣先に対しては，派遣労働者の氏名その他の一定事項を通知しなければならない（同35条）。更に平成24年改正法は，通知しなければならない事項に，当該労働者派遣に係る派遣労働者が期間を

定めないで雇用する労働者であるか否かの別を加え，通知した後に変更があったときは，遅滞なく，その旨を派遣先に通知しなければならないとした（同35条1項2号・2項，平成24年改正）。
⑧　派遣元事業主は，上記④，⑥等の事項，派遣労働者の助言・指導，苦情処理，個人情報の管理，派遣先との連絡調整などに当たらせるため，「派遣元責任者」を選任しなければならず（同36条），また，「派遣元管理台帳」を作成し，派遣就業に関する事項を記載して3年間保存しなければならない（同37条）。

(c)　**派遣先の講ずべき措置**

① 派遣先は，労働者派遣契約に定められた就業条件に反することのないように適切な措置を講じなければならず（労働派遣39条），また派遣就業が適正に行われるために必要な措置を講ずるように努めなければならない（同40条2項）。特に派遣先は，派遣労働者からの苦情の申出については，派遣元事業主との緊密な連携の下に，誠意をもって遅滞なく，当該苦情の適切かつ迅速な処理を図らなければならないとされている（同40条1項）。
② 派遣先は，「派遣先責任者」を選任しなければならず（同41条），また，「派遣先管理台帳」を作成し，派遣就業に関する事項を記載して3年間保存しなければならない（同42条）。
③ 派遣先は，労働者派遣の役務の提供を受けようとする場合において，当該労働者派遣に係る派遣労働者が当該派遣先を離職した者であるときは，当該離職した日から起算して1年を経過する日までの間は，当該派遣労働者（雇用の機会の確保が特に困難であり，その雇用の継続等を図る必要があると認められる者として厚生労働省令で定める者を除く）に係る労働者派遣の役務の提供を受けてはならない（同40条の6〈40条の9〉，平成24年改正）。

(4)　**労働保護法規の適用**

　派遣労働者も，一般の労働者と同様に労働基準法，労働安全衛生法等の労働者保護法規の適用を受けることに変わりはなく，原則として派遣労働者と雇用関係にある派遣元事業主が責任を負う立場にある。しかしながら，派遣労働者については，派遣先の事業主が具体的な指揮命令を行い，また実際に働く事業場の設備の管理も行っているため，派遣元事業主に責任を負わせることが困難

主な労働基準法の規定	派遣元の責任	派遣先の責任
◇ 賃金の支払（24条）	○	
◇ 労働時間・休憩・休日（32条〜32条の3・32条の4第1項・2項・33条〜36条・40条・41条）		○
◇ 変形労働時間制・フレックスタイム制の協定の締結，届出（32条の2〜32条の4）	○	
◇ 三六協定の締結，届出（36条）	○	
◇ 時間外・休日，深夜の割増賃金（37条）	○	
◇ 年次有給休暇（39条）	○	
◇ 妊産婦の就労制限（66条）		○
◇ 育児時間（68条）		○
◇ 生理休暇（68条）		○
◇ 災害補償（第8章）	○	

な事項や派遣先の事業主に責任を負わせるのが適当な事項があり，それらの事項については派遣先の事業主に責任を負わせることにしている。

具体的に，派遣労働者についての主な労働保護法規の適用関係は，次のようになっている。

(a) **労働基準法の適用に関する特例**（労働派遣44条）

労働基準法の諸規定に関する原則的な責任主体は派遣元事業主であるが，実際に働くのは派遣先の事業主の下であることから，労働時間・休憩・休日（労基32条〜32条の3・32条の4第1項・2項・33条〜36条・40条・41条），妊産婦の就労制限・育児時間・生理休暇（同66条〜68条）等の規定に基づく義務については，派遣先の事業主が負う。しかし，労働時間の枠組みを決めるのは派遣元事業主であるため，時間外・休日労働（同36条），変形労働時間制・フレックスタイム制（同32条の2〜32条の4）などに関する就業規則の制定と協定の締結・届出，割増賃金の支払（同37条）の義務は，派遣元事業主が負うことになる。

(b) **労働安全衛生法の適用に関する特例**（労働派遣45条）

労働安全衛生法の原則的な責任主体は派遣元事業主であるが，実際に働くのは派遣先の事業主の下であることから，派遣先の事業主も，職場における労働者の安全衛生や健康管理についての責任を負う。また，安全管理体制や労働者

の危険・健康障害の防止措置（労安20条〜27条など）などについては、派遣先の事業主が責任主体とされている。

なお、派遣先の事業主は、労働安全衛生法上、上記のとおり派遣労働者の安全衛生を確保すべき義務が課せられているため、これらを基礎とした安全・健康配慮義務を負うものと解される。

(c) **男女雇用機会均等法の適用に関する特例**（労働派遣47条の2）

男女雇用機会均等法については、その差別禁止規定の責任主体は派遣元事業主であるが、特に派遣先で女性の派遣労働者がセクハラの被害に遭うことが多いことから、セクハラに関する雇用管理上の配慮義務（雇用均等11条1項）及び妊娠中・出産後の健康管理に関する措置義務（同12条・13条）は、派遣先の事業主に対しても課せられている。

(5) **派遣先の直接雇用義務**

労働者派遣事業は、あくまで臨時的・一時的な労働力の需給調整を行うための事業であり、派遣先の常用雇用労働者が派遣労働者によって代替されることを防止する必要がある。そこで、労働者派遣法は、派遣先に対して派遣労働者の直接雇用義務を課している。

(a) **派遣先の直接雇用義務の種類**

① 派遣可能期間の制限がある業務については、派遣先は、同一業務につき継続して1年間労働者派遣を受け入れ、引き続き当該業務に従事させるために労働者を雇い入れようとする場合には、当該派遣労働者を雇い入れる努力義務を負う（労働派遣40条の3）。

② 派遣可能期間の制限がある業務については、派遣元事業主は派遣先に対して同期間満了までに同期間を超えて労働者派遣を継続しない旨の通知をしなければならず（同35条の2第2項）、派遣先は、この通知を受けた場合において、当該派遣業務について同期間満了日までに当該派遣先に雇用されることを希望する当該労働者に対して、労働契約の申込みをしなければならない（同40条の4）。

③ 派遣可能期間に制限がない業務については、派遣先が3年を超える期間継続して同一業務に同一の派遣労働者を受け入れている場合で、当該同一業務に労働者を雇い入れようとするときは、当該派遣労働者に対して労働

契約の申込みをしなければならない（同40条の5）。ただし，平成24年改正法で，当該同一の派遣労働者について労働者派遣法35条による期間を定めないで雇用する労働者である旨の通知を受けている場合は，この限りではないとされた（同40条の5ただし書）。

(b) **労働契約の申込義務に違反に係る助言，指導，勧告**

②，③の労働契約の申込義務に違反して申込みをしない場合には，厚生労働大臣は指導・助言（労働派遣48条1項），労働契約の申込みをすべきことの勧告（同49条の2第1項），企業名の公表（同49条の2第3項）などの措置をとることができる。そこで，労働者としては，労働契約の申込義務が果たされない場合，この制度を活用して労働局に申告して，派遣先に直接雇用の申入れをするよう指導・助言するよう求めることができる。

しかし，派遣先が指導・助言に従わず労働契約の申込みをしなかった場合，私法上の効力として，労働契約の申込みが擬制され，労働契約関係が創設されるわけではない。

(6) **労働契約の申込みみなし制度**（平成24年改正）

(注) 以下の労働契約申込みみなし制度の施行は，平成24年改正法の施行日である平成24年10月1日から3年後の平成27年10月1日からである。

(a) **労働契約申込みみなし制度の内容**

① 労働者派遣の役務の提供を受ける者（特定独立行政法人，特定地方独立行政法人を含む）が次のいずれかに該当する行為を行った場合には，その時点において，当該労働者派遣の役務の提供を受ける者から当該労働者派遣に係る派遣労働者に対し，その時点における当該派遣労働者に係る労働条件と同一の労働条件を内容とする労働契約の申込みをしたものとみなされる。ただし，労働者派遣の役務の提供を受ける者が，その行った行為が次のいずれかの行為に該当することを知らず，かつ，知らなかったことにつき過失がなかったときは，この限りではない（労働派遣40条の6第1項）。

  (i) 労働者派遣法4条3項の規定に違反して派遣労働者を同条1項各号のいずれかに該当する業務に従事させること
  (ii) 同法24条の2の規定に違反して労働者派遣の役務の提供を受けること

(iii)　同法40条の2第1項の規定に違反して労働者派遣の役務の提供を受けること
　　　(iv)　労働者派遣法又は労働基準法・労働安全衛生法等の規定の適用を免れる目的で，請負その他労働者派遣以外の名目で契約を締結し，労働者派遣法26条1項各号に掲げる事項を定めずに労働者派遣の役務の提供を受けること
　②　①により労働契約の申込みをしたものとみなされた労働者派遣の役務の提供を受ける者は，当該労働契約の申込みに係る①に規定する行為が終了した日から1年を経過する日までの間は，当該申込みを撤回することができない（同40条の6第2項）。
　③　①により労働契約の申込みをしたものとみなされた労働者派遣の役務の提供を受ける者が，当該申込みに対して②の期間内に承諾する旨又は承諾しない旨の意思表示を受けなかったときは，当該申込みは，その効力を失う（同40条の6第3項）。
　④　①により申し込まれたものとみなされた労働契約に係る派遣労働者に係る労働者派遣をする事業主は，当該労働者派遣の役務の提供を受ける者から求めがあった場合においては，当該労働者派遣の役務の提供を受ける者に対し，速やかに，①により労働契約の申込みをしたものとみなされた時点における当該派遣労働者に係る労働条件の内容を通知しなければならない（同40条の6第4項）。

(b)　**労働契約申込みみなしに係る助言，指導，勧告**
　①　厚生労働大臣は，(a)①により労働契約の申込みをしたものとみなされた労働者派遣の役務の提供を受ける者又は当該労働者派遣に係る派遣労働者からの求めに応じて，当該労働者派遣の役務の提供を受ける者の行為が，(a)①の(i)から(iv)のいずれかに該当するかどうかについて必要な助言をすることができる（同40条の8第1項）。
　②　厚生労働大臣は，(a)①により申し込まれたものとみなされた労働契約に係る派遣労働者が当該申込みを承諾した場合において，(a)①により当該労働契約の申込みをしたものとみなされた労働者派遣の役務の提供を受ける者が当該派遣労働者を就労させない場合には，当該労働者派遣の役務の提

供を受ける者に対し，当該派遣労働者の就労に関し必要な助言，指導又は勧告をすることができる（同40条の8第2項）。
③　厚生労働大臣は，②により，当該派遣労働者を就労させるべき旨の勧告をした場合において，その勧告を受けた(a)①により労働契約の申込みをしたものとみなされた労働者派遣の役務の提供を受ける者がこれに従わなかったときは，その旨を公表することができる（同40条の8第3項）。

(7) 紹介予定派遣

　平成12年12月から許可基準が改正されたことにより「紹介予定派遣」が許容され，平成15年の労働者派遣法改正に際し，基本規定中に「紹介予定派遣」の定義規定が置かれた（労働派遣2条6号）。これにより，労働者派遣事業者が職業安定法上の許可や届出を行えば，労働者派遣の開始前又は開始後における職業紹介や労働者派遣終了までの採用内定ができるようになった。

　この紹介予定派遣の場合には，派遣先による派遣労働者の事前面接など，派遣先が派遣開始前に派遣労働者を特定する行為を行うことが例外的に認められている（同26条7項）。

　なお，平成24年改正法により，労働者派遣契約の締結に際し，当該職業紹介により従事すべき業務の内容及び労働条件その他の紹介予定派遣に関する事項を定めなければならないとされた（同26条1項9号）。

(8) 派遣労働をめぐる具体的問題

(a) 「派遣労働者の就業条件」

　派遣先の事業主が，派遣労働者に対して指揮命令することができるのは，派遣元事業主との間で業務の内容等を定めた労働者派遣契約を締結し，労働者派遣を行うに際して，あらかじめ派遣労働者に当該就業条件を明示（労働派遣34条）することによって，派遣労働者の具体的な就業条件となるからである。

　したがって，派遣先の事業主が労働者派遣契約に定められていない他の業務を命じることは契約違反であり，派遣労働者はその命令に従う義務はない。もっとも，労働者派遣契約に定めた業務に必要で相当な範囲内の付随業務を命じることは可能であると解される。しかし，専ら付随業務ばかりを行わせることになれば，やはり契約に違反することになる。

(b) 「賃　金」

　派遣労働における労働契約の当事者は派遣元事業主であり，賃金支払義務は派遣元事業主が負い，労働基準法24条の賃金支払原則（通貨払い，直接払い，全額払い，毎月１回以上の定期払い）も派遣元事業主に適用される。このことは，常用型派遣だけでなく登録型派遣でも変わるところはない。

　派遣労働者の賃金は，派遣先が派遣元事業主に支払う派遣料を原資とすることが多いであろうが，法律上はあくまで労働契約と労働者派遣契約とは別個のものである。したがって，たとえ派遣先が派遣料を支払わなくても，使用者である派遣元事業主は派遣労働者に対して所定の支払日にその賃金全額を支払わなければならない。

(c) 「時間外・休日労働」

　時間外労働・休日労働などに関する就業条件は，派遣元事業主が派遣先との間でその内容を労働者派遣契約で定め，労働者派遣に際して，あらかじめその内容が派遣労働者に明示されることによって，当該派遣労働者の具体的な就業条件になる。したがって，派遣先の事業主は，労働者派遣契約に従って，派遣労働者に対して具体的な指揮命令を行うべきことになる。他方，派遣労働者としては，あらかじめ明示された勤務時間に従って勤務すれば足り，これに反する派遣先の事業主の時間外労働，休日労働の命令等に応じる義務はないことになる。

　これに対し，派遣元事業主が就業規則等に時間外労働・休日労働を命じうる旨を定め，かつ三六協定の締結・届出をしており，派遣先と派遣元事業主との間の労働者派遣契約に時間外労働に関する定めがあり，就業条件明示書等に時間外労働に関する具体的な記載がある場合には，派遣先の事業主は派遣労働者に対して時間外労働を命じることができることになる。

　また，実際に派遣先の事業主が時間外労働をさせた場合には，派遣元事業主に割増賃金の支払義務が生じることになり，この派遣元事業主の支払義務は，たとえ労働者派遣契約に割増料金などの定めがなかったとしても免れることはできない。

(d) **労働者派遣契約が更新されなかった場合の派遣労働者の地位**

　労働者派遣契約は企業間の取引であるため，契約期間が満了した後，契約を

更新するか否かは企業の自由である。したがって、派遣先は、たとえ契約更新を繰り返して長期に派遣労働者を受け入れていた場合であっても、労働者派遣法の規制の範囲内の利用であれば、期間満了によって労働者派遣契約を解消することができる。

この場合の派遣労働者の地位に関する扱いは、派遣形態が登録型なのか、常用型なのかによって異なってくるので、以下、場合を分けて説明する。

①登録型の場合

労働者派遣契約	1回目	2回目	3回目	＊打ち切り
派遣労働契約	1回目	2回目	3回目	＊更新せず終了

通常、労働者派遣契約の期間と同じ期間の派遣労働契約を締結しているため、期間が満了すれば派遣労働契約は当然に終了する。なお、派遣元事業主との間で派遣労働契約を反復継続していたにもかかわらず雇止めがなされた場合、解雇権濫用法理の類推適用ができないかが問題となり得るが、この点について、「労働者派遣契約の存在を前提とする派遣労働契約について、派遣ではない通常の労働契約の場合と同様に雇用継続の期待に対する合理性を認めることは、一般的に困難である」とする裁判例がある（マイスタッフ事件・東京高判平18・6・29労判921号5頁）。

②常用型の場合

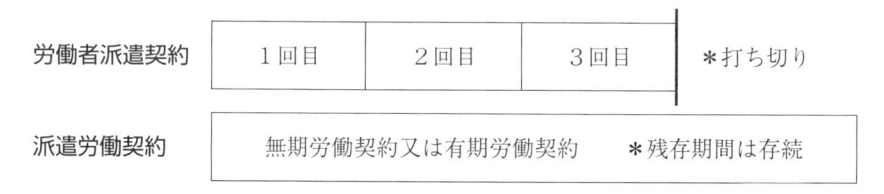

労働者派遣契約	1回目	2回目	3回目	＊打ち切り
派遣労働契約	無期労働契約又は有期労働契約			＊残存期間は存続

常用型派遣には、無期労働契約の場合と有期労働契約の場合があるが、派遣労働者との派遣労働契約は当該派遣先の業務に限定されていない点が登録型派遣とは異なる。したがって、もし次の派遣先が見つからず休業させた場合には、

派遣元事業主は民法536条2項に基づく全額の補償か労働基準法26条に基づく平均賃金の60％の休業補償をしなければならない。

また，派遣労働者を解雇しようとする場合には，解雇予告又は予告手当の支払義務（労基20条1項）があるほか，無期労働契約については解雇権濫用法理の適用があり（労契16条），有期労働契約についてはやむを得ない事由がある場合でなければ解雇することができない（同17条1項）。

ただし，有期労働契約の場合であって，労働者派遣契約の期間の満了と同時に派遣労働契約の期間も満了する場合には，登録型と同様の扱いとなる。

(e) **労働者派遣契約の期間途中の解消と派遣労働者の地位**

契約期間の途中に派遣先が労働者派遣契約を一方的に解消することは，派遣元事業主に債務不履行がない限り，原則としてできない。しかし，労働者派遣契約の中に中途解約権が留保されていることが多く，またそのような合意がなくても，現実には派遣元事業主は顧客である派遣先の解約申入れを受け入れざるを得ないことがある。

しかし，労働者派遣契約が一方的に解消された場合であっても，労働者派遣契約と派遣労働契約は別個のものであるから，当然に派遣労働契約が終了するわけではない。

この場合の派遣労働者の地位に関する扱いについても，登録型と常用型で異なってくるため，以下，場合を分けて説明する。

①登録型の場合

労働者派遣契約	1回目	2回目		＊途中解除
派遣労働契約	1回目	2回目	3回目	＊残存期間は存続

(i) 派遣労働者の解雇

有期労働契約は「やむを得ない事由」がないと解除できず（労契17条1項），派遣先による労働者派遣契約の解除は，それだけでは直ちにやむを得ない事由とまではいえないと解される。

(ii) 損害賠償請求

解雇にやむを得ない事由があり有効となる場合であっても，使用者の「過失」によって生じたときは，派遣労働者は使用者に対して損害賠償請求ができる（民628条後段）。一般に，派遣元事業主が中途解約に応じた場合には，当該労働契約の解消について派遣元事業主に過失があるといえ，残存期間について損害賠償請求が可能と解される。また，派遣先企業が一方的に解消してきた事案であっても，経営難による業務縮小などの特別事情がなければ，信義則上，派遣元事業主に過失があるものとして，損害賠償請求をし得ると解される。

なお，期間途中の解雇には労働基準法20条が適用されるので，30日前の解雇予告が必要であり，即日解雇の場合には30日分の解雇予告手当の支払を請求できることになる。

(iii) 休業手当

一般に，派遣労働者を休業させる場合，使用者が全額補償することが原則となる（民536条2項）。ただし，経営上の障害等による特段の事情があり，使用者の故意，過失又は信義則上これと同視すべき事由には該当しないと判断される場合には，労働基準法26条に基づく平均賃金の60％の休業手当のみを支払えば足りることになる。

②常用型の場合

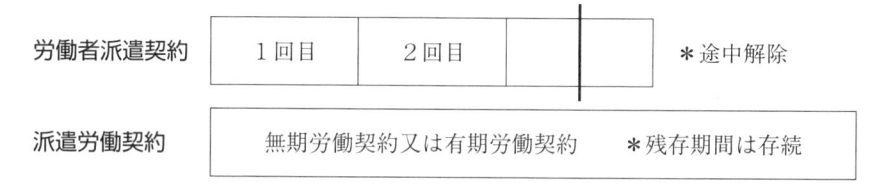

労働者派遣契約	1回目	2回目		＊途中解除
派遣労働契約	無期労働契約又は有期労働契約			＊残存期間は存続

(i) 派遣労働者の解雇

まず，派遣労働契約が無期労働契約の場合については，派遣元事業主が派遣労働者を解雇するには，社会的に相当と認められるだけの客観的に合理的な理由が必要であり（労契16条），派遣先との派遣元の労働者派遣契約が中途解除されたことは，それだけでは直ちに解雇の合理的な理由にならないと解される。

次に，派遣労働契約が有期労働契約の場合については，やむを得ない事由の存在が必要であり（同17条1項），それだけでは直ちにやむを得ない事由とまで

はいえないと解される。

　なお，有期労働契約期間中の解雇は，無期労働契約の場合よりも解雇の有効性は厳しく判断されると解される。

　(ii)　派遣労働契約が有期労働契約である場合の損害賠償請求

　解雇にやむを得ない事由があり有効となる場合であっても，派遣元事業主の「過失」によって生じたときは，派遣労働者は使用者に対して損害賠償請求ができる（民628条後段）。また，期間途中の解雇には労働基準法20条が適用されるので，30日前の解雇予告が必要であり，即日解雇の場合には30日分の解雇予告手当の支払を請求できることになる。

　(iii)　休業手当

　一般に，派遣労働者を休業させる場合，使用者が全額補償することが原則となる（民536条2項）。ただし，経営上の障害等による特段の事情があり，使用者の故意，過失又は信義則上これと同視すべき事由には該当しないと判断される場合には，労働基準法26条に基づく平均賃金の60％の休業手当のみを支払えば足りることになる。

4　偽装請負
(1)　偽装請負とは

　「偽装請負」とは，実態は労働者派遣事業又は職業安定法が禁止する労働者供給事業でありながら，請負ないし業務委託などの形式をとって行われるものを指す。

　請負や業務委託という契約形態は，製造業，貨物運送事業，情報処理産業などをはじめ広範な業種において，近年，急速に増加している。

　ユーザー企業がこれらの契約形態を利用する動機の主なものは，人件費コストの削減と受注量の増減に伴う人員調整の容易さであるといわれる。

　これらの契約形態は，本来の形で行われる限り適法なものであるが，請負や業務委託が労働者派遣事業や労働者供給事業とみなされないためには，後述する労働省告示37号ないし職業安定法規則4条の要件を満たさなければならない。これらの要件を満たさなければ，違法な労働者派遣事業ないし労働者供給事業ということになる。

(2) 労働者供給事業の禁止の範囲

職業安定法は，労働組合等が許可を得て無料で行う場合を除いて，「労働者供給事業」を禁止している（職安44条）。

「労働者供給事業」とは，「労働者派遣」に該当しない形態で，①供給契約に基づいて，②労働者を他人の指揮命令を受けて労働に従事させること（同4条6項前段）を，③業として行うことを指す。①の「供給契約」とは，事実上の支配下にある労働者の労働力の売買ないしは形式的な雇用契約関係の譲渡という性格を有する契約のことである。

「労働者派遣事業」は，前述のとおり，昭和60年の労働者派遣法の制定と同時に，労働者供給事業の適用範囲から除外されたものである。

他人の労務を利用する契約形態には，労働者派遣のほかにも，①請負契約，②業務委託契約，③出向契約，④店員派遣などがある。

①〜④の契約形態は，本来の形で行われる限り，労働者供給事業には当たらず，従来から適法とされてきたものである。しかも，労働者派遣事業と異なり，許可や届出も不要である。

そこで，偽装請負の説明に入る前に，偽装請負と区別される，本来の①〜④の基本的性格と要件を確認しておく。

①「請 負」

請負とは，注文者の注文に従って請負人が自己の裁量と責任において自己の雇用する労働者を使用して仕事の完成に当たり，成果物の納入や業務処理の完了を行うものである。注文先で就労するが，注文者側は労務管理を全く行わず，指揮命令はすべて雇用主である請負人側で行い，自社の業務として請負った仕事や事務を遂行する。相手先企業の指揮命令を全く受けない点において労働者派遣と区別され，労働者供給にも該当しないと解される。

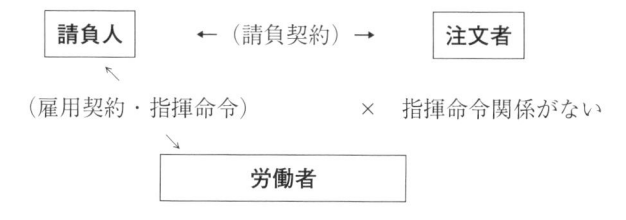

```
  ┌─────┐                    ┌─────┐
  │ 請負人 │ ←（請負契約）→    │ 注文者 │
  └─────┘                    └─────┘
     ↓
（雇用契約・指揮命令）        ×  指揮命令関係がない
     ↓
  ┌─────┐
  │ 労働者 │
  └─────┘
```

② 「業務委託」

業務委託とは，委託者が業務の処理を委託し，受託者が自己の雇用する労働者を使用して受託業務の処理を，自己の責任とある程度の自由裁量を持って独立して行うことである。労働者は委託先で就労するが，委託者側は労務管理を全く行わず，指揮命令はすべて雇用主である受注者側で行い，自社の業務として受託した仕事や事務を遂行する。相手先企業の指揮命令を全く受けない点において労働者派遣と区別され，労働者供給にも該当しないと解される。

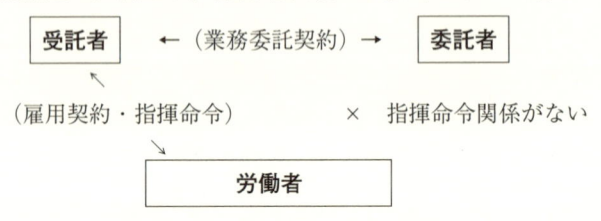

```
    受託者   ←（業務委託契約）→   委託者

（雇用契約・指揮命令）        ×  指揮命令関係がない
       ↓
      労働者
```

③ 「出　向」

出向とは，出向元事業主の従業員としての地位を保有したまま，出向先事業主との間に二重の雇用関係を生じさせ，出向先の指揮監督の下に労務に服するものをいう。出向先は出向契約により自社との間にも発生した雇用関係に基づいて労働者を指揮命令するのであり，労働者供給には該当しないと解される。

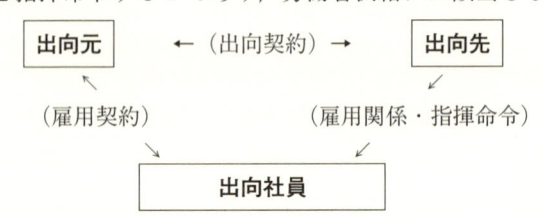

```
    出向元   ←（出向契約）→   出向先

  （雇用契約）        （雇用関係・指揮命令）
         ↘        ↙
          出向社員
```

④ 「店員派遣等」

店員派遣や代理店派遣と呼ばれるものは，他社に赴いて仕事をするが，自社からの指揮命令を受け，自社の業務を自社のために遂行する形態のものであり，労働者供給には該当しない。自社製品販売のための店員，宣伝員，説明員などがこれに当たる。

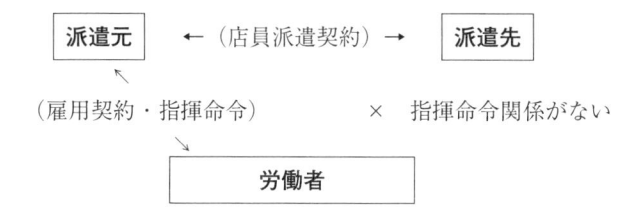

```
   ┌─────┐  ←(店員派遣契約)→  ┌─────┐
   │派遣元│                    │派遣先│
   └─────┘                    └─────┘
      ↓
(雇用契約・指揮命令)        ×  指揮命令関係がない
      ↓
   ┌─────┐
   │労働者│
   └─────┘
```

　職業安定法が禁止する労働者供給事業と，労働者派遣，①請負，②業務委託契約，③出向契約，④店員派遣等の関係を図示すると，次のようになる。

店員派遣	出向	業務委託	請負	労働者供給事業
				労働者派遣

(3) 偽装請負・偽装業務委託

　(2)で説明したとおり，請負や業務委託などが適法となるためには，労働者の指揮命令をすべて雇用主である請負人・受託者側で行うことが必須の要件となっている。

　したがって，ユーザー企業が自ら労働者の指揮命令を行いたいのであれば，労働者派遣で対処すべきことになる。ところが，労働者派遣には業種の限定や派遣可能期間の限定があり（例えば製造業の派遣可能期間は最長で3年であり，3年を超えた場合は派遣先に直接雇用の申入れ義務が発生する），また，派遣先会社に労働基準法上の使用者の責任や労働安全衛生法上の事業者としての責任が課されるため，労働者派遣を避けて請負や業務委託の契約形式を望むことがある。

　そうであれば，指揮命令は外注先企業に任せるべきであるが，ユーザー企業としては，一方で品質確保の要請があり，他方で請負業者等に技術が移転することを防ぎたいという思惑から，請負契約や業務委託契約などの形式をとりながら，自ら労働者の指揮命令を実施することがあるのだとされる。

　注文者や委託者の事業所において，注文者・委託者の従業員と請負人・受託

者の従業員が混在して働いており，注文者・委託者側の管理職従業員が一括して具体的な指揮命令を行っているようなケースが，典型的な偽装請負・偽装業務委託の就労形態といえる。

(4) **労働者派遣事業と業務請負・業務委託との区別**

適正な請負・業務委託と違法な偽装請負・偽装業務委託との区別は，実際には判然としない場合が多い。そのため，労働省告示37号「労働者派遣事業と請負により行われる事業との区分に関する基準」（昭61・4・17），それに基づく「労働者派遣事業関係業務取扱要領」（平11・11・17女発325号）が定められており，両者の区分は同基準によって判断されることになっている。

なお，同基準では「請負により行われる事業」とされているが，ここにいう「請負」とは労働者派遣事業との区分を目的とした概念であり，民法632条にいう「請負」のみならず，業務委託等も含んだ広い概念であることに注意を要する。

同基準では，「請負により行われる事業」が労働者派遣事業に該当しないものとするためには，①自己の雇用する労働者の労働力を自ら直接利用するものであること，②請負業者を自己の業務として契約の相手方から独立して処理するものであることの2点を要求しており，具体的には次の要件のいずれにも該当する必要がある。

I　自己の雇用する労働者の労働力を自ら直接利用すること
イ　業務の遂行に関する指示その他の管理を自ら行うこと 　(1)　労働者に対する業務の遂行方法に関する指示その他の管理を自ら行うこと 　(2)　労働者の業務の遂行に関する評価等に係る指示その他の管理を自ら行うこと
ロ　労働時間等に関する指示その他の管理を自ら行うこと 　(1)　労働者の始業及び就業の時刻，休憩時間，休日，休暇等に関する指示その他の管理を自ら行うこと 　(2)　労働者の労働時間を延長する場合又は労働者を休日に労働させる場合における指示その他の管理を自ら行うこと
ハ　企業秩序の維持，確保等のための指示その他の管理を自ら行うこと 　(1)　労働者の服務上の規律に関する事項についての指示その他の管理を自ら行うこと 　(2)　労働者の配置等の決定及び変更を自ら行うこと

> **Ⅱ　請負業務を自己の業務として契約の相手方から独立して処理すること**
> イ　業務の処理に要する資金につき，すべて自らの責任の下に調達・支弁すること
> ロ　業務の処理について，民法，商法その他の法律に規定された事業主としてのすべての責任を負うこと
> ハ　単に肉体的な労働力を提供するものではないこと
> 　(1)　自己の責任と負担で準備し，調達する機械，設備若しくは器材又は材料若しくは資材により，業務を処理すること
> 　(2)　自らの企画又は自己の有する専門的な技術若しくは経験に基づいて業務を処理すること

　上記の労働省告示37号の要件を満たさず，実態が労働者派遣であるにもかかわらず，派遣禁止業務へ従事させたり（労働派遣4条1項），許可・届出なく労働者派遣事業を行えば（同5条1項・16条1項），労働者派遣法違反となって処罰の対象となる（同59条1項・2項・60条1項）。

　また，許可を受け，届出を行っている事業者であっても，労働者派遣契約の締結（同26条），派遣就業条件の明示（同34条）等の点で労働者派遣法に違反していることになり，行政監督の対象となる。

　他方，偽装請負により労働者を受け入れている事業主は，許可・届出のない事業主からの労働者派遣受入禁止（同24条の2）に違反することになり，行政指導や勧告の対象とされ（同48条），勧告に従わなければ企業名公表（同49条の2）の対象となる。

　また，許可を受け，届出を行っている事業者からの受け入れであっても，派遣先責任者の選任，派遣先管理台帳の作成などの点で労働者派遣法に違反していることになり，やはり行政監督の対象となる。

(5)　二重派遣の禁止

　二重派遣とは，派遣元から派遣された派遣労働者を，派遣先が，更に別の派遣先に派遣することをいう。

　例えば顧客から労働者派遣の依頼を受けたが，自社に適当な技術，能力を有する労働者がいない，あるいは人数が足りないために，下請派遣会社から派遣を受け，それを顧客先に再派遣するという形で行われる。五重，六重といった

多重派遣の事例もみられる。

二重派遣は,「自己の雇用する労働者」ではない者を利用する点で派遣ではなく,職業安定法44条が禁止する違法な労働者供給事業となる。

そのため,二重派遣を回避する手段として,請負,出向といった形式がとられることがあるが,注文者が指揮命令を行うという実態がある場合には,二重派遣に該当し違法となる。

【典型的な二重派遣】

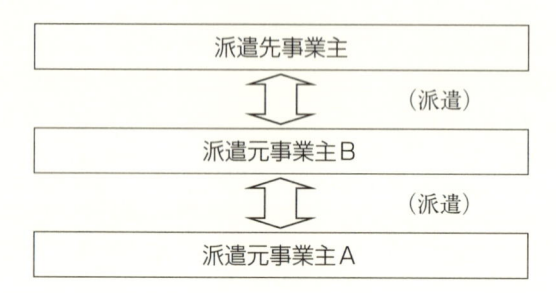

```
         派遣先事業主
            ⇅        （派遣）
         派遣元事業主B
            ⇅        （派遣）
         派遣元事業主A
```

【請負を利用した契約形態】

注文者と元請業者,元請業者と下請業者の間における請負契約の実態が,それぞれ「労働者派遣事業と請負により行われる事業との区分に関する基準」に適合する請負であれば,適法である。

しかし,注文者・元請業者間,又は元請業者・下請業者間に指揮命令関係が存在したり,独立業務処理の要件を欠く場合には,偽装請負となる。また,注文者・元請業者間と元請業者・下請業者間の両者に労働者派遣の実態がある場合には,二重派遣に該当する。

```
            注文者
            ⇅        （請負）
           元請業者
            ⇅        （請負）
           下請業者
```

【請負と派遣を組み合わせた契約形態】

注文者と請負業者の間における請負契約の実態が,「労働者派遣事業と請負により行われる事業との区分に関する基準」に適合する請負であれば,適法である。

しかし,注文者・請負業者間に指揮命令関係が存在して労働者派遣の実態がある場合には,二重派遣に該当する。

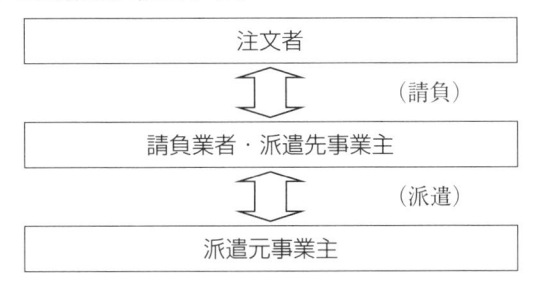

```
        注文者
         ⇅       (請負)
  請負業者・派遣先事業主
         ⇅       (派遣)
      派遣元事業主
```

【派遣と出向を組み合わせた契約形態】

親子会社や関連会社などグループ会社間の人事異動その他の適正な出向である場合には,出向先は「自己の雇用する労働者」を派遣するものであるから,適法である。

しかし,そのような企業間の人事異動という実態がなく,労働者供給的な営業行為として行われる場合には,実態としては労働者派遣であり,二重派遣に該当することになる。

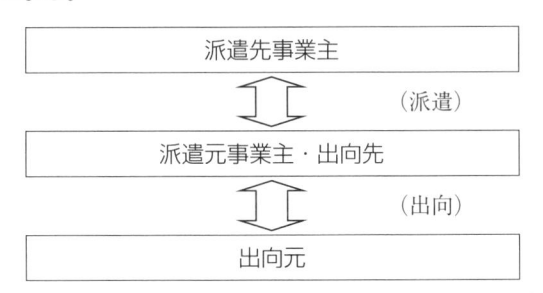

```
      派遣先事業主
         ⇅       (派遣)
   派遣元事業主・出向先
         ⇅       (出向)
        出向元
```

第4章
賃金に関する基礎知識

I 賃金一般

1 労働契約法における「賃金」決定の原則

　労働契約法は，労働契約における「賃金」を，「労働の対価として当事者間で合意され，使用者によって支払われるもの」(労契6条参照)としている。つまり，「労働の対価」であること，「使用者によって支払われる」ものであることを賃金の要件とし，その決定については「当事者間の合意」に委ねている。

　後述する「最低賃金法が定める最低賃金を下回らないこと」「一定事由による差別の禁止に反しないこと」という制約があるが，これらの前提を満たす限り，賃金額・支給基準・支払方法などについては，原則として，労働者と使用者との自由な決定に任せられている。

2 賃金制度
(1) 賃金の体系

　賃金の体系には様々なものがあるが，毎月決まって支払われる月例賃金と特別に支給される賃金とで構成されることが多い。前者は，基本給と諸手当からなる所定内賃金と所定外の労働に対して支払われる所定外労働賃金(時間外手当・休日手当・深夜手当)とに分けられる。後者の特別に支給される賃金には，賞与や退職金などがある。

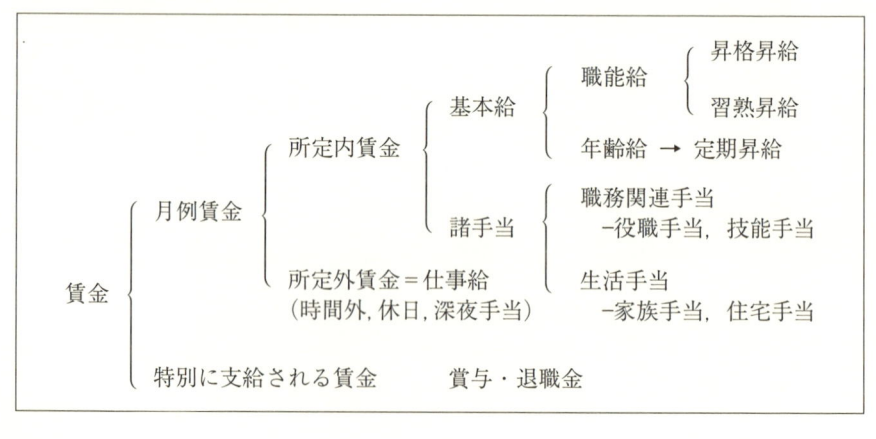

```
                                    ┌ 職能給 ┌ 昇格昇給
                    ┌ 基本給 ┤        └ 習熟昇給
        ┌ 所定内賃金 ┤        └ 年齢給 → 定期昇給
        │          │
        │          └ 諸手当  ┌ 職務関連手当
┌ 月例賃金┤                   │  －役職手当，技能手当
│        │                   │
賃金┤    └ 所定外賃金＝仕事給  └ 生活手当
│         (時間外，休日，深夜手当)   －家族手当，住宅手当
│
└ 特別に支給される賃金    賞与・退職金
```

(2) 所定内賃金

所定内賃金である基本給や手当の定め方には，1時間，1日，1月あるいは1年当たりいくらという定め方，出来高や成果に応じた定め方，両者を併用した定め方などがある。

(3) 賃金の支払形態

毎月決まって支給される賃金については，賃金の「支払期間の単位」から，日給制，週給制，月給制に区分される。

ところで，民法の雇用の規定は，労働者は「労働を終わった後でなければ，報酬を請求することができない。」(後払いの原則，民624条1項) とした上で，「期間によって定めた報酬は，その期間を経過した後に，請求することができる。」(同条2項) としている。この結果，日給制，週給制，月給制をとった場合，労働者はそれぞれの単位期間を終了した時点でしか賃金を請求できないことになる。

もっとも，これらの規定は任意規定であるから，期間の中途で支払うことも許される。また，毎月1回以上一定期払いの原則 (労基24条2項) に違反せず，かつ，不当に長い期間でない限り，締切後ある程度の期間を経てから支払う定めをすることも許される。この結果，例えば月給制をとり，毎月の賃金の締切日が20日，支払期日が当月25日と定められている場合，労働者は支払期日である25日以降でなければ賃金を請求できないことになる。ただし，これには労働契約終了時の清算 (同23条1項)，非常時払 (同25条) という例外が認められている。

なお，基本給や手当については，遅刻・早退・欠勤した場合には時間単位で控除する (日給月給制など) のが通例であるが，基本給や手当の全部又は一部 (例えば，家族手当や住宅手当) を控除しない例もある。

Ⅱ 労働基準法上の「賃金」

上記によって使用者と労働者との間で合意された賃金について，労働基準法は，労働者保護の観点から，賃金支払の諸原則 (労基24条) をはじめとした諸種の賃金保護規定を置き，その違反に対しては刑罰による罰則と行政監督を予定し，賃金支払の履行の確保を図っている。

そこで，労働基準法は，同法の賃金保護規定が適用される範囲を明らかにするために「賃金」の定義規定を置き，「賃金とは，賃金，給料，手当，賞与その他名称の如何を問わず，労働の対償として使用者が労働者に支払うすべてのものをいう」(同11条)と定めている。

この定義から明らかなように，労働基準法上の「賃金」は，基本的には労働契約法上の「賃金」と同一の概念と解されるが，労働基準法上の「賃金」は前述のとおり犯罪構成要件の一要素としての意義も有するため，当事者の合意にかかわらず客観的に明らかにされるべきものとなる。

さて，労働基準法の定義によれば，同法上の「賃金」の要件は，①「労働の対償」であること，②「使用者が労働者に支払うもの」であることの2つということになる。

1 「労働の対償」であること

労働の対償かどうかは，給付の性質，内容に照らして個別的に判断されることになるが，その判断は容易ではないため，行政実務においては，「労働の対償」たる賃金と区別されるべきものとして，裏側から「任意恩恵的給付」「福利厚生給付」「企業設備・業務費」という3つの概念を立て，これらに当たるものは「賃金」ではないと処理されている。

(1) 「任意的恩恵の給付」

労働者の個人的な吉凶禍福などに際して，使用者が任意に結婚祝金，病気見舞金，近親者死亡の弔慰金などを与える場合，労働の対償としての賃金とはみられない。ただし，これらの給付であっても，就業規則，労働協約，労働契約などによって，あらかじめ支給条件が明確にされたものは，これによって使用者はその支払義務があり，したがって労働者に権利として保障されているわけであるから，賃金として保護される(昭22・9・13発基17号)。

(2) 「福利厚生給付」

使用者が労働の対償としてではなく，労働者の福利厚生のために支給するものは賃金ではない。例えば，生活資金・教育資金など各種資金の貸付，奨学金，住宅ローン利子補給金，住宅の貸与などである。ただし，住宅手当，家族手当，物価手当などは，賃金規程等で制度化されていれば賃金に当たる。

(3) 「企業設備・業務費」

企業が、業務を遂行するため当然に負担すべき企業施設や業務費は、労働の対償ではなく賃金とはいえない。例えば、作業服代、作業用品代、出張旅費、社用交際費などである。ただし、通勤手当は、民法の一般原則からいえば通勤費用は労働者が負担すべきもの（弁済の費用、民485条本文）なので業務費とはいえず、支給基準が定められていれば賃金と解される。

2 「使用者が労働者に支払うもの」であること

この要件について問題となるのは、旅館や飲食店などで従業員が客から受け取るチップ等であるが、これは客が支払うものであって使用者が支払うものではないから、原則として賃金ではないと解される。ただし、チップに類するものであっても、バーやレストランなどにおいて、使用者がサービス料として一定率を定め、客に請求し、収納したものを、当日に出勤した労働者全員に均等配分している場合などには、賃金であるということになる。

III 「賞与」と「退職金」

「賃金」に当たるかしばしば問題になるものに、「賞与」と「退職金」がある。これらについては、ほかにも重要な論点が存在するのでここにまとめる。

1 賞　　与

使用者から臨時に支払われる金員であっても、支給するか否か、いかなる基準で支給するかが専ら使用者の裁量に委ねられているものは、労働基準法上の賃金ではなく、任意的恩恵的給付に過ぎないとされる（江戸川会計事務所事件・東京地判平13・6・26労判816号75頁）。しかし、就業規則、労働協約等で、支給時期と額の決定方法などが定められていて、それに従って各時期に決定・支給されるものは賃金と認められる。

しかし、就業規則等に賞与を支払うことの抽象的な定めはあっても、具体的な支給額や支給率が就業規則・労働協約等で確定されていないことが多い。例えば、「賞与は、会社の業績に基づき従業員の勤務成績を勘案し毎年原則とし

て，6月，12月に支給する。」といった規定などがその典型例である。このような規定の場合には，使用者によって具体的な賞与額の決定がなされるまでは，労働者に賞与請求権は認められない（御国ハイヤー賞与請求事件・高松高判昭63・4・27労判537号71頁，小暮釦製作所事件・東京地判平6・11・5労判666号32頁等）。

これに対し，算定基準・方法までは決定されていて，使用者の成績査定により決定される部分がある場合には，使用者に対して成績査定するよう請求することができる。請求しても使用者が査定を行わない場合に，査定部分の請求ができるかについては裁判例は分かれており，他の労働者の平均査定額の限度で請求が認められるとしたもの（大阪電業懲戒解雇事件・大阪地判昭47・5・24労判155号53頁），最低査定額等の範囲で請求を認容したもの（吉田鉄工所一時金等請求事件・大阪地判昭49・3・6判時745号97頁等），使用者の意思表示がない以上，査定部分の請求権は発生しないとしたもの（ソニー懲戒解雇事件・仙台地判昭50・5・28判時795号97頁）などがある。さらに，使用者が，不当に就業規則等に定められた賞与の査定をしなかったとき，労働者の賞与に対する期待権を違法に侵害したものとして，損害賠償請求権を認めた裁判例（藤沢医科工業事件・横浜地判平11・2・16労判759号21頁）もある。

次に，就業規則等で賞与の支給日（「賞与は支給日に在籍する者に対して支給する」など）を定め，支給対象期間の全部又は一部には勤務していながら，支給日に在籍しなくなった者には支給しないという取扱いがなされることがある。そこで，このような支給日在籍要件の定めが有効か否かが問題となる。

判例は，自発的退職者の事案について支給日在籍要件を適法とし（大和銀行事件・最判昭57・10・7労判399号11頁），さらに，定年退職者について不支給とする規定を有効とした裁判例（カッデン事件・東京地判平8・10・29労経速1639号3頁）もある。しかし，労働者が退職日を選択できない後者については，反対する学説も多い（菅野和夫『労働法〔第9版〕』238頁など）。

2 退職金

退職金は，支給するか否か，いかなる基準で支給するかが専ら使用者の裁量に委ねられている場合には，任意的恩恵的給付であって賃金ではない。しかし，就業規則，労働協約，労働契約等で支給すること及び支給基準が定められてい

て，使用者に支払義務があるものは賃金と認められる（シンガー・ソーイング・マシーン・カムパニー事件・最判昭48・1・19民集27巻1号27頁，昭22・9・13発基17号）。

退職金規程がなくとも労使慣行によって退職金請求権が認められる場合があるとされるが，使用者がその都度適当に退職金を支払うかどうか決めていて，その金額が知らされていないようなケースの場合，賃金請求権とまでいうことは困難である。

退職金は，通常，算定基礎賃金に勤続年数によって決められた支給率を乗じて算定されるため，一般的に賃金の後払的性格を有すると解される。

しかし他方，自己都合退職と会社都合退職とで支給水準に差異を設け（後者の方が支給率が高い），算定基礎賃金は退職時の基本給としたり，支給率を勤続年数に応じて逓増させたり，勤務成績を勘案するなど，功労報償的な性格も併せ有している場合がある。

さらに，「懲戒解雇」や「同業他社に就職」した場合など，使用者にとって好ましくない事由がある場合には，退職金を不支給とするか減額する旨の条項が退職金規程に置かれていることが多い。

最後の退職金の不支給・減額条項は，場合によっては，数十年勤続してきた従業員の退職金がすべて没収されるという極めて酷な結果となることがある。そのため，退職金の不支給・減額条項の有効性が問題とされるが，この点については，**第10章**「退職金請求事件」327頁以下で詳述する。

Ⅳ 賃金に関する労働法の規制

前述のとおり，労働契約法は，「賃金」の額・体系・支払形態などを労使当事者の合意に委ねている。しかし，労働者の生活が困窮に陥らないために，労働法は，次のような賃金に関する規制を置いている。

1 最低賃金制度（最低賃金法）

最低賃金制度とは，国が，労働契約における賃金の最低額を決めて，使用者にそれより低い賃金を支払ってはならないことを定める制度である。

使用者は，最低賃金の適用を受ける労働者に対し，最低賃金額以上の賃金を

支払わなければならず（最賃4条1項），これに違反した使用者には罰金が科せられる（同40条）。また，労働契約で最低賃金額に達しない賃金額を定めたものは，その部分について無効となり，無効となった部分は最低賃金額と同様の定めをしたものとみなされる（同4条2項）。

最低賃金の対象となる賃金は，通常の労働時間に対して支払われる賃金に限定されており，1ヵ月を超える期間ごとの賞与，時間外労働・休日労働の賃金は除かれる（同条3項）。また，最低賃金額は，「時間」を単位として定められ（同3条），「一定の地域ごと」に決定される（同9条1項。ただし，特定最低賃金の例外がある）。

労働者は，最低賃金法の違反の事実があるときは，その事実を労働基準監督官等に申告して，是正措置をとるよう求めることができる（同34条1項）。

2 一定事由による差別の禁止

(1) 均等待遇の原則

使用者は，労働者の国籍，信条又は社会的身分を理由として，賃金，労働時間その他の労働条件について，差別的取扱いをしてはならない（労基3条）。

使用者が均等待遇原則に違反する差別的取扱いをすれば，罰則（同119条1項）によって刑罰を科されるほか，例えば政治的信条を理由とする昇給・昇進・一時金の査定差別などの場合には，強行法規違反の不法行為として損害賠償責任を生ぜしめる。

(2) 男女同一賃金の原則

使用者は，労働者が女性であることを理由として，賃金について男性と差別的取扱いをしてはならない（労基4条）。

本原則が禁止するのは，「女性であることを理由」とする賃金差別であり，労働者の職務，能率，技能等によって，賃金に個人的差異があることは本条に規定する差別的取扱いには当たらない（昭22・9・13発基17号，昭25・11・22婦発311号，昭63・3・14基発150号・婦発47号）。実際問題として，わが国の賃金制度が様々であることから，男女間の賃金格差がはたして女性であることを理由とする差別的取扱いによるものか否かの判定は困難なものとなるが，その格差が具体的な職務，能率，技能等の差によるものかどうか等の観点から総合的に判断

されることになる。

　本条に違反して差別的取扱いをした使用者には罰則が科せられる（同119条1項）。私法上は、本規定は強行規定であるので、これに反する行為は無効となり、損害を与えれば不法行為として損害賠償責任を生じさせる。

(3) 通常の労働者と同視すべきパートタイム労働者に対する差別的取扱いの禁止

　事業主は、通常の労働者と同視すべき短時間労働者については、賃金の決定、教育訓練の実施、福利厚生施設その他の待遇について、差別的取扱いをしてはならない（パート8条1項）。

　本条の禁止に違反する差別的取扱いは無効となり、事実行為としては不法行為の違法性を備え、損害賠償責任を生じさせると解される。

　「通常の労働者と同視すべき短時間労働者」の詳細については、**第3章**「労働法に関する基礎知識」98頁以下を参照されたい。

③ 賠償予定の禁止

　使用者は、労働契約の不履行について違約金を定め、又は損害賠償を予定する契約をしてはならない（労基16条）。

　民法は、契約自由の原則に基づき、違約金の定めや損害賠償の予定を認めているが、労働契約関係においては、労働者の退職の自由が拘束され、足止め策となる等の弊害があるため、これらを民法の原則を修正して禁止したものである。本条に違反して使用者が違約金を定め、又は損害賠償を予定する契約をした場合には罰則を科せられ（同119条1項）、また、本条に違反した違約金契約又は損害賠償を予定する契約は無効となる。なお、本条は、契約の相手方である労働者本人に限定していないから、労働者の身元保証人が、労働者の行為について違約金又は損害賠償の支払義務を負担する場合の契約も含まれる。

　本条でしばしば問題となるのは、使用者が研修費や修学費用等を貸与し、その条件として、一定期間勤務した場合には費用の返還を要しないが、一定期間勤務しなかった場合には費用を返還させるといった契約が本条に抵触するかどうかである。

　この点、本条違反になるかどうかは、当該契約が労働契約関係の継続を不当

に強制するものであるかという観点から，総合的に判断されることになる。

例えば，研修等への参加が労働者の自由意思によるものであり，費用の援助が貸借関係として定められ，単に修学後一定期間勤務すればその返還を免除するという実質のものであれば本条に違反しない（長谷工コーポレーション事件・東京地判平9・5・26労判717号14頁，明治生命保険事件・東京地判平16・1・26労判872号46頁等）。これに対し，使用者が業務命令で修学させ，いったん使用者が費用を支給し，一定期間の勤務を約束させ勤務しない場合は違約金としてその額だけ支払わせるという実質のものであれば，本条違反に該当する（新日本証券事件・東京地判平10・9・25労判746号7頁，富士重工業事件・東京地判平10・3・17労判734号15頁等）。

また，類似の事例として，美容師見習につき，勝手に退職した場合等には技術指導の講習手数料として入社時に遡り1ヵ月につき4万円を支払う旨の契約について，従業員に対する指導の実態は一般の新入社員教育とさして違いはなく，この契約により労働者の自由意思を拘束して退職の自由を奪う性格を有することは明らかであり，賠償予定の禁止に違反するとした裁判例（サロン・ド・リリー事件・浦和地判昭61・5・3労民集37巻2＝3号298頁）がある。

④ 前借金との相殺禁止

使用者は，前借金その他労働することを条件とする前貸の債権と賃金とを相殺してはならない（労基17条）。

前借金は労働者の人身を拘束する足止め策となる等の弊害があるため，禁止したものである。しかし，立法当時，庶民金融が発達していなかったことから，「給料の前借」そのものは禁止せず，賃金と前貸金との相殺のみが禁止されている。

さらに，本条の「労働することを条件とする前貸の債権」とは，金銭貸借関係と労働関係が密接に関係し，身分拘束を伴うものを指すと限定的に解釈され，労働者が使用者から人的信用に基づいて受ける金融又は賃金の前借のような身分拘束を伴わないと認められるものは，これに当たらないと解されている（昭22・9・13発基17号，昭33・2・13基発90号）。したがって，企業の福利厚生策として，将来の給与・賞与で分割弁済することを約して行われる住宅資金・生活資

金の貸付などは、原則としてこれには当たらない。

　使用者が本条に違反して前貸金と賃金を相殺することは罰則の対象となり（同119条1項）、また、私法上は、本条は強行規定と解されるので、本条違反の相殺の意思表示は無効となり、使用者は所定賃金の全額を支払わなければならない。労働基準法24条1項に基づく賃金控除の協定を結んでも、使用者は賃金から控除することはできないと解される。

⑤ 賃金支払に関する諸原則

　労働基準法24条は、労働者の生活の糧である賃金が、全額確実に労働者の手に渡るよう、賃金の支払について次のような原則を定めている。

(1) 通貨払いの原則

　賃金は通貨で支払わなければならない（労基24条1項本文）。通貨以外の現物での支払は禁止される。また、「通貨」とは日本において強制通用力のある貨幣のことを指し、外国通貨、小切手、銀行振出自己宛小切手などによる支払も通貨による支払とはいえない。

　ただし、「命令で定める賃金について確実な支払の方法で命令で定めるものによる場合」は、通貨以外のもので支払うことができる（同条1項ただし書）。労働基準法施行規則7条の2はこれをうけて、労働者の同意のある場合には、①労働者が指定する本人名義の預金口座への振込み、②退職手当について、銀行振出の小切手・銀行支払保証小切手・郵便為替を交付する方法によることを認めている。

(2) 直接払いの原則

　賃金は、直接労働者に支払わなければならない（労基24条1項本文）。賃金を労働者の法定代理人や任意代理人に支払うことは本条違反となり、労働者が第三者に賃金受領権限を与える委任、代理等の法律行為は無効となる。ただし、使者に対して賃金を支払うことは差し支えないものとされている（昭63・3・14基発150号）。

　また、退職手当を受ける権利を他人に譲渡することについては、譲渡自体を無効と解すべき根拠はないが、その支払については直接払いの原則が適用され、退職手当債権の譲受人は自ら使用者に対してその支払を求めることは許されな

い（小倉電話局事件・最判昭43・3・12民集22巻3号562頁）。

　なお，派遣労働者につき，派遣元の使用者からの賃金を派遣先が労働者本人に手渡すだけであれば，直接払いの原則に違反しないとされている（昭61・6・6基発333号）。

【賃金債権の差押え】
　行政官庁が国税徴収法の規定に基づいて行った差押処分に従って，使用者が労働者の賃金を控除の上当該行政官庁に納付することは，本原則に違反しない。民事執行法に基づく差押えについても，同じく本原則に違反しない。ただし，両法による賃金の差押えについては，定例賃金，賞与，退職金のいずれについても，その一部につき差押えが禁止されている（国徴76条，民執152条）。民事執行における差押禁止の範囲は，次のとおりである。

　(a)　賃金，賞与については，その支払期に受けるべき給付の4分の3（民執152条1項）。ただし，その4分の3に相当する額が，33万円（支払期が毎月と定められている場合）を超える場合は，33万円が差押禁止範囲となる（同条1項かっこ書，同施行令2条）。

　「支払期に受けるべき給付」とは，基本給・諸手当の合計額ではなく，そこから差し引かれる所得税，住民税，社会保険料を控除した額である。また，交通費や旅費などの実費は含まれない。

　(b)　退職金及びその性質を有する給与については，民事執行法152条1項かっこ書の適用はなく，その給付の4分の3が差押禁止の範囲となる（同152条2項）。

　(c)　債権者が，養育費，婚姻費用の分担金，夫婦間の扶養料等に係る金銭債権を請求する場合には，上記(a)(b)の「4分の3」とあるのは，「2分の1」と読み替えられる（同条3項）。

(3)　全額払いの原則
(a)　全額払いの原則と例外
　賃金は原則としてその全額を支払わなければならない（労基24条1項本文）。ただし，「法令に別段の定めがある場合」又は「過半数組織組合があるときはその組合，それがないときは労働者の過半数を代表する者との書面による協定がある場合」には，「賃金の一部を控除して」支払うことができる（同条1項た

だし書)。前者は，所得税の源泉徴収（所得183条），社会保険料の控除（健保167条等）などである。後者は，社宅・寮費，福利・厚生施設の費用，社内預金，組合費など事理明白なものにのみ，賃金から控除することを認める趣旨である（昭27・9・20基発675号）。

(b) **自己都合による欠勤，遅刻，早退と全額払いの原則**

労働者の自己都合による欠勤，遅刻，早退があった場合に，債務の本旨に従った労働の提供がなかった限度で賃金を支払わないことは，全額払いの原則には反しない。賃金請求権は労務の給付と対価関係にあるものであり（労契6条），労務の給付が労働者の意思によってなされない場合は，反対給付たる賃金も支払われないのが当然の原則だからである（ノーワーク・ノーペイの原則）。ただし，就業規則等で「家族手当」「住宅手当」などについて全額支給する旨の定めがある場合には，その定めに従うべきことになる。

(c) **退職金不支給・減額条項と全額払いの原則**

退職金について，懲戒解雇などの退職事由によって退職金を不支給又は減額支給とする規定が就業規則・退職金規程に設けられている場合がある。退職金は，退職時に具体的な請求権として成立するものであるから，不支給・減額規定に該当する場合には，請求権自体が当該規定に従った範囲で縮減されて発生するか不成立になるにすぎないと解されるので，全額払いの原則には違反しない。ただし，退職金不支給規定を有効に適用できるのは，労働者のそれまでの勤続の功を抹消ないし減殺してしまうほどの著しく信義に反する行為があった場合に限られる。

この点については，退職金請求事件で争点となることが多いので**第10章**「退職金請求事件」327頁以下で詳述する。

(d) **相殺禁止**

生活の基盤たる賃金を労働者に確実に受領させることが全額払いの原則の趣旨であるから，預り金・社内預金等の名目で天引きすることなどが禁止されるだけでなく，「相殺禁止」の趣旨も含むものだと解されている。この結果，使用者が貸付金と賃金を相殺すること，また，使用者が労働者の債務不履行や不法行為を理由とする損害賠償債権を自働債権として労働者の賃金債権と相殺することも禁止される（関西精機事件・最判昭31・11・2民集10巻11号1413頁，日本勧業

経済会事件・最判昭36・5・31民集15巻5号1482頁)。

　(注) 賃金請求事件において，使用者側（被告）から，債務不履行や不法行為に基づく損害賠償請求権をもって相殺する旨の主張がなされることがあるが，これらの主張は主張自体が失当となり（抗弁とはならない)，反訴か別訴で解決すべきことになる。

(e) 調整的相殺

相殺禁止の一般原則の下でも，賃金計算の過誤などによって生じる過払賃金の清算のためにする「調整的相殺」は，一定の限度で許される。すなわち，過払いのあった時期と賃金の清算調整の実を失わない程度に合理的に接着した時期になされ，かつ，あらかじめ労働者に予告されるとか，その額が多額にわたらない等労働者の経済生活の安定を脅かさない限り，相殺禁止の例外として許容される（福島県教組事件・最判昭44・12・18民集23巻12号2495頁，群馬県教組事件・最判昭45・10・30民集24巻11号1693頁)。

(f) 合意による相殺

労働者との合意の下で行う相殺は，労働者の同意が労働者の自由な意思に基づいてなされたものであると認めるに足りる合理的な理由が客観的に存在する場合に限って有効と解されている（日新製鋼事件・最判平2・11・26民集44巻8号1085頁)。

(g) 賃金債権の放棄

労働者の賃金債権の放棄についても，「労働者の自由な意思に基づくものであると認めるに足りる合理的な理由が客観的に存在する」場合に限って全額払いの原則に反しない（シンガー・ソーイング・メシーン・カムパニー事件・最判昭48・1・19民集27巻1号27頁）と解されている。

　(注) 上記(d)～(g)については，賃金請求事件で争点となることが多いので，**第5章**「賃金請求事件（定例賃金)」171頁以下で詳述する。

(4) 毎月1回以上一定期払いの原則

賃金は毎月1回以上，一定の期日を定めて支払わなければならない。ただし，臨時に支払われる賃金，賞与その他これに準ずるもので命令で定めるものはこの限りでない（労基24条2項)。

「毎月」とは，暦に従うものと解されるから，毎月1日から月末までの間に少なくとも1回は賃金を支払わなければならない。しかし，本条は，賃金の支

払期限については何も定めていないから，必ずしもある月の労働に対する賃金をその月中に支払うことを要せず，不当に長い期間でない限り，締切後ある程度の期間を経てから支払う定めをすることも許される。

⑥　労働契約終了時の賃金の清算

使用者は，労働者の死亡又は退職の場合に，権利者から請求があった場合においては，所定の支払期日前であっても，請求から7日以内に賃金を支払うほか，積立金，保証金，貯蓄その他名称の如何を問わず労働者の権利に属する金品を返還しなければならない（労基23条1項）。

⑦　賃金の非常時払い

使用者は，労働者が出産，疾病，災害その他命令で定める非常の場合の費用に充てるために請求する場合において，支払期日前であっても，既応の労働に対する賃金を支払わなければならない（労基25条）。

⑧　減給制裁の制限

「減給」とは，職場規律に違反した労働者に対する制裁（懲戒処分）として，本来ならばその労働者が受けるべき賃金の中から一定額を差し引くことをいう。

したがって，欠勤・遅刻・早退に対して労務の提供のなかった時間に相当する賃金だけを差し引くことは，そのような賃金制度の下における1つの賃金計算方法であって，ここでいう減給に該当するものではない。しかしながら，例えば，遅刻，早退等の時間に対する賃金額以上の減給をなす場合，あるいは遅刻・早退時間を切り上げる定めをした場合は，減給として就業規則に懲戒処分である旨を明記しなければならず，この場合には労働基準法91条の適用を受けることになる。

さて，労働基準法91条は，「就業規則で，労働者に対して減給の制裁を定める場合においては，その減給は，1回の額が平均賃金の1日分の半額を超え，総額が1賃金支払期における賃金の総額の10分の1を超えてはならない」と定めている。

ここで「就業規則で」としているのは，一般的に就業規則という形で定めら

れることを想定してそのような表現をとっただけで，事業場の内規又は不文の慣行に基づいて本条の制限を超える減給の制裁を行った場合も，当然に本条違反となると解されている。

「1回の額が平均賃金の1日分の半額を超えてはならない」とは，1回の事案に対しては，減給の総額が平均賃金の1日分の半額以下でなければならないことを意味する。また，「総額が1賃金支払期における賃金の総額の10分の1を超えてはならない」とは，1賃金支払期に発生した数事案に対する減給の総額が，当該賃金支払期における賃金の総額の10分の1以内でなければならないことを意味する（昭23・9・20基収1789号）。

本条の制限を超えて減給した場合は罰則が科され（労基120条1項），本条の規定に違反した就業規則の部分は無効となる。

（注）賃金請求事件において，使用者側（被告）から，勤務成績が不良のため減給したなどの主張がなされることがある。しかし，上記のとおり労働基準法91条は減給の金額の上限を定めているため，これを上回る減給については，主張自体が失当となる。

9 賃金債権の消滅時効

退職手当以外の賃金の消滅時効期間は2年間，退職手当は5年間と定められている（労基115条）。これは，「使用人の給料に係る債権」について1年間の短期消滅時効を定めた民法174条1号の特則である。

V 労働不能の場合の賃金の保障

1 休業手当

使用者の責めに帰すべき事由による休業の場合においては，使用者は，休業期間中当該労働者に，その平均賃金の100分の60以上の手当を支払わなければならない（労基26条）。この手当を「休業手当」という。

民法においては，債務者（労働者）が債務の履行をなし得なかった場合でも，それが債権者（使用者）の責めに帰すべき事由によるものであるときは，債務者は反対給付を受ける権利を失わない（民536条2項）としている。しかし，この規定は任意規定であるから両当事者の合意によって排除することができ，しかも，交渉力に格差がある労働関係においては，この規定の適用を排除する特

約が結ばれる可能性が高いといえる。

　そこで，本条は，労働者の最低生活を保障するために，民法により保障された賃金請求権のうち平均賃金の6割までを，強行法規をもって確保しようとするものである。

　また，本条の「使用者の責に帰すべき事由」は，民法における「債権者の責めに帰すべき事由」よりも広く，民法上は使用者の帰責事由とならない経営上の障害も天災事変などの不可抗力に該当しない限り含まれると解されている。

　本条に違反して休業手当を支払わない使用者は，罰則が科される（労基120条1号）。また，裁判所は，休業手当を支払わなかった使用者に対して，労働者の請求によって，その未払金と同一額の付加金の支払を命ずることができる（同114条）。

②　出来高払制の保障給

　出来高払制その他の請負制で使用する労働者については，使用者は，労働時間に応じ一定額の賃金の保障をしなければならない（労基27条）。

　出来高払制とは，労働者の製造した物の量・価格や売上の額などに応じた一定比率で額が定まる賃金制度をいう。

　本条は，出来高払制下にある労働者について，労働者が就業した以上，たとえその出来高が少ない場合であっても，労働した時間に応じて一定額の保障を行うことを使用者に義務付けたものである。

　保障の額について本条は何ら規定していないが，厚生労働省労働基準局編『労働基準法（上）〔改訂新版〕』373頁は，「休業の場合についても前条（休業手当）が平均賃金の100分の60以上の手当の支払を要求していることからすれば，労働者が現実に就業している本条の場合については，少なくとも平均賃金の100分の60程度を保障することが妥当と思われる。」としている。

Ⅵ　賃金債権の履行の確保

①　労働基準法上の履行の強制

　賃金未払は，労働基準法違反であり，労働基準監督署に申告することにより，

労働基準監督官により調査が行われ，是正勧告が行われることにより賃金が支払われる場合もある。

使用者が支払能力を有する場合には相当の実効性を期待できるが，使用者が真に支払不能となった場合は実効性を期待できないことになる。

2 民法による先取特権

給与その他債務者と「使用人」の「雇用関係」より生じた債権を有する者は，債務者の総財産の上に先取特権を有する（民306条2号・308条）。

従来，民法上の先取特権は，「最後の6ヵ月分の給料」に限定されていたが，平成15年改正民法によって，「最後の6ヵ月分の給料」という制限は削除された。

一般先取特権は，担保物権であるから，担保権の実行としての競売が可能である。担保権の実行としての競売は，債務名義を必要とせず，「担保権の存在を証する文書」（民執181条4号・190条・193条等）を提出することにより執行手続が開始されることになる。また，一般債権者の差押えと競合した場合，優先弁済権が認められる。

したがって，「担保権の存在を証する文書」を揃えることができれば，特に訴訟を提起して債務名義を取得している余裕のないケースにおいて，先取特権に基づく差押えはメリットが大きい制度といえる。

3 法律上の倒産手続が行われた場合

使用者である企業が法的倒産手続をとった場合，賃金債権は倒産手続の中でどのように保護されることになるのか，以下にその要点を挙げておく。

①破産手続における賃金保護
- 破産は清算型の手続で，債権者又は債務者の申立てにより開始され，債務超過，支払不能などの破産原因があるときに破産手続開始の決定がなされる。
- 破産財団に対する債権は，破産手続でしか権利行使できない「破産債権」と破産手続によらないで破産財団から随時弁済を受けることができる「財団債権」の2種類に分けられる。
- 破産手続開始前3ヵ月間の給料の請求権は財団債権となる（破149条1項）。ま

た，破産手続の終了前に退職した使用人の退職手当の請求権については，退職前3ヵ月間の給料の総額（その総額が破産手続開始前3ヵ月間の給料の総額より少ない場合は破産手続開始前3ヵ月間の給料の総額）に相当する額が財団債権となる（同149条2項）。破産手続開始後も雇用が継続される場合は，破産手続開始後の給料は全額が財団債権となる（同148条1項2号）。

　上記以外は，一般先取特権のある債権として優先的破産債権になり（同98条1項），配当手続に基づいて配当を受けることになる。

　ただし，配当までには時間がかかるため，生計の維持が困難となる場合には，未払賃金の立替払制度を利用することを考える必要性が高い。

　なお，優先的破産債権である賃金，退職金について，届出をした労働者がその弁済を受けなければ生活の維持を図るのに困難を生ずるおそれがあるときは，裁判所は，破産管財人の申立てにより，又は職権で，その全部又は一部の弁済をすることを許可することができる（同101条1項）ものとされている。

②民事再生手続における賃金保護

- 民事再生は，経済的に窮地にある債務者について事業の維持又は経済生活の再生を図ることを目的とする（民再1条），再建型の手続である。
- 手続開始決定前に生じた一般賃金・退職金は，一般先取特権のある一般優先債権（同122条1項）として保護され，再生手続によらないで随時弁済される（同条2項）。再生手続開始後に生じた一般賃金・退職金は，再生債務者の業務に関する費用の請求権として共益債権（同119条2号）となり，これも再生手続によらずに随時弁済される（同121条1項・2項）。
- 民事再生手続では，労働組合・労働者代表に，再生手続開始の決定，再生手続の中での事業譲渡の許可，財産状況報告集会，再生計画案の作成などにおいて意見を述べることを認めている（同24条の2・42条3項・126条3項・168条・174条3項・246条3項）。

③会社更生手続における賃金保護

- 会社更生手続においては，営業継続のために，労働者の賃金債権は比較的手厚い保護を受けている。
- 更生手続開始決定前6ヵ月間に生じた一般賃金及び更生手続開始後に生じた一般賃金は共益債権とされ，その全額について更生手続に拘束されずに随時弁済される（会更130条・127条2号・132条1項）。
- 更生手続開始決定より6ヵ月以上前の一般賃金は，優先的更生債権とされ，更生計画において一般の更生債権より有利な取扱いを受けることになる（同168条1項）。
- 更生計画認可決定前の退職者の退職一時金は，退職前6ヵ月間の賃金に相当す

る額又は退職金額の3分の1に相当する額のうち、どちらか多い額を限度として共益債権とされている（同130条2項）。また、退職年金は、各期の額の3分の1に相当する額が共益債権とされている（同条3項）。ただし、更生手続開始決定後、会社都合で退職した場合は、全額が共益債権となる（同127条2号）。
更生計画認可決定前の退職者の上記以外の退職金は、原則として優先的更生債権として、更生手続によらなければ弁済を受けられない（同168条）。

- 更生計画認可決定後の退職者については、退職金の全額が共益債権として随時弁済される（同127条2項）。
- 会社更生手続では、労働組合・労働者代表に、更生手続開始の決定、更生手続の中での事業譲渡の許可、財産状況報告集会、更生計画案の作成などにおいて意見を述べることが保障されている（同24条1項・46条3項・85条3項・188条）。

④特別清算手続における賃金保護

- 解散により清算中の株式会社について、債務超過の疑いがある場合等に、清算人等が申し立てて、裁判所の監督下に行われる清算手続である（会510条以下）。
- 清算株式会社は、債権申出期間内は債権者に対する弁済が禁止される（同500条1項）。しかし、賃金債権は、「清算株式会社の財産につき存する担保権（一般先取特権）によって担保される債権」であるため、裁判所の許可を得て、弁済を受けることができる（同条2項）。
- 労働債権を被担保債権とする一般先取特権の実行は、特別清算開始決定後も、当然には禁じられていない（同515条1項ただし書）。ただし、裁判所は、債権者の一般の利益に適合し、かつ先取特権を実行した労働債権に不当な損害を及ぼすおそれがないものと認められるときは、相当の期間を定めて担保権実行手続の中止を命じることができる（同516条）。

Ⅶ 未払賃金の立替払制度

1 制度の概要

　企業が「倒産」したために、賃金、退職金の支払が受けられない労働者に対して、その未払賃金、退職金の一定範囲について政府が事業者に代わって支払う制度（賃確7条）である。
　未払賃金の立替払事業は、労災保険事業である社会復帰促進事業の1つとして行われ、その費用は全額事業主負担である労災保険料によって賄われている（労災29条1項3号）。また、立替払いの実施業務は、独立行政法人労働者健康福

祉機構によって行われている。

2 要　件

(1) 対象となる倒産

ここでの倒産とは，次のいずれかのことである。

① 法律上の倒産

破産手続の開始決定，特別清算の開始命令，民事再生手続開始の決定又は，更生手続開始の決定を受けたこと。

② 事実上の倒産

中小企業の場合，その事実上事業活動が停止して再開する見込みがなく，かつ賃金支払能力がないことについて労働基準監督署長によって認定を受けたこと。

(注) 立替払制度の対象となる中小企業事業主の範囲は，中小企業基本法に規定する中小企業者の範囲と同様であり，業種別の資本の額及び使用する労働者数により次のとおりとなっている。

業　種	中小企業事業主の範囲
一般産業 （卸売，サービス，小売業を除く）	資本金3億円以下 又は労働者300人以下
卸売業	資本金1億円以下又は労働者100人以下
サービス業	資本金5千万円以下又は労働者100人以下
小売業	資本金5千万円以下又は労働者50人以下

(出所) 独立行政法人労働者健康福祉機構

(2) 立替払いを受けることができる人

立替払いを受けることができる人は，次に掲げる要件に該当する者である。

① 労災保険の適用事業で1年以上にわたって事業活動を行ってきた企業に「労働者」として雇用されてきて，企業の倒産に伴い退職し，「未払賃金」が2万円以上残っている者

(注)「労災保険の適用事業」とは，農林水産業の一部を除いて労働者を使用するすべての事業のことをいい，加入の有無，保険料納付の有無は問わない。

② 次のイ又はロのいずれかに該当すること

イ	法律上の倒産の場合	裁判所に対する破産手続開始等の申立日	の6ヵ月前の日から2年の間に，当該企業を退職した人であること
ロ	事実上の倒産の場合	労働基準監督署長に対する倒産の事実についての認定申請日	

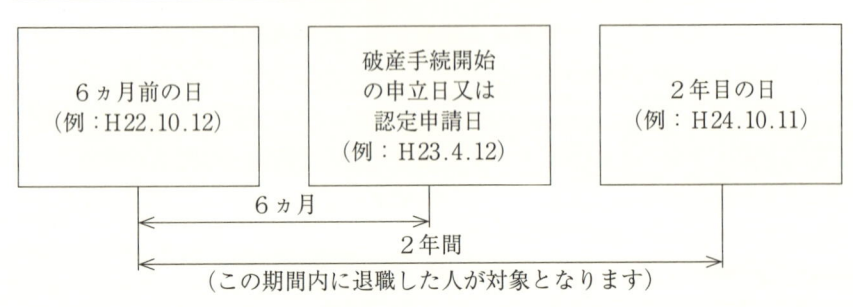

```
┌─────────────┐      ┌─────────────┐      ┌─────────────┐
│ 6ヵ月前の日  │      │ 破産手続開始 │      │  2年目の日  │
│(例：H22.10.12)│      │の申立日又は  │      │(例：H24.10.11)│
│             │      │ 認定申請日   │      │             │
│             │      │(例：H23.4.12)│      │             │
└─────────────┘      └─────────────┘      └─────────────┘
       ←──── 6ヵ月 ────→
       ←──────────── 2年間 ────────────→
        (この期間内に退職した人が対象となります)
```

(3) 立替払いの対象となる未払賃金

退職日の6ヵ月前の日から独立行政法人労働者健康福祉機構に対する立替払請求の日の前日までの間に，支払期日が到来している「定期賃金」及び「退職手当」であって，未払となっているもの。

「賞与」「解雇予告手当」「賃金に係る遅延利息」等は対象とならない。

(4) 立替払いがされる額

立替払いとなる金額は未払賃金総額の8割である。ただし，立替払いの対象となる未払賃金の総額には，次のとおり，退職の時期と年齢により上限がある。

基準退職日が平成14年1月1日以降の労働者については，上限額が，88万～296万円となっている。

基準退職日の年齢	未払賃金の上限	立替払いの上限
45歳以上	370万円	296万円
30歳以上45歳未満	220万円	176万円
30歳未満	110万円	88万円

(5) 立替払金の請求手続

　労働者は，未払賃金の額等について，法律上の倒産の場合には破産管財人等による証明を，事実上の倒産の場合には労働基準監督署長による認定を受けた上で，独立行政法人労働者健康福祉機構に立替払いの請求を行う。この請求は，破産手続開始の決定等がなされた日又は労働基準監督署長による認定日の翌日から２年以内に行う必要がある。

(6) 立替払金が支払われるまでの期間

　立替払金の支払については，請求書に記入漏れや記入誤りなどがなければ，請求書を受け付けてから平均30日以内に支払をするように努めているとのことである。

　ただし，事実上の倒産の場合には，労働基準監督署長による認定を受けるのに時間を要することがあり，実際に立替払金の支払を受けるまでに数ヵ月から半年前後かかることもある。

(7) 退職労働者が立替払いを受けた後の，政府と事業主との関係

　未払賃金の立替払制度は，特別の法律により政府が「第三者の弁済」を行うこととした制度で，政府は労働者の承諾を得て労働者が事業主に対して有する債権を代位取得する。

　そして，政府は事業主に対する弁済の請求や，倒産手続への参加，差押え等により，事業主から回収に努めることとなり，政府から立替払いがあったからといって，事業主は賃金支払義務を免れるものではない。

　　　　（独立行政法人労働者健康福祉機構のホームページ：http://www.rofuku.go.jp/kinrosyashien/miharai.html）

第5章
賃金請求事件(定例賃金)

I 賃金請求事件

1 概　要

　ほとんどすべての労働者にとって，使用者から受け取る賃金は唯一の生活の糧である。したがって，もしその賃金が支払われないという事態が発生すれば，労働者の生活に極めて深刻な悪影響を及ぼす可能性が高いため，賃金債権については労働基準法など多数の法律により，通常の私法上の契約から生じる債権よりも手厚い保護が図られている。

　まず，賃金の未払は労働基準法違反となり，申告により労働基準監督署が使用者に対する調査や是正勧告などを行うことがあるし，罰則も設けられている（労基120条1号）。また，民法においても賃金請求権は「雇用関係に基づいて生じた債権」として先取特権が認められているため，他の債権に優先して使用者の財産から弁済を受けることができる（民306条・308条）。

　さらに，賃金の支払の確保等に関する法律（以下「賃確法」という）には，会社が倒産した場合などに利用できる政府による未払賃金の立替払制度についての規定が置かれており（賃確7条以下），また，既に退職した労働者が未払賃金を請求する場合の遅延損害金の利率については，通常の民事又は商事法定利率よりも高い年14.6％と定められている（同6条）。

　本章では，何らかの事情により使用者からの賃金の支給が止まってしまった場合，労働者としてはどのような方法を用いて使用者から賃金を回収すればよいのかについて，主に裁判手続を利用した方法を，具体的な書式例を挙げながら解説していく。

2 未払賃金に関する相談の類型

　一口に未払賃金に関する相談といっても，使用者の経営状況，紛争の発生原因，労働者が在職中か退職しているかなどによって，事案の性格は様々であり，また，事案の性格によって対処方法も変わってくる。

　そこで，以下に典型的な紛争類型とその対処方法を紹介するので参考にしていただきたい。ただし，これらはあくまで一般的な説明にすぎないので，これ

に縛られるのではなく，個別の事案の性格や状況に応じた対処方法をとっていただきたい。

(1) 「経営破綻型」

営業は継続しており倒産には至っていないが，経営状態が悪化して賃金の未払が発生しているというパターンである。景気の動向により増減はあるが，依然として賃金未払に関する相談の中で大きな割合を占めている。

相談内容としては，定例賃金や賞与，退職金の遅配や不払が発生していたり，賃金の引下げがなされていたりする。なかには，数ヵ月から1年分くらいの賃金が未払になっているというケースもある。

このようなケースでは，使用者が金融機関から借入れをしており，所有不動産には担保が付けられ，預金も相殺の対象となっており，差押え可能な資産としては売掛債権くらいしか残っていないことが多い。また，税金や社会保険料，更に電気・ガス・水道料なども延滞していることがある。

しかし，労働者が在職中で雇用の継続を希望している場合には，直ちに訴訟提起するわけにはいかない。その場合には，まずは，労働基準監督署への申告や交渉によって未払賃金の回収を図ることになる。個人での交渉が難しかったり，特に解雇される危険があるようなケースでは，労働者がまとまって会社と交渉するか，急遽，労働組合を結成（2人以上の労働者で結成して使用者側に通知すればよい。できれば組合規約を作って，労働組合法上の労働組合の要件を備えた方がよい）した方がよい。交渉に当たっては，労働債権確認書や退職金協定を作成するなどして，労働債権を確定させ，証拠に残すようにする。また，会社資産の譲渡，売掛債権の譲渡などによって，賃金債権の回収を図ったり資産の流出を防ぐことも検討すべきである。

労働者が既に退職しているか会社の経営状態がかなり危うい場合には，早めに訴訟提起した方がよいであろう。ただし，差し押える資産がなかったり，資産を把握していなければ，判決を得ても意味がなくなることがあるので，事前に会社の資産を調査しておく必要がある。また，資産が散逸する可能性が高い場合には，訴訟提起前に，後述する仮差押えによって保全を図ったり，一般先取特権による差押えを試みることが必要になってくる。

(2) 「トラブル退職型」

　会社の経営状態に問題があるわけではないが，労働者が退職するまでに何らかのトラブルがあり，会社側が最終賃金や退職金の支払をしないというパターンである。会社に損害を与えたとして定例賃金や退職金の全部又は一部を支払わなかったり，過去に手当を余分に支払ったとして遡って差額を控除したりすることなどもある。

　この類型には，単に腹いせのために賃金を支払わないといった乱暴なケースや，使用者の労働法に関する知識不足によるものなど，比較的，紛争の進行度合が浅いケースも含まれている。このようなケースでは，労働基準監督署へ申告したり，専門家が代理人となって内容証明郵便で催告したり，あるいは訴訟提起をするだけで使用者が未払賃金を支払うこともあり，比較的，短期間で解決が図られることもある。

　しかし，紛争がこじれていて，会社側にも相当な理由があったり，労働者が，未払賃金の請求だけでなく，退職理由を争って解雇予告手当や退職金差額を併せて請求したり，職場のいじめやセクハラがあったとして損害賠償も請求するといったケースでは，たとえ少額の事件であっても，会社側も代理人を付けて請求権の存在自体を争ってくる可能性が高い。このようなケースでは，相談者から退職に至った経緯や事情を詳しく聴取し，争点となる点を予測してどこまで請求が可能かを検討した上で，法律構成と主張の方針を決め，更に立証計画を立て，できる限りの証拠収集を行うなど，しっかりとした準備をした上で，訴訟提起することが必要である。

(3) 「平常時型」

　労働者個人との間にトラブルがあったというよりも，会社の経営方針としてとられている人事制度，労務管理の体制や運用などに問題があり，労働者がこれらに不満を持って紛争に至るというパターンである。ただし，労働者が実際にアクションを起こすのは，会社を退職した後であることが多い。

　労働者の不満・苦情としては，時間外手当が支払われない，一方的に労働条件を引き下げられた，契約形態が就労実態に合わない，裁量労働制といいながら長時間労働を強いられている，成果主義における評価が不公正，不透明であるなどが多い。しかし，こうした潜在的な不満が存在しても直ちに紛争になる

というわけではなく，職場の上司との関係がうまくいかなかったり，不当な扱いを受けたことなどがきっかけとなって，感情問題が絡んで紛争が企業外に出現するというケースが多い。

この類型の場合，企業としては，裁判で敗訴すれば，紛争当事者である労働者だけでなく他の従業員の処遇や会社全体の人事制度にも影響が及ぶため，代理人を選任して正面から争ってくる可能性が高い。

したがって，訴訟を提起する前に，就業規則（賃金規程も含む）や個別の労働契約の内容についての十分な調査と検討を行った上で，立証計画を立て，立証計画に沿ってできる限りの証拠を収集しておいた方がよい。

(4) **「会社倒産型」**

倒産には，裁判所の手を通した法律上の倒産と，裁判所の手を通さない事実上の倒産がある。

まず，法律上の倒産に至った場合は，裁判所の監督の下で法律で定められた手続が行われることになり，未払賃金や退職金などの労働債権について，期限までに所定の債権届出書を裁判所に提出することになる。特に，一方的にカットされた賃金，未払となっている時間外手当，労働協約等により決められた退職金などがある場合は，労働者側でできるだけ資料を集めて労働債権として届け出るようにする。

また，民事再生手続における一般優先債権，会社更生手続における共益債権等となる労働債権については，手続によらず随時弁済が可能なので，使用者と交渉して支払を求めていくことになる。なお，各法的倒産手続における労働債権の扱いについては，**第4章**「賃金に関する基礎知識」152頁以下を参照されたい。

次に，事実上の倒産の場合には，裁判所の関与がないため，労働債権には優先権があるとはいえ，本来優先されるべき労働債権が後回しにされたり，会社資産がなくなってしまうこともある。また，経営者が労働債権を無視して会社の再建や自分の再起だけを図ったりすることもある。

こうした場合には，時機を逃さず訴訟手続をとる必要がある。また，労働者が団結する，急遽労働組合を結成する，個人加盟組合に加入して手助けしてもらうなどして，使用者と交渉を行い，労働債権の回収を図る必要がある。

なお，法律上の倒産，事実上の倒産を問わず，未払賃金の回収に時間がかか

ったり，回収が見込めないものについては，未払賃金の立替払制度（**第4章**154頁以下）を利用した方がよい。

③ 請求できる賃金

　労働契約が成立しており，労働者の労務提供があったにもかかわらず，使用者から労働者に支払われていない賃金があれば，その全額を請求する。平常時の賃金支給の場合は，総支給額から社会保険料や所得税の源泉徴収分などが控除されているが，未払賃金を請求する際には，これらを控除する前の総支給額を請求すればよい。また，基本給に限られず，家族手当や住宅手当も，賃金規程等で制度化されていたり，されていない場合であっても毎月定額の手当が実際に支給されていれば，それらを支払う約束があったと推定することができるので，基本給に加算して請求して構わない。その他時間外手当や，労働者が既に退職しており，未払退職金や解雇予告手当などと併せて請求する場合もあろう。

　注意すべき点としては，未払賃金を請求する期間の中に使用者側の都合による休業期間が含まれている場合である。民法536条2項で，「債権者の責めに帰すべき事由によって債務を履行することができなくなったときは，債務者は反対給付を受ける権利を失わない」と規定されており，これを労働契約に適用すれば，使用者に帰責事由がある休業の場合は，労働者はその休業期間中の賃金を全額請求できることになる。

　なお，労働基準法26条（休業手当）で「使用者の責に帰すべき事由による休業の場合においては，使用者は，休業期間中当該労働者に，その平均賃金の100分の60以上の手当を支払わなければならない」としており，一見「休業手当は6割でよい」ようにも読める。しかしながら，この労基法の規定は，前述の民法の規定が任意規定であるため合意によって排除することができ，特に労働関係ではそのような特約が結ばれる可能性が高いことから，労働者の最低生活を保障するため，平均賃金の6割までの支払を強行規定とするとともに罰則をもって強制したものである。したがって，民法上の反対給付請求権（本件の場合は労務の提供に対する賃金の支払請求権）を縮減する趣旨ではない。

　また，判例は，労基法26条における「責に帰すべき事由」は民法536条2項

の「責めに帰すべき事由」よりも広く，民法上は使用者の帰責事由とならないような経営上の障害も，天災事変などの不可抗力に該当しない限り労基法26条の帰責事由となりうるとの見解をとっている（ノースウエスト航空事件・最判昭62・7・17民集41巻5号1283頁）。例えば，機械の検査，原料の不足，流通機構の不円滑による資材入手難，監督官庁の勧告による操業停止，親会社の経営難のための資金・資材の獲得困難などで休業した場合でも，使用者は労基法26条の休業手当を支払わなければならない（日本労働弁護団『労働相談実践マニュアル ver. 5』71頁参照）。

④ 未払賃金の遅延損害金

　未払賃金を請求する場合，併せて遅延損害金も請求することができるが，その適用利率については，場合を分けて考える必要がある。

　まず，労働者が在職中の場合，使用者が営利企業（株式会社，有限会社，個人商人）などの「商人」であれば商事法定利率が適用され賃金支払期日の翌日から年6％，使用者が公益法人（学校法人，社会福祉法人，宗教法人等）などの営利企業以外の者であれば民事法定利率の年5％となる。

　次に労働者が退職している場合であるが，この場合においては，本章の冒頭において述べたように賃確法が適用になり，退職の日に支払期日が到来している分については退職日の翌日から，退職の日に支払期日の到来していない分については支払期日の翌日から，その支払をする日までの間において年14.6％の利率による遅延損害金を請求できる（ただし退職金を除く，賃確6条1項，同施行令1条）。

　ただし，同法同条の規定は使用者が不当に賃金の支払を遅延している場合に，早期の支払を促すための政策的な理由で設けられたものであるので，その遅延が天災地変又は賃金の全部又は一部の存否を合理的な理由により裁判所で争っているなどのやむを得ない事由による場合は，その事由の存する期間については適用されない（賃確6条2項）。

⑤ 賃金請求権の消滅時効

　前章において述べたように毎月の各賃金の支払日の翌日から2年間である。

民法の規定（1年間）より長いが、労働者にとっては自分の勤務先（あるいは元勤務先）に対して訴訟を提起するということは重い決断を要するであろうから、賃金の未払が発生してから実際に専門家の所に相談に来るまでの間に相当程度期間が経過していることも考えられる。また、証拠の収集や請求金額の算定などに時間を要することも予想されるので、2年間という時間は意外と早く過ぎてしまうかもしれない。

相談を受けた段階で請求権が時効消滅してしまっていないか、また、いつ時効消滅してしまうかを直ちに確認して、時効消滅までの期間が短い場合は内容証明郵便による催告などの措置をとる必要がある。

II 要件事実と予想される主な争点

1 要件事実

定例賃金の請求については、以下の事実を主張立証する。
① 労働契約の締結
② 労働契約中の賃金額等に関する定め（毎月の賃金締切日と支払日など）
③ 請求に対応する期間における労働義務の履行

ただし、休業手当を請求する場合は、上記①、②に加えて、③債務（この場合は労務）の履行不能、及び④履行不能についての使用者の帰責事由を主張立証しなければならない（山口幸雄＝三代川三千代＝難波孝一編『労働事件審理ノート〔第3版〕』87頁参照）。

2 予想される主な争点

原告（労働者）側から上記の要件事実について主張立証がなされれば、未払の定例賃金の請求として成立するのであるが、被告（使用者）側からの反論としては、そもそも労働契約ではないとの主張や、労務の提供がなかったとの主張がなされることがあり、また抗弁として反対債権に基づく相殺、賃金債権の消滅時効、放棄、譲渡の主張や、就業規則等の変更により賃金額が引き下げられているなどの主張がなされることが考えられる。

これら予想される争点について、代表的なものを挙げつつ、詳述する。

【請求原因】
　①　労働契約の締結
　②　労働契約中の賃金額等に関する定め（毎月の賃金締切日と支払日など）
　③　請求に対応する期間における労働義務の履行
【抗　　弁】
　①　反対債権による相殺の抗弁（調整的相殺，合意による相殺）
　②　賃金債権の放棄の抗弁
　③　賃金債権の譲渡の抗弁
　④　賃金債権の消滅時効の抗弁
　⑤　賃金の減額の抗弁（懲戒処分としての降格，業務命令としての降格，就業規則による変更，労働協約による変更，個別合意による変更など）
【反　　訴】
　使用者から労働者に対する損害賠償の請求

(1) 労働契約か否か

　労働契約ではなく，委任契約であるとか，請負契約であるなどの点が争点となる可能性がある。詳細は**第3章**「労働法に関する基礎知識」74頁以下を参照されたい。

(2) 労務の提供の有無

　賃金請求権は，労働者から使用者に提供される労務と対価関係にあるから，労働者側の都合による欠勤や，ストライキ等争議行為への参加などにより労務の提供が停止された場合には，この期間中の賃金は原則請求できない（ノーワーク・ノーペイの原則）。

　しかし，毎月労働者に支給される賃金のうち，多くの企業において通常支給されている家族手当や住宅手当などは，厳密にいえば直接具体的な労務の対価ではなく，従業員に対する生活保障的な意味合いを持っているから，この部分についてノーワーク・ノーペイの原則を適用して賃金カットの対象とすることはできないとの考えも成り立ちそうである。

　この問題については，支給される賃金を，従業員に対する生活保障的な部分（家族手当や住宅手当）と純粋な労働に対する対価である部分との2つに分けて考え，生活保障的な部分については賃金カットの対象とはならないとする見解がかつては有力であった。

しかし現在は，上記の見解のように，支給される賃金中の1つ1つの項目を，労務の対価といえるかどうかというような抽象的な点に着目して2つの部分に分けるのではなく，使用者と労働者との間に締結されている実際の労働契約の解釈に主眼を置き，問題となっている賃金の各項目について，ストライキ参加などの場合に契約上カットが許されているかどうかを個別的に判断すべきであるとする見解が主流である。

そうであるとすれば，この問題を検討するに当たっては，賃金カットについてのその会社の労働協約や就業規則の定め，これまでの労使慣行などを分析した上で，賃金カットの範囲はどこまで認められるのかを判断していくべきことになる。

判例も，ストライキの場合の家族手当の削減が就業規則の規定に基づいて約20年間実施され，その後当該規定が削除され同様の規定が社員賃金規則細部取扱のうちに定められてからも従前の取扱いが引き続き異議なく行われてきたなどの事実関係が存在する事件について，「ストライキ期間中の賃金削減の対象となる部分の存否及びその部分と賃金削減の対象とならない部分の区別は，当該労働協約等の定め又は労働慣行の趣旨に照らし個別的に判断するのを相当と」するとした上で，ストライキの場合における家族手当の削減は労使間の労働慣行として成立していたものであるとして，ストライキ期間中の家族手当の削減は違法とはいえないと判示している（三菱重工業長崎造船所賃金カット事件・最判昭56・9・18民集35巻6号1028頁・判タ435号56頁）。

(3) **反対債権による相殺が認められるか**

未払賃金を使用者に対して請求した場合に，使用者側から，使用者が労働者に対して有する債権を自働債権として，労働者の有する未払賃金の請求権と相殺するとの主張がなされることがある。

しかし，賃金は全額払いが原則（労基24条）であり，この原則に使用者側からの「相殺禁止」も含まれると解するのが判例である。

過去の判例としては，債務不履行（業務懈怠）に基づく損害賠償請求権をもってする相殺を認めなかったもの（関西精機事件・最判昭31・11・2民集10巻11号1413頁）や，不法行為（背任）に基づく損害賠償請求権をもってする相殺を認めなかったもの（日本勧業経済会事件・最判昭36・5・31民集15巻5号1482頁）が存在す

る。したがって，未払賃金の請求に対して使用者側が上記のような相殺の主張をしたとしても認められず，使用者側としては，反訴あるいは別訴を提起して自らの請求権の実現を図るほかない。

ただし，例外的に相殺が認められるケースもある。次の２つの場合である。

(a) 調整的相殺

労働者が毎月受領する賃金が，賃金の計算間違いや支払日直前に遅刻・欠勤などの賃金減額事由が生じたなどの理由により過払いになってしまうことがある。この賃金の過払分を後に支払われる賃金から控除することを調整的相殺と呼んでいる（法律的には使用者が労働者に対して有する不当利得返還請求権を自働債権とする相殺）。

この調整的相殺について判例は，一定の制限を設けてこれを許容している。すなわち，「過払いのあった時期と賃金の精算・調整の実を失わない程度に接着した時期になされ，あらかじめ労働者に予告されるとか，その額が多額にわたらないなど，その時期，方法，金額などからみて労働者の経済生活の安定を害するおそれのない場合」には労働基準法24条１項に違反しないと判示しているのである（福島県教組事件・最判昭44・12・18民集23巻12号2495頁）。

この事件は，県が中学校教員に対して支給した勤勉手当中の過払金940円について，１ヵ月あまりしてから返還を求め，これに応じなければ翌月分の給料から減額する旨通知した上で，過払いの３ヵ月後に支給された給与及び暫定手当合計２万2960円からこれを控除したケースであった。

その他相殺を肯定した裁判例としては，ストライキに参加した組合員らの固定給の0.5ないし3.7％に当たる額をストライキによる賃金カット分として翌月分の給与から控除した措置を有効としたもの（明治屋賃金カット事件・東京地判昭49・３・26労経速846号３頁。この事件では，その後に実施されたストライキによる賃金カット分も合算して給与から相殺されているが，相殺額のその月の固定給に占める割合は６％強であった）などがある。

逆に否定した判例としては，公立学校の教員らに対する給与手取額の3.4％程度に当たる過払金を３ヵ月後に支払われる給与から相殺したケースにつき，賃金の精算調整の実を失わない合理的に接着した時期にされたものとは認められないとしたもの（福岡県公立学校教職員給与請求事件・最判昭50・３・６裁集民114号

299頁）などがある。

（b）**合意による相殺**

労働基準法24条1項ただし書によれば，労働者の過半数で組織する労働組合又は労働者の過半数を代表する者との書面による協定がある場合は，賃金を一部控除して支払うことができるとされている。したがって，賃金全額払いの原則の例外が認められるためには上記のような「労使協定」の存在が必要であり，使用者が労働者と個別に相殺の合意をしても無効であると考えられる。

しかしながら，近時の判例には，「使用者が労働者の同意を得てなす相殺については，当該相殺が労働者の自由な意思に基づいてされたものであると認めるに足りる合理的な理由が客観的に存在するときは労働基準法24条1項に違反しない」として，個別合意による相殺を肯定したものがある（日新製鋼事件・最判平2・11・26民集44巻8号1085頁）。

ただし，上記の事件は，多額の債務を負担し破産申立てをせざるを得なくなった労働者が，会社に退職を申し入れるとともに会社から借り入れた住宅ローンの残金を退職金と賃金で弁済するよう自発的に依頼し，書面による確認がなされた上で相殺が行われたとされるものであり，そのような事情の下では判例のいう「合理的な理由が客観的に存在するとき」といえるだろう。

ただ，賃金全額払いの例外を定めた労働基準法24条1項ただし書との関係で考えれば，法律に定められた例外以外の例外を認めることになり疑問が残るし，判例も「同意が労働者の自由な意思に基づくものであるとの認定判断は，厳格かつ慎重に行われなければならないことはいうまでもないところである」と述べていることから，合意相殺については容易には認められないと思われる。

それでも上記の事件のように会社から借り入れた住宅ローンを返済する場合や労働者が使い込んでしまった会社の金を返還させる場合など，実際上相殺の手段を用いざるを得ないこともあるから，使用者側としてはそのような事態に対処するため，あらかじめ労働基準法24条1項ただし書に規定された労働組合又は過半数代表者との書面による協定を結んでおくことが求められる。ただし，この労使間の協定を根拠に相殺を行うとしても，賃金額の4分の1までが限度になる（民執152条参照）。

(4) 賃金債権の放棄は認められるか

賃金債権の放棄について，判例は，「(放棄の意思表示について)労働者の自由な意思に基づくものであると認めるに足りる合理的な理由が客観的に存在する」ときは，労働基準法24条1項本文に違反しないと判示している(シンガー・ソーイング・メシーン・カムパニー事件・最判昭48・1・19民集27巻1号27頁)。

この事件は，従業員の在職中における旅費等の経費の使用につじつまの合わない点がみられたため，同人の退職時(会社と競争関係にあった別会社への就職が決まっていた)に上記の疑惑に関する損害の一部補填の趣旨で，会社が退職金を放棄する旨の書面への署名を求めたところ，従業員がこれに応じたというものであるが，前項の合意相殺のところで触れた日新製鋼事件の判決理由中に，この事件の判旨が引用されていることからみると，賃金債権の放棄についても，合意相殺の場合と同程度の慎重な判断がなされるべきである。

放棄の意思表示を否定した判例として，会社から既に働いた分を含む賃金の20％減額を通告された際，電子メール等で事前に会社に対して既発生分の賃金の減額は違法である旨の通知をしたが，賃金支払日においては異議を述べずに減額された賃金を受領し，後に減額分の賃金の支払を請求した事件について，労働者の上記の行為について，既発生の賃金債権を放棄する意思表示としての効力を肯定することはできないとして，減額分の賃金請求を認めたものがある(北海道国際航空事件・最判平15・12・18労判866号15頁)。

(5) 賃金債権の譲渡は認められるか

賃金債権の譲渡がなされても，その譲受人への支払については賃金直接払いの原則に反するので認められない。退職金についても労働基準法の賃金直接払いの原則の適用があると判断した上で，退職金受給権が適法に譲渡された場合においても，なお退職金を退職者に直接支払わなければならないとした最高裁判例が存在する(小倉電話局事件・最判昭43・3・12民集22巻3号562頁)。

(6) 賃金額の引下げが認められるか

被告である使用者側から賃金の減額を行ったとの主張がなされ，未払賃金の金額が争いになることがある。

賃金減額の事由としては，①就業規則の変更による引下げ，②労働協約による引下げ，③個別同意による引下げ，④降格，降級による引下げ，⑤年俸制を

理由とした引下げ等が挙げられる。これらの事由に基づいて賃金引下げが認められるための要件を，過去の裁判例をもとに以下に検討する。

(a) **就業規則の変更による引下げ**

(ア) 労働契約法と従前の判例・裁判例との関係　「使用者が就業規則を労働者に不利益に変更して労働条件の引下げを行った場合，労働者はそれに拘束されるのか」という問題については，長年にわたって議論が重ねられ，また，裁判所によって就業規則の判例法理と呼ばれるものが形成されてきた。

平成19年，労働契約法9条ただし書，10条に，就業規則変更の効力と処理基準に関する明文規定が置かれたが，**第3章**「労働法に関する基礎知識」70頁以下で述べたとおり，これらの規定は判例法理を体系的に法文化したものである。

したがって，労働契約法の就業規則に関する諸規定を理解するために，まず，そのもととなった裁判所の考えを知っておくことが必要である。

また，労働契約法が周知されたことによって，今後は企業などから就業規則変更に関する規定の解釈・運用についての相談が増えてくることが予想されるが，条文だけからは具体的な判断基準を読み取ることができない。したがって，個別具体的な就業規則変更の当否を判断するためには，従前の判例・裁判例を参酌することが必要になる。

そこで，以下に，労働契約法9条ただし書，10条のもとになった判例と，変更の合理性について判断した裁判例を紹介する。

(イ) 就業規則の判例法理の形成

①秋北バス事件判決（最判昭43・12・25民集22巻13号3459頁）
「新たな就業規則の作成又は変更によって，労働者の既得の権利を奪い，労働者に不利益な労働条件を一方的に課することは，原則として，許されないと解すべきであるが，労働条件の集合的処理，特にその統一的かつ画一的な決定を建前とする就業規則の性質からいって，当該規則条項が合理的なものである限り，個々の労働者において，これに同意しないことを理由として，その適用を拒むことは許されない」と判示され，就業規則の変更に合理性が認められれば，これに同意しない労働者をも拘束するとの判断が示された。

就業規則の「変更について合理性」が認められる場合には，「労働契約の内容である労働条件は，当該変更後の就業規則に定めるところによるものとする。」という労働契約法10条の規定は，上記秋北バス事件の判示を立法化したものである。

②第四銀行事件判決（最判平9・2・28民集51巻2号705頁）

秋北バス事件の最高裁判決の後，いくつかの裁判例が出され，就業規則変更の合理性に関する判断要素が明らかにされていったが，その到達点として出されたのが，この第四銀行事件判決である。

「（就業規則が）合理的なものであるとは，当該就業規則の作成又は変更が，その必要性及び内容の両面からみて，それによって労働者が被ることになる不利益の程度を考慮しても，なお当該労使関係における当該条項の法的規範性を是認することができるだけの合理性を有するものであることをいい，特に，賃金，退職金など労働者にとって重要な権利，労働条件に関し実質的な不利益を及ぼす就業規則の作成又は変更については，当該条項が，そのような不利益を労働者に法的に受忍させることを許容することができるだけの高度の必要性に基づいた合理的な内容のものである場合において，その効力を生ずるものというべきである」とした上で，「合理性の有無は，具体的には，就業規則の変更によって労働者が被る不利益の程度，使用者側の変更の必要性の内容・程度，変更後の就業規則の内容自体の相当性，代償措置その他関連する他の労働条件の改善状況，労働組合等との交渉の経緯，他の労働組合又は他の従業員の対応，同種事項に関する我が国における一般的状況等を総合考慮して判断すべきである」と判示した。

労働契約法10条は，上記の第四銀行判決で示された判断要素を，「労働者の受ける不利益の程度，労働条件変更の必要性，変更後の就業規則の内容の相当性，労働組合等との交渉の状況，その他の就業規則の変更に係る事情に照らして合理的なものであるとき」と整理したものだとされる。第四銀行判決では7つの判断要素が示されているが，労働契約法10条では判断要素が4つに集約されている。しかし，立法時の国会審議において，労働契約法10条は判例法理に変更を加えるものではないことが確認されており，同条の下でも従来の判例の判断要素と判断手法が承継されるべきことになる。ただし，労働契約法で「判断要素が整理されて法定された以上は，今後は同条に規定された要素に即して判断が行われることとなる」（菅野和夫『労働法〔第9版〕』128頁）。

③フジ興産事件判決（最判平15・10・10労判861号5頁）

「就業規則が法的規範としての性質を有する（最高裁昭和40年（オ）第145号同43年12月25日大法廷判決・民集22巻13号3459号）ものとして，拘束力を生ずるためには，その内容を適用を受ける事業場の労働者に周知させる手続が採られていることを要するものというべきである。」

労働契約法10条が，就業規則変更による労働条件変更の要件として，「変更後の就業規則を労働者に周知させ」たことを挙げているのは，上記の判例を承継したものである。

(ウ) 不利益変更の肯定例と否定例
【不利益変更（作成）の合理性を肯定したもの】

①秋北バス事件（前掲）
　一般従業員は50歳で停年，主任以上は停年制なしであったが，就業規則を変更し主任以上の従業員について55歳停年制を導入し，導入時に既に満55歳に達していた従業員を解雇した事例。

　新たに設けられた主任以上の55歳停年制は，我が国産業界の実情に照らし，かつ，一般職種の労働者の停年が50歳と定められているのとの比較衡量からいっても低きに失するものとはいえないこと，会社から停年後も嘱託として再雇用する旨の意思表示がなされていたこと，中堅幹部らの多くは本件就業規則変更を後進に道を譲るためのやむを得ないものとしてこれを認めていたことなどを理由として，合理性を肯定した。

②大曲市農業協同組合事件（最判昭63・2・16民集42巻2号60頁）
　7つの農協の合併によって新設された農協が新たに職員退職給与規程を作成したことにより，元の1つの農協の職員であった者については退職金支給倍率が引き下げられる結果となった事例。

　新規程への変更によって，退職金の支給倍率自体は低減されているものの退職金支給の基準となる月額給与が合併に伴う給与調整等により増額されているから実際の退職金額は支給倍率の低減による見かけほど低下していないこと，合併による旧組織から引き継いだ職員相互間の格差の是正が急務であったこと，合併に伴う給与調整によって支給された退職時までの金銭の累積額がおおむね本件訴訟の請求額に達していること，旧農協在籍時に比べて休日・休暇，諸手当，旅費等において有利な取扱いを受けるようになっているし停年も延長されていることなどを理由として，合理性を肯定した。

③第四銀行事件（前掲）
　従来は定年を55歳とし，退職後3年間を限度とする定年後在職制度があったが，就業規則の変更により定年を60歳に延長し（退職後在職制度は廃止），55歳以降の給与と賞与を削減した事例。

　本件就業規則の変更が労働者にとって不利益になされたものであることは認めたが，当時（昭和58年）は60歳定年制の実現が国家的な政策課題とされ社会的な強い要請があったこと，定年延長に伴う年功賃金による人件費の増大や人事の停滞等を抑えることは経営上必要であること，同様に定年を延長した多くの地方銀行と比較しても賃金水準がかなり高かったこと，定年延長によって労働者が得られる利益は決して小さくはないこと，行員の90％で組織されている労働組合との交渉，合意を経て労働協約を締結した上で行われたものであることなどを理由として，合理性を

肯定した。
　ただし，本件については，不利益を受ける労働者に対する不利益緩和のための経過措置を設けるべきであったとする裁判官の反対意見が付けられている。

④**大阪第一信用金庫事件**（大阪地判平15・7・16労判857号13頁）
　定年を55歳から57歳に延長したことに伴って，55歳からの賃金を30％カットした事例。
　会社の人件費の預金額に占める割合が賃金カット後も同規模の信用金庫の平均を上回っていたこと，55歳を超えて勤務する従業員の基本給は30％カットだが賃金総支給額の減額割合は25％以下にとどまること，定年が延長されなければ55歳以降賃金は受け取れなかったはずであること，多数派労働組合が反対していなかったことなどの事情を考慮して合理性を肯定した。

⑤**九州自動車学校事件**（福岡地小倉支判平13・8・9労判822号78頁）
　労働時間の1週間当たり40時間制への移行に対応するため，1ヵ月単位の変形労働時間制を採用した上で，所定休日を日曜日から月曜日に変更し，女性事務員の平日（火曜日から金曜日まで）の終業時刻を午後5時20分から午後6時と変更（土日は午後4時）した事例（会社が変更後の就業規則に基づき，女性事務員の終業時刻を午後6時，日曜日の出勤を休日出勤扱いにしないことを前提に賃金を算定して支給したところ，事務員らから従前の労働条件に基づいて算出された賃金と実際に支給された賃金との差額を請求された）。
　所定休日の変更については，労働者の不利益は，ないとはいえないものの，重大なものとはいえないとした上で，日曜教習を行うことは少子化傾向の下で受講生の争奪競争が激化すると考えられることにも照らし自動車教習所にとって経営上の必要性があるなどとして合理性ありと判断した。
　終業時刻の延長については，本件就業規則は1ヵ月単位の変形労働時間制を採用して労働時間の合計は平均週40時間以内とされ，結果的には以前よりも労働時間が短縮され，一方で賃金の減額はなされなかったから実質的には賃上げといえるなどとして合理性を肯定した。

【不利益変更（作成）の合理性を否定したもの】

①**みちのく銀行事件**（最判平12・9・7民集54巻7号2075頁）
　満55歳以上の管理職を，前年に新設した職制である「専任職」に移行させて賃金を減額（賃金が平均値で33～46％減額）した事例。
　賃金の減額を正当化するに足りるほどの職務の軽減が図られていないこと，代償措置（早期退職の場合の退職金増額，専任職行員の冠婚葬祭費用についての特別融

資制度の導入，行員住宅融資制度を利用している場合に退職時に一括返済できる旨の制度の導入，専任職職員の年金水準の低下を補完するための企業年金の額の増額）を加味して判断しても不利益は小さいとはいえないこと，中堅層の労働条件を改善する代わりに55歳以降の賃金水準を大幅に引き下げたものであって差し迫った必要性に基づく総賃金コストの大幅な削減を図ったものではないことなどを理由として，合理性を否定した。

②**八王子信用金庫事件**（東京高判平13・12・11労判821号9頁）
　平成4年に，定年を60歳から62歳に引き上げるとともに，55歳時年度到達時に役職を離脱して専任職に移行し，55歳時年度以降定年まで毎年54歳時年度の本給を基準に6％ずつ給与を逓減する制度を導入し，更に平成8年に能力主義賃金体系である新制度を導入して給与の減額を行い，旧制度と比べると55歳時年度以降の平均年収額が最大約21.3％減少，55歳時年度以降退職までに支給される本給総額では，最大約23％減少することとなった事例。
　就業規則の変更当時の経営状況からみて，変更について高度の必要性があったことは認めたが，55歳時未満の職員の減額幅が平均4.31％であるのに比べて55歳時年度以降の職員の減額幅が大きいこと，55歳時未満の職員には調整給の支給という代償措置があるのに55歳時以上の職員には代償措置であると評価できるほどの措置が講じられていないこと，新制度施行後一定期間は賃金の減額割合を小幅にするなどの不利益緩和の経過措置が設けられていないことなどから，変更された就業規則は高度の必要性に基づいた合理的な内容のものとはいえないと判示した。

③**キョーイクソフト事件**（東京地八王子支判平14・6・17労判831号5頁）
　年功序列型賃金制度を業績重視型賃金制度に改めることを目的とした就業規則の変更により，原告らを含む高年齢層の定例月収が15％減額となった事例。
　原告らが所属する組合と被告会社とは長年対立関係が続いており，原告らは他の従業員と隔離され，中には全く仕事を与えられていない者もいたこと，仕事を与えられている者もその仕事の成果が被告会社の営業に役立っているかどうかを知ることができないような状況にあったことなどの事実を認定した上で，業績重視型賃金制度の導入という目的に沿った格付けを実施するために必要な原資を専ら原告ら高年齢層の労働者の犠牲において調達したものであり差し迫った必要性に基づく総賃金コストの大幅な削減を図ったものとはいえない，本件改定に際して原告らの級職の見直しがされたわけでもない経緯からして，原告らが努力して昇給を得ようとしてもその途はほぼ閉ざされていて緩和措置にも見るべきものはないなどとして，新賃金規程は原告らに対し法的に受忍させることもやむを得ない程度の高度の必要性に基づいた合理的な内容であるとはいえないと判示した。

④**ノイズ研究所事件**（横浜地川崎支判平16・2・26労判875号65頁）
　年功序列型賃金制度を成果主義型賃金制度に改定。これにより年功型部分の「年齢給」の上限年齢が従前の満40歳から満30歳に引き下げられ，金額も上限額17万4000円から16万8000円に引き下げられた。また，新制度の実施により従前の給与を下回る者には，1年目は下回った額の100％，2年目は50％の調整手当を支給するとした事例。
　裁判所は，新賃金制度の導入について一定の必要性を認めたものの，「（新賃金制度の）目的に沿った給与の原資は，原告らを含む一部の労働者の犠牲のもとに調達された部分を有するものと考えられるから，この点を考慮しても新賃金制度に合理性を有するかを検討することが必要である」とし，その上で，新賃金制度の導入によりその受領する給与が下がり，あるいは実質的に降格となる労働者への影響を軽減・緩和する措置を執ることが必要であるが，調整手当の支給が2年間しか認められておらず，減少額も急激であるから，代償措置としては不十分であるなどとし，合理性を否定した。

(b) **労働協約による引下げ**

　(ｱ)　**規範的効力について**　　労働協約は，労働組合と使用者側との交渉・協議により締結されるが，その効力については，労働組合法16条で「労働協約に定める労働条件その他の労働者の待遇に関する基準に違反する労働契約の部分は，無効とする。この場合において無効となった部分は，基準の定めるところによる」と規定されている。
　すなわち，労働協約中の「労働条件その他の労働者の待遇に関する基準」は，個々の労働契約を強行的直律的に規律する効力を与えられており，これは「規範的効力」と呼ばれる（菅野・前掲596頁）。
　この規範的効力を，締結された労働協約の条項の中に労働者に不利益や義務を課するものが含まれている場合（本項でいえば賃金の引下げ）にも認めてよいかが問題となる。
　労働協約は，使用者側の一方的な変更もありうる就業規則（労契10条参照）とは異なり，労働組合と使用者側が協議を重ね，一定の合意に達した上で締結されるものであるから，締結された協約には使用者側及び労働者側双方の意思が反映されているといえる。

また、協約の策定に当たっては、労使双方がそれぞれの主張を述べあい、その時々の企業の経営状況や社会状況等を考慮に入れながら、お互いに譲歩し、妥協点を探っていくという過程を踏んでいるのが通常であるから、協約の中に労働者にとって有利な条項と不利な条項の両方が含まれていることも多いし、一見不利な条項のようにみえても、長期的にみれば組合員の利益が図られているもの（経営危機打開策のための賃金引下げなど）もある。

このような性質を持つ労働協約について、就業規則の場合と同じような合理性の判断基準を適用して有効無効の判断をすることは適切でない。したがって、労働協約の中に労働者に不利益な条項が含まれていたとしても、原則として規範的効力を有するものといわざるを得ない。

しかしながら、例えば従業員全体の賃金を大きく引き下げるなど、不利益の度合いが大きい場合には、協約締結に至る手続は特に慎重に行われなければならない。近年の裁判例においても、53歳以上の高齢者のみを対象にし、月例給を満年齢53歳到達時に基本給の5％を減額、満年齢55歳到達時に15％、更に満年齢58歳到達時に3％減額する内容の協約の変更を、当該労働組合の規約上最高決議機関である組合大会の決議を経ずに行ったという事例につき、手続上の瑕疵を認め、規範的効力を否定したものもある（中根製作所事件・東京高判平12・7・26労判789号6頁）。

なお、上記のような手続上の瑕疵が認められない限り無制限に規範的効力が認められるというわけではなく、平成9年の朝日火災海上保険（石堂）事件判決（最判平9・3・27労判713号27頁）が判示するように、「（労働）協約が特定または一部の組合員をことさらに不利益に取り扱うことなどを目的とするなど労働協約の目的を逸脱して締結されたもの」であるなど、協約の内容に著しい不合理性がある場合には、規範的効力が否定されることもあることに留意されたい。

(イ) 一般的拘束力について　締結された労働協約は、その協約を締結した労働組合の組合員だけに適用があるのが原則である。

しかし、労働組合法17条によって「一の工場事業場に常時使用される同種の労働者の4分の3以上の数の労働者が一の労働協約の適用を受けるに至ったときは、当該工場事業場に使用される他の同種の労働者に関しても、当該労働協約が適用される」（一般的拘束力）と規定されているから、4分の3以上の組織

率がある組合が協約を締結した場合に，協約を締結した組合以外の組合（少数派組合）に所属している組合員や，どこの組合にも所属していない労働者（未組織労働者）にも適用があるかどうかが問題になる。

特に協約に賃金の引下げなど労働条件を不利益に変更する内容が含まれていた場合，使用者側が同条を根拠として協約の適用を主張するケースが考えられる。

まず，未組織労働者についての適用についてであるが，判例・学説ともに肯定説と否定説に分かれている。

(ｱ)の規範的効力の項で述べたように，労働協約の規範的部分については，原則として，労働者にとって有利な部分にも不利な部分にも効力を認められているので，労働組合法17条の要件を満たしている場合には，未組織労働者についても，労働協約の効力が及ぶと解すべきであろう。

ただし，不利益変更の場合は，組合が協約締結交渉において組合員のみならず関係従業員全体の意見を公正に集約して真摯な交渉を行ったこと，特に不利益を受ける従業員グループがある場合には，組合員の有無を問わずその意見を十分に汲み上げて不利益の緩和を図るなど，関係従業員の利益を公正に調整したことが必要である（菅野・前掲599頁）。

未組織労働者への適用について判例は，「労働協約上の基準が一部の点において未組織の同種労働者の労働条件よりも不利益とみられる場合であっても，そのことだけで右の不利益部分についてはその効力を未組織の同種労働者に対して及ぼし得ないものと解するのは相当でない」（朝日火災海上保険（高田）事件・最判平8・3・26労判691号16頁）として，未組織労働者への適用を一般的には肯定しているが，同判決において「労働協約によって特定の未組織労働者にもたらされる不利益の程度・内容，労働協約が締結されるに至った経緯，当該労働者が労働組合の組合員資格を認められているかどうか等に照らし，当該労働協約を特定の未組織労働者に適用することが著しく不合理であると認められる特段の事情があるときは，労働協約の規範的効力を当該労働者に及ぼすことはできない」として，この事件の結論としては未組織労働者に対する労働協約の効力を否定しているから，未組織労働者が当事者の場合，この「特段の事情」の有無が重要になってくる。

ここでいう「特段の事情」の有無は，前述したように労働協約の締結に当たって，関係従業員全体の利益調整が公正になされているかどうかという観点から判断されるべきであろう。

なお，前記の判決は，営業譲渡が行われた結果，出身会社の違いによって2つの定年制（満55歳と満63歳）が長期間並存していた会社が，定年を満57歳に統一したことで，それまで満63歳定年制の適用を受けていた者が労働協約の効力が発生したその日に，既に満57歳に達していることを理由に会社を退職することとなってしまい，更に退職金も減額されたという事例で，裁判所は上記の事実に加え，同人が労働協約によって組合員の範囲から除外されていたことなどを「特段の事情」として考慮し，協約の効力は及ばないと判示している。

次に，協約当事者の組合以外の組合（少数派組合）に所属している組合員についてであるが，未組織労働者の場合と同様に，裁判例・学説ともに肯定説と否定説がある。

少数派組合であっても，多数派組合と同等の団体交渉権が保障されているのであるから，例えば賃金の引下げを含む労働条件の不利益変更に多数派組合は賛成し少数派組合は反対している場合に，労働組合法17条の一般的拘束力を認め少数派組合にも協約の適用ありとすることは，少数派組合の団体交渉権を侵害することとなる。

したがって，適用が否定されると考えるのが妥当ではなかろうか。

(c) **個別同意による引下げ**

就業規則の変更（作成）や労働協約の締結によらなくても，労働者の個別の同意があれば賃金引下げも可能である。

ただし，個別同意があっても，その同意による賃金引下げが就業規則に違反する場合は，その部分については無効になる（労契12条参照）。また，同意の意思表示が無効であったり，意思表示の瑕疵によって取り消した場合には，労働者はその賃金引下げには拘束されない。

なお，個別同意の有無については厳格に判断されるべきであり，「労働者がその自由な意思表示に基づきこれに同意し，かつ，この同意が労働者の自由な意思に基づいてされたものであると認めるに足りる合理的な理由が客観的に存在することを要する」とした裁判例もある（アーク証券事件・東京地判平12・1・

31労判785号45頁)。

　この事件においては，賃金変更について原告らが特に異議等を申し立てず，各査定時期には自己申告書を提出するなど現状を肯定して従前どおりの就業を続けていたことを黙示の承諾であるとした被告の主張及び課長以上の管理職の給与を一律カットしたことについて，被告の営業成績が悪化し危機的状況にあるところから，課長以上の管理職及び役員の奮起を促すために行われたものであり，事前に被告の代表取締役が社内放送し，役員が直接の部課長に協力を求め，全員異議なくこれに応じたことを賃金引下げへの同意であるとした被告の主張をいずれも退けている。

　(d)　**降格，配転による引下げ**

　「降格」には，職位や役職を引き下げるものと，職能資格制度上の資格や職務等級制度上の等級を低下させるものとがありうる。また，懲戒処分としての「降格」と，業務命令による「降格」(人事異動の措置)とがある。「降格」は多くの場合，権限，責任，要求される技能などの低下を伴い，したがって賃金(基本給)の低下をもたらすのが普通である(菅野・前掲439頁)。上記のうち，どの方法で降格(及びそれに連動した賃金引下げ)が行われたかによって，有効・無効を判断する基準が異なってくるのであるが，特に降格が認められるために就業規則上の根拠規定が必要であるか否かが主な論点となる。

　(ア)　降格が懲戒処分として行われた場合　　降格が懲戒処分として行われた場合は，当該処分が懲戒処分の有効要件を満たしているかを検討する。懲戒処分を有効に行いうるためには，いかなる行為についてどの程度の懲戒処分を科すかが就業規則上明記されていなければならず，かつ，処分行為自体も適正な手続に基づいて行われなければならない。また，上記の要件を満たしている場合であっても，非違行為以後に変更された就業規則を遡及的に適用したり，同様の行為について平等に取り扱っていなかったり，被処分者の行為に対して重すぎる処分を科したりするなど，「客観的に合理的な理由を欠き，または社会通念上相当として是認しえない場合(ダイハツ工業事件・最判昭58・9・16判時1093号135頁)」には懲戒権の濫用として懲戒処分は無効となる。懲戒処分が無効であれば，当然それに伴う賃金の引下げも無効となる。

　(イ)　人事上の措置として職位・役職の引下げが行われた場合　　営業成績

不良によって部長から課長に降格されるなど，降格処分が人事上の措置であった場合には，就業規則上に根拠規定がなくても，処分を有効と認める裁判例が多いようである。

近時の裁判例としては，「人事権の行使は，雇用契約にその根拠を有し，労働者を企業組織の中でどのように活用・統制していくかという使用者に委ねられた経営上の裁量判断に属する事柄であり，人事権の行使は，これが社会通念上著しく妥当を欠き，権利の濫用に当たると認められる場合でない限り，違法とはならないものと解すべきである」と判示しているものがある（バンク・オブ・アメリカ・イリノイ事件・東京地判平7・12・4労判685号17頁）。

ただし，労働者の勤労意欲を失わせ，退職に追いやる意図をもって行った降格処分など，経営者に委ねられた裁量権を逸脱したものについては処分が無効となり，場合によっては労働者に対する不法行為を構成することがありうる。

前掲の事件においても，会社の新経営方針に積極的に協力しなかったとの理由による勤続33年の管理職の降格人事（指揮監督権の剥奪及び役職手当の月額5,000円減額）については，前記の理由により有効としたが，その後同人に対して行われた総務課受付（それまで20代前半の女性契約社員が担当していた業務）への配転については，人格権（名誉）を侵害しているとして，会社の不法行為責任を認めている。

　(ウ)　職能資格制度上の資格や等級が引き下げられた場合　職能資格制度における資格・等級とは，所属する組織内における各労働者の職務遂行能力がどの程度のレベルにまで達しているかを計る指標であるから，各人の技術・技能の習得や，日々の業務における経験の蓄積により，勤務年数を経過するにつれて上昇していくことが想定されている。つまり労働者本人の技術や経験の不足のため資格・等級が上がらないということはあっても，通常，下がることは予定されていない。

そのため，使用者が従業員の職能資格や等級を見直し，能力以上に格付けされていると認められる者の資格・等級を一方的に引き下げる措置を実施するに当たっては，就業規則等における職能資格制度の定めにおいて，資格等級等の見直しによる降格・降給の可能性が予定され，使用者にその権限が根拠付けられていることが必要となる。つまり，職能資格制度上の資格・等級の引下げに

よりこれと連動させて賃金を引き下げる使用者側の措置は，同じ職務内容であるのに賃金を引き下げることであるから，労働者との合意等により契約内容を変更する場合以外には，就業規則の明確な根拠と相当の理由がなければなし得るものではない（アーク証券事件・東京地決平8・12・11労判711号57頁・判時1591号118頁）。

(エ) 配転によって賃金引下げが行われた場合　「配転」とは従業員の配置の変更であって，職務内容や勤務場所の変更のことをいう（勤務場所の変更は，いわゆる「転勤」）。

使用者が行う配転命令そのものは，基本的には使用者の経営上の裁量判断に属し，「不当な動機・目的をもってなされたものであるとき若しくは労働者に対し通常甘受すべき程度を著しく超える不利益を負わせるものである」（東亜ペイント事件・最判昭61・7・14労判477号6頁）など，権利濫用に当たる場合でなければその効力は否定されない。

しかし，配転による職務内容や勤務場所の変更によって賃金を引き下げることについては，労働者の個別の同意が必要である。

その理由は，我が国の大半の労働者の賃金額の算定に当たっては，現実に行っている職務内容や勤務地よりも，勤続年数や職能資格，職位が重視されており，配転と賃金との関連性は薄いため，配転命令は賃金引下げの根拠とはなり得ないと考えられているからである。

つまり配転と賃金引下げとは別個の問題として捉えられるから，使用者側としては配転命令そのものの有効・無効とは別に，賃金引下げの有効性を根拠付ける事由（就業規則や労働協約の定め，個別同意，降格など）の主張が必要になる。

逆に，配転命令により職務内容を大きく格下げして，それを理由に賃金を大幅に引き下げる配転は，配転命令権の濫用や，降格のための人事権評価の濫用とされ，配転命令そのものが無効となることがあるので注意が必要である（菅野・前掲446頁）。

(e)　**年俸制を理由とした引下げ**

一口に「年俸制」といっても多種多様なものがあるが，近年の年俸制は「賃金の全部または相当部分を労働者の業績等に関する目標の達成度を評価して年単位に設定する制度」と把握できる（菅野・前掲234頁）。

従業員への賃金の支給に当たって年俸制を導入する企業は年々増加している

が，問題は，本来上級の管理職や専門職種に適した制度である年俸制が，それら以外の労働者に対しても導入され，使用者側の一方的な賃金切下げの手段として利用されたり，長時間労働や過重労働の温床となっていたりするケースが多々見受けられることである。

年俸制それ自体は時間外労働の割増賃金を免れさせる効果はもたず，管理監督者ないし裁量労働制の要件を満たさない限り，割増賃金支払義務を免れない（システムワークス事件・大阪地判平14・10・25労判844号79頁）と判示している裁判例も存在するが，使用者側及び労働者側の双方に誤解があり，時間外や休日労働についての賃金が未払になっていることがよくある。

年俸制を導入するということは，「賃金の決定，計算及び支払の方法」（労基89条1項2号）を変更することにほかならないから，適正な手続を経て就業規則を変更する必要がある。また，変更された就業規則の内容についても「必要性」や「合理性」などの要件を満たしていなければ有効なものとは認められないことは前述したとおりである（本章172頁以下参照）。就業規則の変更を伴わずに年俸制を導入するためには，労働協約を締結するか，労働者の個別同意を得なければならない。

さらに，年俸制導入後の制度の運用も，適法かつ公正に行われなければならない。いかに就業規則等で労働者の業績評価の基準などを明確に定めてあっても，実際の評価・年俸額の決定に携わる者が制度に対する理解が不十分であったり，恣意的な判断をしたりすれば，適切な制度運用は期待できない。

特に，業績評価によって年俸額を引き下げる場合には，労働者に十分な説明をなし，同意を得てから行うべきであろう。

(7) **使用者側からの反訴（損害賠償の請求）**

労働者が労働義務又は付随義務に違反して使用者に損害を与えた場合には，債務不履行責任に基づく損害賠償責任を負う（民415条）。また，不法行為の要件を満たした場合は，民法709条に基づく損害賠償責任を，第三者に損害を与えたときは，使用者責任を前提とする使用者による求償権行使（同715条3項）が認められる。

未払賃金の請求に対して使用者が損害賠償請求権をもって相殺の主張をすることは，賃金全額払いの原則に反するため認められないが，反訴あるいは別訴

で請求することは可能である。

　しかし，その場合であっても，裁判所は，労働契約の特質を考慮して，労働者の損害賠償責任を信義則上制限する「責任制限法理」を発展させている。すなわち，最高裁は，使用者が使用者責任に基づいて損害賠償義務を履行した際の労働者に対する求償権の行使と，固有の不法行為に基づく損害賠償請求権を行使した事案について，「使用者が，その事業の執行につきなされた被用者の加害行為により，直接損害を被り又は使用者としての損害賠償責任を負担したことに基づき損害を被った場合には，使用者は，その事業の性格，規模，施設の状況，被用者の業務の内容，労働条件，勤務態度，加害行為の態様，加害行為の予防若しくは損失の分散についての使用者の配慮の程度その他諸般の事情に照らし，損害の公平な分担という見地から信義則上相当と認められる限度において，被用者に対し右損害の賠償又は求償の請求をすることができるものと解すべきである。」とし，タンクローリー運転中の事故にかかわる41万1000円の損害賠償につき，4分の1を限度として請求を認容した（茨城石炭商事事件・最判昭51・7・8民集30巻7号689頁）。この最高裁判例を受けて，その後多くの裁判例が労働者の損害賠償責任を制限しており，この判断は，債務不履行を理由とする損害賠償請求にも応用されている。

　責任制限の基準は，①労働者の帰責性（故意・過失の有無・程度），②労働者の地位・職務内容・労働条件，③損害発生に対する使用者の寄与度（指示内容の適否，保険加入によるリスク分散の有無等）を考慮していると考えられている。

　具体的には，労働者に注意義務違反がある場合であっても，それが重過失までには達していない場合には，使用者側のリスク管理の不十分さなどの事情を考慮して，使用者による損害賠償や求償権の行使を否定している裁判例が多い（つばさ証券事件・東京高判平14・5・23労判834号56頁，M運輸事件・福岡高判平13・12・6労判825号72頁）。

　また，重過失が認められるケースであっても，事業を遂行する上で生じた損害については様々な要因が絡んでいることが多いため，労働者側の宥恕すべき事情や使用者側の非を考慮して，責任の範囲を4分の1や2分の1に制限した事例も存在する（大隈鉄工所事件・名古屋地判昭62・7・27労判505号66頁，N興業事件・東京地判平15・10・29労判867号46頁，株式会社G事件・東京地判平15・12・12労判870

号42頁)。

　以上に対して，背任や横領などの悪質な不正行為や，社会通念上相当の範囲を超える引抜き等の場合は，責任制限は別段考慮されていない。

Ⅲ　証拠収集その他準備段階の留意点

　訴訟の準備段階においては，未払賃金請求事件において主張立証すべき事実に関連する資料を，速やかにできる限り多く収集するよう努めるべきである。「雇用契約書」や「未払賃金確認書（**次頁**の記載例参照）」などの賃金債権の存在を直接証明する証拠の入手ができない場合であっても，ほかにも下記のような証拠となりうる資料があるので，これらを参考にして，特に争点となりそうな事実や直接証明できる証拠がない事実については，できる限り多くの証拠資料を収集しておいた方がよい。また，裁判所の証拠保全手続を利用することを検討すべき場合もある。

①　労働契約の締結について

　雇用契約書，雇入通知書，労働者名簿，社員名簿，社員住所録，名刺，雇用保険被保険者資格喪失確認通知書，社会保険被保険者資格喪失確認通知書，社会保険関係事項証明書など。

②　賃金額等の定め

　就業規則（賃金規程を含む），労働協約，給与明細書，給与袋，給与辞令，源泉徴収票，銀行預金通帳，賃金台帳，求人票，入社時の求人雑誌の募集広告，離職票など。

③　労働義務の履行について

　タイムカード，出勤簿，業務報告書，業務日報など。

④　会社財産を把握する資料について

　次項において述べる仮差押えや差押えを利用しなければならない場合には，次のような，使用者の有する財産を把握する資料も収集しておく必要がある。

　不動産登記事項証明書，会社施設の賃貸借契約書，取引契約書，請求書の控え，決算書，法人税申告書の写し，興信所の企業診断調査票，インターネットによる企業信用情報など。

【未払賃金確認書記載例】

確　認　書

　当社の下記従業員に対する未払賃金及び退職金の額は次のとおりであることを確認します。(解雇前の従業員については、毎月末日に支払う賃金額は各人欄記載の額に相違ありません。)

平成　　年　　月　　日

　　　　　　　　　　　　　　　　　株式会社〇〇〇〇
　　　　　　　　　　　　　　　　　　代表取締役　〇〇〇〇　㊞

番　号	氏　名	住　所	未払賃金額	退職金額

Ⅳ　裁判以外の手続を利用した回収方法

1　労働基準監督署への申告

　賃金の未払は労働基準法違反であり、罰則も設けられている(労基120条1号)。また、労基法104条1項により、労働者は使用者側の労基法違反の事実について労働基準監督署(官)に申告できることになっており、この申告に基づいて労基署の使用者に対する調査がなされ、違反事実が確認されれば賃金の支払が勧告され、それにより未払賃金が支払われる場合もある。労基署への申告は口頭でも構わないが、できれば以下に示した書式による文書を提出して行うとよいだろう(後掲の申告書記載例参照)。

　注意点としては、在職中の労働者が氏名を明らかにして労基署への申告を行うと、申告したことが使用者に知れ、仕事上不利益な取扱いを受けるおそれがあることである。労基法104条2項には、労働者が労基署に労基法違反の申告をした場合に、そのことを理由として不利益な取扱いをしてはならないと規定されてはいるが、もし、そのおそれがあるなら、申告書に、匿名による申告を

希望したい旨を記載しておくとよい。ただし，その場合は労基署の使用者側への調査等の手続は，氏名を使用者側にも明らかにする場合に比べて若干時間がかかってしまうこともある。

また，情報提供という形で，労基署に対しても自分の氏名を明らかにしない方法もある。ただし，この場合は調査するかしないかは労基署の裁量に委ねられる。

【労働基準法違反申告書記載例】（労基法104条1項に基づく）

			平成○○年○月○日
労働基準監督署長　殿			
申告者	郵便番号	○○○-○○○○	
	住　　所	○○県○○市○○町○丁目○番○号	
	氏　　名	○○○○	
	電話番号	(○○○)○○○-○○○○	
違反者	郵便番号	○○○-○○○○	
	所 在 地	○○県○○市○○町○丁目○番○号	
	名　　称	株式会社○○○○	
	法人の場合の代表者	○○○○	
	業　　種	○○業	
	電話番号	(○○○)○○○-○○○○	
申告者と違反者の関係 入社年月日　平成○○年　○月　○日 職位・職務内容　営業課長			
労基法違反の事実 ・該当条項　労働基準法24条違反 ・違反内容　平成○○年○月分から平成○○年○月分の賃金の未払			
求める内容 上記労基法違反の事実の調査と違反に対する必要な権限行使をお願いします。			
添付資料	雇用契約書 給料明細書		

② 内容証明郵便の送付

使用者に対して賃金未払の事実を告げ，使用者との交渉により未払賃金の回収を図る方法もある。通知方法は後に訴訟等になる場合のことも考慮して，内容証明郵便（配達証明付）によることが望ましい。

【内容証明郵便による未払賃金請求の通知書記載例】

通　知　書

通知人○○○○氏の代理人として，以下のとおりご通知いたします。

通知人○○○○は，平成○○年4月1日に貴社に一般従業員として雇用され，平成○○年11月15日に退職するまで継続して貴社に勤務しておりました。平成○○年4月以降の通知人の賃金は月額で次のとおりでした。

(1)　基本給　　1ヵ月　金25万円
　　　家族手当　1ヵ月　金2万円（配偶者1万円，子1人1万円）
　　　役職手当　1ヵ月　金3万円
　　　合計　　　1ヵ月　金30万円
(2)　支払期日　毎月15日締切，当月25日支払

しかし，通知人は貴社より平成○○年10月16日から同年11月15日までの分の月額賃金を受領しておりません。

したがって，本書をもって上記未払賃金として金30万円をお支払いいただくよう通知します。なお，賃金の未払は労働基準法第24条違反ですので，本書到達後7日以内にお支払いいただけない場合は，大変不本意ですが，労働基準監督署へ違反事実の申告を行い，民事訴訟を提起することをあらかじめ申し添えます。

平成○○年○月○日

○○市○○○丁目○番○号
　　　　　　通知人　　○　○　○　○
○○市○○○丁目○番○号
　　　　　　通知人代理人司法書士　○　○　○　○

○○市○○○丁目○番○号
株式会社　　○　○　○　○
代表取締役　○　○　○　○　殿

（注）内容証明郵便は，26字20行以内か20字26行以内で作成のこと。

V 訴訟以外の裁判手続を利用した回収方法

1 訴訟以外の裁判手続の利用

　労働基準監督署への申告や，内容証明郵便等を利用した任意の交渉によっても回収が図れなかった場合には，裁判所を利用した回収方法を検討することになる。

　しかし，労働基準監督署から是正勧告を受けながら，それでも未払賃金を支払わないというケースでは，使用者側の経営状況及び資産状況がかなり逼迫していることも考えられる。

　そのようなケースでは，通常訴訟を提起して勝訴判決を得ても，既に使用者の資産が散逸してしまっており，手遅れになることもある。

　そこで，もしもそのような状況にあったり，それが確実視される場合であれば，訴訟提起前に，以下に述べる手続等を利用して，早急に資産の散逸の防止あるいは資産からの回収を図らなければならない。

2 仮差押えと一般先取特権に基づく差押えの比較

　先に述べたような状況にある場合，労働者側がとりうる裁判手続としては，使用者財産への仮差押えと民法の一般先取特権（民306条2号・308条）に基づく差押えが考えられる。どの時期にどの資産に対してどのような手続をとるかは，依頼を受けた時期や相手方となる使用者の規模や資産状況などによって変わってくるので，以下に記載した両手続の特徴を参考にして，解決方法を選択されたい。

(1) 仮差押え

　会社資産が散逸する危険性が高い場合，ある程度の疎明資料があればすぐに仮差押決定が得られ，迅速に会社資産を凍結できるメリットがある。しかし，一定の保証金の納付が必要になる。

　また，保全手続である以上，現実に債権を回収するには，本訴を提起して勝訴確定判決等の債務名義を取得し，あらためて差押えをする必要がある。さらに，労働債権に基づく仮差押えであっても，それ自体には一般債権者に対する

優先権は認められないことに留意する必要がある。

(2) 一般先取特権に基づく差押え

仮差押えよりも厳格な「証明」資料が必要であるが、保証金の納付は不要で、それ自体が本執行であるので、本訴を提起してあらためて債務名義を取得する必要がなく、直接的な債権回収を図ることができる。終局的な回収であるから、第一審で仮執行宣言付判決を得て差押えをした場合のように、控訴審で敗訴してしまい返還を求められることもない。

また、他の一般債権者の差押えと競合した場合、配当手続において優先弁済を受けることができる。仮差押えよりは時間がかかるものの、申立てから3～4日で差押命令が出る。ただし、証明資料が不十分だと、発令までに更に時間がかかることがある。

では、次項からは、上記2つの手続の利用方法について、個別に見てみることにする。

(3) 仮差押手続について

(a) 管　　轄

本案の管轄裁判所又は仮差押えをする物の所在地を管轄する地方裁判所（民保12条1項）。「本案の裁判所」が簡易裁判所であれば、司法書士も代理人となれる。

(b) 申立書の作成と準備する書類

「被保全権利の存在」と「保全の必要性」を「疎明」しなければならない（同13条2項）。

被保全権利の存在については、前項で触れた賃金請求権の要件事実を主張し、疎明する。また、保全の必要性については、債務者の経営状態が悪化していることを、賃金未払のほか、取引先や金融業者からの督促、税金や社会保険料の滞納、家賃や光熱費の滞納等の具体的事実を挙げ、できるだけ詳しく書く。

これらを証明（疎明）する証拠としては、会社の決算書、取引先や金融業者からの請求書、税務署・社会保険事務所等からの督促状、電気・光熱費・電話料金の請求書等が考えられる。疎明資料が不足していると思われるときは、陳述書で補充する。

(c) 担保（保証金）

証明の程度や裁判官にもよるが，未払賃金請求権に基づく仮差押えの場合，比較的低額で請求額の1割前後から2割くらいが多いようである。

賃金未払等の不都合が発生している労働者にとって，保証金の用意はかなりの負担であるが，一定の要件を満たせば，日本司法支援センター（法テラス）の行う民事法律扶助のサービスを利用することによって，保証金の援助が受けられる。

(d) 債権仮差押えの場合

被仮差押債権の特定については仮差押債権目録に次の事項を記載する。
①銀行預金の場合……銀行名，支店名，住所。口座番号までは必要ない。
②売掛債権の場合……売掛先の住所，氏名，取引の内容。
③貸付金の場合……貸付先の住所，氏名，貸付金額，貸付日。

債権（仮）差押えの場合，命令が第三債務者に送達されるので，使用者の顧客あるいは取引金融機関にその事実が知れることになり，使用者側にとっては大きな痛手を被る。だからこそ申立てをする意義があるともいえるが，特に預金の仮差押えは，債務者の銀行取引停止処分を招き，倒産の引き金となることがあり，損害賠償請求される危険があるので，慎重を期さなければならない。

(e) 動産仮差押えの場合

動産のうちの何を執行するのかは明示する必要がないが，どこにあるのか場所を特定する必要がある。裁判所の仮差押命令が出たら，2週間以内に執行官に動産仮差押えの執行を申し立てる必要がある。その際，2〜3万円程度の予納金を納付しなければならない。

(f) 不動産仮差押えの場合

不動産が担保割れの状態であっても，仮差押えしておくと仮差押債権者の同意がなければ事実上売却できないことから，仮差押えの取下げと引換えに一定額の回収を図れることもある。

【未払賃金債権で使用者の売掛金債権を仮差押えする場合の申立書記載例】

債権仮差押申立書

平成24年5月6日

○○簡易裁判所民事部　御中

　　　　　　　　　申立債権者代理人司法書士　○　○　○　○　　㊞

　　当事者の表示　　　別紙当事者目録記載のとおり
　　請求債権の表示　　別紙請求債権目録記載のとおり

申立ての趣旨

　債権者の債務者に対する前記請求債権の執行を保全するため，債務者の第三債務者に対する別紙仮差押債権目録記載の債権は，仮に差し押さえる。
　第三債務者は，債務者に対し，仮に差し押さえられた債務の支払をしてはならない。
との裁判を求める。

申立ての理由

第1　被保全権利
　1　(雇用契約関係)
　　債務者は，○○業を営む株式会社（債務者登記事項証明書）である。
　　債権者は，平成18年4月1日より平成24年3月25日の間，債務者と雇用契約関係にあり，○○業務に従事してきた。
　2　(賃金額に関する契約)
　　債権者は債務者と雇用契約を締結する際，賃金額につき下記のとおり契約を結んだ（甲1）。
記
　　契約日　　平成18年4月1日
　　賃金　　　月額賃金30万円
　　支給方法　債権者の銀行口座に振込
　　支給時期　25日締切，当月末日支払
　3　(賃金の支払状況)
　　平成24年1月分賃金については，同年2月10日に支払うと通知されたが，

　　　　　遅延して同年2月25日に金10万円（税引前の金額）が支払われたのみであった（甲2，甲3）。
　　　　　同年2月分賃金については，同年3月10日に支払うと通知されたが，同日を過ぎても支払われなかった。
　　　　　さらに，同年3月分賃金も，支給日である同年3月31日を過ぎても支払われなかった。
　　4　（督促）
　　　　　平成24年4月5日，債権者は債務者代表取締役○○○○と面談し，債権者が同年1月，2月，3月分賃金の未払金80万円の債権を有することを確認するとともに，同年4月30日に支払うことを約束し，支給日通知書の交付を受けた（甲4）。
　　　　　しかし，本申立ての平成24年5月6日現在，支払を受けていない。
　　5　（まとめ）
　　　　　よって，債権者は債務者に対し，別紙請求債権目録記載の合計金80万円の賃金支払請求権を有する。

第2　保全の必要性
　　1　（本案提起準備中）
　　　　　債権者は，別紙請求債権目録記載の金員の支払を求める訴えを提起するため，準備中である。
　　2　（債務者の経営状態）
　　　　　債務者は他に多数の債務を負っており資金繰りは非常に悪化している様子で，1年ほど前から従業員全員の賃金の支払遅延，未払が続き，また社会保険事務所・市区町村・税務署から督促状が数回送られてきている（甲5）。
　　　　　債務者の債務の全体をつかむことは困難であるが，全従業員に対する未払賃金と公租公課の未払分だけでも，債務者の財産を超えているはずである。
　　　　　しかるに，度重なる賃金・賞与の未払に耐えかね，平成24年3月31日までに従業員10人中8人が退職してしまった（甲6）ため，今後債務者が営業を継続して収益をあげていくことは極めて困難である。
　　3　（債務者の財産）
　　　　　債務者の財産としては，会社事務所は賃借しているもので，債務者所有不動産はない。また，動産については，めぼしいものが存在しない（甲7）。
　　　　　銀行預金債権の把握は困難である上，債務者に与える打撃が大きく躊躇する。他方，別紙仮差押債権目録記載の債権は，既に取引を停止した取引先に対するものであり，債務者の経営に影響することはない。また，債権者の現在把握しうる債務者の唯一の財産である。

現在，債務者の自宅に電話しても通じず，会社にも滅多に出てきていないことから，所在をつかむことすら困難である。このような状況の下では，債務者は別紙仮差押債権目録記載の債権を有しているが，これを他の債権者との関係で処分してしまう可能性もある。

4 （まとめ）

よって，今のうちに債務者の第三債務者に対して有する債権に対し，仮差押えをしておかなければ，後日本案で勝訴判決を得ても，その執行が不可能若しくは困難になるおそれがあるため，本仮差押えの申立てに及んだ。

疎　明　方　法

1　甲第1号証　　　　　雇入通知書
2　甲第2号証　　　　　給与明細書
3　甲第3号証　　　　　預金通帳
4　甲第4号証　　　　　賃金支給日通知書
5　甲第5号証　　　　　督促状
6　甲第6号証　　　　　社会保険喪失届控え
7　甲第7号証　　　　　陳述書

添　付　書　類

1　甲号証　　　　　　　各1通
2　資格証明書　　　　　2通
3　委任状　　　　　　　1通
4　不動産登記事項証明書　2通
5　陳述催告の申立書　　　1通

当事者目録

〒〇〇〇-〇〇〇〇
〇〇市〇丁目〇番〇号
　　　　債権者　　〇　〇　〇　〇
〒〇〇〇-〇〇〇〇
〇〇市〇丁目〇番〇号
　　　　〇〇司法書士事務所（送達場所）
　　　　上記代理人司法書士　〇　〇　〇　〇
　　　　ＴＥＬ（〇〇〇）〇〇〇-〇〇〇〇
　　　　ＦＡＸ（〇〇〇）〇〇〇-〇〇〇〇

〒○○○-○○○○
○○市○丁目○番○号
　　　債務者　　　株式会社○○○○
　　　　上記代表者代表取締役　○　○　○　○

〒○○○-○○○○
○○市○丁目○番○号
　　　第三債務者　　株式会社○○○○
　　　　上記代表者代表取締役　○　○　○　○

請求債権目録

1　金80万円

　債権者債務者間で締結された下記の雇用契約に基づく，平成24年1月分の賃金20万円，平成24年2月分の賃金30万円，及び平成24年3月分の賃金30万円の合計

記

　契約日　　平成18年4月1日
　賃金　　　月額賃金30万円
　支払日　　毎月25日締切，当月末払

仮差押債権目録

1　金80万円

　ただし，債務者が，第三債務者との継続的売買契約に基づき，平成24年3月1日から平成24年4月30日までの間に第三債務者に売り渡した○○○○の売掛代金債権にして，支払期の早いものから順次頭書金額に満つるまで

陳　述　書

平成24年5月6日

○○簡易裁判所民事部　御中

　　　　　　　　　　　　　　〒○○○-○○○○
　　　　　　　　　　　　　　○○市○丁目○番○号
　　　　　　　　　　　　　　申立債権者　○　○　○　○　㊞

1　私は，平成18年4月1日に債務者○○市○丁目○番○号の株式会社○○○○に入社し，平成24年3月25日に退社するまで同社に勤務しておりました。契約書はとり交わしませんでしたが，入社時の賃金額に関する約束は月額30万円を支払うというものでした。
2　債務者は平成22年12月頃から急激に業績が悪化し，月々の給料の支払がたびたび遅れるようになりました（甲3）。給料の遅配を繰り返したことで一時は20人近くいた従業員の中にも退職する者が続出したため，日常の業務を円滑に遂行するための人員の確保が難しくなり，仕事の納期の遅れや顧客とのトラブルが増え，更に顧客及び売上を減らす悪循環になっていました。
3　本申立ての被保全権利である平成24年1月，2月，3月分の賃金でありますが，まず同年1月分の賃金については，同年同月31日に，株式会社○○○○の代表取締役社長○○氏（以下「○○氏」という。）から「2月10日に支給する。」と言われました。ところが2月10日になっても振り込まれていないので，○○氏に連絡したところ，「2月25日になる。」と言われました。

　　2月25日に銀行口座を確認したところ，10万円しか振り込まれておらず（甲3），再度○○氏の携帯電話に連絡しましたが，「2月分の給与と一緒に支払う。」との回答でした。2月28日に銀行口座に入金があったか確認しましたが，またも振り込まれておらず，○○氏の携帯電話に連絡をしたところ，今度は「3月10日に支払う。」との回答でした。しかし，3月10日にも1月分給与の残りと2月分給与は支払われませんでした。

　　先行きの不安から，私は平成24年3月25日付で株式会社○○○○を退職しました。しかし，3月分の給与支給日である3月31日にも，給与の支払はありませんでした。
4　私は，平成24年4月5日に○○氏に会い，「給与支給日通知書」を自筆で書いてもらいました（甲4）。その内容は，「平成24年1月分給与20万円，2月分給与30万円，3月分給与30万円，合計80万円を平成24年4月30日に支給する。」というものです。しかし，本申立ての平成24年5月6日時点においても支払を受けていません。

　　私の収入は会社からの給料のみであり，生活を切りつめて蓄えた預金を取り崩して生活費を補ってきました。未払分の給与を回収できるか否かは，私の生活にとって大変切実かつ重大な影響があります。
5　他方，株式会社○○○○は，他にも多数の債務を負っており，その全体額は詳しくは分かりませんが，次のような事実から，経営はかなり逼迫した状態にあり，早期に債権の保全を図らないと回収が不能になりかねません。
　①　既に退社した社員の話によると，会社には2,000万円を超える負債がある

ようであり，また私だけでなく社員全員の給与・賞与の未払があり，なかには200万円以上の未払がある社員もいます。これらだけでも相当な額の負債になるはずです。
② 社会保険事務所から社会保険料の督促が数回会社にきており，給料から控除した預り金を他に流用してしまい，滞納している様子です。
③ また，私の住民票所在地である〇〇県〇〇町役場に問い合わせたところ，給料から住民税を控除しているにもかかわらず，会社から役場に納付されておらず，3回ほど督促状を出しているが，いまだに納付されていないとのことです。
　末尾に会社に来ていた，督促状の写しを添付します。
④ 残っていた社員10人のうち8人が，給与・賞与の未払・遅配が続いていることを理由に，平成24年3月31日までに退職してしまい，業務を継続して収益をあげていくことは，もはや極めて困難な状況にあります。
⑤ 住民票上の〇〇氏の自宅に電話をかけても，間違い電話ですといわれ，また調査してみたところ同地には〇〇氏名義の土地・建物は存在せず，現在どこに生活の本拠があるのかすら分かりません。
　また，会社に出てくることも少なく，携帯電話でも連絡がとれなくなってしまいました。
6 株式会社〇〇〇〇の経営状態は，上記のとおりかなり逼迫していると思われますが，会社の資産については次のとおりです。
　まず，不動産については，会社事務所は賃借物件であり，会社所有不動産はありません（不動産登記事項証明書記載のとおり）。
　次に動産については，社内にあるめぼしい動産は設計機械のみですが，これはリース物件で，会社所有のものではありません。
　債権については，預金債権があるかもしれませんが，取引銀行が分からず，また仮に突き止めても借入金の期限の利益を失うなど会社経営に及ぼす影響が重大で，仮差押えすることには躊躇を覚えます。
　唯一，発注元3，4社に対する月々の売掛債権があるはずですが，現在，私が第三債務者及び債権額を把握しているのは，東京都〇〇区〇丁目〇番〇号株式会社〇〇〇〇に対する，平成24年4月末日締切，同年5月末日支払の売掛代金債権120万2500円のみであります。
7 以上のことから，今でしたら上記債権の回収が可能だと思いますが，株式会社〇〇〇〇が上記債権を譲渡又は処分し，あるいは差し押さえられたりなどすれば，もはや，私としては株式会社〇〇〇〇に対する債権を回収する見込みがなくなってしまいますので，是非ともこの債権について仮差押えの手続をとっていただきたく，本申立てに至った次第です。

```
平成24年（ト）第　　号
```

第三債務者に対する陳述催告の申立書

平成24年5月6日

○○簡易裁判所民事部　御中

債権者代理人司法書士　○　○　○　○　㊞

　当事者の表示　　別紙当事者目録記載のとおり

　本日，御庁に申し立てた上記当事者間の債権仮差押命令申立事件について，御庁から第三債務者に対し，民事保全法第50条第5項，民事執行法第147条第1項に規定する陳述の催告をされたく申立ていたします。

(4) 一般先取特権に基づく差押えについて

(a) 一般先取特権に基づく差押えの優位性

　民法の改正により，会社でない使用者（個人事業主や公益法人など）に雇用されている労働者にも，期間の限定なく（以前は最後の6ヵ月間の給与のみ）先取特権が成立することになった。

　先取特権の実行としての強制執行には，労働債権の存在につき高度な証明が要求される。しかし，成功すれば先に述べたように大きなメリットがあり，第一に試みるべき手法である。

(b) 担保権の存在を証する文書

　一般先取特権を実行するには，裁判所に「担保権の存在を証する文書」（民執181条1項4号・193条）を提出して「雇用関係に基づいて生じた債権」（民308条）を有することを証明しなければならない。

　具体的にどのような文書によって証明するかであるが，まず問題なさそうなのは，未払労働債権確認書に会社の登録印が押してあり，その登録印についての会社の印鑑証明書を付けることができ，過去の賃金明細書と就業規則，賃金規程，退職金規程などが付けられる場合である。

しかし，このような書類がなければ認められないかといえばそうでもなく，いろいろな書類を組み合わせて立証することは可能である。

雇用関係の存在については，公的機関の証明書や通知書等を入手すれば比較的立証しやすいといえる。問題は，賃金等債権の存在と金額についてであるが，給料明細書のほか，労働債権確認書（印鑑証明書がなくとも），離職票，過去振り込まれていて現在は振り込まれていないことが分かる預金通帳，源泉徴収票などを組み合わせる。

労働債権確認書の印鑑と同一の印鑑が押してある取引書類や公的機関への届出書類の控え（写し）を添付して，会社作成であることを立証するとか，離職票には，「未払賃金」も記載すべきことになっているので，これを根拠として会社に未払賃金を記載させたりする。

また，裁判所は，賃金台帳について，労働基準法上の法定帳簿（労基108条）であることから重視しているようである。

【一般先取特権に基づいて使用者の売掛金債権を差押えする場合の申立書記載例】

債権差押命令申立書

平成〇〇年〇月〇日

〇〇地方裁判所　御中

申立債権者　〇　〇　〇　〇　㊞
TEL（〇〇〇）〇〇〇-〇〇〇〇

当事者
担保権
被担保債権　　　別紙目録記載のとおり
請求債権
差押債権

　債権者は債務者に対し，別紙請求債権目録記載の債権を有するが，債務者がその支払をしないので，別紙担保権目録記載の一般先取特権（賃金債権）に基づき，債務者が第三債務者に対して有する別紙差押債権目録記載の差押命令を求める。

添　付　書　類

(1) 未払賃金確認書の写し 　　1通
(2) 離職票の写し 　　　　　　1通
(3) 賃金台帳の写し 　　　　　1通
(4) 資格証明書 　　　　　　　1通

当事者目録

〒○○○-○○○○
○○市○○○丁目○番○号
　　　債権者　　○　○　○　○
〒○○○-○○○○
○○市○○○丁目○番○号（送達場所）
　　　債務者　　株式会社○○○○
　　　上記代表者代表取締役　○　○　○　○
〒○○○-○○○○
○○市○○○丁目○番○号（送達場所）
　　　第三債務者　　株式会社○○○○
　　　上記代表者代表取締役　○　○　○　○

担保権・被担保債権・請求債権目録

１．担保権
　債権者と債務者間の雇用契約に基づく債権者の債務者に対する毎月20日締切，同月25日払いの賃金債権による一般先取特権
２．被担保債権及び請求債権
　　金2,100,000円
　　ただし，債権者の債務者に対する賃金債権にして平成○○年１月分乃至７月分の未払賃金債権の合計額

差押債権目録

記

金2,100,000円

ただし，債務者が第三債務者間の継続的売買契約に基づき，債務者が第三債務者に対して有する○○○○の売掛代金債権にして，本命令送達以降6ヵ月以内に支払期の到来するものにして，支払期の早いものから順次頭書金額に満つるまで

Ⅵ 訴状作成上の留意点──労働者側から

【退職後に未払賃金を請求する場合の訴状記載例】

<pre>
                    訴　　　状

                                          平成○○年○月○日

  ○○簡易裁判所　御中

                    原告訴訟代理人司法書士　○　○　○　○　　㊞

      〒○○○－○○○○
      ○○市○○○丁目○番○号
            原告　　○　○　○　○
            ＴＥＬ（○○○）○○○－○○○○
      〒○○○－○○○○
      ○○市○○○丁目○番○号（送達場所）
            上記訴訟代理人司法書士　○　○　○　○
            ＴＥＬ（○○○）○○○－○○○○
            ＦＡＸ（○○○）○○○－○○○○
      〒○○○－○○○○
      ○○市○○○丁目○番○号
            被告　株式会社　○　○　○　○
            上記代表者代表取締役　○　○　○　○

  賃金請求事件
      訴訟物の価額　　金30万円
      貼用印紙額　　　金3,000円
</pre>

請求の趣旨

1　被告は原告に対し，金30万円及びこれに対する平成○○年11月16日から支払済みにいたるまで年14.6パーセントの割合による金員を支払え。
2　訴訟費用は被告の負担とする。
との判決並びに仮執行宣言を求める。

請求の原因

1　労働契約の成立
　(1)　被告は＊＊＊＊＊＊等を営業目的とする株式会社である。
　(2)　原告は被告に平成○○年4月1日，一般従業員として雇用された（甲1）。
2　賃金の算定
　(1)　平成○○年4月以降の賃金は，月額で次のとおりであった（甲2）。
　　　基本給　　1ヵ月　　金25万円
　　　家族手当　1ヵ月　　金2万円（配偶者1万円，子1人1万円）
　　　役職手当　1ヵ月　　金3万円
　　　合計　　　1ヵ月　　金30万円
　(2)　支払期日　毎月15日締切，当月25日支払
3　未払賃金
　(1)　原告は，平成○○年11月15日，被告を退職したが，それまで被告に勤務してきた（甲3）。
　(2)　ところが，それ以前の平成○○年10月16日から同年11月15日までの分の前項記載の月額賃金を被告は支払わない（甲4）。
4　結論
　よって，被告は原告に対し，上記未払賃金額の合計金30万円及びこれに対する弁済期後である平成○○年11月26日から支払済みにいたるまで，賃金の支払の確保等に関する法律所定の年14.6％パーセントの割合による遅延損害金の支払を求める。

証拠方法

　　1　甲第1号証　　　　雇用契約書
　　2　甲第2号証　　　　給料明細書
　　3　甲第3号証　　　　離職票
　　4　甲第4号証　　　　預金通帳

附属書類

　　1　甲号証写し　　　　各1通

```
    2  資格証明書           1通
    3  訴訟委任状           1通
```

　賃金請求事件の請求原因は，①労働契約の締結，②労働契約中の賃金額等に関する定め（毎月の賃金締切日と支払日など），③請求に対応する期間における労働義務の履行であるので，これらを主張する。実務上は③については省略することが多い。

　留意すべき点としては，遅延損害金（遅延利息）の発生する日及びその利率の記載である。前述したように退職労働者が未払賃金を請求する場合，賃確法の適用を受けるのであるが，年14.6％の利率が適用されるのは「退職の日に支払期日が到来している分については退職日の翌日から，退職の日に支払期日の到来していない分については支払期日の翌日から」（賃確6条1項）であるから，退職の日において既に支払期日が到来している未払賃金の，「退職の日までの利率」は，原則どおり年6％ないし年5％である。

　なお，労働者が使用者を相手方として未払賃金請求の訴訟を起こす場合，通常は退職後の方が多いであろうから，書式例としては退職後に請求する場合について示すこととした。

　ただ，使用者からの解雇を「不当解雇」であるなどとして，地位確認等請求訴訟を起こし，同時に未払賃金の請求もする場合もあるであろう。その場合は会社に依然として在籍していることを主張するのであるから，賃金請求の部分の「請求の趣旨」も，会社に在籍していることを前提とした記載となる。この場合は，「被告は原告に対し，金〇〇円（既に支払期日が到来している賃金を記載）及び平成〇〇年〇月〇日から本判決確定の日まで毎月〇日限り金〇〇円及び各支払日の翌日から支払済みにいたるまで年6（5）分の割合による金員を支払え。」とする。

Ⅶ 答弁書作成上の留意点——使用者側から

【賃金請求に対する答弁書記載例】（合意相殺を主張するもの）

事件番号　平成〇〇年（ハ）第〇〇〇号
事件名　　賃金請求事件
原告　　　〇〇〇〇
被告　　　株式会社〇〇〇〇

答　弁　書

平成〇〇年〇月〇日

〇〇簡易裁判所　御中

　　　　〒〇〇〇－〇〇〇〇
　　　　〇〇市〇〇〇丁目〇番〇号（送達場所）
　　　　被告訴訟代理人司法書士　〇　〇　〇　〇
　　　　ＴＥＬ（〇〇〇）〇〇〇－〇〇〇〇
　　　　ＦＡＸ（〇〇〇）〇〇〇－〇〇〇〇

第1　請求の趣旨に対する答弁
　1　原告の請求を棄却する。
　2　訴訟費用は，原告の負担とする。
　との判決を求める。

第2　請求の原因に対する認否
　1　請求の原因第1項及び第2項の事実は認める。
　2　請求の原因第3項の事実は認める。ただし，被告は後記のとおり相殺の抗弁を主張する。
　3　請求の原因第4項は争う。

第3　抗弁事実（合意による相殺）
　1　原告は被告会社に在職中，原告が被告会社の〇〇部門の責任者として行っ

た他県への出張や取引先の接待の際，被告会社に提出する領収書の金額を水増ししたり，架空の領収書を提出する方法で，被告会社から不正に経費を引き出した。
2　このたび原告が被告会社を退職し，同業種の他社に転職することが判明したので，原告が辞職願を持参して被告会社総務部を訪れた際，被告会社総務部長の〇〇が上記の原告の不正について問いただしたところ，原告はその事実を認め，謝罪したので，被告会社に与えた損害については，原告が退職時に受領する予定の賃金から差し引くこととし，原告はこれに同意した。
3　原告の不正によって被告会社が被った損害額は金339,382円であり，原告が退職時に受領する予定であった賃金は原告の主張どおり金30万円であったが，上記の被告会社の損害額と対等額で相殺し，残金39,382円については，被告会社が放棄することとし，その旨の合意書を作成した（乙1）。その際原告は何らの異議も述べなかった。
4　以上のとおりであるから，原告の被告に対する賃金請求権は原・被告間の合意による相殺によって消滅しており，被告の原告に対する賃金の支払義務は存在しない。

証　拠　方　法
1　乙第1号証　　　　　合意書

附　属　書　類
1　乙号証写し　　　　　1通
2　訴訟委任状　　　　　1通

　賃金不払の原因が使用者側の経営状態の悪化に起因している場合は，使用者側としても労働者側と和解して少しでも支払額の減額を図るか，使用者自身が法的整理の手続を行うぐらいしか方法がないというケースが多いであろうが，労働者側の主張に納得できない点などがあれば，過去の事実関係を精査し，証拠を提出して争うことになる。
　しかしながら，先に述べたように，労働基準法には賃金支払に関する原則などの強行規定が置かれており，また，裁判所も賃金の減額や放棄などを認めるためには厳格な要件を課している。
　例えば，使用者が労働者に対して反対債権を有していても，これを自働債権として相殺するとの主張は，賃金全額払いの原則（労基24条1項）に反するため

失当となる。また，合意による相殺についても，判例は，①相殺の合意があることに加え，②相殺の合意が労働者の自由な意思に基づいてされたものであると認めるに足りる合理的な理由が客観的に存在することを要求している。

したがって，使用者側が合意による相殺の抗弁を主張するためには，単に相殺の合意があるという事実だけでは足りず，相殺の合意が労働者の自由な意思に基づいてされたものであると認めるに足りる合理的な理由が存在することを基礎付ける事実まで主張することが必要になる。

本答弁書の書式は，合意による相殺の抗弁を主張する場合の例である。

第6章
時間外手当請求事件

I 労働時間と時間外手当に関する基礎知識

1 概　要

　現在の日本における労働時間問題の特徴として，長短二極化という現象の広がりを挙げることができる。すなわち，パート・アルバイトなどの短時間労働者が増える一方で，企業の基幹従業員については，バブル崩壊以降，人員削減策が進められた影響によって所定時間外労働が増え，むしろ長時間労働化の傾向がみられるのである。

　長時間労働は，労働者の心身の健康，特にメンタルヘルスに重大な影響を及ぼす危険があるため，労働者の健康保持の観点から，その抑制が大きな課題となっている。

　また，他方では，サービス残業と呼ばれる賃金不払残業が横行し，事態が好転しないため，厚生労働省は，平成15年５月23日，「賃金不払残業総合対策要綱」を発表し，賃金不払残業の撲滅に取り組んでいる。

　司法書士会が開催している法律相談でも，不払になっている残業代を請求したいという相談が増加しており，今後も司法書士が訴訟支援という形でこの問題に関わる場面が増えていくことが予想される。

　そこで，まず時間外手当請求事件を受託する際に不可欠となる労働時間に関する基本的な用語・概念，割増賃金の計算方法等を説明し，次に時間外手当請求訴訟手続について実務的な観点から解説する。

2 労働時間・休憩時間・休日の原則

(1) 法定労働時間

　労働契約においては，各労働日における始業時刻と終業時刻，休憩時間，休日が定められる。この始業時刻から終業時刻までの時間を「拘束時間」といい，拘束時間から休憩時間を除いた時間を「所定労働時間」という。

　労働基準法は，休憩時間を除いた，現に労働させる「実労働時間」を規制の対象とし，１週間について40時間，１日について８時間という労働時間の上限（以下「法定労働時間」という）を設定して，使用者は労働者に法定労働時間を超

えて労働させてはならない（労基32条1項・2項）としている。

ここで1週間とは，就業規則などによる別段の定めがなければ日曜日から土曜日の暦週を，1日とは午前0時から午後12時までの暦日を指す。ただし，「継続勤務が2暦日にわたる場合には，たとえ暦日を異にする場合でも1勤務日として取り扱い，当該勤務は始業時刻の属する日の労働として，当該日の『1日』の労働」（昭63・1・1基発1号・婦発1号）と取り扱われる。

上記の法定労働時間の規制は，次の2つの局面で作用する。

第1に，就業規則で所定労働時間を組む上での制限として作用する。例えば，始業時刻午前9時00分，終業時刻午後7時00分，休憩時間1時間という所定労働時間の定めをした場合，1日8時間を超える最後の1時間の部分は無効となり（強行的効力），終業時刻は午後6時00分に修正される（直律的効力）ことになる（労基13条）。

第2に，実際の労働時間が法定労働時間を超える場合には，後述する法定要件（三六協定の締結と届出）を満たさなければ罰則の適用があり，かつ，割増賃金の支払義務を生じさせる。

この結果，第1の効力によって無効になった最後の1時間に，実際に労働させた場合には，割増賃金の支払義務が生じることになる。

【労働時間の特例】

労働基準法32条の規定にかかわらず，次の事業のうち常時10人未満の労働者を使用するものについては，1週間について44時間，1日について8時間まで労働させることができる（労基則25条の2第1項）という特例が設けられている。

司法書士への相談者の中には，零細企業に勤務する労働者が多く，この特例に該当するケースがあり，その場合には，時間外労働時間数の計算（超過労働時間数が変わってくる），1時間当たりの割増賃金の基礎となる賃金の計算（分母が変わってくる）に影響してくるので注意を要する。

(i)　物品の販売，配給，保管若しくは賃貸又は理容の事業（労基別表第1・8号）
(ii)　映写，演劇その他興業の事業（映画の製作を除く，同10号）
(iii)　病者又は虚弱者の治療，看護その他保健衛生の事業（同13号）
(iv)　旅館，料理店，飲食店，接客業又は娯楽場の事業（同14号）

(2) 休憩時間の原則

休憩時間とは，労働者が労働時間の途中において休息のために労働から完全に解放されることを保障されている時間である。

労働基準法は，1日の労働時間が6時間を超える場合は45分以上，8時間を超える場合は1時間以上の休憩時間を労働時間の途中に一斉に与えなければならない（労基34条1項・2項）とし，かつ，休憩時間は労働者の自由に利用させるべきこと（同条3項）としている。

労働基準法上は，8時間労働について45分の休憩，8時間を超える労働については，たとえ長時間労働になっても1時間の休憩が要求されているにすぎない。

(3) 休日の原則

休日とは，労働者が労働契約において労働義務を負わない日である。

労働基準法は，原則として，使用者は労働者に対して「毎週少なくとも1回の休日」を与えなければならない（労基35条1項）ものとしている。ここでいう「毎週」とは「7日間の期間ごとに」という意味であり，その始点が就業規則などに定めてあれば，それに従い，格別の定めがなければ，日曜日から土曜日までの暦週と解される。

1週1日ではなく，「4週間を通じ4日以上の休日を与える」方法（変形休日制）も認められる（同条2項）。ただし，この変形休日制をとるためには，就業規則などで単位となる4週間の起算日を定める必要がある（労基則12条の2第2項）。

労働基準法は，上記の要求を満たす限り，「休日の特定」や「週のどの日を休日とするか」（例えば日曜日や祝祭日）については，格別の義務付けを行っていない。ただし，行政監督上は，就業規則において休日をできるだけ特定させるよう指導するという方針がとられており（昭23・5・5基発682号，昭63・3・14基発150号），実際，就業規則などで休日を特定している企業が多い。そして，就業規則などにより休日が労働契約上特定されている場合，これを変更するためには，労働契約上の根拠が必要になる。

【週休2日制について】

労働基準法が要求しているのは，上記のとおり1週に1日か4週に4日の休

日を与えることまでであるから，週休2日制を要求しているわけではない。

しかし，労働時間は1週間について40時間を超えることはできないのであるから，例えば1日の所定労働時間を8時間とすれば，1週間に2日を休日としなければならないことになり，仮に1週間のうち6日間を所定労働日とした場合には最後の6日目の部分の定めは無効となる。また，仮に1日の所定労働時間を7時間とした場合には，1週40時間の法定労働時間に収めるために6日目の所定労働時間を5時間以内に設定しなければならないことになる。

無効となった所定就労日又は所定就労時間に現実に労働を行わせた場合には時間外労働となり，割増賃金を支払わなければならない。

③ 労働時間の概念

前述したように，労働基準法が規制の対象とする労働時間は，休憩時間を除いた時間であり，労働者を現に労働させる実労働時間である。

この実労働時間は，「労働者が使用者の指揮命令のもとにある時間」と定義され，労働契約における定めのいかんにかかわらず客観的に定まる。

すなわち，始業時刻・終業時刻・休憩時間の設定は労働契約上の合意に委ねられているが，労働基準法の労働時間に当たるかどうかはこれとは別問題であって，始業時前・終業時後の時間であっても作業に必要な準備・整理を行う時間や，休憩時間や仮眠時間とされる時間であっても使用者の指揮命令下に置かれたものと評価できる限り，その時間は労働時間に該当することになる。

さて，この「指揮命令下に置かれていた」という要件を補充する基準として，三菱重工業長崎造船所事件において最高裁は，「労働者が，就業を命じられた業務の準備行為等を事業所内で行うことを使用者から義務付けられ，又はこれを余儀なくされたときは，当該行為は，特段の事情のない限り，使用者の指揮命令下に置かれたものと評価することができ，当該行為に要した時間は，それが社会通念上必要と認められるものである限り，労働基準法上の労働時間に該当する」（最判平12・3・9民集54巻3号801頁）という判断を示している。

この基準によれば，通常，交替引継，機械点検，整理整頓等が始業時前に行われても，業務への従事として労働時間と考えられ，朝礼等が指揮命令下に行われたときも同様に解される。また，終業時後についても，終業時以後に作業

上必要な後始末が行われれば，業務従事の最終部分として労働時間になり得ると解される（菅野和夫『労働法〔第9版〕』289頁）。

次に，休憩時間との関係においては，「現実に作業に従事していなくても，作業と業務の間の待機時間である『手待時間』も労働時間となる。この手待時間と休憩時間との違いは，手待時間が使用者の指示があれば直ちに作業に従事しなければならない時間としてその作業上の指揮監督下にあるか，使用者の指揮監督から離脱して労働者が自由に利用できるかという点に尽きることになる。」（山口幸雄＝三代川三千代＝難波幸一編『労働事件審理ノート〔第3版〕』121頁〔渡辺弘　改訂：知野明〕）とされる。

例えば，休憩時間とされている時間であっても，事務所内で休憩することを要し，電話に対応しなければならない時間などは手待時間となる。

また，手待時間と休憩時間の区別については，仮眠時間が労働時間に該当するかという形で問題となることもある。この点，24時間勤務でビルの警備・設備運転保守業務を行う労働者の仮眠時間が労働時間に当たるか問題になった大星ビル管理事件において最高裁（最判平14・2・28判タ1089号72頁）は，「本件仮眠時間中，労働契約に基づく義務として，仮眠室における待機と警報や電話等に対して直ちに相当の対応をすることが義務づけられているのであり，実作業への従事がその必要が生じた場合に限られるとしても，その必要が生じることが皆無に等しいなど実質的に上記のような義務付けがされていないと認めることができるような事情も存しないから」本件仮眠時間は労働時間に当たるとの判断を示した。しかし，その一方で，仮眠時間につき実作業への従事の必要が生じることが皆無に等しいとして労働時間性を否定した裁判例（ビル代行事件・東京高判平17・7・20労判899号13頁）も存在する。

さらに，類似の問題として，住込みのマンション管理人の就業時間外の活動について労働時間性が問題となった事案について，労働時間性を肯定した裁判例（オークビルサービス事件・東京高判平16・11・24労判891号78頁）と否定した裁判例（互光建物管理事件・大阪地判平17・3・11労判898号77頁）がある。

なお，上記のような手待時間や準備・整理時間等が実労働時間に該当するかが争点となる事例においては，労働者側において，当該労働の業務関連性，使用者による指揮監督が存在することの具体的な状況を根拠付ける事実まで主張

立証することが要求されるので，規定等で客観的に明らかにできない場合には，就労実態，使用者の指揮命令の実際，労働者としての勤務の義務性の程度等について，陳述書や供述によって補う必要がある。

④ 時間外労働と休日労働

　労働基準法上の「時間外労働」とは，1日8時間又は1週40時間の法定労働時間を超える労働であり，「休日労働」とは，法定休日（労基35条に定める休日）における労働のことをいう。

　法定労働時間の範囲内での残業（以下「所定時間外労働」という）は時間外労働には該当せず，法定外休日（週休2日制における1日の休日，週休日でない祝祭日）における労働（以下「所定休日における労働」という）は休日労働には該当しない。

　労働基準法は，使用者に対して時間外労働と休日労働についてのみ労使協定の締結と届出，割増賃金の支払などの法規制を行っているのであり，所定時間外労働や法定外休日労働については割増賃金を支払う必要はない。ただし，所定休日における労働は，休日労働には該当しないが，週40時間の法定労働時間を超えることがあり，その場合には，その超えた部分については時間外労働となるため，労使協定の締結・届出及び2割5分以上の割増賃金の支払が必要となる。

　なお，労働契約で定めた所定時間外，所定休日に労働をさせた場合にも，その時間に対する報酬の支払は必要となり，特別の合意がなければ，割増分をつけない通常の労働時間の賃金（時間外労働の計算の基礎となる1時間当たりの賃金額）を支払うべきことになる。

　もっとも，就業規則・賃金規程に，時間外労働と所定時間外労働，休日労働と所定休日における労働とを区別することなく割増賃金を支払う旨の規定が置かれていることがあり，その場合には，所定時間外労働や所定休日における労働であっても，就業規則・賃金規程で定めた割増賃金を支払わなければならないことになる。

⑤ 時間外労働，休日労働をさせる要件

(1) 三六協定，非常事由による時間外・休日労働

使用者が労働者に時間外労働や休日労働をさせるためには，三六協定を締結して事前に労働基準監督署に届出をする（労基36条）か，災害等による臨時の必要がある場合（同33条）に該当しなければならない。

このいずれかの要件を満たさずに使用者が法定労働時間を超える労働や法定休日に労働をさせれば，労働基準法違反となり，罰則の対象となる（同119条1号）。

【三六協定】

三六協定は，当該事業場の過半数を組織する労働組合，又は，そのような労働組合がない場合には当該事業場の労働者の過半数を代表する者との間で，書面による協定をし，所轄の労働基準監督署に届出がなされた場合に，時間外労働，休日労働が適法となり，使用者は罰則の適用を免れるという効力（免罰的効力）が生じる。届出が効力要件であるから，協定を結んでも届出を怠った場合には，免罰的効力は生じない。

労使当事者は，三六協定において延長時間を定める当たっては，「労働基準法第36条第1項の協定で定める労働時間の延長の限度等に関する基準」（平10・12・28労告154号）に定める次の限度時間を超えないものとしなければならない。ただし，限度時間を超えて延長しなければならない特別の事情，延長する場合の手続，延長する時間等を定めた特別条項付き三六協定を結んだ場合には，限度時間を超えて時間外労働をさせることができる（同告示3条1項）。

なお，同告示は，平成22年改正労働基準法36条2項の規定に基づき，次のように改正された。

① 特別条項付き三六協定を締結する場合には，限度時間を超える時間の労働に係る割増賃金率を定めなければならない（3条1項）。
② 限度時間を超える時間外労働をできる限り短くするように努めなければならない（3条2項）。
③ 限度時間を超える時間外労働の割増賃金率を定めるに当たっては，法第37条1項の政令で定める率（2割5分）を超える率とするよう努めなければならない（3条3項）。

【労働時間の延長の限度等に関する基準】

期間	限度時間	
	通常の労働時間制の場合	1年単位の労働時間制の場合
1週間	15時間	14時間
2週間	27時間	25時間
4週間	43時間	40時間
1ヵ月	45時間	42時間
2ヵ月	81時間	75時間
3ヵ月	120時間	110時間
1年間	360時間	320時間

(2) 時間外・休日労働義務発生の根拠

　三六協定の締結・届出は，使用者に対して免罰的効力を発生させるが，個々の労働者に対して協定上定められた時間外・休日労働を義務付けるものではない。個々の労働者に時間外・休日労働義務が発生するためには，更にそのような義務が労働契約の内容になっていることが必要である。

　通常，就業規則・労働協約等において業務上の必要があるときは時間外・休日労働を命じうる旨が定められていれば，労働契約上その命令に従う義務が発生すると解される。

　労働者は，そのような時間外労働・休日労働義務付け規定がないか，三六協定の締結・届出がなされていない場合には，たとえ使用者から残業や休日労働を命じられても拒否することができる。

　しかし，労働者が就労を拒否せず，現実に使用者の業務命令に従って時間外労働や休日労働を行った場合には，当然に割増賃金請求権が発生する（小島撚糸事件・最判昭35・7・14判タ106号35頁）。したがって，割増賃金を請求する場面においては，三六協定の締結や届出がなされていないとの主張は格別の意味を持たないことになる。もっとも，使用者に労働基準法違反の問題は残ることになり，労働基準監督署への申告ができるほか，裁判において制裁罰である付加金を請求する場合に使用者の悪質性を示す一事情にはなり得ると考えられる。

⑥ 時間外・休日・深夜労働と割増賃金

使用者が労働者に時間外労働，休日労働，あるいは午後10時から午前5時までの間の深夜労働をさせた場合には，その時間について割増賃金を支払わなければならない（労基37条1項〜3項）。

割増賃金とは，当該時間外労働等についての通常の賃金に加えて支給されるべきものであり，労働基準法は，時間外労働，休日労働及び深夜労働をさせた場合には，使用者に次の割増率以上の割増賃金の支払を義務付けている。

【割増賃金の割増率】

① 時間外労働　　　　　⇒　2割5分以上
（ただし，1ヵ月60時間を超える時間外労働については5割以上）
② 休日労働　　　　　　⇒　3割5分以上
③ 深夜労働　　　　　　⇒　2割5分以上
④ 深夜かつ時間外労働　⇒　5割以上
（ただし，1ヵ月60時間を超える時間外労働と重なる深夜労働については7割5分以上）
⑤ 深夜かつ休日労働　　⇒　6割以上
⑥ 休日かつ時間外労働　⇒　3割5分以上

なお，平成22年改正労働基準法（平成22年4月1日施行）により，時間外労働の時間が1ヵ月について60時間を超えた場合，その超えた時間については5割以上の割増賃金を支払わなければならないものとされた（労基37条1項）。ただし，この60時間を超える時間外労働に対する5割増賃金の支払義務は，当分の間，中小企業主には適用が猶予されており（同138条），改正法の施行後3年を経過した場合において，中小企業主に対する猶予措置について検討を加え，その結果に基づいて必要な措置を講ずるものとする（改正法附則3条1項）とされている。

【5割増賃金の支払義務の適用が猶予される中小企業主（企業単位）】

	①資本金の額又は出資の総額		②常時使用する労働者数
小　売　業	5,000万円以下	又は	50人以下
サービス業	5,000万円以下		100人以下
卸　売　業	1億円以下		100人以下
上 記 以 外	3億円以下		3,000人以下

【代替休暇制度】

　平成22年改正労働基準法において，1ヵ月について60時間を超える時間外労働に対して5割以上の割増賃金の支払を義務付けたのと同時に，代替休暇制度が設けられた。

　代替休暇制度とは，労使協定を締結することにより，1ヵ月について60時間を超えた時間外労働に対する割増賃金のうち，今回の改正により上乗せされた割増賃金分の支払に代えて，代替休暇を付与することができるという制度である（労基37条3項）。5割増賃金の支払義務の適用が猶予される中小企業主については，本制度についても適用が猶予されている。

　本制度の骨子は，次のとおりである。

---
① 　代替休暇制度を導入するには，労使協定の締結が必要である。
② 　代替休暇を取得するかどうかの選択は労働者の判断に委ねられている。
③ 　代替休暇にすることができる時間外割増賃金は60時間を超えた時間外労働についての上乗せ部分（2割5分の部分）である。
④ 　代替休暇を取得できる単位は1日若しくは半日である。

---

(1)　時間外労働

　使用者は，労働契約や就業規則に2割5分を超える割増賃金を支払うことが定めてあればそれにより，何も定めがなければ2割5分の割増賃金を支払わなければならない。

　ただし，1ヵ月の時間外労働が60時間を超えた場合には，適用が猶予されている中小企業主を除き，その超えた労働時間については，5割以上の割増賃金を支払う義務があるので，何も定めがなければ5割の割増賃金を支払わなければならない。

　なお，5割以上の割増賃金の支払義務が生じるのは，1ヵ月について「時間外労働」が60時間を超えた場合であり，週1回又は4週4日の休日における労働は，3割5分以上の割増率が適用される休日労働であって時間外労働ではないため，「1ヵ月について60時間」の算定の対象には含めない。

　具体的には，次のように取り扱われる。

(a)　法定休日が特定されている場合

　例えば，日曜日及び土曜日の週休2日制をとり，法定休日が日曜日と定めら

れている場合には，日曜日に労働して土曜日は労働しなかった場合も日曜日の労働が休日労働となり，3割5分以上の割増賃金の支払義務が生じ，「1ヵ月について60時間」の算定の対象には含めない。

(b) **法定休日が特定されていない場合（1週の起算日の定めもない場合）**

例えば，日曜日及び土曜日の週休2日制をとり，暦週（日曜日から土曜日）の日曜日と土曜日の両方に労働した場合，当該暦週の後順の土曜日における労働が休日労働となり，3割5分以上の割増賃金の支払義務が生じ，「1ヵ月について60時間」の算定の対象には含めない。

(c) **法定休日が特定されていない場合（1週の起算日を月曜日と定めている場合）**

例えば，土曜日及び日曜日の週休2日制をとり，土曜日と日曜日の両方に労働した場合，当該週の後順の日曜日における労働が休日労働となり，3割5分以上の割増賃金の支払義務が生じ，「1ヵ月について60時間」の算定の対象には含めない。土曜日を休ませて日曜日に労働させた場合には，日曜日の労働は休日労働とはならず，当該週において40時間を超えた労働時間数を「1ヵ月について60時間」の算定の対象に含める。

(2) **休日労働**

1週間に1日，変形休日制をとっている場合には4週間に4日の法定休日に労働を行わせた場合，使用者には3割5分以上の割増賃金の支払義務が生じる。

ところで，一時的な業務上の必要から，就業規則などで休日と定められた特定の日を他の日に振り替えるという措置がとられることがある。このような休日の振替には，「事前の振替」（狭義の振替）と「事後の振替」（代休）があるが，それぞれの要件と割増賃金の取扱いが問題となる。

【事前の振替】

「事前の振替」とは，あらかじめ振替休日の日を指定した上で特定の休日を労働日とすることをいう。

事前の振替を行うためには，労働契約上特定されている休日を変更することになるため，まず，就業規則などに業務の必要により休日を振り替えることができる旨の規定が存在（存在しない場合は労働者の個別的同意が必要）し，それに従って行う必要がある。

次に，1週1日（変形休日制をとっている場合には4週4日）の休日の要件を満た

すように振り替える日を指定する必要がある。

上記の要件を満たした上で事前に法定の休日を振り替えた場合には、当該休日は労働日となり休日労働をさせたことにはならないから、その日の労働について（3割5分以上の）割増賃金を支払う必要はない。

ただし、休日を振り替えたことにより当該週の労働時間が1週間の法定労働時間（40時間）を超えるときは、その超えた時間については時間外労働になり、時間外労働に関する割増賃金（2割5分以上の割増部分のみ）を支払う必要がある（昭22・11・27基発401号、昭63・3・14基発150号・婦発47号）。

【事後の振替】

「事後の振替」とは、休日労働が行われた後に、代休日を与えることである。事前の振替と同様に、就業規則などの根拠規定に従うか労働者の個別的同意を得て行う必要がある。

事前の振替と異なり、事後的に「代休」を与えても、就業規則上定められた休日が休日たる性格を変更されないまま労働が行われたのであるから、それが法定の休日である場合には、三六協定の締結・届出及び休日労働に対する3割5分以上の割増賃金の支払が必要となる。

(3) 深夜労働

午後10時か午前5時までの深夜労働に対しては、2割5分以上の割増賃金の支払義務が生じる。深夜労働については法定労働時間内（例えば、午後10時からの8時間勤務など）であっても割増賃金の支払義務が生じる。

(4) 深夜時間外労働

深夜労働が同時に時間外労働でもある場合には、時間外労働に対する2割5分以上の割増賃金と併せて5割以上の割増賃金の支払義務が生じることになる（労基則20条）。

ただし、適用が猶予されている中小企業主を除き、1ヵ月の時間外労働が60時間を超えた時点以後の時間外労働が深夜にわたる場合には、7割5分以上の割増賃金を支払わなければならない。

(5) 休日深夜労働

法定休日労働であり、かつ深夜労働となる場合には、併せて6割以上の割増賃金を支払うべきことになる（労基則20条）。

(6) 休日かつ時間外労働

休日労働が8時間を超えても深夜労働に該当しない限り、3割5分増で差し支えない（昭22・11・21基発366号）。

7 労働時間・休憩・休日に関する規定の適用除外者

労働基準法における労働時間、休憩及び休日に関する規定は、次の者については適用除外とされている（労基41条）。これらの者に対しては、時間外労働や休日労働についての割増賃金の支払義務は生じない。ただし、深夜労働に関する割増賃金、年休に関する規定は適用除外の対象とされていない。

① 農業、畜産、養蚕、水産業に従事する者
② 管理・監督者の地位にある者（注1）
③ 機密の事務を取り扱う者（注2）
④ 監視又は断続的労働に従事する者で、使用者が行政官庁の許可を受けたもの（注3）

（注1）「管理・監督者」については、本章234頁以下を参照。
（注2）「機密の事務を取り扱う者」とは、秘書その他職務が経営者又は監督若しくは管理の地位に在る者の活動と一体不可分であって、厳密な労働管理になじまない者をいう（昭22・9・13発基17号）。
（注3）「監視労働に従事する者」とは、一定部署にあって監視するのを本来の業務とし、常態として身体の疲労又は精神的緊張が少ない者をいう。「断続的労働」とは、実作業が間歇的に行われて手待時間の多い労働のことであり、手待時間が実作業時間を超えるか又はそれと等しいことが目安とされている。ただし、実労働時間が8時間を超えるときは許可すべきでないとされる（昭22・9・13発基17号、昭23・4・5基発535号、昭63・3・14基発150号）。
これらに当たりうるものとしては、守衛、小中学校の用務員、団地管理人、役員専属自動車運転者、寄宿舎の賄人、隔日勤務のビル警備員などがある。

8 法定労働時間の例外

労働時間は、実労働時間を基礎とし、暦を基準として1日8時間、1週40時間であることが原則である。しかし、この法定労働時間制の例外として、①変形労働時間制、②フレックスタイム制、③みなし労働時間制という法定労働時間を弾力化する制度が認められている。

ただし、これらの制度を導入するためには、厳格な要件が要求されており（本章240頁以下参照）、その要件を欠く場合には、労働基準法違反の問題が生じるとともに、原則どおりの法定労働時間制が適用され、法定の上限を超える時

間外労働に対しては割増賃金の支払義務が生じることになる。
(1) 変形労働時間制
　ある一定期間（変形期間）の労働時間を算定して平均した所定労働時間が，1週につき40時間以内となるように変形期間中の総労働時間を定めれば，ある特定の週，日に1週40時間又は1日8時間の法定労働時間を超えて労働させることができ，所定労働時間の限度である限り，割増賃金の支払も要しないという制度である。
　この変形労働時間制には，1ヵ月単位（労基32条の2），1年単位（同32条の4），1週間単位（同32条の5）の3種類がある。
(2) フレックスタイム制
　フレックスタイム制とは，労働者が1ヵ月などの単位期間の中で，一定時間数（契約時間）労働することを条件として，1日の労働時間を自己の選択するときに開始し，かつ，終了させることができる制度である（労基32条の3）。
　特定の日の労働時間が8時間，特定の週の労働時間が40時間を超えていても割増賃金を支払う必要がない。しかし，1ヵ月以内の単位期間と期間に働くべき総労働時間数を定めて清算する必要があり，超過分は時間外労働として扱われ，これについては割増賃金を支払うべきことになる。
(3) みなし労働時間制
　みなし労働時間制とは，実労働時間のいかんにかかわらず，あらかじめ定められた一定の時間を労働時間とみなすことを認める制度であり，(ｱ)事業場外のみなし労働時間制，(ｲ)専門職裁量労働制，(ｳ)企画職裁量労働制の3種類がある。
　みなし労働時間制は，どんなに長時間働いても，その実労働時間ではなく，労使協定等で定めた一定の時間（例えば8時間）働いたものとみなす制度である。
(a) 事業場外のみなし労働時間制
　所定労働日に事業場外で業務に従事したため，労働時間を算定しがたい場合に，所定労働時間，労働したものとみなすのが事業場外におけるみなし労働時間制である（労基38条の2第1項本文）。ただし，当該業務を遂行するために通常所定労働時間を超えて労働することが必要になる場合には，当該業務を遂行するために通常必要とされる時間を労働したものとみなす（同38条の2第1項ただし書）ものとされている。この場合においては，労働者代表との労使協定によ

って，通常必要とされる時間を定めることができる（同38条の2第2項）。

(b) **専門業務型裁量労働制**

専門業務型裁量労働制は，専門性や創造性が高いとされる業務を対象とし，労使協定でみなし労働時間数を定めた場合には，当該業務を遂行する労働者については，実際の労働時間数に関係なく協定で定める時間数労働したものとみなす制度である（労基38条の3）。ただし，休憩（同34条），時間外・休日労働（同36条・37条），深夜労働（同37条）の法規制は依然として及び，みなし労働時間が法定労働時間を超える場合には，三六協定の締結・届出と割増賃金の支払を要する。また，深夜労働に対する割増賃金の支払義務は免除されておらず，その時間数はみなし時間ではなく，実労働時間で算定される。

(c) **企画業務型裁量労働制**

企画業務型裁量労働制とは，企画・立案・調査及び分析の業務を対象とし，労使委員会が設置された事業場において，同委員会の5分の4以上の議決による決議及び労働基準監督署への届出をした場合，対象となる労働者を，対象となる業務に就かせたときは，あらかじめ定めた一定の時間労働したものとみなす制度である（労基38条の4第1項）。この企画業務型裁量労働制においては，対象となる労働者の個別の同意も要件とされている。なお，その他の法的効果は専門業務型裁量労働制と同様である。

9 時間外手当の計算

(1) 割増賃金の計算方法

時間外労働，休日労働，深夜労働をさせた場合の割増賃金の計算は，次の手順で行う。

① 割増賃金の基礎に含める賃金の算定
② 1時間当たりの割増賃金の基礎となる賃金の計算
③ 時間外労働時間数，休日労働時間数，深夜労働時間数の計算
④ 割増賃金の額の計算

以下，この手順に従い，具体的な計算方法を説明する。

(a) **割増賃金の基礎に含める賃金の算定**

割増賃金の計算の基礎となる賃金は，原則として「通常の労働時間又は労働日の賃金」(労基37条1項)であるが，家族手当，通勤手当その他命令で定める手当はその賃金から除外される。したがって，まず，使用者から支払われている賃金の中から，算定の基礎となる賃金を選び出す必要がある。

算定の基礎から除外してよい手当は，次のとおりである。これらは制限的に列挙されたものであり，これら以外の手当はすべて算入しなければならない。

また，これらは，「名称にかかわらず実質によって取り扱うこと。」(昭22・9・13発基17号)とされている。したがって，例えば家族手当，住宅手当は，労働と直接的な関係が薄く個人的事情に基づいて支給される賃金であるため割増賃金の基礎から除外したものであるから，扶養家族数に関係なく一律に支給される家族手当，住宅の賃料額やローン月額とかかわりなく一定額を支給される住宅手当(例えば「持家居住者は1万円」「賃貸住宅居住者は2万円」)などは除外してよい手当に該当しないことになる。

【割増賃金の算定の基礎から除いてよい手当】(労基則21条)

> 1．通勤手当
> 2．家族手当
> 3．臨時に支払われた賃金 (注1)
> 4．1ヵ月を超える期間ごとに支払われる賃金 (注2)
> 5．住宅手当
> 6．別居手当
> 7．子女教育手当
>   ＊皆勤手当は算定の基礎に含めなければならない。

(注1)「臨時に支払われた賃金」とは，臨時的・突発的事由に基づいて支払われたもの及び結婚手当等支給条件はあらかじめ確定されているが，支給事由の発生が不確定であり，かつ非常に稀に発生するものをいう(昭22・9・13発基17号)。
(注2)「1ヵ月を超える期間ごとに支払われる賃金」とは，賞与や1ヵ月を超える期間についての精勤手当，勤続手当，能率手当などを指す(労基則8条)。

(b) **1時間当たりの割増賃金の基礎となる賃金の計算**

次に，(a)で算定した賃金額を基礎にして，月給制，週給制等の賃金支払形態に応じて，次の計算方法に従い，1時間当たりの賃金額(基礎賃金)を計算す

る（労基則19条）。

① 時間給制	その金額
② 日給制	その金額を1日の所定労働時間（又は1週間での1日平均所定労働時間）で割った金額
③ 週給制	その金額を1週の所定労働時間（又は4週間での1週平均所定労働時間）で割った金額
④ 月給制	その金額を1月の所定労働時間（又は1年間での1月平均所定労働時間）で割った金額
⑤ 月，週以外の期間によって計算する賃金	前記①〜④に準じて算定した賃金
⑥ 出来高払い制その他の請負制	賃金算定期間（賃金締切日がある場合には，賃金締切期間）において計算された賃金の総額を算定期間における総労働時間数で割った金額
⑦ ①〜⑥の賃金の2つ以上からなる場合	それぞれを計算した合計額

【チェック・ポイント】

　変形労働時間制を採用していない使用者が，就業規則などで1日8時間，1週40時間（特例措置対象事業場は44時間。以下，同じ）を超える所定労働時間を定めている場合，法定労働時間を超える最後の部分は無効となる。

　したがって，算定期間における総労働時間数を算定する際には，法定労働時間の規制に適合するよう終業時刻などを修正した上で，総労働時間数を計算する。また，実際に法定労働時間を超えて労働した場合には，その労働時間を時間外労働時間に加える。

(修正前：187時間)

日	月	火	水	木	金	土
					9	休
休	8	8	8	8	8	8
休	8	8	8	8	9	休
休	8	8	8	8	8	8
休	8	8	8	8	9	休

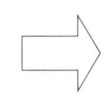

(修正後：168時間)

日	月	火	水	木	金	土
					8	休
休	8	8	8	8	8	×
休	8	8	8	8	8	休
休	8	8	8	8	8	×
休	8	8	8	8	8	休

(c) 時間外労働時間数，休日労働時間数，深夜労働時間数の計算

　法定労働時間を超える労働は，厳密にはたとえ１分でも割増賃金の支払を要するので，残業時間の端数を１残業ごとに切捨て，切上げをし，30分単位などに整理することは違法である。したがって，１残業に分単位の端数が生じてもそれをそのまま１賃金計算期間ごとに集計すべきであるが，この集計結果につき30分未満の端数を切り捨て，30分以上を１時間に切り上げることは，「常に労働者に不利となるものではなく，事務簡便を目的としたものと認められるから，法第24条及び法第37条違反としては取り扱わない」（昭63・3・14基発150号・婦発47号）とされている。

【チェック・ポイント】

（i）２暦日にわたる継続勤務の取扱い

　２暦日にわたる継続勤務については，たとえ暦日を異にする場合でも一勤務として取り扱うべきであるから，始業時刻の属する日の１日の労働時間として計算する（昭42・12・24基収5675号，平11・3・31基発168号）。

　継続勤務が引き続き翌日の始業時刻まで及んだ場合には，その翌日の所定労働時間の始期までの超過時間に対して，割増賃金を支払う必要があると解されているため（昭26・2・26基収3406号，昭63・3・14基発150号，平11・3・31基発168号），翌日の始業時刻までを１日の労働時間として計算する。

　なお，平日の時間外労働が引き続き翌日の法定休日に及んだ場合には，１勤務として取り扱われるが，法定休日にかかる割増賃金率は，あくまで暦日単位で適用されるものであることから，法定休日の０時以降の労働時間については，

3割5分以上の割増賃金率が適用される休日労働として計算する。
  (ii) 遅刻・早退，有給休暇があった場合
 割増賃金は，実労働時間が法定労働時間を超えた場合に支払われるべきものであるから，例えば労働者が遅刻や早退をして，その時間だけ通常の終業時刻を繰り下げたり，始業時刻を繰り上げた場合，実労働時間が通算して1日8時間を超えた時から時間外労働として計算する（昭29・12・1基収6143号，昭63・3・14基発150号，平11・3・31基発168号）。
 また，年休の取得をした場合については，勤務した実労働時間が1日8時間又は1週40時間を超えた時から時間外労働として計算する。
  (iii) 1週の所定労働時間が8時間未満の場合の算定方法
 まず1日については，8時間未満の所定時間を超える労働を所定時間外労働として計算し，8時間を超えた時間については時間外労働として計算する。
 次に1週間については，上記の計算で時間外労働となる時間（1日8時間超の時間）を除いて1週40時間を超える時間を時間外労働として計算する。

⇒①1日8時間超の時間外労働（×1.25）
⇒法定内かつ所定時間外の労働（×1.00）
⇒②1週40時間超の時間外労働（×1.25）

(d) **割増賃金の額の計算**
 最後に，次の計算式により，具体的な割増賃金の額を計算する。

> (b)で算出した基礎賃金×割増率×時間外・休日・深夜労働時間数

上記の割増賃金額の計算において，通常の労働時間若しくは労働日の１時間当たり賃金額又は１時間当たり割増賃金額に円未満の端数が生じた場合，50銭未満の端数は切り捨て，50銭以上の１円未満の端数は１円に切り上げて処理することについては，労働基準法違反としては取り扱わないものとされている。また，以上によって計算したその月分の時間外労働，休日労働及び深夜労働の各々の割増賃金の総額について50銭未満の端数が生じた場合にはこれを切り捨て，それ以上の端数が生じた場合はこれを１円に切り上げることは，労働基準法24条及び37条違反として取り扱わないものとされている（昭63・３・14基発150号・婦発47号）。

(2) 時間外手当の具体的計算例

【設例】

①平成23年11月分の賃金明細書							
基本給	主任手当	職務手当	皆勤手当	家族手当	通勤手当		総支給額
250000	20000	15000	20000	20000	16000		341000
健康保険	厚生	雇用保険	所得税	地方税			控除合計
13940	25493	2728	14000	6000			62161
						差引支給	278839

②賃金締切日：20日，賃金支払日　当月25日
③就業時間：午前９時00分から午後５時30分まで（休憩１時間）
④休　　　日：土日曜日（104日），祝祭日（15日），年末年始休暇（３日），夏季休暇（３日）
　（注）１週の起算日は月曜日とする定めがあり，法定休日の定めはないものとする。
⑤年間所定労働日数：240日
⑥最初の日の属する週の前月繰越時間は32時間00分

【解説】

①割増賃金の基礎に含める賃金の算定

割増賃金の基礎から除外してよい賃金は家族手当と通勤手当のみであるから，これらを除外して賃金を算定すると，次のとおりとなる。

　　　　基本給250,000円＋主任手当20,000円＋職務手当15,000円
　　　　＋皆勤手当20,000円＝305,000円

②1時間当たりの割増賃金の基礎となる賃金の計算

年間所定労働日数は240日，1日の所定労働時間は7時間30分であるから，年間所定労働時間は，240日×7.5時間＝1800時間となる。そして，月平均所定労働時間は，1800時間÷12ヵ月＝150時間00分となる。

所定賃金305,000円を，月平均所定労働時間150時間00分で除すると，305,000÷150＝2,033円33銭となり，50銭未満を切り捨てると2,033円となる。

③時間外労働時間数，深夜労働時間数，休日労働時間数の計算

労働時間計算書（**次頁**の別紙「勤務時間・賃金計算票」参照）により計算すると，次のとおりとなる。

(a) 法定内かつ所定時間外の労働時間は19時間30分
(b) 1ヵ月60時間以内の法定外労働時間は60時間00分
(c) 1ヵ月60時間を超える法定外労働時間は9時間30分
(d) 深夜労働時間は7時間30分
(e) 法定休日における労働時間は13時間00分

④時間外手当の計算

以上から平成23年11月分の時間外手当を計算すると，次のとおり260,580円となる。

(a) 法定内かつ所定時間外労働
    2,033×1.00×19時間30分　＝　39,644円
(b) 1ヵ月60時間以内の法定外労働の割増賃金
    2,033×1.25×60時間00分　＝152,475円
(c) 1ヵ月60時間を超える法定外労働の割増賃金
    2,033×1.50× 9時間30分　＝ 28,970円
(d) 深夜労働の割増賃金　2,033×0.25× 7時間30分　＝　3,812円
(e) 休日労働の割増賃金　2,033×1.35×13時間00分　＝ 35,679円
 時間外手当合計　　(a)+(b)+(c)+(d)+(e)　　＝260,580円

（注）5割増賃金の支払義務の適用が猶予されている中小企業主の場合には，1ヵ月60時間を超える時間外労働についても2割5分の割増率とする。

I 労働時間と時間外手当に関する基礎知識　231

別紙（付録 CD-ROM 収録「残業代等計算ソフト」により作成）

勤 務 時 間 ・ 賃 金 計 算 票

計算期間 最初の日	平成23年10月21日	最後の日	平成23年11月20日	1週の法定時間	40:00	支払者	株式会社〇〇〇〇
給与支給日	平成23年11月25日	法定休日	不定期	1日の所定時間	7:30	氏名	〇〇〇〇
週の始まり	月曜	所定休日	土日	H23.10.17からH23.10.20までの労働時間	32:00	（法定外・休日除く）	

行番号	日付（曜日）	休日	出勤時刻	退勤時刻	休憩時間 昼休憩	休憩時間 深夜休憩	実働時間	法内超勤	法定外労働時間 日8H超	法定外労働時間 週40H超	法定外労働時間 法定外	深夜労働	休日労働	備考
(1)	H23.10.21（金）		9:00	18:00	1:00		8:00	0:30						
(2)	H23.10.22（土）	所定	9:00	19:00	1:00		9:00	0:00	1:00	8:00				
(3)	H23.10.23（日）	所定												
(4)	（第1週小計）						17:00	0:30	1:00	8:00	9:00	0:00	0:00	
(5)	H23.10.24（月）		9:00	18:30	1:00		8:30	0:30	0:30					
(6)	H23.10.25（火）		9:00	19:00	1:00		9:00	0:30	1:00					
(7)	H23.10.26（水）		11:00	21:00	1:00		9:00	0:30	1:30					
(8)	H23.10.27（木）		9:00	16:00	1:00		6:00							
(9)	H23.10.28（金）		9:00	20:00	1:00		10:00	0:30	2:00					
(10)	H23.10.29（土）	所定	9:00	17:30	1:00		7:30	2:00		5:30				
(11)	H23.10.30（日）	法定												
(12)	（第2週小計）						50:00	4:00	4:30	5:30	10:00			
(13)	H23.10.31（月）		9:00	19:45	1:00		9:45	0:30	1:45					
(14)	H23.11.01（火）		9:00	20:15	1:00		10:15	0:30	2:15					
(15)	H23.11.02（水）		9:00	22:30	1:00		12:30	0:30	4:30			0:30		
(16)	H23.11.03（木）	祝日												
(17)	H23.11.04（金）		9:00	19:45	1:00		9:45	0:30	1:45					
(18)	H23.11.05（土）	所定	9:00	19:30	1:00		9:30	8:00		1:30				
(19)	H23.11.06（日）	所定												
(20)	（第3週小計）						51:45	10:00	11:45	0:00	11:45	0:30	0:00	
(21)	H23.11.07（月）		9:00	19:30	1:00		9:30	0:30	1:30					
(22)	H23.11.08（火）		9:00	20:00	1:00		10:00	0:30	2:00					
(23)	H23.11.09（水）		3:00	15:00	1:00		11:00	0:30	3:00			2:00		
(24)	H23.11.10（木）		9:00	21:30	1:00		11:30	0:30	3:30					
(25)	H23.11.11（金）		9:00	20:30	1:00		10:30	0:30	2:30					
(26)	H23.11.12（土）	所定												
(27)	H23.11.13（日）	所定												
(28)	（第4週小計）						52:30	2:30	12:30	0:00	12:30	2:00	0:00	
(29)	H23.11.14（月）		9:00	19:30	1:00		9:30	0:30	1:30					
(30)	H23.11.15（火）		9:00	19:15	1:00		9:15	0:30	1:15					
(31)	H23.11.16（水）		9:00	21:30	1:00		11:30	0:30	3:30					
(32)	H23.11.17（木）		9:00	22:30	1:00		12:00	0:30	4:00			0:30		
(33)	H23.11.18（金）		9:00	26:00	1:30	0:30	15:00	0:30	7:00			3:30		
(34)	H23.11.19（土）	所定	9:00	19:00	1:00		9:00	0:00		8:00				
(35)	H23.11.20（日）	法定	9:00	23:00	1:00		13:00					1:00	13:00	
(36)	（第5週小計）						79:15	2:30	18:15	8:00	26:15	5:00	13:00	
(37)	当 月 合 計	出勤数25 総日数31	26:00	0:30	250:30	19:30	48:00	21:30	69:30	7:30	13:00			

① 割増賃金の算定基礎賃金	［1時間あたりの単価］	2,033円	【手入力】
② 法定内超勤（法定内かつ所定時間外の労働）の割増率		0 %	【選択】
③ 法定外労働の割増率	60時間以内の割増率 25 %	60時間超の割増率 50 %	【選択】
④ 法定内かつ所定時間外の労働時間	法定内超勤 19 時間 30 分	第5週の労働時間↓	
⑤ 法定外労働時間	法定外労働 69 時間 30 分	40:00	
⑥ 深夜労働時間	深夜労働 7 時間 30 分		
⑦ 休日労働時間	休日労働 13 時間 0 分		
⑧ 法定内かつ所定時間外の労働に対する賃金		39,644円	【①×④】
⑨ 法定外労働に対する割増賃金	［60時間以内の割増賃金(A)］	152,475円	【①×60H×1.25】
	［60時間超の割増賃金(B)］	28,970円	【①×(⑤-60H)×1.50】
	［上記合計］	181,445円	【⑨A+⑨B】
⑩ 深夜労働に対する割増賃金	［基本賃金を除く加算額］	3,812円	【①×⑥×0.25】
⑪ 休日労働に対する割増賃金	［3割5分の割増賃金］	35,679円	【①×⑦×1.35】
⑫ 上記⑨～⑪の合計額（法定外労働＋深夜労働＋休日労働）		220,936円	【⑨+⑩+⑪】
⑬ 上記⑧～⑪の合計額（法内超勤＋法定外労働＋深夜労働＋休日労働）		260,580円	【⑧+⑨+⑩+⑪】
⑭ 既払の時間外手当・深夜手当・休日手当		0円	【手入力】
⑮ 未払の時間外手当・深夜手当・休日手当（当月の請求金額）		260,580円	【⑬-⑭】

Ⅱ 時間外手当請求訴訟

1 時間外手当請求事件の「攻撃防御の構造」

まず，時間外手当請求事件の攻撃と防御の構造を確認しておく。時間外手当請求事件を受任するに当たっては，この攻撃防御の構造を理解した上で，争点の予測や訴訟の準備活動を行う必要がある。

労働者からの委任を受けた場合には，以下に挙げる請求原因のうち，特に③の法定労働時間を超える労働とその時間数をどこまで立証できるかが重要な課題となる。

逆に使用者側から委任を受けた場合には，請求原因を否認，反証するか，抗弁の要件事実をすべて主張立証する必要があるので，これらの事実関係の調査と証明できる証拠の収集に努めることになる。

《請求原因》
① 労働契約の締結
② 労働契約中の時間外労働に関する合意の内容
③ 請求の対象となる期間における時間外の労務の提供の事実とその時間数

《抗弁》
・固定残業手当の抗弁
・みなし労働時間制の抗弁
・変形労働時間制の抗弁
・管理監督者の抗弁
・裁量労働制の抗弁
・休日振替の抗弁
・労基則25条の2第1項の抗弁
・農業・水産業の抗弁

2 賃金不払残業の発生パターンと典型的な争点

賃金不払残業には，いくつかの類型的な発生パターンがある。これらの発生パターンごとの典型的な争点を知っておくことは，訴訟の見通しを立てたり，準備を進める上で有用と思われるので，以下に説明する。

(1) 「上限設定型」「下限設定型」

月の残業時間の上限を決めて，上限を超えた残業代を支払わなかったり，逆に1日や1ヵ月に一定時間以上残業した場合に限って割増賃金を支払うという

賃金不払のパターンである。

労働基準法は，管理監督者等の適用除外者に該当する場合や変形労働時間制，みなし労働時間制が採用されている場合を除き，1日8時間，1週40時間を超える労働をさせた場合には，使用者に対して割増賃金の支払を義務付けているのであり，労働契約や就業規則等によって，上限を超える残業，下限未満の残業に対して割増賃金を支払わないとすることは許されない。

(2) 「定額型」

これは，毎月，営業手当など定額の割増賃金を支払うが，それに対応する残業時間を超えて働いても支払わないという賃金不払のパターンである。

まず，そもそも割増賃金を各種手当の名目で，定額で支給することは適法なのかが問題となる。

この点，労働基準法が規制しているのは同法37条に定める計算方法による一定額以上の割増賃金を支払うことであるから，この規制に違反しない限り必ずしも同条の定める計算方法による必要はなく，結果においてその割増賃金の額が法定額を下回らないように確保されている場合には，同条違反の問題は生じないと解されている。

次に，定額で割増賃金を支払うことが許されるとしても，適法となるための要件が問題となるが，次の3点を満たす必要があると解されている。

> ① 割増賃金相当部分がそれ以外の賃金部分と明確に区別されていること
> ② 手当が時間外労働に対する対価としての実質を有すること
> ③ 手当額が労働基準法所定の割増賃金額を上回っていること

①の要件が要求されるのは，割増賃金相当部分とそれ以外の賃金部分とが明確に区別されていなければ，割増賃金として法所定の額が支払われているか否かを判定できないからである。

しばしば，使用者側から，一定の時間外手当を見込んで基本給や他の手当に組み込んで支給額を決定したという主張がなされることがあるが，最高裁は，「仮にそのような合意がなされたとしても，基本給のうち割増賃金に関する部分を明確に区分して合意し，かつ，労働基準法所定の計算方法による額がその額を上回るときは，その差額を当該賃金の支払期に支払うことを合意した場合

にのみ，その予定割増賃金分を当該月の一部又は全部とすることができる」と判示している（小里機材割増賃金請求事件・最判昭63・7・14労判523号6頁）。

次に，②の要件は，ある手当が他の賃金と明確に区別されていても，その手当が時間外手当・休日手当・深夜手当の一定額をあらかじめ支払っているという趣旨の手当か否かということである。就業規則などで手当の趣旨が明文化されていたり，事業場で周知されていれば問題は少ないが，明確でない場合には，手当の性格自体が争われることになる。この点，運送会社での運行手当が争点となった事案で，仕事の性質上，深夜労働をせざるを得ない路線乗務員に限って支払われている点，就業規則において深夜勤務時間に対する割増賃金であることを明示している点等を考慮して，割増賃金として取り扱うことを肯定した裁判例などが参考になる（名鉄運輸事件・名古屋地判平3・9・6判タ777号138頁）。

上記①，②の要件を欠いた場合には，そもそも割増賃金を定額手当として支払っているとの主張は失当となる。そして，この場合には，使用者が「定額の割増賃金分」と主張する手当も，割増賃金の算定基礎に含めるべきことになる。

これに対し，③の要件は，①，②の要件を満たしている場合に，支払われた定額の手当額と労働基準法37条の方法によって計算した割増賃金を比較して，前者が後者を上回っているかという形で問題となる。前者の方が多額な場合には「全部抗弁」となり，後者の方が多額となる場合には定額手当の支払は「一部抗弁」となって，その差額部分に対する請求が認容されることになる（関西ソニー販売事件・大阪地判昭63・10・26労判530号40頁）。そして，この場合には，割増賃金の算定基礎に「定額の割増賃金分」は含まれない。「定額の割増賃金分」を含めて割増賃金の計算をすることになれば，二重に割増賃金を支払う結果となり，妥当でないと考えられるからである。

(3) 「管理監督者不適合型」

本来は割増賃金を支払うべき労働者を，労働時間の規制対象外である管理監督者として扱い，割増賃金が支払われないことがある。

労働基準法41条2号の「監督若しくは管理の地位にある者」とは，一般的には，「部長，工場長等労働条件の決定その他労務管理について経営者と一体的な立場にある者であり，名称にとらわれず，実態に即して判断すべきものである」（昭22・9・13発基17号）とされる。

上記の定義は，主としてラインの管理者を想定したものであるが，企画・調査部門のスタッフ職についても，「その企業内の処遇の程度によっては，管理監督者と同格以上に位置づけられる者であって，経営上の重要事項に関する企画立案等の業務を担当する者は，管理監督者に含めて取り扱うのが妥当である」とされ，また，「時間外手当等が支給されない代わりに，管理職手当ないし役職手当等の特別手当により，その地位にふさわしい待遇が与えられていることもその管理監督者に該当するか否かについて，判断する上での基準になる」（昭63・3・14基発150号）とされている。

　また，過去の裁判例においても，上記の行政解釈の判断枠組みとほぼ同様に，次の3点を基準として判断している。

　この判断枠組みにより実際に管理監督者該当性が認められた裁判例は少なく，後掲の徳洲会事件，日本プレジデントクラブ事件のほか数例をみるのみであるとされる。ただし，管理監督者該当性が否定された裁判例の中には，役職手当が定額の割増賃金であると認められ，定額手当との差額である請求額の一部しか認容されなかった事例も含まれていることに注意を要する。

---

① 経営方針の決定に参画し，あるいは労務管理上の指揮権限を有する等，その実態からみて経営者と一体的な立場にあること
② 出勤退勤について厳格な規制を受けず，自己の勤務時間について自己裁量権を有すること
③ 賃金体系を中心とした処遇について，一般労働者と比較して，その地位と職責にふさわしい厚遇がなされていること

---

　①について

　会社全体の経営方針等を決定する会議に出席していない，出席していても，協議に加わり，意見上申ができるだけで，経営方針の決定過程に参画していない等の事情は，管理監督者の否定要素となる。

　労務管理に関わっていても，社員の採用・労働条件の決定には関与していない，考課に関与していても，意見を述べる程度のものや，当該考課には上位者による考課が更に予定され，関与の度合いが低い等の事情は，管理監督者性を否定する要素となる。

②について

タイムカードにより勤怠管理を受けており，遅刻・早退・欠勤について賃金控除されている労働者は出退勤の自由があるとはいえない。また，タイムカードの打刻が免除されているなど，形式的には裁量があるが実際の業務の必要性から裁量がない，遅刻早退について上司の許可が必要，遅刻早退について基本給から減額されている，遅刻早退について人事考課でマイナス評価されている等の事情は，管理監督者性を否定する要素となる。

③について

③は，並列的な要件というよりも，①，②の地位にあるかどうかを判断するための補助的な考慮要素としている裁判例が多い。

管理監督者より下位の職位の者と比較して，一定の手当が支給されているが大きな差がないなどの事情は，管理監督者性を否定する要素となる。

次に，管理監督者性を否定した裁判例と肯定した裁判例を紹介する。

【管理監督者に当たらないとした裁判例】

a.	銀行の支店長代理相当職にある者につき，毎朝出勤すると出勤簿に押印し，30分超過の遅刻・早退3回で欠勤1日，30分以内の遅刻・早退5回で1日の欠勤扱いを受け，欠勤・遅刻・早退をするには事前あるいは事後に書面をもって上司に届け出なければならない等，自己の勤務時間について自由裁量権を全く有せず，また，部下に関する人事考課には関与しておらず，銀行の機密事項に関与した機会は一度もなく，経営者と一体的な立場にある者とは到底いえず，管理監督者に当たらないとした事例（静岡銀行割増賃金等請求事件・静岡地判昭53・3・28労判297号39頁）。
b.	国民金融公庫における業務役につき，総務課長の権限の一部として検印業務等を行っていたものであるが，労務管理に関する具体的な権限としては，契約係職員に対する超過勤務命令につき，総務課長とともに支店長に対して具申する権限を有していたことは認められるものの，それ以上に被告の経営方針の決定や労務管理上の指揮権限につき経営者と一体的な立場にあったことを認めるに足りる事実は存在せず，超過勤務命令及び時間外手当の支給の対象とはされていなかったものの，その他の出退勤の管理については一般職員と同様であったことが認められるのであり，管理監督者とは認められないとした事例（国民金融公庫事件・東京地判平7・9・25労判683号30頁）。
c.	学習塾の営業課長につき，形式的にも実質的にも裁量的な権限は認められて

おらず，急場の穴埋めのような臨時の異動を除いては何の決定権限も有していなかったこと，社長及び他の営業課長らで構成するチーフミーティングに出席し営業に関する事項についての協議に参加する資格を有していたが，いわば社長の決定に当たっての諮問機関の域を出ないものであったこと，出退勤についてはタイムカードへの記録が求められていて，その勤怠管理自体は他の従業員と同様にきちんと行われており，各教室の状況について社長に日報で報告することが通例とされていたように，事業場に出勤するかどうか自由が認められていたなどということはなく，課長に昇進してからは給与面等での待遇が上がっていることは確かであるが，原告の時間外労働に対する割増賃金額と比べても，これに見合うような額でもなく，管理監督者に相応しい待遇であったとはいえないとして，管理監督者に当たると解することはできないとした事例（育英舎事件・札幌地判平14・4・18労判839号58頁）。

d. 飲食店の店舗マネージャーにつき，店長と協議の上，アルバイト従業員の採用，そのシフトの作成などについての権限は有するが，正社員の採用権限は有していないこと，幹部会議で発言権を持っていたとしても，それによって被告の人事や経営に関する重要な事項の決定に参画していたとまではいいがたいこと，勤務時間について相当程度自由な裁量があったとは認められないことなどに照らせば，経営者と一体的な立場にあったとは認めがたく，役職手当の額は時間外深夜手当を含めて1万5000円，職務手当の差額は平均的評価で2万円にすぎないことから，時間外労働に対する割増賃金の代償として十分といえず管理監督者に該当するとはいえないとした事例（アクト事件・東京地判平18・8・7労判924号50頁）。

e. 多数の直営店を展開するハンバーガーの販売会社の店長につき，①アルバイトの採用や時給額の決定権限，一定の社員の人事考課や昇給を決定する権限を有しているが，店長等へ昇進する社員を採用する権限はなく，人事考課には関与するものの最終決定権限はなく，店舗の営業時間の設定やメニューの開発，原材料の仕入れ先の決定，商品価格の設定は予定されていない。②店長会議等に参加しているが，店舗運営に関する意見交換が行われるというもので，企業全体の経営方針等の決定過程に関与していると評価できる事実も認められない。③自らスケジュールを決定する権限を有し，形式的には労働時間に裁量があるというものの，店舗の営業時間帯には必ずシフトマネージャーを置かなければならないという被告の勤務体制上の必要から，長時間の時間外労働を余儀なくされたのであるから，労働時間に関する自由裁量性があったとは認められない。④店長全体の10％に当たるC評価の年額賃金は579万2000円，店長全体の40％に当たるB評価の年額賃金は635万2000円であり，下位の職種の社員の平均年

収590万円5057円と比較して，店長の勤務実態を併せ考慮すると，待遇として十分ではない。以上によれば，被告における店長は，その職務の内容，権限及び責任の観点からしても，その待遇の観点からしても，管理監督者に当たるとは認められないとした事例（マクドナルド事件・東京地判平20・1・28労判953号10頁）。

| f. | ソフトウェア開発，受託計算等を業とする会社のプロジェクトリーダーにつき，管理監督者といえるためには，「①職務内容が，少なくともある部門全体の統括的な立場にあること，②部下に対する労務管理上の決定権等につき，一定の裁量権を有しており，部下に対する人事考課，機密事項に接していること，③管理職手当等の特別手当が支給され，待遇において，時間外手当が支給されないことを十分に補っていること，④自己の出退勤について，自ら決定し得る権限があること，以上の要件を満たすことを要すると解すべきである。」とした上，①プロジェクトリーダーには，プロジェクトチームの構成員を決定する権限もなく，パートナーと呼ばれる下請会社を決定する権限もなく，それは職制上上位にある統括部長，部長，次長等が決定しており，また，プロジェクトのスケジュールを決定することもできず，作業指示も富士通の決定したマスター線表という計画表に沿って行われるものと認められる。このような状況下で，この程度の部門（原告らは最大でも4〜5名のプロジェクトのリーダーに選任されることが多かった）を統括することでは，部門全体の統括的な立場にあるということは困難である。②原告らは，従業員の新規採用を決定する権限があるどころか，プロジェクトチームの構成員を決定する権限すらない。原告らが部下の休暇の承認をしていたとしても，このような状況下では，原告らが経営者と一体的な立場にあるものということは，到底できない。また，④原告らが，前記スケジュールに拘束されて，出退勤の自由を有するといった状況で到底ない事実も認められる。以上検討したところによれば，その余の要素について検討するまでもなく，原告らは，管理監督者には当たらないというべきであるとした事例（東和システム事件・東京地判平21・3・9労判981号21頁）。 |

【管理監督者に当たるとした裁判例】

| g. | 医療法人の人事第二課長として看護婦の募集業務に従事していた者につき，同人は看護婦の採否，配置等労務管理について経営者と一体的な立場にあり，出勤，退勤等にそれぞれタイムカードに刻時すべき義務を負っているものの，それは精々拘束時間の長さを示すだけにとどまり，その間の実際の労働時間は自由裁量に任せられ，労働時関そのものについては必ずしも厳格な制限を受けていないから，実際の労働時間に応じた時間外手当等が支給されていない代わりに，責任手当，特別調整手当が支給されていることもあわせ考慮すると，管 |

	理監督者に該当するとした事例(徳洲会割増賃金請求事件・大阪地判昭62・3・31労判497号65頁)。
h.	旅行を目的とする会員制クラブを経営する会社(社員は4,5名で,ほかに常時雇用されている数名のアルバイトがいる程度)に総務局次長として採用された労働者につき,経理のみならず人事,庶務全般に及ぶ事務管掌することを委ねられていたこと,基本給15万0800円,職能給7万9600円,役職手当3万円,家族手当2万円を受けていたこと,就業規則に役職手当の受給者に対しては時間外労働手当を支給しない旨の規定があることから,管理監督者に該当するとした事例(日本プレジデントクラブ割増賃金請求事件・東京地判昭63・4・27労判517号18頁)。

(4) 「年俸制組込型」

　年俸に割増賃金が含まれているとして支払わない,あるいは制度上割増賃金を含んでいるがそれを超えて働いても差額の割増賃金を支払わないという賃金不払のパターンである。

　しかし,単に賃金が年俸制であるからといって,残業代を支払わなくてよいということにはならない。年俸制をとる従業員には,ある程度の裁量権が与えられていることが多いであろうが,そのようなケースであっても,裁量労働制などのみなし労働時間制の要件を満たした上で,かつ,みなし時間が8時間以内とされている場合に,はじめて使用者は割増賃金の支払義務を免れることになる。

　また,年俸の中に残業代を含めるのであれば,年俸の中に含める残業代が明確に区別できるようにして,定額型の①〜③の要件を満たす必要がある。

　なお,年俸制の労働者が割増賃金を請求する際の基礎賃金額は,年俸額の12分の1を1月の所定労働時間で除した額となる。年俸制の中には,月給のほかに賞与月に賞与を支払う形態のもの(例えば,年俸を14で割り,月給が14分の1,夏冬の賞与が各14分の1など)があるが,これは賞与と称していても,年度当初に支給額が確定していることから,割増賃金の基礎賃金の算定基礎から除外することは許されない(平12・3・8基収78号)。

　この結果,上記の例であれば,基礎賃金額は年俸の14分の1ではなく12分の1となる。

(5) **「振替休日未消化型」**

　振替休日を与える前提で休日出勤させ，振替休日を与えていないのに休日出勤の割増賃金が支払われないことがある。

　まず，本章220頁で説明したように，休日の振替を行うためには，就業規則などの定めに基づいて事前に振り替えることが必要である。これらの要件を満たして休日が変更された場合には，変更後の休日について，それが法定休日であれば3割5分以上，法定外休日であれば2割5分以上の割増賃金を請求できることになる。

　休日の振替と称していても，それが慣行化した公休日出勤と休日との事後の振替にすぎないような場合には，変更前の休日について，それが法定休日であれば3割5分以上，法定外休日であれば2割5分以上の割増賃金を請求できることになる。

(6) **「法不適合型」**

　実労働時間が算定しがたい場合に該当しないのに事業場外労働におけるみなし労働時間制をとったり，法定の要件を満たさず，あるいは所定の手続を踏まずに裁量労働制や変形労働時間制を導入したりするなどして，残業手当の不払が生じることがある。

　法定労働時間制を弾力化するこれらの制度は，使用者にとっては時間外手当を削減できる便利な制度と考えられることがある。しかし，労働者にとっては経済的に不利益になる可能性があるばかりか，濫用的に用いられれば，長時間労働化，更には健康被害に結びつく可能性がある制度でもある。

　以下，法定労働時間を弾力化する制度のうち，実際に利用されることが多い，事業場外のみなし労働時間制，専門業務型裁量労働制，1ヵ月単位の変形労働時間制，1年単位の変形労働時間制の要件を確認しておく。なお，使用者側がこれらの制度を抗弁として主張する場合には，以下の要件をすべて主張立証しなければならないことになる。

(a) **事業場外のみなし労働時間制**（労基38条の2第1項・2項）

① 労働時間の全部又は一部について事業場外で業務に従事する職務についていること

② 当該労働時間が算定しがたいこと

　事業場外のみなし労働時間制を適用できるのは，労働時間が算定しがたい場合に限られる。次のような場合は，労働時間が算定しがたいとはいえないので，この制度を適用することは許されない（昭63・1・1基発1号・婦発1号）。

> ① 何人かのグループで事業場外労働に従事する場合で，そのメンバーの中に労働時間を管理する者がいる場合
> ② 事業場外で業務に従事するが，無線やポケットベル（携帯電話）等によって随時使用者の指示を受けながら労働している場合
> ③ 事業場において，訪問先，帰社時刻等当日の業務の具体的指示を受けた後，事業場外で指示どおり業務に従事し，その後事業場に戻る場合

　また，外勤から帰社した後に社内で労働するなど，労働時間の一部について事業場外で業務に従事した場合には，事業場外での業務に関してのみ，みなし労働時間制の適用があり，事業場内で業務に従事した時間は別途把握しなければならず，結局，その日には，事業場内の労働時間と事業場外で従事した業務に係る「当該業務の遂行に通常必要とされる時間」とを加えた時間労働したことになる（昭63・3・14基発150・婦発47号）。

(b) **専門業務型裁量労働制**（労基38条の3）

① 労働者の過半数の代表者との書面による協定によって次の②～⑦を定めたこと
② 対象業務

　　専門業務型裁量労働制に就かせることができる業務は，「業務の性質上その遂行の方法を大幅に当該業務に従事する労働者の裁量にゆだねる必要があるため，当該業務の遂行の手段及び時間配分の決定等に関し使用者が具体的な指示をすることが困難なものとして厚生労働省令で定める業務」であり，厚生労働省令で定める次の19業務に限定されている。(1)研究開発，(2)システムエンジニア，(3)記者・編集者，(4)デザイナー，(5)プロデューサー・ディレクター，(6)コピーライター，(7)システムコンサルタント，(8)インテリアコーディネーター，(9)ゲームソフトの創作，(10)証券アナリスト，(11)金融商品開発，(12)大学における教授研究，(13)公認会計士，(14)弁護士，(15)建築士，(16)不動産鑑定士，(17)弁理士，(18)税理士，(19)中小企業診断士

③ 業務に従事する労働者の労働時間として算定される時間
④ 使用者は，対象業務の遂行の手段及び時間配分の決定等に関し，当該対象業務に従事する労働者に対し具体的な指示をしないこと

(注) 当該業務の性質上，その遂行の方法を大幅に労働者に委ねることができないにもかかわらず，労使協定に具体的な指示をしない旨を定めても，みなし労働時間制の適用は認められない。
例えば，数人でプロジェクトチームを組んで開発業務を行っている場合で，そのチーフの管理の下に業務遂行，時間配分が行われている者やプロジェクト内で業務に附随する雑用，清掃等のみを行う者（昭63・3・14基発150号・婦発47号，平12・1・1基発1号），研究開発業務に従事する者を補助する助手，プログラマー等は，専門業務型裁量労働制の対象とならない。

⑤ 対象業務に従事する労働者の労働時間の状況に応じた当該労働者の健康及び福祉を確保するための措置を当該協定に定めるところにより使用者が講じること
⑥ 対象業務に従事する労働者からの苦情の処理に関する措置を当該協定により使用者が講じること
⑦ 有効期間
⑧ 協定が労働者に周知されていること（労基106条）

(注) 使用者には，労使協定を労働基準監督署長に届け出ることが義務付けられているが，この届出は実体的な効力要件ではない。

(c) 1ヵ月単位の変形労働時間制（労基32条の2）
① 使用者は，事業場の労使協定又は就業規則その他これに準ずるものにより，次の②及び③を具体的に定めていること
② 1ヵ月以内の対象期間とその起算日
③ 対象期間における労働日及び当該労働日ごとの所定労働時間

(注) 1ヵ月のすべての日について，事前に，労働日と各労働日の所定労働時間を特定して定めなければならない。
なお，就業規則等では変形労働時間制の基本的内容と勤務割の作成手続を定めるだけで，使用者が任意に労働時間を決定できるような制度は違法とされる（岩手第一事件・仙台高判平13・8・29労判810号11頁）。

④ 就業規則等が労働者に周知されていること（労基106条）

(注) 使用者には就業規則等を労働基準監督署長に届け出ることが義務付けられている（労基32条の2第2項）が，この届出は実体的な効力要件ではない。

(d) 1年単位の変形労働時間制（労基32条の4）
① 使用者は，事業場の労使協定により，次の②〜⑤を定めていること
② 対象となる労働者の範囲
③ 1ヵ月を超え1年以内の対象期間と起算日
④ 対象期間における労働日及び当該労働日ごとの労働時間
(注) 変形期間中の総所定労働時間数は，1週間当たり平均が40時間以内でなければならない。
また，変形期間の全日について，事前に，労働日と各労働日の所定労働時間を特定して定める必要がある。ただし，対象期間を1ヵ月以上の期間ごとに区分する場合には，最初の期間の労働日及び各労働日ごとの所定労働時間並びに当該最初の期間を除く各期間における労働日数及び総所定労働時間数を定める方法も認められる。

⑤ 有効期間
⑥ 協定が労働者に周知されていること（労基106条）
(注) 使用者には労使協定を労働基準監督署長に届け出ることが義務付けられている（労基32条の4第4項・32条の2第2項）が，この届出は実体的な効力要件ではない。

③ 証拠収集その他準備段階の留意点

(1) 時効の中断

賃金支払請求権の消滅時効期間は2年（労基115条）であるため，過去数年分の割増賃金等を請求する場合，時効を中断させるために，受任後直ちに請求をしておく必要がある。

【内容証明郵便による割増賃金等支払請求書記載例】

```
                                              平成24年7月15日
  株式会社＊＊＊＊
  代表取締役　＊＊＊＊　殿

                        東京都大田区久が原＊丁目＊番＊号
                        請求人　＊＊＊＊
                        東京都千代田区飯田橋＊丁目＊番＊号
                        ＊＊司法書士事務所
                        上記請求人代理人司法書士　＊＊＊＊
                        TEL　＊＊－＊＊＊＊－＊＊＊＊
```

割増賃金等（時間外手当）支払請求書

請求人＊＊＊＊氏の代理人として，以下のとおりご請求申しあげます。

＊＊＊＊氏は，貴社従業員として勤務しておりましたが，時間外勤務に関する賃金を一切受け取っておりません。労働基準法第37条によれば，使用者は時間外及び休日等の労働について割増賃金を支払うべき旨規定されています。

＊＊＊＊氏が貴社に勤務していた平成23年7月21日から平成24年6月20日までに実際に行った残業時間は，法定内時間外労働が45時間，法定外時間外労働が87時間です。

当職が計算したところによりますと，時間外手当は次のとおりの金額になります。

① 法定内時間外労働に対する時間外手当
　基礎賃金1,480円×45時間＝66,600円
② 法定外時間外労働に対する時間外手当
　基礎賃金1,480円×1.25×87時間＝160,950円

つきましては，上記時間外賃金の合計227,550円を請求いたしますので，本書到達後2週間以内に，下記口座にお振り込みくださいますようお願い申し上げます。

記

　三菱東京UFJ銀行　四谷支店
　普通預金　口座番号＊＊＊＊＊＊
　口座名義　〇〇〇〇

（注）内容証明郵便は，26字20行以内か20字26行以内で作成のこと。

(2) 証拠の収集

時間外賃金の請求訴訟においては，労働者側が実労働時間を主張立証しなければならない。また，1日ごとの具体的な労働時間の主張立証をすることが原則である。

タイムカード等の写しが手元にあればベストであるが，業務日報なども何時から何時まで，どんな仕事をしていたかなどが記載されていれば立証に役立つ。

そうした書類もない場合には，労働者が作成した労働時間メモなどの記録で

もよい。ただし、メモの具体性と信用性が重要であり、始業時と終業時を記載するだけでなく、できるだけ、業務の具体的な内容を詳細に記録する、後に修正できないペンで書く、ページを差し替えられないノートに記録する、職場の複数人で行い確認してもらうなどの工夫をした方がよい。

【主な証拠書類】

要証事実	証拠書類
労働契約の締結の事実	雇用契約書、雇入通知書、労働者名簿、名刺、社員住所録、社会保険関係事項証明書
賃金の額	雇用契約書、雇入通知書、給与規程、過去の給与明細書、銀行預金通帳、源泉徴収票、離職票、ハローワークの求人票、求人広告、求人雑誌
超過勤務時間数	タイムカード、IDカード、業務週報、業務日誌、勤務報告書、個人的な記録メモ・日記・手帳、パソコンのログ、パソコンの書類作成履歴・メール送信の記録、使用者が使用しているビルの開錠・施錠の記録、警備のセット・解除の記録、パスネットの記録
勤務日数、欠勤・遅刻・早退	出勤簿、タイムカード

(3) 証拠の保全

　労働者がタイムカード等のコピーを所持しておらず、他に有力な証拠資料もない場合、使用者が所持しているタイムカード等や業務日報類、パソコンのログなどが実労働時間の立証のために必要であり、かつ、保全しておかないと使用者が廃棄したり、改ざんするおそれがある場合には、訴え提起前に裁判所に証拠保全の申立てをすることが必要なケースもある（民訴234条・235条2項）。

【証拠保全申立書記載例】

　　　　　　　　　　　　証拠保全申立書

　　　　　　　　　　　　　　　　　　　　　　　　　　　平成24年10月18日

東京簡易裁判所民事部　御中

申立人代理人司法書士　＊＊＊＊

当事者の表示　別紙当事者目録記載のとおり
訴え提起前の証拠保全申立事件
　貼用印紙額　金500円

申立ての趣旨
　相手方において，相手方の就業規則，給与規程，申立人にかかる平成23年4月16日から平成24年8月15日までの間のタイムカード，賃金台帳，給与明細，その他右労働契約に関して作成された一切の書類の提示命令及び検証を求める。

申立ての理由
第1　証明すべき事実及び証拠との関連性
　1　証明すべき事実
　　　申立人が相手方において勤務していた平成23年4月16日から平成24年8月15日の期間につき，合計約391時間の所定時間外の労務提供を行っていた事実。
　2　証拠との関連性
　　　申立人は，相手方において，平成23年4月16日から平成24年8月15日までの間，営業事務を職務内容として勤務していたところ，この間，相手方において，申立人は所定時間外の労働を行うことが常態化し，合計約391時間の時間外労働を行っていたことから，労働基準法第37条に基づき，相手方に対して同時間分の割増賃金支払請求権を有する。
　　　しかしながら，①相手方においてはタイムカードを引越しの際にどこに保管したか分からなくなったなどと主張し一切開示請求に応じないため客観的証拠が不足しており，②申立人の記録に基づく割増賃金の請求に対しても一切交渉に応じないばかりか労働基準監督署の調査すら拒否しており，③証拠保全を行わずに裁判などの法的手続に出たとすれば，相手方から証拠隠滅などがなされる危険性が高い状況である。
　　　したがって，タイムカード，賃金台帳，給与明細，その他右労働契約に関して作成された書類は，1記載の証明すべき事実を立証する上で必要不可欠である。

第2　保全の事由
　1　申立人の相手方における勤務暦及び職務内容

相手方は，健康商品の販売等を主たる業務とする株式会社である（甲1）。
　　　申立人は，平成23年4月16日より，期間を定めずに，営業事務を職務内容とする労働契約を締結していた（甲2）。
　　　申立人の相手方における具体的な職務内容としては，主に来客対応，営業用の外出や，電話対応，注文書類の作成，記録などを行っていた。
　　　所定労働時間内は，ほとんど来客対応，営業用の外出，電話対応等をこなすのが精一杯であり，注文書類の作成，記録については，営業担当者から回付されてくるのが終業時刻かその間際であり，また，締切日までに間に合わせなければならないことから，恒常的に残業を行うことを余儀なくされていた。
 2　相手方におけるサービス残業の常態化
　　　相手方代表者においては，ミーティングなどで，「自分の責任を果たすのが仕事だろう。仕事をノロノロやって遅くなったからといって，仕事をしたことにはならない」などと，日頃から残業することが当たり前のような発言を行い，申立人を含むほとんどの従業員が残業を強いられていたにもかかわらず，実際に相手方より残業手当が支給されたことはなかった（甲3）。
　　　このように相手方においては，サービス残業が常態化していたのである。
 3　申立人の辞職
　　　申立人は，相手方における不当な労務管理に耐えかねて，平成24年8月15日付で自主退職した（甲4）。
 4　割増賃金請求に関する交渉の経緯
　　　申立人は，相手方に対して，＊＊労働基準監督署の指導に基づいて，平成24年9月10日，文書にて1,089,077円の割増賃金の請求を行った（甲5）。
　　　しかし，相手方は申立人の請求に応じなかったため，同年10月1日，申立人は＊＊労働基準監督署に申告を行い，同監督署は相手方に対して調査のための呼出しを行ったが，相手方は出頭しなかった。同監督署は，相手方に架電したり，相手方に出向いて調査に応じるよう要請するなどしたが，責任者が不在であるなどとして調査に応じなかった。
　　　かかる相手方の対応につき，同監督署からは，これ以上は裁判外では難しいとの指導を受けたものの，現在の証拠関係のみでは裁判で闘いきることは厳しい状況であるため，上記割増賃金支払請求権の履行を確保するために証拠保全の手続をとることになった。

第3　保全の必要性
 1　申立人は，相手方に対し，割増賃金支払請求訴訟を御庁に提起すべく準備中である。

しかしながら，相手方においてはタイムカードの開示請求には一切応じないため，残業時間を立証するための客観的証拠が不足していることから，申立人の権利実現のためには客観的な証拠の保全が必要である。
　　なお，現在相手方に勤務している従業員も，サービス残業を強いられている可能性が高いが，同人らは，あくまで相手方の従業員として相手方より賃金を支給されることで生活を維持している者である以上，証人として客観的な証言をする可能性は著しく低い。
2　相手方は，裁判外における申立人の記録に基づく割増賃金請求に対して，まったく対応しないばかりか，労働基準監督署の調査にすら応じないため，現在の証拠関係では裁判手続に出たとしても，相手方からの任意の支払は望めない上，上記1の事情から，勝訴の判決を得られる見込みも高くない。
3　また，証拠保全を行わずに裁判などの法的手続に出たとすれば，相手方からタイムカード破棄などの証拠隠滅などがなされ，申立人の権利実現につき取り返しのつかないことになる危険性が極めて高いので，現時点での保全が必要である。
4　しかも，割増賃金支払請求権の存在を裏付ける資料は，労務提供が相手方において行われていたことから，すべて相手方の支配下にあり，この点からも証拠保全の必要がある。
5　ちなみに，相手方が証拠保全によって被る不利益はほとんど存在しない反面，申立人が申立ての証拠資料を保全できないことによって受ける不利益は甚大である。
6　よって，申立人は，本申立てに及んだ次第である。

疎　明　方　法
1　甲第1号証　　　履歴事項全部証明書
2　甲第2号証　　　雇用契約書
3　甲第3号証　　　給与明細書
4　甲第4号証　　　雇用保険被保険者離職票
5　甲第5号証　　　割増賃金請求書

添　付　書　類
1　疎明資料写し　　一式
2　訴訟委任状　　　1通
3　資格証明書　　　1通

4 訴状作成上の留意点――労働者側から
【割増賃金等請求事件の訴状中の「請求の趣旨」及び「請求の原因」の記載例】

請 求 の 趣 旨
1 被告は，原告に対し，金117万3,956円及びこれに対する平成24年8月26日から支払済みまで年14.6パーセントの割合による各金員を支払え。
2 被告は，原告に対し，金117万3,956円及びこれに対する本判決の日の翌日から支払済みまで年5パーセントの割合による各金員を支払え。
3 訴訟費用は被告負担とする。
との判決及び第1項及び第3項について仮執行宣言を求める。

請 求 の 原 因
第1 当事者及び労働契約の締結
1 被告は，健康食品等の販売を主たる目的とする株式会社で，従業員数は約40人である。
2 原告は，平成23年4月16日，被告との間で期間の定めのない労働契約を締結し，営業事務職員として勤め，平成24年8月15日付で退職した（甲1，2）。
3 原告が被告に勤務していたときの所定労働時間，賃金支払方法に関する就業規則の定め，賃金額に関する合意内容は，次のとおりであった。
 (1) 所定労働時間（甲3）
  勤務時間 午前9時から午後6時まで（うち1時間は休憩）
  休　　　日 土曜日，日曜日，祝祭日，年末年始休暇（3日），夏季休暇（3日），その他会社が休日と指定した日（年間カレンダーで定めた日）
 (2) 賃金支払方法（甲3）
  ① 賃金締日　　毎月15日
  ② 賃金支払日　当月25日（土日祝祭日に当たるときは，その前日）
 (3) 賃金額（甲1）
  基本給30万円　職務手当3万円　住宅手当2万円　合計　月額35万円

第2 労働基準法施行規則第19条4号による計算方法の基礎となる事実，積算方法
1 原告の割増賃金の基礎となる賃金は，基本給30万円，職務手当3万円，住宅手当2万円の合計35万円である。
　なお，住宅手当は，被告の就業規則（甲3）第42条に，持家居住者，賃貸居住者を問わず，「一律2万円を支給する」と規定されており，労働基準法

施行規則第21条により割増賃金の基礎から除外することができる賃金には該当しない。
2 被告における1年間の所定休日は、平成23年125日、平成24年126日であり（甲4）、平成23年及び平成24年の年間所定労働日数は240日である。
3 原告の1日の所定労働時間は8時間であるから、平成23年及び平成24年の年間所定労働時間は、8時間×240日＝1,920時間となり、月平均所定労働時間は、1,920時間÷12ヵ月＝160時間00分となる（別紙2「月平均所定労働時間計算書1～2」）。
4 原告の割増賃金の基礎となる1時間当たりの賃金額は、基礎賃金35万円を月平均所定労働時間160時間で除し、35万円÷160時間00分＝2,188円（50銭以上切上げ）となる。

第3 請求の対象となる期間における時間外の労務提供の事実と時間数
1 原告は、被告に入社した平成23年4月16日から平成24年8月15日付で退職するまでの間、被告の販売促進部において営業事務を担当し、被告の明示又は黙示の業務命令に基づいて時間外労働を行った。
2 原告の時間外労働時間数
(1) 被告は、原告を含む従業員の勤務時間の管理をタイムカードによって行っていたから、本来、タイムカードに打刻された時刻が原告の始業・終業時刻を正確に表す資料である。しかし、被告は、原告の再三のタイムカード開示要求に応じようとしないので、次の方法により時間外労働時間を計算した。
(2) 平成23年4月16日から平成24年3月15日までの期間
　被告会社においては、原告が入社してから平成24年3月15日までの間、「業務週報」（甲5）なる書面に1週間の各日の業務内容を1時間ごとに記載して報告することが義務付けられ、その内容は、毎週上司であった被告会社の〇〇課長によって確認されていた。
　この業務週報に記載された業務開始時刻・業務終了時刻から、平成23年4月16日から平成24年3月15日までの原告の労働時間を取りまとめた結果が別紙3「勤務時間・賃金計算票1～11」である。
(3) 平成24年3月16日から同年8月15日までの期間
　原告は、被告会社に入社してから残業が常態化していたにもかかわらず一度も残業手当が支払われたことがないことから、平成24年3月16日から、毎日、手帳（甲6）に始業時刻と終業時刻を記録し始めた。
　この手帳に記載された時刻は、原告が、毎日、始業時と終業時を機械的にメモしたものであるから、原告の労働時間数を正確に表示している。

　　　　　この手帳に記載された時刻から，平成24年3月16日から同年8月15日までの原告の労働時間を取りまとめた結果が別紙3「勤務時間・賃金計算票12〜16」である。
　3　以上により計算した結果，平成23月4月16日から平成24年8月15日までの間に，原告が行った時間外労働時間は，時間外労働合計422時間，時間外深夜労働合計36時間10分となる。

第4　原告が支払を受けるべき割増賃金
　　　原告が支払を受けるべき割増賃金は，別紙1「未払賃金・遅延損害金等計算表」のとおり，合計117万3,956円となる。

第5　割増賃金支払請求権の存在
　　　しかるに，被告は，原告が行った時間外労働に対して割増賃金を一切支払わない。
　　　したがって，原告は，被告に対し，1,173,956円の割増賃金支払請求権を有する。

第6　付加金請求権
　　　被告の取扱いは，労働基準法第37条1項に違反するから，原告は，被告に対し，労働基準法第114条に基づき上記時間外労働の割増賃金と同額の付加金請求権を有する。
　　　被告は，長期間，時間外労働時間に応じた割増賃金を支払わず，未払額も多額で，しかも，この点につき労働基準監督署の調査指導を受けながら，なんら改善措置を講じていなかったのであるから，本件は極めて悪質な事例であり，制裁の観点からも，付加金全額の支払を命じることが不可欠である。

第7　結　論
　　　よって，原告は，被告に対し，(1)賃金支払請求権に基づき，割増賃金117万3,956円及びこれに対する平成24年8月26日から支払済みまで賃金の支払の確保等に関する法律所定の年14.6パーセントの割合による遅延損害金，並びに(2)労働基準法第114条に基づき，付加金117万3,956円及びこれに対する本判決確定の日の翌日から支払済みまで民法所定の年5パーセントの割合による遅延損害金の支払を求める。

　　　　　　　　　　　　証　拠　方　法
　1　甲第1号証の1乃至16　　給与明細書

2　甲第2号証　　　　　源泉徴収票
3　甲第3号証　　　　　就業規則
4　甲第4号証の1，2　年間カレンダー
5　甲第5号証の1乃至11　業務週報
6　甲第6号証　　　　　手帳

　　　　　　　附　属　書　類
1　訴状副本　　　　　1通
2　甲号証写し　　　　各1通
3　訴訟委任状　　　　1通
4　資格証明書　　　　1通

別紙 1（付録 CD-ROM 収録「残業代等計算ソフト」により作成。別紙 3 も同様）

未払賃金・遅延損害金等計算表

単位（円）

行番号	賃金の計算対象期間 始期	賃金の計算対象期間 終期	① 割増賃金の算定基礎賃金	② 法定外労働時間	③ 深夜労働時間	④ 法定外労働に対する割増賃金	⑤ 深夜労働に対する割増賃金	⑥ ①～⑤の合計	⑦ 未払金額	給与支給日	備考欄
1	平成23年4月16日	平成23年5月15日	2,188	23時間30分	1時間10分	64,273	638	64,911	64,911	平成23年5月25日	計算票_1
2	平成23年5月16日	平成23年6月15日	2,188	25時間10分	2時間0分	68,831	1,094	69,925	69,925	平成23年6月25日	計算票_2
3	平成23年6月16日	平成23年7月15日	2,188	25時間0分	2時間0分	68,375	1,094	69,469	69,469	平成23年7月25日	計算票_3
4	平成23年7月16日	平成23年8月15日	2,188	17時間0分	2時間0分	46,495	1,094	47,589	47,589	平成23年8月25日	計算票_4
5	平成23年8月16日	平成23年9月15日	2,188	27時間41分	1時間0分	75,714	547	76,261	76,261	平成23年9月25日	計算票_5
6	平成23年9月16日	平成23年10月15日	2,188	33時間43分	5時間45分	92,215	3,145	95,360	95,360	平成23年10月25日	計算票_6
7	平成23年10月16日	平成23年11月15日	2,188	22時間4分	2時間0分	60,352	1,094	61,446	61,446	平成23年11月25日	計算票_7
8	平成23年11月16日	平成23年12月15日	2,188	22時間54分	2時間30分	62,632	1,368	64,000	64,000	平成23年12月25日	計算票_8
9	平成23年12月16日	平成24年1月15日	2,188	24時間6分	2時間0分	65,914	1,094	67,008	67,008	平成24年1月25日	計算票_9
10	平成24年1月16日	平成24年2月15日	2,188	27時間21分	2時間30分	74,802	1,368	76,170	76,170	平成24年2月25日	計算票_10
11	平成24年2月16日	平成24年3月15日	2,188	33時間24分	2時間45分	91,349	1,504	92,853	92,853	平成24年3月25日	計算票_11
12	平成24年3月16日	平成24年4月15日	2,188	33時間19分	3時間0分	91,121	1,641	92,762	92,762	平成24年4月25日	計算票_12
13	平成24年4月16日	平成24年5月15日	2,188	23時間3分	1時間0分	63,042	547	63,589	63,589	平成24年5月25日	計算票_13
14	平成24年5月16日	平成24年6月15日	2,188	25時間10分	2時間15分	68,831	1,231	70,062	70,062	平成24年6月25日	計算票_14
15	平成24年6月16日	平成24年7月15日	2,188	33時間30分	2時間15分	91,623	1,231	92,854	92,854	平成24年7月25日	計算票_15
16	平成24年7月16日	平成24年8月15日	2,188	25時間5分	2時間0分	68,603	1,094	69,697	69,697	平成24年8月25日	計算票_16
	合計		―			1,154,172	19,784	1,173,956	1,173,956	―	

別紙2

月平均所定労働時間計算書1

平成23年	所定休日
1月	13日
2月	9日
3月	9日
4月	10日
5月	12日
6月	8日
7月	11日
8月	11日
9月	10日
10月	11日
11月	10日
12月	11日
年間所定休日合計	125日
年間所定労働時間	1,920時間
月平均所定労働時間	160.0時間

月平均所定労働時間計算書2

平成24年	所定休日
1月	14日
2月	8日
3月	10日
4月	10日
5月	12日
6月	9日
7月	10日
8月	12日
9月	11日
10月	9日
11月	9日
12月	12日
年間所定休日合計	126日
年間所定労働時間	1,920時間
月平均所定労働時間	160.0時間

別紙3

勤務時間・賃金計算票1

計算期間 最初の日	平成23年4月16日	最後の日	平成23年5月15日	1週の法定時間	40:00	支払者	株式会社〇〇〇〇
給与支給日	平成23年5月25日	法定休日	不定期	1日の所定時間	8:00	氏名	〇〇〇〇
週の始まり	日曜	所定休日	土日	H23.04.10からH23.04.15までの労働時間	0:00	(法定外・休日除く)	

行番号	日付(曜日)	休日	出勤時刻	退勤時刻	休憩時間 昼間休憩	休憩時間 深夜休憩	実働時間	法内超勤	法定外労働時間 日8H超	法定外労働時間 週40H超	法定外労働時間 法定外	深夜労働	休日労働	備考
(1)	H23.04.16(土)	所定												
(2)	(第1週小計)						0:00	0:00	0:00		0:00	0:00	0:00	
(3)	H23.04.17(日)	所定												
(4)	H23.04.18(月)		9:00	19:10	1:00		9:10		1:10					
(5)	H23.04.19(火)		9:00	18:45	1:00		8:45		0:45					
(6)	H23.04.20(水)		9:00	19:38	1:00		9:38		1:38					
(7)	H23.04.21(木)		9:00	19:13	1:00		9:13		1:13					
(8)	H23.04.22(金)		9:00	18:35	1:00		8:35		0:35					
(9)	H23.04.23(土)	所定												
(10)	(第2週小計)						45:21	0:00	5:21	0:00	5:21	0:00	0:00	
(11)	H23.04.24(日)	所定												
(12)	H23.04.25(月)		9:00	18:15	1:00		8:15		0:15					
(13)	H23.04.26(火)		9:00	18:43	1:00		8:43		0:43					
(14)	H23.04.27(水)		9:00	18:55	1:00		8:55		0:55					
(15)	H23.04.28(木)		9:00	19:05	1:00		9:05		1:05					
(16)	H23.04.29(金)		9:00	23:10	1:00		13:10		5:10			1:10		
(17)	H23.04.30(土)	所定												
(18)	(第3週小計)						48:08	0:00	8:08	0:00	8:08	1:10	0:00	
(19)	H23.05.01(日)	所定												
(20)	H23.05.02(月)		9:00	18:26	1:00		8:26		0:26					
(21)	H23.05.03(火)		9:00	18:49	1:00		8:49		0:49					
(22)	H23.05.04(水)		9:00	19:10	1:00		9:10		1:10					
(23)	H23.05.05(木)		9:00	18:48	1:00		8:48		0:48					
(24)	H23.05.06(金)		9:00	19:26	1:00		9:26		1:26					
(25)	H23.05.07(土)	所定												
(26)	(第4週小計)						44:39	0:00	4:39	0:00	4:39	0:00	0:00	
(27)	H23.05.08(日)	所定												
(28)	H23.05.09(月)		9:00	18:48	1:00		8:48		0:48					
(29)	H23.05.10(火)		9:00	19:10	1:00		9:10		1:10					
(30)	H23.05.11(水)		9:00	19:13	1:00		9:13		1:13					
(31)	H23.05.12(木)		9:00	18:56	1:00		8:56		0:56					
(32)	H23.05.13(金)		9:00	19:15	1:00		9:15		1:15					
(33)	H23.05.14(土)	所定												
(34)	(第5週小計)						45:22	0:00	5:22	0:00	5:22	0:00	0:00	
(35)	H23.05.15(日)	所定												
(36)	(第6週小計)						0:00	0:00	0:00		0:00	0:00	0:00	
(37)	当月合計		出勤数20	総日数30	20:00	0:00	183:30	0:00	23:30	0:00	23:30	1:10	0:00	

① 割増賃金の算定基礎賃金	[1時間あたりの単価]		2,188円	【手入力】
② 法定内超勤(法定内かつ所定時間外の労働)の割増率			0%	【選択】
③ 法定外労働の割増率	60時間以内の割増率 25%	60時間超の割増率 50%		【選択】
④ 法定内かつ所定時間外の労働時間	法定内超勤	0 時間 0 分	第6週の労働時間↓	
⑤ 法定外労働時間	法定外労働	23 時間 30 分	0:00	
⑥ 深夜労働時間	深夜労働	1 時間 10 分		
⑦ 休日労働時間	休日労働	0 時間 0 分		
⑧ 法定内かつ所定時間外の労働に対する賃金			0円	【①×④】
⑨ 法定外労働に対する割増賃金	[60時間以内の割増賃金(A)]		64,273円	【①×⑤×1.25】
	[60時間超の割増賃金(B)]			【N/A】
	[上記合計]		64,273円	【⑨A+⑨B】
⑩ 深夜労働に対する割増賃金	[基本賃金を除く加算額]		638円	【①×⑥×0.25】
⑪ 休日労働に対する割増賃金	[3割5分の割増賃金]		0円	【①×⑦×1.35】
⑫ 上記⑨～⑪の合計額(法定外労働+深夜労働+休日労働)			64,911円	【⑨+⑩+⑪】
⑬ 上記⑧～⑪の合計額(法内超勤+法定外労働+深夜労働+休日労働)			64,911円	【⑧+⑨+⑩+⑪】
⑭ 既払の時間外手当・深夜手当・休日手当			0円	【手入力】
⑮ 未払の時間外手当・深夜手当・休日手当(当月の請求金額)			64,911円	【⑬－⑭】

証拠説明書							
号証	標　目 （原本・写しの別）		作成年月日	作成者	立証趣旨	備考
甲1の 1〜16	給与明細書	原本	平23.5.25〜 平24.8.25	被告	原告が平成23年4月16日から平成24年8月15日まで被告に勤務した事実及びその間の賃金額。	
甲2	源泉徴収票	原本	平23.12.25	被告	原告が平成24年8月15日まで被告に勤務した事実及び平成24年の賃金額。	
甲3	就業規則	写し	平19.4.1	被告	原告と被告との間の賃金支払方法及び住宅手当が社員全員に対して一律2万円支給すると定められていた事実。	
甲4の 1，2	年間カレンダー	写し	平23.1.1, 平24.1.1	被告	平成23年及び平成24年の被告会社の所定休日。	
甲5の 1〜11	業務週報	写し	平23.4.16〜 平24.3.15	原告	原告が平成23年4月16日〜平成24年3月15日の間に，時間外労働を行った事実及びその時間数。	
甲6	手帳	原本	平24.3.16〜 平24.8.15	原告	原告が平成24年3月16日〜平成24年8月15日の間に，時間外労働を行った事実及びその時間数。	

【訴状作成上の留意点】

(1) **請求の趣旨について**

① 労働者は，時間外労働をしたことにより，当然に，その対価である賃金請求権を取得する（労基11条）ことになるため，割増賃金を請求する訴訟における訴訟物は，労働契約に基づく賃金支払請求権となる。付加金も請求する場合には，労働基準法114条に基づく付加金支払請求権も訴訟物となる。

② 労働契約上の賃金支払形態が月給制の場合，各月の割増賃金と賃金支払日の翌日から支払済みまでの遅延損害（被告が会社の場合は，商事法定利率の年6％）の支払を請求することができる。

　退職後に未払になっている賃金（退職金を除く）を請求する場合には，賃金の支払の確保等に関する法律6条1項に基づき年14.6％の遅延損害金を，退職日（支払期日が退職日後の賃金は支払期日）の翌日から請求することもできる。ただし，その遅滞している賃金の全部又は一部の存否に係る事項に関し，合理的な理由により，裁判所又は労働委員会で争っている場合には適用されない（賃確6条2項，賃確則6条4号）。

　実務上は，退職後に最終賃金支払期日の翌日から商事法定利率の年6％の遅延損害金を請求する例が多いとされるが，上記の訴状は，退職日後の賃金支払期日の翌日から，賃確法6条1項に基づき年14.6％の遅延損害金を請求する場合の記載例である。

　なお，退職後，支払日が到来していない賃金がある場合，労働者が請求すれば，使用者は7日以内に支払わなければならない（労基23条1項）ため，退職後に請求すれば，請求後（到達日不参入）7日経過後から，遅延損害金が発生することになる。

③ 付加金請求権は，判決が確定して初めて支払義務が生じるものであるから，遅延損害金は，判決確定の日の翌日から民法所定の年5％を請求できるのみである。

④ 付加金には，仮執行宣言をつけることができないので注意を要する。

⑤ 訴額算定に当たって，付加金の請求は附帯請求として吸収されるのか独立の訴訟物として合算されるのかという問題があるが，附帯請求とする扱

いが多い。ただし，裁判所によって扱いが異なることがあり，事物管轄と印紙代に影響するので，事前に確認が必要である。

(2) 請求の原因について

① 労働契約の締結の事実の中には，賃金額に関する合意内容を要素として主張すべきである。また，時間外労働の計算の便宜のためと遅延損害金の発生時期を明らかにするために，賃金支払方法の合意として賃金締切日と支払日の事実も主張しておくべきである。

② 就業規則等によって時間外労働に対する割増賃金の計算方法が合意内容となっている場合には，それも労働契約の締結の事実の中で主張する。

そのような合意がないか，合意があっても労働基準法の定める条件を下回る場合には，同法の定める基準による労働条件が定められたことになるため，労働基準法37条の適用を基礎付ける事実（合意内容が労働基準法37条の基準を下回る場合は，その事実も）を主張する必要がある。

上記の訴状は，就業規則等に割増賃金の計算方法に関する規定がなく，合意内容となっていない場合の記載例である。

③ 使用者の指揮命令に服していたことについて，例えば，始業時前の準備作業，終業時後の後片付け，手待時間等が労働時間に該当するかが争点となる事例においては，当該労働の業務関連性，使用者による指揮監督が存在することの具体的な状況を根拠付ける事実まで主張する必要がある。

④ 割増賃金の基礎となる賃金について，ある手当が割増賃金の基礎となる賃金に該当するかが争点となる事例においては，その手当の性格を具体化する事実，例えば，その手当がどの範囲の従業員にどのような基準で支給されているかなどを主張する必要がある。

5 答弁書作成上の留意点──使用者側から
【答弁書記載例】

答　弁　書

Ⅰ　請求の趣旨に対する答弁
　1　原告の請求をいずれも棄却する。
　2　訴訟費用は原告の負担とする。
との判決を求める。

Ⅱ　請求の原因に関する認否
　第1　請求原因第1は認める。
　第2　同第2は否認ないし争う。
　　　原告は，職務手当及び住宅手当を割増賃金の基礎となる賃金に含めているが，いずれも除外されるべきものである。
　　　職務手当は，後述するとおり，定額の時間外手当としての性格を有する手当である。
　　　住宅手当は，労働基準法第37条4項及び同法施行規則第21条3号により，割増賃金の基礎から除外されるべきものである。
　第3　同第3について
　1　同1は概ね認める。ただし，原告が黙示の業務命令に基づいて時間外労働に従事したことがあることは認めるが，明示の業務命令によらず原告が通常の就業時間以降会社に滞在していた時間のすべてが黙示の業務命令に基づく時間外労働に該当するわけではない。
　2　同2について
　　(1)　同(1)は否認する。
　　　　タイムカードは，被告に出社した事実及び退社した事実を明らかにするものであって，原告の労働時間数そのものを正確に表示するものではない。
　　(2)　同(2)について
　　　　「業務週報」による報告義務を課していたことは認めるが，その余は否認する。
　　(3)　同(3)について
　　　　原告が手帳に始業時刻と就業時刻を記載していることは不知。
　　　　手帳の記載から労働時間数を正確に表示しているとの主張は否認する。
　3　同3は否認する。
　4　同第4から同第7は争う。

Ⅲ 被告の主張
　1　「職務手当」について
　　　被告の給与規程第8条には「職務手当は，担当する職務に応じて支払うものとし，固定残業手当を含む」と規定しており（乙1），被告は原告に対し，固定残業手当として職務手当を支払っていた。
　　　職務手当の趣旨は採用面接時に原告に説明しており，原告はこれに同意した上で被告会社に入社したものである。また，給与規程は，原告が見ようと思えばいつでも閲覧できるように，事務所内に備えていた。
　　　労働基準法が規制しているのは同法第37条に定める計算方法による一定額以上の割増賃金を支払うことであるから，この規制に違反しない限り必ずしも同条の定める計算方法による必要はなく，結果においてその割増賃金の額が法定額を下回らないように確保されている場合には，同条違反の問題は生じない。
　　　被告は，原告が，在職中，割増賃金が固定残業手当である職務手当の額を上回ることがなかったため，割増賃金を支払わなかったまでである。
　　　また，原告は，請求の原因第2の1において，職務手当を割増賃金の基礎に含めるべき賃金であると主張しているが，定額の割増賃金である職務手当分を割増賃金の基礎に含めることになれば，いわば二重に割増賃金を支払う結果となり，明らかに不当である。
　　　したがって，職務手当は割増賃金の基礎から除外されるべきである。
　2　時間外労働の時間数について
　⑴　平成23年4月16日から平成24年3月15日までの終業時刻について
　　　原告は，請求の原因第3の2⑵において，「業務週報に記載された業務開始時刻・業務終了時刻から，平成23年4月16日から平成24年3月15日までの原告の労働時間を取りまとめた」としているが，「業務週報」は，業務の効率化を図ることを目的としたものであり，労働時間数を正確に表示するものではない。
　　　また，本人の自己申告により作成されているものにすぎず，正確な労働時間数を記載したものではない。例えば，現時点で判明しているものだけでも，次に挙げるような誤りがある。
　　　第1に，原告提出の業務週報の平成23年6月8日分には終業時刻が22時と記載されているが，この日は，被告において懇親会を行った日であり（乙2），原告は18時には業務を終了している。
　　　第2に，同年9月20日分については終業時刻が21時と記載されいるが，同日の原告から被告に提出されている営業報告書（乙3）には，原告は17時に渋谷にある営業先のA社を訪問した後，直帰したと記載されている。

第3に，被告は，残業を行うために夕食をとった従業員に対して，後日，領収書と引換えに食事補助費を支給しており，原告に対しても平成23年8月20日，同年10月14日，同年11月8日，同年12月21日，平成24年2月7日，同年3月16日，同年4月3日，同年5月25日，同年7月29日分の食事補助費を支給している（乙4）。
　　ところが，原告提出の「業務週報」には，夕食をとった時間の記載がなく，すべて勤務時間に加えられている。
(2)　平成24年3月16日から同年8月15日までの終業時刻について
　　原告は，請求の原因第3の2(2)において，「この手帳に記載された時刻は，原告が，毎日，始業時と終業時を機械的にメモしたものであるから，原告の労働時間数を正確に表示している。」と主張しているが，同手帳には，上記(1)で述べた平成24年3月16日，同年4月3日，同年5月25日，同年7月29日に夕食をとった旨の記載はなく，夕食に費やした時間も勤務した時間に加えられている。
　　また，原告の直属の上司である訴外〇〇課長によれば，原告は業務終了後に弁当やお茶を買ってきて，談話室でタバコを吸いながら同僚の従業員と社内で時間を過ごすことが多く，1時間程度に及ぶこともしばしばであったということである。
　　その他にも，同手帳には，事実と異なる記載が多数あり，現在調査中であるので，追って主張を追加する。

証　拠　方　法

1　乙第1号証　　　　　　給与規程
2　乙第2号証　　　　　　業務日報
3　乙第3号証　　　　　　営業報告書
4　乙第4号証の1乃至9　　領収書

附　属　書　類

1　乙号証写し　　　　　各1通
2　訴訟委任状　　　　　1通

証拠説明書							
号証	標　　目		作成年月日	作成者	立証趣旨	備考
		(原本・写しの別)				
乙1	給与規程	原本	平19.4.1	被告	職務手当が固定残業手当としての性格を有する事実。	
乙2	業務日報	原本	平23.6.8	被告	平成23年6月8日の18時から，被告会社で懇親会を行った事実。	
乙3	営業報告書	原本	平23.9.20	原告	平成23年9月20日，17時に，原告が渋谷の営業先A社から直帰した事実。	
乙4の1～9	領収書	原本	平23.8.20,10.14,11.8,12.21,平24.2.7,3.16,4.3,5.25,7.29	セブンイレブン〇〇店	平成23.8.20,10.14,11.8,12.21,平成24.2.7,3.16,4.3,5.25,7.29の各日に，被告が原告に食事補助費を支給した事実。	

【答弁書作成上の留意点】

(1) **請求の原因に対する答弁**

① 本例のように原告の記録や業務日報等を証拠としている場合には，それらに記載された事実と反する事実（例えば，何月何日は直帰していた，会社の親睦会であったなど），記載の中に矛盾があること，一度記載した後に訂正したと思われる部分があるなどの事実を具体的に挙げ，記録の信用性が低いことを主張していく。

　タイムカードが証拠として提出されている場合には，タイムカードの記載と実際の労働時間が異なることにつき，被告の側が特段の立証がない限りタイムカードの記載に従って労働時間の認定がされてしまうので，単に

否認するだけでなく、具体的な事情を主張する必要がある。
② 原告が、黙示による業務命令の存在を主張して争点となる事例においては、原告の主張の信用力を減殺する事情や、黙示の業務命令の存在を根拠付ける状況等の推認を阻害する具体的な事情を主張していくことが必要になる。

(2) 抗弁の主張

割増賃金請求に対する抗弁事由としては本章232頁で紹介したようなものがあり、その要件事実をすべて被告側で主張立証する必要がある。

6 準備書面の作成──労働者側から

【原告準備書面記載例】

平成24年（ハ）第〇〇〇号　割増賃金等請求事件
原告　〇〇〇〇
被告　株式会社〇〇

　　　　　　　　　　原告準備書面1

　　　　　　　　　　　　　　　　　　　　平成24年〇月〇日

〇〇簡易裁判所　御中

　　　　　　　　　　　　　原告訴訟代理人司法書士〇〇〇〇　㊞

第1　固定残業手当の抗弁について
　被告答弁書Ⅲの1の「被告は原告に対し、固定残業手当として職務手当を支払っていた。」との主張については争う。
　定額の割増賃金は、「基本給のうち割増賃金に関する部分を明確に区分して合意し、かつ、労働基準法所定の計算方法による額がその額を上回るときは、その差額を当該賃金の支払期に支払うことを合意した場合にのみ、その予定割増賃金分を当該月の一部又は全部とすることができる」（最判昭63・7・14小里機材割増賃金請求事件）のである（甲7）。
　しかるに、被告の給与規程第8条における職務手当に関する規定は、何ら割増賃金相当部分とそれ以外の賃金部分とを区分しておらず、割増賃金相当部分

と本来の割増賃金とを比較し検証する手掛かりが全く与えられていない。
　また，労働基準法第15条第1項及び同規則第5条は，労働時間と賃金を入社時に書面で明示しなければならないとしているにも拘わらず，被告は，入社時に右法定の書面を交付しなかったばかりか，固定残業手当に関する何らの説明もしなかった。
　加えて，被告の募集広告には，「勤務時間9時00分〜18時00分，給与35万円〜40万円」と記載されており（甲8），原告の採用時の給与合計額はその最下限である35万円（甲1）であった。それゆえ，原告は，採用時の給与35万円は所定労働時間9時00分〜18時00分に対する賃金であると信じて労働契約を締結したのであり，被告からこれと異なる旨の説明は一切なかったのである。
　入社後も，原告は被告から，職務手当が固定残業手当であるとの説明を受けたことはない。
　被告会社から，職務手当に割増賃金が含まれているとの説明を受けたのは，原告が退職後に割増賃金を請求したときが初めてである。

第2　「業務週報は労働時間数を正確に表示するものではない。」との主張について
　被告は，答弁書Ⅲの2の（1）において「「業務週報」は，業務に対する効率的な労働時間を測定することを目的としたものであり，労働時間数を正確に表示するものではない。」と主張しているが，「業務に対する効率的な労働時間を測定することを目的としたもの」という限りで認め，その余については否認ないし争う。
　被告会社においては，毎週，業務週報がチェックされ，上司から業務の効率性について厳しく注意・指導がなされていた。
　そのため，原告は，業務週報に実際の労働時間数よりも少な目に記載することはあっても，多く記載して報告することはなかった。
　したがって，原告の労働時間数は，別紙3「勤務時間・賃金計算票1〜16」記載の時間数を上回ることはあっても，決して下回ることはない。

　　　　　　　　　　　証　拠　方　法
　1　甲第7号証　　　　労働判例
　2　甲第8号証　　　　募集広告

【文書提出命令申立書記載例】

訴訟提起後に相手方が任意にタイムカードなどの文書の提出に応じない場合には，文書提出命令の申立てを行うことも考えられる。

平成24年（ハ）第〇〇〇号　割増賃金等請求事件
原告　〇〇〇〇
被告　株式会社〇〇

文書提出命令申立書

平成24年11月20日

〇〇簡易裁判所　御中

原告訴訟代理人司法書士〇〇〇〇　㊞

原告は，下記文書の提出命令を発せられたく申立ていたします。

記

1　文書の表示
　　平成23年4月16日分から平成24年8月15日分までの原告の就労にかかるタイムカード
2　文書の趣旨
　　平成23年4月16日から平成24年8月15日までの間に，原告が被告において就労した労働時間が記載されているタイムカードである。
3　文書の所持者
　　被告
4　証明すべき事実
　　平成23年4月16日から平成24年8月15日までの間に，原告が被告において就労した労働時間。
5　文書の提出義務の原因
　　当該タイムカードは，原告の被告との雇用契約関係に基づいて，原告が支払を受けるべき賃金内容を客観的に明らかにするものであり，民事訴訟法第220条第3号に該当する。

第7章
年次有給休暇

I 年次有給休暇の法的性質

　年次有給休暇は，継続的な労働力の提供から生ずる精神的，肉体的消耗を回復させるとともに，人に値する社会的文化的な生活の実現に資するために，労働者に対し，休日のほかに毎年一定日数の休暇を有給で保障する制度である。年休権は労働者の権利として認められながら，実際には請求し難く，年休の取得方法や期間，その後の処遇などにおいて紛争が発生しやすい。そもそも年休の法的性質や取得要件について理解していない使用者や労働者も少なくないため，正確な理解が必要となる。

　年休権の法的性質につき判例は，年次有給休暇の権利は法定の要件を満たすことによって当然に発生する権利であり，労働者の請求を待ってはじめて生ずるものではないとした上で，使用者が時季変更権を行使しない限り，労働者が具体的な時季を特定することによって，年次有給休暇が成立し，当該労働日の就労義務が消滅するという効果が発生すると解されている（林野庁白石営林署事件・最判昭48・3・2民集27巻2号191頁）。

　したがって，労働者の請求や使用者の承諾は不要であることに注意を要する。

II 年休の取得要件

　労働者の年休権は，雇入れの日から起算して6ヵ月以上継続勤務し，全労働日の8割以上出勤することによって当然に発生する（労基39条1項）。年休の日数は，年休権発生の要件を満たした労働者について，採用後6ヵ月に達した日の翌日から10日の年休権が発生し，その後2年間は，1年勤務するごとに1日の年休が加算され，勤続2年6ヵ月を達した日以降は，1年ごとに2日の年休が加算されることになる。

　なお，年次有給休暇は，原則として1日単位で取得することとされていたが，平成22年4月1日施行の改正労働基準法において，事業場で労使協定を締結すれば，1年に5日分を限度として時間単位で年休を取得できる制度が設けられた。

この場合，労働者は，年次有給休暇を日単位で取得するか，時間単位で取得するか自由に選択することができ，使用者が変更することはできない。また，労使協定で時間単位年休の対象となる労働者の範囲を定める必要があるが，取得目的などによって制限をすることはできないとされている。

例えば，労働者の範囲について，事業の正常な運営を妨げられる場合に工場のライン作業で働く労働者を対象外とすることは可能と考えられるが，育児を行う労働者に限るという定めはできないと解される。

【年次有給休暇の付与日数】

継続年数	6ヵ月	1年6ヵ月	2年6ヵ月	3年6ヵ月	4年6ヵ月	5年6ヵ月	6年6ヵ月
付与日数	10日	11日	12日	14日	16日	18日	20日

（注）週の所定労働日が5日以上又は週の所定労働時間が30時間以上の労働者

1 継続勤務

継続勤務とは，労働者の在籍期間あるいは労働関係の存続を意味すると解され，具体的には，勤務の実態や契約期間，有期契約を締結する理由など，「実態より見て引き続き使用されていると認められ」るか否かを基準として判断する，としている（昭63・3・14基発150号）。したがって，休業中や休職中も在籍している限り継続勤務となる。

2 全労働日の8割以上出勤

全労働日とは，就業規則その他によって定められた労働義務があるとされる日をいい，所定休日に労働させた場合には，その日は「全労働日」には含まれないとされている（昭33・2・13基発90号）。

出勤した日とは，実質的に労務を提供した日であり，遅刻・早退があったとしても1出勤日として計算すると解されている。

III 年休時季の特定

1 時季指定権の行使

　法定の要件を満たして発生した年休権は、労働者がその時季を指定することによって、労働義務が消滅する効果が発生する。「時季」とは、季節ないしこれに相当する長さの期間を含めた具体的な時期のことであり、時季指定をするに際し、原則として使用者の承諾を必要としない点で形成権と解されている。時季指定の方法については、労働基準法上に規定がないため、基本的には有給休暇を利用する前日の終業時刻までに申し出ればよいことになろう。

　ところで、就業規則等において、具体的な時季指定を休暇日の一定日数前に行うことを定めている場合があるが、これは、使用者が時季変更権を行使するかどうかを判断するための時間を要するという理由に基づくものであり有効と解されている。判例もこのような規定は合理的なものである限り効力が認められると判示し、原則として前々日までに時季指定を行うことを規定した就業規則の規定を有効なものとしている（電電公社此花電報電話局事件・最判昭57・3・18民集36巻3号366頁）。

2 時季変更権の行使

　労働者の時季指定に対して、使用者は、労働者の請求した時季に年休を与えることが事業の正常な運営を妨げる場合には、他の時季に年休を与えることができるとされている（労基39条5項ただし書）。使用者は、あくまで労働者の指定した年休の効力を阻止するに留まり、他の日を指定できるわけではないことに注意を要する。

　「事業の正常な運営を妨げる」とは、事業規模や業務の内容、業務の繁閑、代替要員確保の難易などの諸点を総合考慮して客観的に判断される。また、業務遂行のための必要人員を欠くなど業務上の支障が生じることに加え、使用者が代替要員を確保するために適切な努力をしたかなど、労働者の年休取得に配慮を尽くしたか否かも重要な判断要素となる。

　なお、年休の利用目的は、労働基準法の関知しないところであり、休暇をど

のように使うかは，労働者の自由である（前掲林野庁白石営林署事件）。したがって，労働者は，時季指定権を行使する際に利用目的を申告する必要はなく，また労働者が利用目的を偽って請求した場合でも年休の成立に影響はない。さらに，たとえ年次休暇を請求した労働者が当該休暇を利用し，違法行為を行う蓋然性が高い場合であっても，使用者として「通常の配慮」をすれば代替勤務者を配置することが客観的に可能な状況にあるときは，使用者がかかる措置をとらない以上，自ら「事業の正常な運営を妨げる場合」であったという抗弁は認められない（弘前電報電話局事件・最判昭62・7・10労判499号19頁参照）とした判例もある。

　また，使用者の時季変更権の行使は，他の時季に年休を与える可能性の存在が前提となるため，その可能性がない場合は時季変更権を行使し得ないこととなる（菅野和夫『労働法〔第9版〕』333頁）。例えば，退職時に未消化分の年休を取得するために時季指定をするような場合には，他の時季に年休を与える可能性がないため，時季変更権は認められないと解される。

　有給休暇に関して実務上問題となるのは，労働者の有給休暇の請求に対して，使用者から時季変更権の行使がなされた場合に，その時季変更権行使の適法性を争い当該年休日の賃金カットに対する未払賃金を請求するという形であることが多い。

　以下，参考となる判例を挙げる。

　①　勤務割における勤務予定日につき年次有給休暇の時季指定がされた場合であっても，使用者が休暇の利用目的を考慮して勤務割を変更するための配慮をせず，時季変更権を行使することは許されないとした事例（前掲弘前電報電話局事件）。

　②　使用者は，できる限り労働者が指定した時季に年休を取ることができるように，状況に応じた配慮をなすべき義務があり，勤務割による勤務体制がとられている職場でも，代替勤務者の確保等の努力をせず，直ちに時季変更権の行使をすることは許されず，年休の利用目的のいかんにより時季変更権を行使することは許されないものとした事例（横手統制電話中継所事件・最判昭62・9・22労判503号6頁）。

　③　1ヵ月間に満たない期間に集中的に高度な知識，技能を習得させること

を目的として行われる訓練期間中における年次有給休暇の請求に対する時季変更権の行使が認められた事例（日本電信電話事件・最判平12・3・31労判781号18頁）。

Ⅳ 年休取得に対する不利益扱い

　年休権は，法律で保障された権利であるが，年休権を行使した場合にそれを理由に使用者は，人事考課や賃金支払等で不利益に扱うことができるのかが問題となる。判例の中には，賞与の算定に当たり，賞与期間中の年次有給休暇の日数を欠勤扱いした事案につき，「使用者に対し年次有給休暇の期間について一定の賃金の支払を義務付けている労働基準法39条4項の規定の趣旨からすれば，使用者は，年次休暇の取得日の属する期間に対応する賞与の計算上この日を欠勤として扱うことはできないものと解するのが相当である。」と判示し（エス・ウントー・エー事件・最判平4・2・18労判609号13頁），年休取得による不利益扱いを無効としたものがある。また，昇給の基準となる出勤率の算定に当たり，年休日を欠勤日として扱うことを否定した判例もある（日本シェーリング事件・最判平元・12・14民集43巻12号1895頁。ただし，労働基準法，労働組合法上の権利行使に基づく不就労を一括判断している事例）。

　しかし，一方で，有給休暇取得者に対する精勤手当不支給の事案につき，不利益な取扱いの趣旨，目的，労働者が失う経済的利益の程度，年次有給休暇の取得に対する事実上の抑止力の強弱などの諸般の事情を総合して，「年次有給休暇を取得する権利の行使を抑制し，ひいては同法が労働者に年次有給休暇を取得する権利を保障した趣旨を実質的に失わせるものと認められない限り，公序に反して無効となると解することはできない」（沼津交通事件・最判平5・6・25民集47巻6号4585頁）と判示した判例もある。

　本事例は，皆勤手当の支給が年休を抑制する趣旨ではないこと，及び減額される額が相対的に大きなものではないことなどから使用者のとった措置が有効とされた例であるが，この判旨は，有給休暇を取得した労働者に対して賃金減額など不利益な取扱いをしないようにしなければならないと規定する労働基準法附則136条の趣旨に反するという見解も有力である（菅野・前掲341頁）。

　実務上，年休取得による不利益扱いが無効と解される事案では，年休取得に

より不支給となった手当と同額の損害賠償を請求することができると解されるが，最後の判例の趣旨に従えば現実に請求が認容されるケースはある程度制限されることになるであろう。

V 未消化年休の扱い

1 年休の時効

年休の消滅時効期間は，2年と解されている（労基115条）。したがって，当該年度に消化されなかった年休は翌年に限り繰り越すことができる。そこで，労働者は前年分の年休と当該年度の年休の双方を有することになるが，労働者としては先に時効にかかる年休を行使しようと考えるのが合理的な意思解釈であるから，時季指定権については，繰越し分からなされていくと推定すべきである。

2 年休の買上げ

年休を保障した趣旨に照らせば，年休を買い上げることは原則として認められないと解される。そう解さなければ，金銭給付と引換えに年休を与えたものとされ，使用者に法定の付与日数を満たさない年休を許容することになるからである。行政解釈も，「年次有給休暇の買上げの予約をし，これに基づいて法第39条の規定により請求し得る年次有給休暇の日数を減じ，ないし請求された日数を与えないことは，法第39条の違反である」（昭30・11・30基収4718号）としている。

例外的に，①退職時に未消化分の年休を買い上げる場合，②既に時効にかかった年休を買い上げる場合，③法定日数を超過する年休を買い上げる場合は，労働者に不利益を及ぼすことがないため認められている。

なお，上記買上げは，あくまで使用者が許容する限り認められるものであり，使用者には買上げに応ずる義務はないことに注意を要する。

第8章
労働契約終了に関する基礎知識

I 解雇以外の労働契約終了に関する基礎知識

1 労働契約終了の形態

　労働契約の終了の形態には，当事者である労使の合意に基づく合意解約や労働者からの一方的意思表示である任意退職（辞職），使用者からの一方的意思表示である解雇，その他契約期間の満了や定年制などがある。労働契約終了の局面においては，解雇や退職勧奨，雇止めなどをめぐってトラブルが発生することが多いが，これらの紛争の解決方法を検討する前提として，労働契約終了の形態を整理して理解することが必要である。

　以下，まず期間の定めのある労働契約（以下「有期労働契約」という）の終了と期間の定めのない労働契約の終了について概説した後，次項において個々の終了形態の論点について詳述する。

(1) 期間の定めのある労働契約の終了

(a) 契約期間

　期間の定めのある労働契約（「有期労働契約」）は，一定の事業の完了に必要な期間を定めるもののほかは，3年を超えることができない（労基14条1項）。ここでいう「一定の事業」とは，例えば，5年間で完了する建設工事において，技術者を5年間の契約で雇い入れるような場合を指す。

　労働契約の期間が3年を超える場合は，その部分は無効となり，3年の期間を定めたものとなる（同13条）。

　ただし，例外として，以下に掲げる労働契約の期間は5年となる（同14条1項）。

> ① 専門的知識，技術又は経験であって高度のものとして厚生労働大臣が定める基準に該当する専門的知識等を有する労働者との間に締結される労働契約
> ② 満60歳以上の労働者との間で締結される労働契約

　なお，①に該当する者は，厚生労働省告示356号により限定列挙されており，具体的には，博士の学位や医師，弁護士など一定の高度の資格を有する者であり，かつその業務を行うことが労働契約上認められている者をいう（平15・10・22基発1022001号）。

(b) **期間途中における終了**

　有期労働契約の終了は，期間途中での終了と期間満了による終了とに分かれる。有期労働契約における契約期間中は，原則として，やむを得ない事由がある場合に各当事者は契約を解除することができる（民628条）。ここでいう「やむを得ない事由」とは，天災事変その他の事由で事業の継続が困難になった場合などが典型的な例である（我妻榮ほか『我妻・有泉コンメンタール民法―総則・物権・債権』1121頁）が，ほかにも労働者に著しい非違行為があった場合の使用者からの解除や，使用者の破綻や本人の就労不能などの場合の労働者による解除などがある。

　有期労働契約は，契約期間中の雇用の存続を一定期間保障するところに意義があり，あくまで例外的に期間途中での解消を認めるものであるから，「やむを得ない事由」とは，後述する労働契約法16条の「客観的に合理的な理由であって，社会通念上相当なもの」よりも厳しい基準になると解されている。また，同法17条1項は，「使用者は，期間の定めのある労働契約について，やむを得ない事由がある場合でなければ，その契約期間が満了するまでの間において，労働者を解雇することができない」と規定していることから，「やむを得ない事由」の立証責任は使用者にあると解される。

　なお，「やむを得ない事由」がある場合は，直ちに契約の解除をなしうるが（民628条前段），その事由が当事者の一方の過失によって生じたものであるときは，相手方に対して損害賠償責任を負う（同条後段）。この民法の考え方は，やむを得ない事由が使用者の過失によって生じた場合にも，使用者は，なお解除告知をすることができ，ただ，損害賠償の責任を負うとするものである（我妻ほか・前掲1121頁）。反対に，労働者が損害賠償責任を負うケースでは，本条は厳格に解釈されることになる。

　このほか，使用者が破産手続開始決定を受けたときや（同631条），労働契約締結に際し，使用者から明示された労働条件が事実と相違するとき（労基15条2項）などには，労働者は契約を解除することができる。

　ところで，有期労働契約は，既述の一定の事業の完了に必要な期間を定める場合を除き，1年を超える労働契約を締結した労働者であって，上記①，②に規定する労働者以外の者は，民法628条の規定にかかわらず，当該労働契約の

期間の初日から1年を経過した日以後は，いつでも退職の申出をすることができる（労基附則137条）ことに注意を要する。

(c) **期間満了による終了**

有期労働契約は，期間の満了に伴い当然に終了する。これは，労使の合意に基づく契約関係の自動的終了であり，原則として合理的な理由は必要ない。

ただし，有期労働契約をある程度の期間反復継続してあたかも期間の定めのない労働契約と同視できるような場合や，期間の定めのない労働契約と同視できないまでも，労働者が契約更新について合理的な期待を有する場合などがある。これらの場合，使用者の契約期間満了による更新拒絶（雇止め）は，実質的には解雇と類似の関係に当たるため，解雇権濫用法理が類推適用されることがあるので注意を要する。

なお，雇止めは有期労働契約を期間満了により終了する時点でなされるものであり，解雇とは適用場面が異なるが，裁判で争う場合には，労働者の地位確認請求という訴訟形態をとるため，訴訟類型としては解雇に類似する。

雇止めの制限の詳細については，**第3章**「労働法に関する基礎知識」103頁以下を参照されたい。

(2) **期間の定めのない労働契約の終了**

民法は，期間の定めのない労働契約においては，各当事者はいつでも解約の申入れをすることができる（民627条1項前段）としている。この結果，労働契約は解約申入れ後2週間の経過により終了することになる（同条1項後段）。ただし，月1回の完全月給制（遅刻・早退・欠勤をしても賃金控除しない）のような場合，解約は，翌月以降についてのみなし得，更に当月の前半にその予告を要するとされている（同条2項）。

このように民法の規定によれば，各当事者は何らの理由なく解約する自由を有するのが原則であるが，使用者の解雇の自由については，これを制限なく認めれば，労働者の生計を根底から破壊するおそれがあるため，労働基準法20条で少なくとも30日前の解雇予告か30日分以上の平均賃金の支払を要求し，更に解雇権濫用法理（労契16条）によって大幅な制限が加えられている。他方，労働者については，退職の自由が保障されており，仮に就業規則等で「労働者は退職の意思表示をする場合，30日前に使用者に申し入れなければならない」と

いう規定があったとしても，これによって，労働者の退職の意思表示が制限されることはないと解されている。

　期間の定めのない労働契約については，後述する解雇か合意解約・辞職かが争点となることが多く，どの形態に該当するかにより対処方法が全く異なってくるため労働契約の終了形態についての正確な理解が必要となる。

　以下，個々の終了形態における論点について解説する。

2　退職勧奨・退職強要
(1)　退職勧奨の法的性質

　退職勧奨とは，労働者が退職の意思表示をするように使用者が行う勧奨行為をいう。退職勧奨は，その行為自体は違法と解されるわけではなく，使用者は自由にそれをなし得る反面，労働者も使用者の退職勧奨に何ら拘束されることはない。判例は，退職勧奨そのものは雇用関係にある者に対し，自発的な退職意思の形成を慫慂するためになす事実行為であり，場合によっては雇用契約の合意解約の申入れあるいはその誘引という法律行為の性格を併せ持つ場合もあるが，いずれの場合も被勧奨者は何らの拘束なしに自由に意思決定をなしうるのであり，いかなる場合も勧奨行為に応じる義務はない旨判示している（下関商業高校事件・最判昭55・7・10労判345号20頁）。

　他方，使用者の退職勧奨行為が社会的相当性を逸脱した態様での半強制的なものであったり執拗なものである場合には不法行為を構成し，使用者に損害賠償責任が生じうる。上記判例の事案では，2名の高校教諭に対し，約4ヵ月の間，十数回にわたり，1回20分から2時間強に及ぶ退職勧奨を繰り返し，退職しない限り，所属教員組合の要求に応じないとの態度を示したり，提出物を求めたり，配転をほのめかしたりした事実を認定し，不法行為に基づく損害賠償請求を認容している。

　また，その他の裁判例は，退職勧奨の期間や回数，説得のための手段・方法が社会通念上相当と認められる範囲を逸脱しているか否かによって，退職勧奨の違法性を判断しているものが多い。

　以下，使用者へ損害賠償請求を肯定した裁判例を紹介する。

　①　勤務時間内外に連日にわたり，執拗に退職届を出すよう要請し，希望退

職期間経過後は，暴力行為や仕事上の差別などの嫌がらせによって，退職を強要したことについて慰謝料請求を認めた事例（エールフランス事件・東京高判平8・3・27労判706号69頁）。

② 傷病により休職していた労働者が復職するに際し，複数の上司から数ヵ月にわたり，数十回の面談や話合いを持たれ，労働者が断っているにもかかわらず，同人の寮まで赴き退職勧奨した事案について，その頻度，面談の長さ，言動は社会通念上許容される範囲を超えているとして，慰謝料請求を認めた事例（全日本空輸事件・大阪高判平13・3・14労判809号61頁）。

③ 女性職員が違法な退職勧奨を拒否して以降，昇給させないことを違法な不利益取扱いとして損害賠償責任を認めた事例（鳥屋町職員事件・金沢地判平13・1・15労判805号82頁）。

④ 女性に対して妊娠を理由に退職勧奨し，更に退職を強要したことにつき，女性が婚姻・妊娠・出産を理由に退職すると定めたり，解雇したりすることを禁じた男女雇用機会均等法の趣旨に反するとして会社の損害賠償責任を認めた事例（今川学園木の実幼稚園事件・大阪地堺支判平14・3・13労判828号59頁）。

(2) 退職勧奨に対する対処法

退職勧奨の法的性質は，単なる合意解約の申込み又はその誘引にすぎない。したがって，労働者に退職の意思がない以上，使用者の勧奨に応ずる義務は一切ない。

退職勧奨が止まらない場合には，内容証明郵便等で退職の意思がないこと及び当該勧奨行為を止めるよう通告するべきである。また，退職勧奨差止めの仮処分の申立てという方法もある。

なお，使用者の違法な勧奨により不本意ながら退職の意思表示をしてしまった場合には，損害賠償請求と併せて会社都合による退職として，自己都合退職における退職金との差額を請求することも考えられる。

3 退職の意思表示の法的性質

(1) 辞職と合意解約

退職には，労働者からの一方的解約の意思表示である「辞職」と使用者との合意により労働契約を将来に向けて解約する「合意解約」とがある。両者は，

特に意思表示の撤回の可否について相違が生ずる。

すなわち，辞職の意思表示は，期間の定めのない労働契約においては，使用者に到達した時点で効力が生じ，原則として2週間の経過により雇用契約は終了する（民628条）。したがって，使用者の同意がない限り撤回できないと解されている（株式会社大通事件・大阪地判平10・7・17労判750号79頁）。これに対し，合意解約の申込みの場合は，信義則に反すると認められる特段の事情がない限り，使用者の承諾の意思表示がなされるまでの間は，撤回できるとされている（白頭学院事件・大阪地判平9・8・29労判725号40頁）。

このように労働者のなす退職の意思表示が辞職なのか合意解約の申込みなのかによって，上記の差異が生じることになるが，両者の違いは明確でない場合も少なくない。これらは，労働者の意思解釈を含めた個別の事案における事実関係から判断されるべきものであるが，「労働者が使用者の同意を得なくとも辞めるとの強い意思を有している場合を除き，合意解約の申込みであると解するのが相当である」（全自交広島タクシー支部事件・広島地判昭60・4・25労判487号84頁）とした裁判例がある。また，他の裁判例でも辞職の意思が明らかな場合以外は合意解約の申込みと解する傾向にある。

(2) 合意解約の撤回

合意解約は，使用者が承諾した後には，原則として使用者の同意がない限り撤回できない。このことは，使用者の退職勧奨に対し，労働者が退職の意思表示をした場合も同様である。

では，いかなる場合に使用者の承諾があったといえるのか。判例は，退職届の受理をもって使用者の承諾と認められるためには，その者に退職承諾の権限がなければならないとの判断基準を示している。また，退職届の受理だけでなく，更に内部的決裁手続を要する場合は，その手続が行われ本人に通知した時点で合意解約の成立を認めた裁判例もある（塩野義製薬事件・大阪地決昭63・9・6労経速1337号11頁）。

以下，裁判に現れた事案を紹介する。

① 退職に対する承諾の権限を有する人事部長が退職届を受理した事案につき，使用者の即時承諾の意思表示を認めた事例（大隈鉄工所事件・最判昭62・9・18労判504号6頁）。

②　退職に対する承諾の権限を有する工場長からの退職通知書の交付によって承諾の意思表示がなされたとした事例（ネスレ日本事件・東京高判平13・9・12労判817号46頁）。

③　常務取締役観光部長には退職承認の権限はなかったとして，同部長による退職届受理後の撤回を認めた事例（岡山電気軌道事件・岡山地判平3・11・19労判613号70頁）。

なお，労働者が一時的感情や不本意なまま退職の意思表示をしてしまった場合には，使用者の承諾の有無にかかわらず，直ちに撤回の通知をしておくべきである。撤回が可能な場合であっても時期が遅れると使用者が承諾してしまうことがあり，また，使用者の承諾後であっても，撤回の同意を得られる可能性もあるからである。その際，有効な撤回にもかかわらず，使用者から退職金等が支払われた場合は，返還し，拒否された場合は供託，あるいは以後発生する賃金の一部に充当する旨の意思表示をしておくべきである。これを怠ると，黙示の合意として合意解約の成立を否定できなくなる可能性もあるので注意されたい。

【退職願撤回通知書記載例】

退職願撤回通知書

　私は，貴社に対して，平成24年○月○日に同日付の退職願を提出いたしました。
　しかしながら，本件について，再度十分に検討した結果，今後とも貴社の社員として勤務を継続したいと決心するに至りました。
　よって，平成24年○月○付の私の作成にかかる前述の退職願は，これを撤回させていただきます。

　上記のとおり，ご通知申し上げます。

平成24年○月○日

　　　　　　　　　　　　　　　○○市○○町○○丁目○○番地○○号
　　　　　　　　　　　　　　　○　　　○　　　○　　　㊞

```
　　○○市○○町○○丁目○○番○○号
　　株式会社○　○　○　○
　　代表取締役　○　○　○　○　○　殿
```

(3)　退職の意思表示の瑕疵

　退職の意思表示に瑕疵がある場合は，辞職，合意解約の申込み，合意解約の申込みに対する承諾のいずれの態様であっても，民法の規定に従い，その無効ないし取消しの主張が可能となる。実務上，意思表示の瑕疵として問題となるのは心裡留保，錯誤，強迫などが多い。

　具体的な事案として，懲戒解雇事由が存在しないにもかかわらず，上司の説諭により懲戒解雇になると誤信して退職届を提出したケースを動機の錯誤に当たるものとして合意解約を無効とした事例（学校法人徳心学園事件・横浜地決平7・11・8労判701号70頁）や，懲戒解雇に相当する事由がないにもかかわらず，退職届を提出しなければ懲戒解雇することや，その場の不利益を告げて退職届の提出を要求することは，「労働者を畏怖させるに足る違法な害悪の告知」であるとして強迫に当たるとした事例（ネスレ日本事件・水戸地龍ヶ崎支判平13・3・16労判817号51頁）などがある。

　これらの取消しや無効が認められた場合は，解雇の場合と同様に労働者としての地位を有し，またその間の賃金の支払を請求することができる。

　ただし，労働者が意思表示の瑕疵により退職の無効ないし取消しを主張する場合に，退職金などを請求する行為は，法定追認事由（民125条）と判断される可能性があることに注意を要する。

Ⅱ　解雇の基礎知識

　解雇事件に関する紛争は，実務上，解雇の意思とその有効性が問題となるケースが多い。前者は，退職勧奨又は退職の意思表示の無効又は取消しの問題と関連するのに対し，後者は解雇自体の実体上や手続上の問題となる。

　以下，解雇に関する論点を整理する。

1 解雇権濫用法理

　解雇とは，使用者による労働契約を終了させる一方的意思表示である（民627条1項本文）。労働者の承諾は要件ではない。ただし，使用者からの一方的な解雇を安易に認めることは，労働者保護の観点から好ましくないため，次のような解雇権濫用法理と呼ばれる判例法理が形成されている。

　すなわち，「使用者の解雇権の行使も，それが客観的に合理的な理由を欠き社会通念上相当として是認することができない場合には，権利の濫用として無効となる」（日本食塩事件・最判昭50・4・25民集29巻4号456頁）と判示し，更に「普通解雇事由がある場合においても，使用者は常に解雇しうるものではなく，当該具体的事情のもとにおいて，解雇に処することが著しく不合理であり，社会通念上相当なものとして是認することができないときは，当該解雇の意思表示は，解雇権の濫用として無効になる。」（高知放送事件・最判昭52・1・31労判268号17頁）とするなど，使用者の解雇の自由を制約する判例法理が多数の裁判例の積み重ねによって形成されてきた。

　また，解雇権濫用法理は，実質的に使用者側に立証責任を転換したものであるとされ，実務上，労働者側から解雇に該当する事実がなく就労してきた事実等を主張することで一応解雇権濫用の評価根拠事実の主張があったとして，使用者側に解雇理由を解雇権濫用の評価障害事実として主張立証させるのが一般的である。

　この解雇権濫用法理は，今日の解雇に関する紛争の増加に鑑み，平成15年7月4日法律104号「労働基準法の一部を改正する法律」（以下「平成15年改正労基法」という）による改正後の労働基準法18条の2で「解雇は，客観的に合理的な理由を欠き，社会通念上相当であると認められない場合は，その権利を濫用したものとして，無効とする。」と明文化され，さらに，労働契約法の制定に伴い（平成20年3月1日施行），同法16条に移行された。

　この規定は解雇権濫用法理を確認したものであり，地位確認等請求訴訟において実質的に使用者側に主張立証責任を負わせている現状を変更するものではないと説明されている。

2 解雇の合理的理由と社会的相当性

　労働契約法16条の解雇権濫用の禁止規定は，「客観的に合理的な理由」と「社会通念上相当」の２つの要件から構成される。どのような場合に合理的な理由があるといえるかは，個別具体的な事案において検討されるが，個別労使紛争では，おおむね次の３つに分類できよう（水町勇一郎『労働法〔第４版〕』184頁）。

> ① 労働者の職務能力や適格性の低下・喪失
> ② 労働者の義務違反や規律違反行為
> ③ 使用者の経営上の必要性

　なお，③については，整理解雇で触れる。
　上記の事由については，裁判所はそれらの事由が重大であり，ほかに解雇回避の手段がなく，かつ労働者の側に宥恕すべき事情がほとんどない場合に解雇の有効性を認める傾向にある。
　社会的相当性については，合理的な解雇事由があったとしても，なお解雇という重い処分を課すことの相当性が問われる。つまり，解雇事由と解雇という効果のバランスを勘案して厳格に判断されることになる。
　もっとも，実務上，解雇事由の存在と相当性については，明確に区別せずに判断されるケースもあり，また，解雇の動機や目的が不法であるとの理由や解雇に至るプロセスを重視して権利の濫用と判断するケースもある。
　以下，上記分類に従い解説する。

(1)−(ⅰ)　労働者の職務能力・適格性の欠如を理由とする解雇

　多くの企業では就業規則に「労働能力が劣り向上の見込みがないとき」などの解雇事由を置いているのが一般的である。いかなる状況であれば，解雇をなしうるかは使用者の主観的な要素を含むため，個別具体的事案に即して客観的に判断される。
　能力不足や成績不良は，法的には労働義務の不完全履行（債務不履行）として解雇事由になると考えられるが，直ちに解雇を正当化するものではない。
　つまり，(ア)企業の経営や運営に現に支障が生じ，これらの事実から雇用の継続が期待し難い程度に達しているとともに，(イ)配置転換や教育訓練・研修など

の措置によっても能力の向上を図る見込みが客観的にない場合にのみ解雇は有効になると解される。この点，裁判例は「単なる成績不良ではなく，企業経営や運営に現に支障・損害を生じ又は重大な損害を生じる恐れがあり，企業から排除しなければならない程度に至っていることを要し，かつ，その他，是正のため注意し反省したにも拘わらず，改善されないなど今後の改善の見込みもないこと……配転や降格ができない企業事情があることなども考慮して判断すべきである」と判示している（エース損害保険事件・東京地決平13・8・10労判820号74頁。そのほか，セガ・エンタープライゼス事件・東京地決平11・10・15労判770号34頁）。

　労働者の職務能力を問題とする場合に実務上，しばしば問題となる相談として，上級管理職や職務等を特定して採用された者を能力不足を理由に解雇するというケースである。このようにある一定の地位や職位を特定して採用され，その職務を遂行する具体的能力と適格性があることが契約内容になっていると考えられる場合，この者の能力不足による解雇は，通常の学卒一括採用者と比較して緩やかに解されている。

　職種や地位が特定されているか否かは，最終的には当事者の意思解釈の問題となるが，労働契約書にその職種や地位が記載され，それに相応しい賃金処遇や待遇がなされている場合には，地位特定者として雇用したと判断されることもある。例えば，年収が1,500万円以上あり，採用の段階で達成水準までが契約の内容となっているような場合などは，地位特定者と判断される可能性は高い。

　裁判例では，業務上必要な語学力や品質管理能力を備えた即戦力となる人材と判断して品質管理部海外顧客担当で主事1級の待遇で中途採用した労働者の解雇につき，長期雇用を前提とする新卒採用者と異なり，他職種への配置転換や教育訓練を検討する義務はないとして解雇を有効と判断した例がある（ヒロセ電機事件・東京地判平14・10・22労判838号15頁）。

　なお，実務上，使用者は地位・職種特定者を降格・配転させた後，解雇の手続をとるケースがあるが，使用者の一方的命令により労働者を降格・配転させたような事実がある場合，使用者が地位・職種特定者を主張することは矛盾する行為となろう。

(1)−(ii)　私傷病を理由とする解雇

　私傷病により労務の提供が困難となった場合，解雇することができるかが問題となる。あくまで，私傷病を理由とする解雇が問題となるのであり，業務上の疾病を理由とする解雇については，法令上制限されている点に注意されたい（労基19条1項本文）。労務提供は労働契約上の義務であるため，まず労務提供の履行が可能か否かを慎重に検討しなければならない。

　どのような状態であれば労務提供が不能といえるかは問題であるが，この点について，労働者の私傷病を理由に現場監督業務から事務作業への配転を求めたところ，会社が拒否し自宅治療を命じた事例が参考となる。これは，労働者がその間の賃金請求を求めた事例であるが，解雇の有効性判断にも役立つものである。最高裁は次のように判示している。「労働者が職種や業務内容を特定せずに労働契約を締結した場合においては，現に就業を命じられた特定の業務について労務の提供が十全にはできないとしても，その能力，経験，地位，当該企業の規模，業種，当該企業における労働者の配置・異動の実情及び難易等に照らして，当該労働者が配置される現実的可能性があると認められる他の業務について労務の提供をすることができ，かつ，その提供を申し出ているならば，なお債務の本旨に従った履行の提供があると解するのが相当である」（片山組事件・最判平10・4・9労判736号15頁）。

　この最高裁の判例によれば，職種や職務を特定せずに労働契約を締結した労働者については，現に従事している業務に支障を生ずる場合であっても，他の職務への配置転換等の可能性をも考慮して判断することが要請されているといえる。

(2)　労働者の義務違反や規律違反行為を理由とする解雇

　服務規律違反は，主に懲戒解雇事由に該当するケースが多い。懲戒解雇事由としては，横領・着服，不法行為，暴言・暴行，経歴詐称，業務命令違反などがある。これらが懲戒の対象となることについては争いがないが，当該行為の態様が懲戒処分としての解雇を正当化できる程度か否かを検討する必要がある。懲戒解雇の場合は，普通解雇よりも大きな不利益を労働者に与えるため，規律違反の程度は，制裁として労働関係から排除することを正当化する程度に達していることを要する。

例えば、遅刻や欠勤が数回あるというだけでは足りず、実際には、(ア)相当数の遅刻や欠勤を積み重ねていること、(イ)使用者から注意・指導がなされているが改善の見込みがないことなどを総合考慮して判断されることになる。

もっとも、解雇の有効性が争点となる場合は、複数の解雇事由が付加されることが通常であり、結局のところ行為の態様や程度、回数、改善の余地の有無などを個別具体的事案に即して総合的に判断することになる。

3 懲戒解雇
(1) 懲戒解雇と普通解雇

解雇には、一般的に懲戒解雇と普通解雇がある。これは解雇事由による区別であり、懲戒解雇が企業秩序違反に対する制裁罰として、使用者が有する懲戒処分権に基づく解雇であるのに対し、普通解雇は民法627条1項に基づく私法上の形成権の行使である解約権であり、有効要件が異なる。なお、整理解雇は、普通解雇の1つに分類される。

懲戒解雇は、懲戒処分としての性格と解雇としての性格の二面性があるため、懲戒解雇が有効となるためにはその前提として懲戒処分が有効でなければならない。懲戒処分が有効とされるためには、原則として、就業規則にその理由及びこれに対する懲戒の種類・程度が記載されていなければならない。また、懲戒処分の種類や程度は、その非違行為の種類や程度の事情に照らし相当なものであり、かつ、その処分に際し、適正な手続要件が備わっている必要がある。

懲戒解雇は、退職金規程等において退職金不支給の規定が定められていることが多く、また、解雇予告も予告手当の支給もなされない（以下「即時解雇」という）のが一般的である。しかしながら、即時解雇が可能となるためには、労働基準法20条1項ただし書の①天災事変その他やむを得ない事由のために事業の継続が不可能となった場合、又は②労働者の責に帰すべき事由に基づいて解雇する場合において、労働基準監督署長の認定を受ける必要があり（以下「除外認定」という）、懲戒解雇であれば、当然に即時解雇が可能となるものではない。また、懲戒解雇事由と②の「労働者の責に帰すべき事由」とは、必ずしも一致するとは限らない。ただし、除外認定手続は、除外事由の有無を確認するための処分にすぎず、除外事由に該当する事実が客観的に存在すれば、たとえ

除外認定を受けずになされた懲戒解雇であっても，解雇自体が無効となるものではないことに注意を要する（昭63・3・14基収150号）。

なお，普通解雇か懲戒解雇かの選択は，使用者の裁量に委ねられており，実務では，あえて解雇予告手当の除外認定手続の煩雑さや相当性の程度を考慮して普通解雇を選択することも少なくない。

(2) 懲戒権の根拠と就業規則との関係

懲戒権の法的根拠については，学説上，使用者は規律と秩序を必要とする企業の運営者として当然に固有の権利を有するという説（固有権説）と労働者が労働契約において具体的な同意を与えている限度でのみ可能であるとする説（契約説）とがある（菅野和夫『労働法〔第9版〕』419頁）。固有権説に立てば，就業規則の根拠規定は不要ということになるのに対し，契約説に立てば，就業規則の根拠を要することになり，また規則上の懲戒事由や手段は限定的に解釈することになる。

判例は，「使用者は，広く企業秩序を維持し，もって企業の円滑な運営を図るために，その雇用する労働者の企業秩序違反行為を理由として，当該労働者に対し，一種の制裁罰である懲戒を課することができる」と判示し（関西電力事件・最判昭58・9・8判時1094号121頁），この意味では固有の権利を認めつつ，他方，判例は，使用者は規則や指示・命令に違反する労働者に対しては「規則の定めるところに従い」懲戒処分をなしうると述べ（国鉄札幌運転区事件・最判昭54・10・30民集33巻6号647頁），また，「あらかじめ就業規則において懲戒の種類及び事由を定めておくことを要する」と判示している（フジ興産事件・最判平15・10・10労判861号5頁）。これら判旨によると，使用者は企業秩序の維持と円滑な業務運営を確保する権限を有し，労働者は労働契約の性質上企業秩序遵守義務を負うが，使用者が特別の制裁罰である懲戒処分をなしうるには，その旨の定めを要することになる。

実務でも具体的な懲戒処分の有効性を，当該処分が就業規則上十分な根拠規定を有していたか否かの枠組みで判断する傾向が目立つ。

なお，普通解雇事由と就業規則との関係については，平成15年改正労基法により解雇事由を就業規則において明示する旨規定された趣旨に鑑みれば，限定列挙説と解すべきとも考えられるが，判例の見解は分かれている。

もっとも，実際の就業規則では「その他前各号に準ずるやむを得ない事由があるとき」等の包括的事由が規定されていることが多く，その場合，例示列挙と解するか限定列挙と解するかは普通解雇の有効性を決定付ける大きな論点となることはないであろう。

(3) 解雇理由の事後的追加の可否

懲戒解雇と普通解雇は，前記のとおり，性格が異なるため解雇当時認識していなかった事情を後に解雇事由として追加主張することの可否が問題となる。この点，懲戒解雇は，解雇事由を解雇通告後に追加主張することはできない。判例は，「使用者が労働者に対して行う懲戒解雇は，労働者の企業秩序違反行為を理由として，一種の秩序罰を課すものであるから，具体的な懲戒の適否は，その理由とされた非違行為との関係において判断されるべきものである。したがって，懲戒当時に使用者が認識していなかった非違行為は，特段の事情のない限り，当該懲戒の理由とされたものではないことが明らかであるから，その存在をもって当該懲戒の有効性を根拠付けることはできない」とする（山口観光事件・最判平8・9・26判時1582号131頁）。このように懲戒解雇は，一種の秩序罰であることを重視し，特段の事情のない限り，解雇当時認識していた事由に限るとしている。

これに対し，普通解雇は，解雇当時使用者が認識していなかった事情についても追加主張することが許されると解されている。これは，普通解雇が民法に規定する雇用契約の解約権の行使にほかならず，解雇権濫用の法理に服する限り解雇理由に制限がないとされるためである。つまり，普通解雇は，使用者の総合判断に従い，客観的に存在した解雇事由をすべて考慮することができると解される。

ただし，解雇事由を根拠付ける具体的な事実の追加と比較して，解雇事由を追加することは，使用者の主張としては，一貫性に欠け，また解雇回避の措置や解雇に至るプロセスの面から判断しても，低く評価されることになるであろう。

(4) 懲戒解雇の普通解雇への転換

使用者の懲戒解雇が訴訟上無効と判断される場合に，使用者から当該懲戒解雇の意思表示は普通解雇の意思表示を含むものとして，普通解雇としては有効

であるとの主張がなされることがある。

　そこで問題となるのが，懲戒解雇としては無効と評価される解雇に普通解雇の意思表示としての効力を認めることができるかである。この点，近時の裁判例の多くは，懲戒解雇を普通解雇へ転換することは，解雇としての根拠を異にし，また，手続や効果も異なる上，安易な転換を認めれば，法律関係は不安定になる等の理由から否定的である。

　例えば，就業規則の懲戒解雇事由に「無断欠勤14日を超える者及び甚だしく職務に不熱心な者」との定めがある場合において，政治活動に参加し逮捕・勾留されたことにより17日間欠勤した事案について，それだけでは職務不熱心であるとは認められず，懲戒解雇としては無効と判断した上で，使用者からの懲戒解雇は無効であるとしても，右意思表示は，普通解雇としての効力を有するとの主張に対しては，「解雇の意思表示は使用者の一方的な意思表示によってなされるものであるから，これに右のような無効行為の転換のごとき理論を認めることは相手方の地位を著しく不安定なものにすることになり許されない」と判示している（硬化クローム工業事件・東京地判昭60・5・24労経速1227号6頁。同旨の裁判例としては，日本メタルゲゼルシャフト事件・東京地決平5・10・13労判648号65頁，与野市社会福祉協議会事件・浦和地判平10・10・2労判750号86頁等がある）。

　もっとも，懲戒解雇としては無効であるとしても，当該解雇事由が普通解雇事由に該当する場合もあり，そのような場合には，使用者は予備的に普通解雇を主張することができると解されている。実務上も，懲戒解雇の有効性に関する訴訟継続中に，予備的に普通解雇がなされることも少なくない。

　ただし，このように普通解雇が予備的に主張される場合，労働契約の終了は，普通解雇が効力を有する時点を基準とすることになるため，懲戒解雇通告後，普通解雇の効力が生じるまでの間は，たとえ，普通解雇が有効と判断された場合でも，その間の賃金請求権を失わないことに注意を要する。

4　整理解雇

　整理解雇は，企業の経営上の理由により，使用者が労働者に対して行う解雇である。普通解雇の1類型であるが労働者に何ら責めに帰すべき事由がないため，厳しい要件が課せられている。以下の4要件が判断基準となろう。

> ① 人員削減の必要性があること
> ② 解雇回避努力義務を尽くしたこと
> ③ 被解雇者選定に合理性があること
> ④ 手続に妥当性があること

　ただし，近年の経済事情に鑑みて，上記要件は，解雇権濫用の判断に際しての類型的な考慮要素であるとの枠組みを示す裁判例が多くみられるようになってきた。
　裁判例は，「整理解雇の4要件が重要な考慮要素になることは前記の通りであるが，整理解雇も普通解雇の1類型であって，ただ経営状況等の整理解雇に特有な事情があることから，整理解雇の適否を判断するに当たっては，それらの事情を総合考慮しなければならないというものに過ぎないのであって，法律上整理解雇に固有の解雇事由が存在するものとして，たとえば，上記4要件がすべて具備されてなければ整理解雇が解雇権の濫用になると解すべき根拠はないと考えられる。」（平和学園事件・東京高判平15・1・29労判856号67頁。ほかに山田紡績事件・名古屋高判平18・1・17労判909号5頁）と判示し，近年はむしろ4要素として総合的に考慮して判断している。
　裁判例は，経済状況や企業間競争の状況によって判断枠組みを修正しつつあり，今後の動向が注目されるところである。
　以下，個別に各要件（要素）の判断枠組みを検討する。

(1) 人員削減の必要性

　人員削減の必要性があると判断されるためには，企業の経営状況がどの程度にあるかが問題となる。この点につき，古くは「企業の維持・存続が危殆に瀕する程度に差し迫った必要性があること」を要求する立場もあったが（大村野上事件・長崎地大村支判昭50・12・24判時813号98頁），現在では，「企業の合理的運営上やむを得ない必要に基づくと認められる場合」や，「客観的に高度な経営上の必要性」があれば足りるとするものがあり，比較的緩やかに人員削減の必要性を認める傾向にある（前者として，東洋酸素事件・東京高判昭54・10・29労判330号71頁。後者として，社会福祉法人大阪暁明館事件・大阪地決平7・10・20労判685号49頁）。
　裁判例は，おおむね使用者の経営判断を尊重する姿勢をとっているようであるが，例えば，一方で新規採用者の募集や，賃金の引上げ，設備投資など経営

上の必要性と矛盾する行為がある場合には、人員削減の必要性を否定する判断材料の1つになる。

(2) **解雇回避努力義務**

解雇回避努力義務は、整理解雇に限られず、解雇一般に当てはまる要請であり、その意味で重要な要件となる。具体的には、希望退職者の募集、時間外労働の削減、配転・出向、一時帰休、役員報酬のカットなど真摯な解雇回避のための努力が求められる。特に希望退職者の募集については、解雇回避措置の基本的内容であり、それを経ずにいきなり解雇する場合は、解雇回避努力義務を尽くしたとはいい難いと判断されることが多い。

裁判例は、「解雇回避義務は、労働契約上の信義則から要請されるものであるが……その程度は、ありとあらゆる解雇回避措置をとるべきことが義務づけられるというものではなく、その当時の会社の置かれた状況下において信義則上相当の経営上の努力をすれば足りるものというべきである」と判示し（ケイエスプラント事件・鹿児島地判平11・11・19労判777号47頁）、全体として、解雇回避のための真摯かつ合理的な努力をしたか否かという観点から検討する立場をとっている。

(3) **被解雇者選定基準の合理性**

被解雇者の選定は、客観的に合理的で公正な基準により行われなければならない。選定基準を設けなかったり、あまりに抽象的な基準である場合は、一般的に合理性は疑われることになろう。

具体的には、勤務成績や会社への貢献度、年齢、労働者へ与える経済的打撃などが基準になると解される。

例えば、「4名の人選については能力と勤務態度を基準として行われたことを認められるものの……4名を選定するに当たり、他の従業員と比較してどのようにその能力や勤務態度が劣ると判断されたかについて具体的な検討結果が窺われず、人選の過程が合理的であったとの疎明は十分とは言い難い。」として（ジャレコ事件・東京地決平7・10・20労経速1588号17頁）、その適用結果が選定基準に従っていないことを理由に合理性を否定した例がある。

なお、解雇後、訴訟となってから被解雇者に人選基準を示したり、現実に行った人選に合致するような基準が後から作成されたとの疑義がある場合は、合

理性は否定される傾向が強い。

(4) 手続の妥当性

使用者は，整理解雇の有効性判断の1要素として労働組合や労働者に対して，人員削減の必要性やその方法・手続等について十分な説明・協議を行う信義則上の義務を負う。手続の妥当性については，実体上の要件と異なり，整理解雇に至るプロセスが適正であるか否かの判断であるため，訴訟となった場合でも労働者側が比較的主張立証を展開しやすい要素といえる。

5 変更解約告知

変更解約告知とは，一般的に使用者からの労働条件変更の申入れに対し，これに応じない労働者との労働契約を解約する旨の意思表示をいう。変更解約告知の本来の目的は，労働者の解雇それ自体ではなく，労働条件の変更にあることが多いのだが，わが国においては，明文の規定がないため，実務上の紛争は判例法理によって処理されることになる。裁判例の判断枠組みは，明確ではないが，外国航空会社の業績不振による合理化策の一環として，日本支社の日本人従業員に対し，退職金の割増を伴う早期退職募集及び年俸制の導入，退職金・労働時間制度の変更などの労働条件の変更を伴う再雇用を申し入れ，これに応じなかった従業員を解雇した事案につき，裁判例は，労働条件の変更に応じない労働者の解雇が有効とされるための要件として，次の判断枠組みを示した。

すなわち，①労働条件変更が会社の業務運営上必要不可欠であること，②その必要性が労働条件変更によって労働者が被る不利益を上回っていること，③労働条件の変更を伴う新契約締結の申込みに応じない場合の解雇を正当化するに足りるやむを得ないものと認められること，④解雇を回避するための努力が十分に尽くされていること，という要件を満たす場合に解雇を適法とした（スカンジナビア航空事件・東京地決平7・4・13労判675号13頁。ただし，変更解約告知を受けていない労働者の整理解雇も含まれる事案）。

しかしながら，他方で「変更解約告知なるものを認めるとすれば，使用者は新たな労働条件の変更の手段を得ることになるが，一方，労働者は，新しい労働条件に応じない限り，解雇を余儀なくされ，厳しい選択をせまられることになるのであって，しかも再雇用の申出が伴うということで解雇の要件が緩やか

に判断されることになるのであれば，解雇という手段に相当性を必要とするとしても，労働者は非常に不利な立場に置かれることになる。」（大阪労働衛生センター第一病院事件・大阪地判平10・8・31労判751号38頁）として，解雇の効力を解雇権濫用法理の判断枠組みに従い判示した裁判例も存在する。

　変更解約告知に関しては，人員整理のため労働条件を全面的に変更する手段として行われる集団的な労働条件の変更の場合と特定の労働者の職種や労働条件を変更する手段として行われる個別的な労働条件の変更の場合とによって判断枠組みは異なるものであるため，類型ごとの事案の集積が急がれるが，労働条件の変更の必要性・合理性とそれを解雇という手段によって行うこととの相当性は，ある程度厳格に判断されることになろう。

6 法令上の解雇制限

　解雇は，解雇権濫用法理に基づき実体上制限されているが，労働基準法その他の法令により個別的に解雇が禁止される場合がある。

　以下，代表的なものを列挙する。

① 国籍，信条，社会的身分を理由とする差別的解雇の禁止（労基3条）。

② 労働者の労災及び職業病の療養に要する期間とその後の30日間の解雇の禁止（同19条1項）。

　　ただし，(i)労働基準法81条に基づいて打切補償が支払われた場合（同19条1項ただし書前段），(ii)天災事変その他やむを得ない事由のために事業の継続が不可能となった場合はこの限りでない（同条1項ただし書後段）が，(ii)の場合は労働基準監督署長の認定を要する（同条2項）。

③ 産前産後の休業の期間とその後の30日間の解雇の禁止（同条1項）。

　　ただし，天災事変その他のやむを得ない事由のために事業の継続が不可能となった場合はこの限りでないが（同条1項ただし書後段），労働基準監督署長の認定を要する（同条2項）。

　　なお，上記②，③の解雇制限は，解雇事由のいかんによって左右されるものではなく，この期間は懲戒解雇を含め，労働基準法19条の規定の例外を除くすべての解雇が禁止される。また，「休業」は一部休業も含まれると解されている（大阪築港運輸事件・大阪地決平2・8・31労判570号52頁）。

④ 労働者が労働基準監督署等に労働基準法違反等の事実を申告したことを理由とする解雇の禁止（労基104条2項）。
⑤ 労働組合の組合員であること，又は労働組合への加入，結成をし，労働組合の正当な活動をしたことを理由とする解雇の禁止（労組7条1号）。
⑥ 解雇において，女性であることを理由とする差別的な取扱いの禁止（雇用均等6条4項）。
⑦ 女性労働者が，婚姻及び妊娠，出産，産前産後の休業の請求又は休業したことを理由とする解雇の禁止（同9条2項・3項）。
⑧ 労働者が育児休業，介護休業，介護休暇の申出をし，又は休業したことを理由とする解雇の禁止（育児介護10条・16条・16条の4）。
⑨ 労働者が一定の要件の下で公益通報をしたことを理由とする解雇の禁止（公益通報者保護3条）。

７ 解雇における裁判手続の検討

　労働者が解雇された場合，労働者自身で交渉する以外に，労働組合による交渉や労働局によるあっせん等の行政機関による解決などが考えられる。それでも解決しない場合，又は事案に応じて最初から裁判手続を利用することも検討すべきである。
　解雇事案における裁判手続は，主に①本案訴訟，②仮処分申立て，③労働審判の利用が考えられる。
　以下，解雇無効を争う場合を中心にそれぞれの手続を検討するが，詳細は，**第11章**「地位確認等請求事件」350頁以下を参照されたい。

(1) 本案訴訟

　本案訴訟は，終局的な判断を求めることから他の裁判手続と比較して長期化する傾向にある。このことは，評価根拠事実の主張が多くを占める労働事件においては顕著に現れる。
　本案訴訟で解雇の効力を争う場合は，労働契約上の地位確認と解雇後の賃金支払請求を併せて行うのが一般的である。労働者は係争期間就労していなくとも，解雇が無効である場合は，使用者の帰責事由による就労不能を根拠に賃金請求権を有することになる（民536条2項）。この賃金請求権は，労働者が就労の

意思を明確にしておけば、その後、係争期間中に他社に就職することとなった場合でも、それまでの賃金請求権は失わないとされる。

　この点、裁判で地位確認を求めて提訴している場合、就労の意思は明確であるから問題とならないと考えられる。問題は、係争期間中に労働者が他社で収入を得ているとき（以下「中間収入」という）に民法536条2項後段の適用があるかである。すなわち、使用者が解雇期間中の賃金を支払うに当たり、労働者が労務提供という債務を免れたことによる利益として使用者に償還する義務があるかという問題であるが、判例は、解雇された労働者が中間収入を得ている場合は、中間収入を得た時期と同時期の解雇期間中の賃金から同時期の平均賃金の6割を超える部分についてのみ、使用者が支払う賃金額から控除することができる旨判示している（あけぼのタクシー事件・最判昭62・4・2判タ644号94頁）。つまり、解雇無効の場合にも休業手当に関する労働基準法26条の規定に基づき中間収入の控除の限度を4割までとしている。ただし、上記判例では中間収入が副業的であって、解雇がなくとも当然に取得しうるなどの特段の事情がある場合は償還義務を否定している点に注意されたい。

(2) 仮 処 分

　仮処分は、一般的に労働契約上の地位保全と賃金仮払いの仮処分の双方を同時に申し立てるのが通常であるが、実際には特段の事情がない限り、地位保全までは認められず、賃金仮払いにとどまるケースが多い。その理由として、保全すべき利益は賃金の支払であるため、仮払いによってとりあえず経済補償を受けていれば、当面の労働者の生活保護が図られるという考えに基づく。したがって、労働者に相当程度の固定収入や相当額の預貯金などがある場合には、保全の必要性が否定されたり、仮払額が減額されたりすることもある。

　仮処分は、被解雇者の経済的困窮を救う趣旨から証人尋問などを経ずに審尋や陳述書等により早期に判断されるが、書面による審理が中心となるため相手方への反論を含め、相応の陳述書や準備書面が要求される。審尋期日は、1回の期日で終了することは少ないが、期日の周期は本訴の口頭弁論期日より短いのが通常である。また、ケースにもよるがおおむね3ヵ月から6ヵ月程度で審理は終結することが多い。

　疎明資料は、基本的には本訴の証拠資料と同様であるが、保全の必要性に関

しては，毎月の支出の額や資産の状況，同居家族の収入の有無などの資料が疎明資料となろう。裁判所は，それらの事情を基に被解雇者の収入を得る見込みや周辺地域世帯の生活水準などを考慮して，相当な期間と額の仮払いを命じることとなる。仮払いを命じる期間は，保全の必要性に関する諸事情等を考慮して発令時より1年間程度とされることが多いが，期間が限られているため再度仮処分の申立てをしなければならないという問題がある。

解雇事件は，早期に労働者の収入を確保する必要があることから本案訴訟ではなく，まず仮処分申立てを検討することが通常である。また，長期化する本案訴訟を回避するため，仮処分手続の段階で和解に至ることも少なくないという特徴がある。

(3) **労働審判**

(a) **概　　要**

労働審判手続は，紛争の実情に即した迅速，適正かつ実効的な解決を図ることを目的として平成18年4月1日から施行された個別労働関係紛争の解決を図る制度である。労働審判の手続は，裁判官である労働審判官1名と労働関係について専門的な知識・経験を有する労働審判員2名で組織する労働審判委員会が事件を審理し，3回以内の期日の中で調停による解決の見込みがある場合はこれを試み，調停が成立すれば労働審判手続は終決し，調停が成立しない場合，審判が言い渡される。審判に異議申立てがあったときは，労働審判がなされた裁判所に民事訴訟の提起があったものとみなされ，通常の裁判手続に自動的に移行することが予定されている。

労働審判は，解雇事案では比較的多く活用されており，労働者が一定の金銭を受領する代わりに労働契約を終了するというような調停で解決することも多い。

(b) **特　　徴**

労働審判の主な特徴として，迅速性，適法性，柔軟性の3点が挙げられる。長期化する訴訟手続と比較するとどれも重要な特徴である。以下，整理してみたい。

労働審判の主な特徴

迅速性	(i) 3回以内の期日で終結するため第1回期日から充実した審理が行われる。そのため，やむを得ない事由がある場合を除き，第2回期日までに主張と証拠書類を提出しなければならないとされている（労審規27条）。 (ii) 事案に応じて第1回若しくは第2回の期日において審判が言い渡されることもある（同21条2項参照）。 (iii) 労働審判手続は口頭審理の形式を採用しており，原則として期日において主張書面を陳述する必要はない。
適法性	(i) 労働審判委員会の決議は，過半数の意見によるため（労審12条1項），労働審判員も労働裁判官と対等な立場で事件を評議し得る。 (ii) 個々の事件の実情や労使双方の意向に即した審理と調停が行われることが期待される。
柔軟性	(i) 調停による紛争の実情に即した柔軟な解決が図られるほか，調停が成立しない場合でも審判において柔軟な解決を図ることができる。 (ii) 当事者間の権利関係を踏まえつつ，一方で事案の実情に即した解決をするために，労働審判手続の経過を踏まえて相当と認める事項を定めることができる（労審20条1項・2項）。 　例えば，労働者が「解雇は無効であるが，金銭的な解決を図ってもよい」という意向を示したようなケースでは，労働審判委員会が解雇無効の判断に至った場合にも「一定の金銭の支払との引換えに，労働契約が終了することを確認する」という審判も可能である。

(c) **対象事件**

労働審判の対象となる紛争は，労働契約の存否その他の労働関係に関する事項について個々の労働者と事業主との間に生じた民事に関する紛争である（労審1条）。

具体的には，次のような事件が考えられる。

(i) 解雇の効力を争う紛争
(ii) 賃金や退職金を請求する紛争
(iii) 労働条件の引下げに関する紛争
(iv) 配転や出向，転籍等の効力を争う紛争
(v) 安全配慮義務違反・労災による損害賠償を請求する紛争
(vi) 派遣労働者と派遣先の事業主との間の労働関係に関する紛争

反対に，労働組合等の労働者団体が当事者となる集団的な労使紛争や行政訴訟，セクハラ・パワハラなどの労働者間紛争は，労働審判の対象とはならないとされる。ただし，就業環境配慮義務（雇用均等21条）や民法715条の使用者責任に基づき，使用者に対し責任を求める場合には，使用者を相手方として労働審判を申し立てることは可能である。

(d) **審判の効力**

労働審判手続の流れは，下記のとおりである。

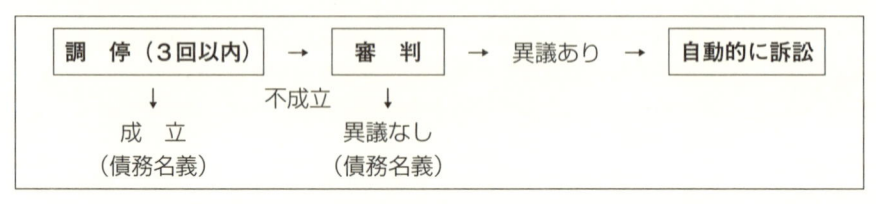

```
調 停（3回以内） →  審 判  → 異議あり → 自動的に訴訟
      ↓         不成立    ↓
     成 立             異議なし
    （債務名義）         （債務名義）
```

労働審判に異議がある当事者は，2週間以内に異議を申し出ることができる（労審21条）。適法な異議が申し立てられたときは，労働審判は失効し，労働審判申立時点で地方裁判所に訴えの提起があったものとみなされ，事件は通常訴訟として当該地方裁判所に係属する（同22条1項・2項）。

したがって，異議の申立てをすることは，すなわち，長期化する訴訟手続が控えていることを意味し，更に同手続においても労働審判委員会が下した判断が維持される可能性が高いという実績が伴うことにより，調停や審判の段階での解決が期待される。そのため，労働審判の質が今後更に向上することによって，より利用価値は増大すると考えられる。

なお，異議の申立ては書面によらなければならないが（労審規31条），異議を申し立てる理由の記載は不要と解される（最高裁判所事務総局行政局監修『条解労働審判規則』85頁）。また，労働審判は裁判上の和解と同一の効力を有する点は理解しておく必要がある（労審29条，民調16条参照）。

(e) **手続選択**

労働審判は，3回以内の期日で手続は終了し，これに要する期間も3〜4ヵ月程度である。本案訴訟と比較すると格段に迅速である。したがって，労働審判が可能な紛争であればまず検討することが必要となる。その上で，当事者の対立が激しく，審判に至った場合でも異議を申し立てることが容易に想定され

る場合や複雑な事案として，労働審判法24条1項により手続の終了が見込まれる場合などは，最初から本訴の提起を検討すべきである。

では，緊急性を要する仮処分との関係はどうか。仮処分の審理は，おおむね申立てから2週間程度の後に第1回期日が入り，審理の終結までに3ヵ月から遅くとも6ヵ月程度で終結することが通常である。したがって，迅速性の観点からは，両者に大きな差異は見出し難い。両者の相違点として，仮処分はその後に本訴を提起する必要があるものの，仮処分決定に対する異議によって失効せず，強制執行が可能であるのに対し，労働審判は異議によって当然に失効する点が挙げられる。また，労働審判は，異議申立てがされると自動的に本訴へ移行するため，その時点で仮処分の申立てを検討する必要が生ずるという難点がある。

反対に，労働審判は，期日における釈明等が活用され，労働審判委員会の関与により適正，かつ審判に至った場合でも当事者の権利関係を踏まえた柔軟な解決が期待できるというメリットがある。

ただし，使用者が解雇の有効性を真正面から争い，労働者の職場復帰を明確に拒否している場合，労働審判では異議により通常訴訟へ移行するため，かえって迂遠となる可能性も否定できない。このような場合は，最初から仮処分や本訴を検討すべきであろう。

8 復職を求めないで金銭請求をする場合
(1) 解雇無効による復職の問題

実体的に解雇が無効と判断されると，労働者は労働契約上の地位を有していたことになり，解雇期間中の賃金請求に加えて社会保険の被保険者の地位も復活する。しかしながら，労働契約上の地位が復活した労働者がその後相手方会社において従前の業務を継続できる保証はなく，現実の就労には困難を伴うことが少なくない。例えば，使用者が正当な理由なく就労を拒否した場合，当該労働者は，賃金請求権を失わないと考えられるが，就労それ自体を権利として請求し得るかは問題である。職場復帰を望む労働者からみれば，就労が自己実現を図る機会であり，就労拒否によって不可避的な不利益を被ることもある。

しかし，過去の裁判例は原則として就労請求権を否定している。この裁判例

のリーディング・ケースとなった事件は，「労働者の就労請求権については労働契約等に特別な定めがある場合又は業務の性質上労働者が労務提供について特別の合理的な利益を有する場合を除いて，一般的には労働者は就労請求権を有するものではないと解するのを相当とする。」（読売新聞事件・東京高決昭33・8・2労民集9巻5号831頁）と述べている。

つまり，労働契約において，労務の提供は義務であって権利ではないという根拠に基づくものである。その後の就労請求権を否定する裁判例の多くは，基本的にこの判断を踏襲している（NHK名古屋放送局事件・名古屋地決昭48・7・11労判183号35頁，第一学習社事件・広島高判昭60・1・25労判448号46頁）。

もっとも，「労働契約に特段の定めがある場合」や「業務の性質上労働者が労務の提供について合理的な利益を有する場合」などは，例外的に就労請求権が認められるとするが，現実にこれを理由に就労請求権を肯定した裁判例は数例しかない（レストラン・スイス事件・名古屋地判昭45・9・7労判110号42頁）。

(2) **金銭請求による解決**

前述した事情等により，労働者が復職を求めないで金銭請求のみによって解決を図ることを望むケースは少なくない。使用者の解雇の意思表示により労使の信頼関係はもはや破綻していると考えられ，そのような会社への復職を望まないことは，むしろ自然な感情であろう。

金銭請求として，主に次の請求が考えられる。

(a) **解雇予告手当**

解雇予告手当は，解雇予告義務違反の場合に請求することができる。詳細は，**第9章**「解雇予告手当請求事件」306頁以下を参照されたい。

(b) **損害賠償請求**

　(ア) **逸失利益**　　逸失利益は，違法な解雇あるいは退職強要等により，労働者が退職を余儀なくされた場合に，一定期間の賃金相当額を退職に追い込まれなければ，その会社で得られたであろう利益として請求するものである。

裁判例は，セクハラ事案等限られたケースにのみ逸失利益を認める傾向があり，その期間はおおむね6ヵ月程度の賃金相当額を認めるものが多い（京都セクハラ事件・京都地判平9・4・17労判716号49頁，東京セクハラ事件・東京地判平11・4・2労判772号84頁）。

リストラに伴う配転命令を拒否したところ，退職を強いられたケースについても，「労働者がその意に反して退職することがないように，職場環境を整備する義務を負い，また，労働者の人格権を侵害する等，違法・不当な目的・態様での人事権の行使を行わない義務を負っているものと解すべきである」とした上で，使用者の行為は「原告らが有する意に反して退職させられない権利を侵害したものであるから，債務不履行ないし不法行為を構成する」として，6ヵ月の給与相当分の逸失利益，慰謝料（50～100万円）等の支払を命じた裁判例もある（エフピコ事件・水戸地下妻支判平11・6・15労判763号7頁）。

　なお，本件は控訴審判決で配転に合理性があったとして，労働者側が逆転敗訴しているが，事実認定によるものであり，本判決の法理論を覆したものではないと解される。

　(イ) 慰謝料　慰謝料は，違法な解雇若しくは退職強要等により労働者が被った精神的損害について，不法行為の要件を満たす場合に請求することができる。ただし，逸失利益もそうであるが，いかほどの損害賠償が認められるかは未知な部分も多く，実務上，セクハラ事案による退職の場合以外は，高額な慰謝料は認められていないのが現状である。なお，解雇無効を争う場合でも，慰謝料を求めることは可能である。解雇により不就労状態に陥り，社会的信用を失った不利益等は，解雇無効により未払賃金が支払われることだけで填補されるものではないからである。もっとも，現実に解雇無効の判断がなされた場合に，更に慰謝料まで認めた裁判例は多くは存在しない。

　したがって，金銭的に高水準な解決を望むのであれば，解雇無効を争い，解雇期間中の賃金と慰謝料を請求し，解雇無効と判断された後，未払賃金等を受領した時点で辞職する方法も考えられる。

　(c)　会社都合の場合の退職金との差額

　違法な解雇や退職強要によって退職した場合，退職金規程の存在にかかわらず，退職金の支給を受けていない，若しくは自己都合退職の退職金しか支給されていないケースは多々ある。このような場合は，会社都合退職による退職金若しくはその差額分の請求も検討すべきである。

第9章
解雇予告手当請求事件

I　解雇予告手当とは

1　概　　要

　労働基準法は「使用者は，労働者を解雇しようとする場合においては，少なくとも30日前にその予告をしなければならない。」と規定し，解雇に当たって使用者に予告義務を負わせ，この解雇予告をしないで即日解雇する場合には「30日分以上の平均賃金を支払わなければならない。」（労基20条1項本文）と規定している。

　使用者からの解雇が労働者に及ぼす経済的影響は極めて重大であるし，特に即日解雇のように解雇通告から実際の解雇までの時間的余裕がない場合，労働者側の生活が破綻してしまうおそれもあるから，労働基準法は上記の規定を設け，労働者の保護を図っている。

　ただし，この30日という予告日数は「1日について平均賃金を支払った場合においては，その日数を短縮することができる。」（同条2項）から，例えば20日分以上の平均賃金を支払えば，10日後に解雇するという予告をすることも可能である。

　以上のように解雇予告に当たって使用者から労働者に支払われるべき金銭が，解雇予告手当である。解雇予告手当は解雇の意思表示と同時に支払うのが原則であるから，次の給料の支払日に一緒に解雇予告手当を支払うというような取扱いは認められない。

2　解雇予告の除外事由

　以下のいずれかの事由により解雇される場合には，解雇予告あるいは予告手当の支払は要しない（労基20条1項ただし書）。
　①　天災事変その他やむを得ない事由のために事業の継続が不可能となった場合
　②　労働者の責に帰すべき事由に基づいて解雇する場合

　ただし，この除外事由の適用に当たっては，労働基準監督署長の認定（以下「除外認定」という）が必要である。また，②の「労働者の責に帰すべき事由」

については，「当該労働者が予告期間を置かずに即時に解雇されてもやむを得ないと認められるほどに重大な服務規律違反または背信行為を意味する」（菅野和夫『労働法〔第9版〕』478頁）と解されているから，いわゆる「懲戒解雇」の要件とは必ずしも一致せず，したがって懲戒解雇であるからといって，常に解雇予告あるいは予告手当の支払を要しない（労働者側からみれば解雇予告手当を請求できない）とは限らないことに留意されたい。

【労働者の責に帰すべき事由認定の妥当判断に関する通達】（昭23・11・11基発1637号，昭31・3・1基発111号）

① 極めて軽微なものを除き，事業場における盗取，横領，傷害等刑法に該当する行為のあった場合。又は，事業場外であってそれら刑法犯に該当する行為によって事業場の名誉，信用が失われたり取引関係に悪影響を与えたような場合。
② 事業場内で賭博，風紀紊乱等により職場規律を乱し，他の労働者に悪影響を及ぼす場合。
③ 雇入れの際の採用条件の要素となるような経歴を詐称した場合及び雇入れの際，使用者の行う調査に対し，不採用の原因となるような経歴を詐称した場合。
④ 他の事業へ転職した場合。
⑤ 原則として2週間以上正当な理由なく無断欠勤し，出勤の督促に応じない場合。
⑥ 出勤不良又は出勤常ならず，数回にわたって注意を受けても改めない場合。

③ 解雇予告義務に違反した解雇の効力

問題となるのは，前項の除外事由が存在しないのに解雇予告をせず，又は予告手当の支払もなさずに行った解雇の効力である。

昭和35年の最高裁判例では相対的無効説と呼ばれる次のような見解を採用している。すなわち，「（予告義務違反の解雇は）即時解雇としては効力を生じないが，使用者が即時解雇に固執する趣旨でない限り，通知後30日の期間を経過するか，または通知の後に予告手当の支払をしたときは，そのいずれかのときから解雇の効力が生ずる」（細谷服装事件・最判昭35・3・11民集14巻3号403頁）としているのである。この相対的無効説によれば，使用者が即時解雇に固執しない限り，解雇通知後30日を経過すれば解雇予告手当を請求できないことになってしまいそうである。

しかし，上記最高裁判決後の裁判例を調査して，「昭和35年最高裁判決以降

においても，労基法20条違反の効力について判断を示した下級審判例は，かなりの数にのぼる。……その特徴として，第1に，下級審判例はほぼ完全に最高裁の判断（相対的無効説の立場）に従っていること，第2に，予告期間をおかない解雇に対する，労働者側による解雇予告手当の請求を認容した事例が多いことを指摘できる。」「……その後の下級審判例においては，相対的無効説によることを明らかにしながら，一定の条件（結局は労働者が即時解雇として承認し退職するという条件）のもとで，予告手当請求を認容したものがかなり存在する。」（安枝英訷「労基法20条違反の解雇とその効力」労判368号12頁）と分析しているものがある。

また，「もっとも，実務を担当していると，従業員の解雇を主張する使用者で，即時解雇に固執するものはほとんどおらず，多くの事例では，解雇予告手当の不払が指摘されると，解雇予告手当を支払うことを了承することから，解雇の有効性に影響を及ぼす事例はほとんどないことになろう。……相対的無効説を前提にして，労働者が解雇無効の主張を断念した場合に，使用者に対して請求できるのは，解雇予告手当の支払か，30日分の未払賃金の支払かという問題があるが，この点に関する下級審の裁判例は，両方の見解があるし，実務的に，解雇され，解雇予告手当を訴訟物として選択して，その支払請求をしてくれば，上記の判例が採る相対的無効説によっても，認容される例がほとんどであると考えられる。」（渡辺弘『リーガル・プログレッシブ(9)労働関係訴訟』64頁）とするものもある。

さらに，相対的無効説によりながら予告手当の請求を認めたものとして，「労働者が労務提供を断念したのは使用者が即時解雇の意思表示と誤解されるような予告義務違反の解雇を行ったためであるから，その解雇が30日の経過により効力を発生した時点において使用者は解雇予告手当を支払うべき公法上の義務を負担するにいたる」とした裁判例（プラス資材事件・東京地判昭51・12・24判時841号101頁），「労基法20条違反の解雇をして，……雇用契約を終了せしめた使用者に予告手当の支払義務なしとすることは同条の精神に背馳するから，……使用者たる被告は同条により，予告手当を支払うべき義務がある」とした裁判例（日本印章事件・名古屋地判昭52・3・30労判277号61頁）などがある。

なお，学説上は，予告規定違反の解雇がなされた場合には，労働者が解雇の

無効の主張と解雇有効を前提としての予告手当の請求とのいずれかを選択できるとする説が有力に主張されている（選択権説，菅野・前掲478頁）。

④ 解雇予告義務の規定が適用されない労働者

以下の労働者には労働基準法20条の規定は適用されない（労基21条）。

① 日日雇い入れられる者
② 2ヵ月以内の期間を定めて使用される者
③ 季節的業務に4ヵ月以内の期間を定めて使用される者
④ 試用期間中の者

ただし，①の場合は1ヵ月，②③の場合はその所定期間，④の場合は14日を超えて引き続き使用されている労働者については適用がある。また，パート・アルバイトとして使用されている者に対しても，上記の①〜④に該当しなければ，使用者は解雇予告あるいは予告手当支払の義務を負う。

⑤ 解雇予告手当の計算方法

使用者が労働者に解雇予告手当を支払う場合，あるいは労働者から使用者に解雇予告手当を請求する場合には，具体的な予告手当の金額を算出することになるが，その計算方法は次のようになる。

> 解雇予告手当＝1日当たりの平均賃金×（30日－解雇予告日の翌日から解雇日までの日数）

上記の計算式にある「1日当たりの平均賃金」の計算方法は労働基準法12条に規定がある。同条によれば平均賃金とは，これを算出すべき事由の発生した日（解雇予告日）以前3ヵ月間にその労働者に対して支払われた賃金の総額を，その期間の総日数（総労働日数ではない）で割った金額であるが，平均賃金の算定期間と賃金総額の計算について，詳細な規定が置かれているので，以下に整理して解説する。

(1) 平均賃金の算定期間

① 賃金締切日がある場合

即日解雇のときは解雇日の前日に最も近い締切日から以前3ヵ月間，30日に満たない解雇予告がされたときは解雇予告日の前日に最も近い締切日から以前

3ヵ月間。

② 賃金締切日がない場合

即日解雇のときは解雇日の前日の以前3ヵ月間，30日に満たない解雇予告がされたときは，解雇予告日の前日から3ヵ月間。

(2) 賃金総額

賃金総額には，基本給のほか，歩合給，家族手当，通勤手当，皆勤手当，割増賃金など，上記(1)の期間中に支払われる労働基準法11条に規定する賃金のすべてが含まれる。しかし，結婚祝金や，死亡弔慰金などの臨時に支払われた賃金や，夏，冬の賞与など，3ヵ月を超える期間ごとに支払われる賃金（賞与であっても3ヵ月以下の短い期間ごとに支払われるような場合は算入）は含まれない（労基12条4項）。

また，賃金の支払が遅れているような場合は，その未払賃金も含めて総額を計算する。

以上のような基準に従って平均賃金算定期間の総日数と賃金総額を求め，賃金総額を平均賃金算定期間の総日数で割れば，平均賃金が算出されるのであるが，例外や別の計算方法によって平均賃金を算出する場合もあるので以下に述べる。

(a) **平均賃金の計算に含まない期間**

次の期間がある場合は，その日数及びその期間中の賃金は平均賃金算出期間及び賃金総額に含まない（労基12条3項参照）。

① 業務上負傷し，又は疾病にかかり療養のため休業した期間
② 産前産後の休業した期間
③ 使用者の責めに帰すべき事由によって休業した期間
④ 育児・介護休業期間
⑤ 試用期間

これらの期間中には，賃金がない場合又は著しく低額であったりする場合が多いので，算入してしまうと平均賃金の金額が低くなり過ぎるからである。

(b) **日給制，時間給制，出来高払制の場合の最低保障**

賃金が日給制，時間給制，出来高払制等である場合は，平均賃金を算出する3ヵ月の期間にたまたま欠勤が多いと平均賃金が低く算出されてしまうので，

労働基準法はこれらの場合には，賃金総額をその期間中の総労働日数で割った額の60％を平均賃金の最低保障額としている（労基12条1項1号参照）。

(c) **雇入れ後3ヵ月に満たない者が解雇された場合**

雇入れ後3ヵ月に満たない者については，雇入れ後の期間とその期間中の賃金で平均賃金を算出する（労基12条6項）。具体的には，次のようになる。

① 賃金締切日がある場合

雇入れの日から解雇日（30日に満たない解雇予告がある場合には解雇予告日。以下，同じ）の前日までの期間の賃金総額を，その間の総日数で除した金額が平均賃金となる（大阪高判昭29・5・31）。

ただし，労働基準局は，雇入れ後1ヵ月未満の場合には雇入れ日から解雇日の前日までの期間を，雇入れ後1ヵ月以上3ヵ月未満の場合には雇入れ日から解雇日の前日の直前の賃金締切日までの期間を，それぞれ平均賃金算定期間とし，その間の賃金総額を総日数で除した金額が平均賃金になるとしている。

② 賃金締切日がない場合

雇入れの日から解雇日の前日までの期間の賃金総額を，その間の総日数で除した金額が平均賃金となる（労基12条6項）。

【計算例】

1．賃金の支払方法　毎月20日締切，同月25日払い
2．賃金の額　月額30万円
3．解雇日　平成20年11月10日（即日解雇）

① 平均賃金算定期間　平成20年7月21日から同年10月20日
② ①の期間（92日）の賃金総額　90万円

計算式：90万（円）÷92（日）×30（日）＝293,478.2（円）
請求できる解雇予告手当の額：293,478円

（注）50銭未満の端数は切り捨て，50銭以上の端数は1円とする。

6 付加金について

　裁判所は，20条（解雇予告手当），26条（使用者の責に帰すべき休業の場合の手当）若しくは37条（割増賃金）の規定に違反した使用者又は39条7項（年次有給休暇の期間）の規定による賃金を支払わなかった使用者に対して，労働者の請求により，これらの規定により使用者が支払わなければならない金額についての未払金のほか，これと同一額の付加金の支払を命ずることができる（労基114条）。

　解雇予告手当を請求する場合，前項までに述べたとおりの計算方法に従って求められた解雇予告手当の金額と「同一額」の付加金を請求できるのであるが，条文上，「裁判所は……命ずることができる。」と規定されていることからもわかるように，付加金の支払を認めるか否かは裁判所の裁量による。労働基準法違反により当然に発生する請求権ではない。裁判所は，使用者による同法違反の程度・態様，労働者の不利益の性質・内容等諸般の事情を考慮して支払義務の存否及び額を決定すべきものとされており（松山石油事件・大阪地判平13・10・19労判820号15頁），付加金の支払を要しないとした判決や，減額を認めた判決も存在する。

　また，訴訟上，解雇予告手当と併せて付加金を請求する場合，付加金の請求は附帯請求となるのか，独立の訴訟物となるのかについては，裁判所によって扱いが異なっているようである。附帯請求とする扱いならば特に問題はないが，合算して訴額を算定するという扱いになると，単に印紙代が高くなるだけではなく，特に司法書士が代理して請求する場合，合算額が140万円を超えた場合地裁管轄となり，代理権が及ばなくなってしまうので注意が必要である。

　現在のところ，附帯請求として取り扱う裁判所が多いようである。

7 遅延損害金について

　解雇予告手当の遅延損害金は，解雇日の翌日から発生する。その利率については見解が分かれており，賃金の支払の確保等に関する法律6条1項及び同法施行令1条を適用して年14.6％とするものや，商事法定利率である年6％とするもの，民事法定利率である年5％とするものがある。解雇予告手当は賃金などと違って労働契約によって当然に発生するものではなく，法によって特に認められたものであり，商行為性もないから，年5％であるとする見解が多い。

また，付加金の遅延損害金は，付加金の支払を命じる判決が確定した日の翌日から発生し，その利率は年5%である（江東ダイハツ自動車事件・最判昭50・7・17判時783号128頁）。

8 消滅時効及び除斥期間

予告義務違反の解雇をどう評価するかによって，予告手当請求権が消滅時効に服するかどうかについても見解が分かれることになる。「労働基準法第20条に定める解雇予告手当は，解雇の意思表示に際して支払わなければ解雇の効力を生じないものと解されるから，一般には解雇予告手当については時効の問題は生じない」（昭27・5・17基収1906号）との行政通達も存在する。ただし，予告義務違反の解雇について「選択権説」（本章308頁参照）をとるならば，予告手当請求権は労働基準法115条の「その他の請求権」として2年間の消滅時効に服することになる。

Ⅱ 要件事実と予想される主な争点

1 要件事実

解雇予告手当を請求するための要件事実を列挙すれば，以下のとおりとなる。

---
① 労働契約の締結
② 解雇の存在及びその年月日
③ 解雇予告手当の額（平均賃金算出の要件事実として，賃金の支給基準及び各月の支給額）

なお，付加金請求についての要件事実は，上記と同一である。

2 予想される主な争点

解雇予告手当を請求した場合には，以下のような点が争点となることが多い。

(1) 解雇か自己都合退職か

解雇予告手当の請求に対して，「解雇」ではない，つまり合意による退職であるとか労働者本人が自主的に退職（辞職）したものであるとの主張がなされることがある。それが事実であれば，解雇ではないのであるから，当然，解雇

予告手当は請求できないことになる。

しかし，例えば実際は解雇であるのに，使用者側から「職歴に傷がつくから」「再就職に不利だから」などと説明され，よくわからないうちに自己都合による退職として処理されているケースもある。

使用者側としては，労働者を解雇という形で退職させれば，解雇予告手当の問題だけでなく，後に解雇が無効だと争われるリスクを負い，退職金の額（使用者都合による退職の場合退職金が割増になるのが通例である）や使用者が受給している助成金にも影響が出てくる場合もあるので，できれば自己都合退職で処理したいと望むことがある。

しかし，労働者側からすれば，自己都合退職になれば，解雇予告手当が請求できないだけでなく，退職金の支給率が低くなることがあり，また雇用保険の失業手当の受給が3ヵ月後になったり，給付される日数も会社都合退職の場合に比べて少なくなったりする可能性もある。したがって，解雇か自己都合退職かは，労働者にとっては重要な問題となる。

解雇か辞職かが争点となりそうな事案においては，労働者が退職に至るまでの経緯や退職したときの状況について，詳しく事情を聴取することが必要となる。

なお，退職勧奨・退職強要，退職の意思表示の瑕疵等については，**第8章**「労働契約終了に関する基礎知識」279頁以下を参照されたい。

【解雇を肯定した裁判例】

① 明確な解雇の意思表示はないが前後の諸事情を総合して解雇の意思表示と認めた事例

　　左手を負傷し休業していた原告が仕事への復帰を申し出たところ，被告代表者は，他の職人には仕事があったにもかかわらず，「今仕事がないからちょっと待ってくれ。」と述べ，その後も「仕事がない。追って連絡する。」「他に仕事を探してはどうか。ペンキ屋を紹介しようか。」などと述べたこと，これまで被告代表者は，右のような対応をした後連絡をしないまま放置して，職人が自ら辞めるよう仕向けたことがあったこと，原告は，被告代表者の右の言動をもって解雇されたものとして，同年5月の連休明け後，被告代表者に対し，「道具を持っていきます。」と言ったのに対し，被告代表者は，「あ，そう。」とのみ述べたことが認められ，この認定に反する証拠はない。右認定した事実に

よれば，原告からの復帰申し入れに対する被告代表者の対応は，それ自体のみを捉えれば解雇の意思表示とはいえないとしても，右認定したその前後の諸事情をも併せ考慮すれば，使用者による労働契約解消の意思表示と認めるのが相当である（丸善住研事件・東京地判平6・2・25労判656号84頁）。

② **事情を総合して黙示の意思表示による解雇を認めた事例**

　6月19日，Aは家事都合のため，出勤時刻（早番）に間に合わなかったので，遅番出勤することとし，同僚にその旨の伝言を依頼したところ，被告代表者は事前連絡なく休んだことに非常に立腹し，同日はもう出勤しなくてよい旨伝えるとともに，以前パートとして勤務したことのあるBを再び勤務するよう手配した。そして，Aが翌日出勤すると，Aのタイムカードが手の届かない高い所に置かれており，被告代表者はAを雇う余裕がない等申し述べたので，Aはその日はそのまま帰宅した。同日夜，被告代表者はA方に赴き，同人が所持した店の出入り口の鍵を同人の後に雇用される者に渡す旨述べて，その引き渡しを求め，Aはそれに応じた。右認定事実を総合すると，被告はAを6月20日をもって解雇した（黙示の意思表示）ものということができる。よって，被告はAに対し解雇予告手当を支払う義務がある（すし処「杉」事件・大阪地判昭56・3・24労判361号11頁）。

③ **退職の意思表示をしたが自発的意思によるものではないとした事例**

　証拠及び弁論の全趣旨を総合すれば，9月9日，被告代表者は，Aに対し，「新しい事務員を雇ったことだし，残業を辞めてくれ。残業をつけるならその分ボーナスから差し引く。」旨告げたこと，Aがこれに難色を示すと，被告代表者は，翌9月30日，「来月から残業代は支払えない。残業を付けないが，それが嫌なら辞めてくれ。」と告げたこと，Aは，これに対し，同日即座に「それでは辞めさせてもらいます。」と言って退職の意思表示をしたことが認められる（なお，被告代表者の発言は「今後は残業を付けるな。」という趣旨のものであったと認めるべきである。）。

　以上の事実によれば，Aは，被告代表者が今後残業代を支払えないと告げたのに対し，それではやってけないと考え，自ら退職の意思表示をしたものと一応はいうことができる。しかしながら，被告代表者の発言は，残業手当の請求権を将来にわたり放棄するか退職するかの二者択一を迫ったものであって，かかる状況でAが退職を選んだとしても，これはもはや自発的意思によるものであるとはいえないというべきである。かように解しないと，使用者は，従業員に対し，労基法に違反する労働条件を強要して退職を余儀なくさせることにより，解雇予告手当の支払いを免れることができるようになり，相当でないからである。したがって，Aは被告会社に，解雇予告手当を請求することができる

（丸一商店事件・大阪地判平10・10・30労判750号29頁）。

【解雇を否定した裁判例】

① 退職を強要されたものとはいえず，任意に退職したとされた事例
　　（原告は上司であるKの承認を得て8月29日から15日間の年次有給休暇を取得した。しかし，会社は原告に対し，別部署に異動となったこと，異動先の部署では開発ピーク時のため有給休暇届は受理できないこと，出勤しない場合欠勤扱いとすること，9月10日までに出勤しないときには懲戒解雇とすることを書面で通知した。原告はK以外の者の指示には従わないとし，9月10日にKが退職したことから，原告は9月18日に退職届を提出した）……原告は，被告会社が原告に対し一方的に本件雇用契約の定める労働条件の変更及び賃金の引き下げを主張し，これに服しない場合は退職せよと迫ったものであり，原告を解雇したのと異ならないとして，解雇予告手当の支払を求めている。この点については，前記認定の各事実からすれば，原告は，平成9年8月10日の時点ですでに被告代表者に対して被告会社自体については目標が持てないと述べるなどしており，その後9月10日には原告がアルバイト時代から直接の部下として仕事をしてきたK部長が被告会社を退職したことなどから，原告自身も被告会社に勤務する意欲を喪失し，9月18日，自らの意思に基づいて退職届を提出して被告会社を任意に退職したものというべきであり，被告会社が原告を解雇した事実は本件記録上これを認めるに足りる証拠はなく，原告の主張を採用することはできない（シーエーアイ事件・東京地判平12・2・8労判787号58頁）。

② 解雇の意思表示と解すべき言動があったとはいい難いとされた事例
　　（配達運転手として被告に雇用されていた原告が，得意先の店で客と争いになり暴行を受け負傷し欠勤していたが，退院して出勤したところ）事務所所長から，「同日の配車は予定されていない。」旨告げられたうえ，「もめごとを得意先で起こされては困る。」，「仕事の能率も悪い」などと苦情を言われたため，「僕を要らないというんですか。それなら辞めます。」といって事務所から退社し，被告本社に立ち寄って離職証明書の交付を求めて帰宅し，その後は出社せず，なお同月9日被告に社会保険証を返還していることが認められ，右認定に反する原告本人尋問の結果は信じ難く，他に右認定を覆すに足りる証拠はない。……なお，原告は本人尋問において，原告が前記所長の苦情に対し「会社をやめろといっているのですか。」というと，同人が頭を縦に振るように軽くうなづいたため，原告は「わかりました。」といって帰宅した旨供述するのであるが，仮に右供述が真実であったとしても，未だ右所長の言動をもって被告の原告に対する解雇の意思表示があったものとは言い難く，結局，被告が原告を解

③ **原告の前後の言動から，原告の陳述はたやすく信用できないとされた事例**
（傷害を負い休暇をとっていた原告に被告から出社命令があり，平成10年4月27日出社したしたところ，Ｓ次長から解雇を言い渡されたと主張して，解雇予告手当等の支払を請求した事案）……原告は，……10月27日に出社したところ，Ｓ次長から解雇を言い渡されたとの原告の主張に沿う陳述をしている。しかし，①原告の陳述によっても，被告から呼び出されるまでの間，原告がいつから就労が可能なのかの具体的見通しを被告の担当者に説明した事実は認められないこと，②原告に今後仕事を続けていく意思があるかどうか確認しようとし，その際，「仕事を続けていく気持ちがないのであれば，会社を辞めてもかまわない。」旨言ったが，「もう来なくてよい。」とは言っていないとのＳ次長の陳述等……及び証言に不自然な点は認められないこと，③被告では，解雇は辞令を交付する方法で行っていると認められること，……及び，④原告が，同年5月19日，解雇されたので離職票を送ってほしい旨の手紙を被告本社に送り，同月22日には原告代理人が原告が不当に解雇された旨の通知書を送ったため，被告が代理人を通じて解雇していないことを通知し，その上で原告に職場復帰する意思があるのか否かを確認したところ。原告代理人は，口頭で，原告は職場復帰の意思はなく退職を望んでいるので，4月分の賃金及び退職金を支払ってもらいたと申し入れたと認められ，尋問においても，Ｓ証人が原告の復職を歓迎する旨述べているのに対し，原告が復職を望まないと述べていること，以上の点からすると，原告の退職を望んでいたのは被告ではなく，むしろ原告であると認められる。したがって，前記……の原告の陳述はたやすく信用できず，他に被告が原告を解雇した事実を認めるに足りる証拠はない（大東実業事件・東京地判平12・4・14労判791号80頁）。

(2) 「労働者の責に帰すべき事由による」（労基20条ただし書）解雇であったかどうか

　先に述べたように，労働者に何らかの不正行為があって懲戒解雇が認められるケースであっても，労働基準法20条1頁ただし書を適用して解雇予告及び解雇予告手当の支払なくして解雇するためには，労働基準監督署長の除外認定を受けることが必要である。

　しかし，労働基準監督署長の除外認定は，行政庁による事実の認定確認手段にすぎず，除外認定を受けないでなされた解雇が，直ちに無効となるわけでは

ない（上野労基署長（出雲商会）事件・東京地判平14・1・31労判825号88頁）と考えられている。

したがって、裁判において、解雇事由が労働基準法20条の保護に値しないほど重大又は悪質であることが主張立証できれば、解雇予告及び解雇予告手当の支払を欠いた即日解雇も有効となる。

III 証拠収集その他準備段階の留意点

要件事実の箇所で述べたように、解雇予告手当の請求においては解雇の存在及びその年月日を労働者が立証する必要があるから、**第5章**「賃金請求事件（定例賃金）」で示した証拠となりうる資料（186頁参照）のほかに退職証明書や解雇通知書などの解雇の存在を証する書面の収集を図ることになる。

退職証明書については労働基準法22条に規定があり、「労働者が、退職の場合において、使用期間、業務の種類、その事業における地位、賃金又は退職の事由（退職の事由が解雇の場合にあっては、その理由を含む。）について証明書を請求した場合においては、使用者は、遅滞なくこれを交付しなければならない。」としているから（義務違反の場合の罰則もあり）、この規定を根拠に使用者側に交付を請求する。

また、解雇予告された場合は、退職までの間に解雇の理由についての証明書の交付を請求できる（労基22条2項）。証明書の交付を請求したのに使用者側が交付しないときは労働基準法違反として労働基準監督署に申告する。

ただ、諸事情により退職証明書の入手が困難な場合もあるだろうから、その場合は口頭で確認を求め会話を録音するとか、離職票（退職日、退職理由、解雇理由、賃金等が記載される）の交付を求めるなどして、解雇の存在を証明できるものを入手しておきたい。入手困難であれば、陳述書で補充する。

Ⅳ 訴状作成上の留意点――労働者側から

【解雇予告手当を請求する場合の訴状記載例】（付加金あり）

訴　状

平成24年○月○日

　　○○簡易裁判所　御中

　　　　　　　　　　原告訴訟代理人司法書士　○　○　○　○　　㊞

　〒○○○-○○○○
　○○市○○○丁目○番○号
　　　　　原告　　○　○　○　○
　　　　　ＴＥＬ（○○○）○○○-○○○○
　〒○○○-○○○○
　○○市○○○丁目○番○号（送達場所）
　　　　　上記原告訴訟代理人司法書士　○　○　○　○
　　　　　ＴＥＬ（○○○）○○○-○○○○
　　　　　ＦＡＸ（○○○）○○○-○○○○
　〒○○○-○○○○
　○○市○○○丁目○番○号
　　　　　被告　株式会社　○　○　○　○
　　　　　上記代表者代表取締役　○　○　○　○

解雇予告手当請求事件
　訴訟物の価額　金302,674円
　貼用印紙額　　金3,400円

第1　請求の趣旨
　1　被告は原告に対し，金302,674円及びこれに対する平成24年11月10日から支払済みにいたるまで年5分の割合による金員を支払え。
　2　被告は原告に対し，金302,674円及びこれに対する本判決確定の日の翌日から支払済みにいたるまで年5分の割合による金員を支払え。

3　訴訟費用は被告の負担とする。
　との判決並びに第1項及び第3項につき仮執行宣言を求める。

第2　請求の原因
　1　原告は平成22年4月1日入社以降，被告の従業員として勤務してきたが，被告は平成24年11月9日，何らの予告もなく原告を解雇した（甲1）。
　2　被告会社の賃金は毎月20日締切，同月25日支払の定めであり，原告は平成24年11月9日に解雇されたから，平均賃金算定期間は平成24年7月21日から同年10月20日までの92日間であり，この期間に被告から原告に対して支払われた賃金総額は金928,200円である。したがって，平均賃金は金10,089円13銭であり，被告は原告に対して30日分の平均賃金である金302,674円を解雇予告手当として支払う義務がある（甲2）。
　3　被告の原告に対する解雇の意思表示は予告なく又は予告手当の支払なくしてなされたものであるから労働基準法20条に違反するものであり，被告は原告に対し同法114条の規定に従い上記解雇予告手当と同額の付加金を支払うべきである。
　4　よって，原告は被告に対し，解雇予告手当金302,674円とこれに対する平成24年11月10日から支払済みにいたるまでの年5分の割合による遅延損害金，及び付加金金302,674円とこれに対する本判決確定の日の翌日から支払済みにいたるまでの年5分の割合による遅延損害金の支払を求めるものである。

　　　　　　　　　　　　証　拠　方　法
　1　甲第1号証　　　　　　　陳述書
　2　甲第2号証の1乃至3　　　給料明細書

　本章Ⅰ～Ⅲで述べた事項を踏まえ，訴状を作成する。その他留意すべき点としては，付加金についてである。先に述べたように付加金の支払を命ずるか否かについては裁判所の裁量に委ねられているから，付加金の支払請求権の発生時期は裁判所が給付を命ずる判決を出し，それが確定した日ということになる。したがって，この見解に従えば付加金については仮執行宣言を付すことはできないことになる。この点は，仮執行宣言が必要的に付される少額訴訟判決においても同様である（民訴376条1項）。そのため，少額訴訟手続において，付加金請求をなすこと自体を好ましくないとする見解もある（判タ臨時増刊1090号「大阪簡易裁判所における民事訴訟事件の定型訴状・答弁書モデルと解説」72頁）。

V 答弁書作成上の留意点——使用者側から

【解雇予告手当請求に対する答弁書記載例】（自主退職を主張するもの）

```
事件番号　平成24年（ハ）第○○○号
事件名　　解雇予告手当請求事件
原告　　　○○○○
被告　　　株式会社○○○○


　　　　　　　　　答　弁　書

　　　　　　　　　　　　　　　　　　平成24年○月○日

○○簡易裁判所　御中

　　〒○○○－○○○○
　　○○市○○○丁目○番○号（送達場所）
　　被告訴訟代理人司法書士　○　○　○　○　　㊞
　　ＴＥＬ（○○○）○○○－○○○○
　　ＦＡＸ（○○○）○○○－○○○○


第1　請求の趣旨に対する答弁
　1　原告の請求を棄却する。
　2　訴訟費用は，原告の負担とする。
との判決を求める。

第2　請求の原因に対する認否
　1　請求の原因第1項中，「原告は平成22年4月1日入社以降，被告の従業員
　　として勤務してきた」こと，原告の退職日が「平成24年11月9日」であるこ
　　とについては認めるが，「何らの予告もなく原告を解雇した」ことについて
　　は否認する。
　2　請求の原因第2項中，被告の賃金締切日と支払日，及び原告の退職日を基
　　準とした平均賃金の算定額については認めるが，その余は否認する。
　3　請求の原因第3項は否認する。
　4　請求の原因第4項は争う。
```

第3　被告の主張
 1　原告は被告から解雇されたのではなく，任意に退職したのである。その経緯を以下に述べる。
 2　原告は平成22年4月1日に被告会社に入社したが，本年に入ってから無断欠勤を繰り返したり，原告の同僚や上司とたびたびトラブルを起こすなど，好ましくない勤務態度を示すようになった。
 3　被告会社代表者○○○○（以下，「社長○○」という。）は，原告の直属の上司である被告会社の営業部の責任者○○○○（以下，「○○」という。）に命じて，原告の勤務態度を改善するよう指示し，○○は口頭で原告に何度も注意した。
 4　しかし原告の態度は改まらず，無断欠勤を繰り返し，退職日である平成24年11月9日も，被告会社の出勤時間である午前9時になっても姿を見せないので○○が原告の携帯電話に電話して，「すぐに出社するように」と伝えた。
 5　すると原告は同日の午後2時ごろ被告会社に出頭してきて，○○の面前で，「今日で辞めさせてもらいます。今日までの給料を払ってください。」と言ったので，○○は了承し，原告の退職を認め，社長○○に報告した。その後被告会社は，原告の退職日までの給与を計算して，平成24年11月11日，金75,000円を原告口座に振込入金した。
 6　以上のような経緯であるから，原告の被告会社の退職は，被告の解雇によるものではなく，原告の任意退職である。したがって，被告が原告に対して解雇予手当を支払う義務はない。

　　　　　　　　　証　拠　方　法
 1　乙第1号証　　　陳述書
 2　乙第2号証　　　振込依頼書控え

　労働者からの解雇予告手当の請求に対する使用者側の反論として，以下のような主張が考えられる。
 ①　「解雇」ではないとの主張。労働者が自主退職したとするものである（上記答弁書**記載例**参照）。
 ②　平均賃金算出期間中の全部又は一部に，就労の事実がないとの主張（解雇予告手当の金額算出に影響を与える。ただし，労働基準法12条3項に注意）。
 ③　労働基準法20条1項ただし書の除外事由の抗弁。
 ④　労働基準法21条に該当する労働者であるとの抗弁。

第10章
退職金請求事件

I 退職金に関する基礎知識

1 退職金の性質

　退職金とは、継続的な雇用関係の終了を原因として、労働者に支給される一時金であり、退職手当金、退職慰労金等の名称で支給されるものもある。

　民間企業については、労働法その他の法令に、使用者に退職金の支払を義務付ける規定は存在しない。しかし、もし退職金制度を設ける場合には必ず就業規則に記載しなければならない（労基89条3号の2）。

　就業規則・労働協約・労働契約等で退職金を支給すること及び支給基準（計算方法）を定め、使用者に支払義務のあるものは、「労働の対償」（同11条）として賃金の性質を有するものと認められ、労働基準法上の保護を受けることとなる（昭22・9・13発基17号、シンガー・ソーイング・メシーン・カムパニー事件・最判昭48・1・19民集27巻1号27頁）。

　次に、退職金の性格については、退職金は、通常、退職時の基本給などに勤務年数などを考慮した支給率を乗じて額が算定されることなどから、一般に「賃金の後払い」の性格を有している。しかし他方で、数年以上勤務した社員に限って退職金を支払ったり、勤続期間が長いほど額が累進的に増加するなど、「功労報償的性格」も有している。現実に支給されている退職金は、これらの性格を複合的に有しているものが多い。

　なお、退職金の性格の中で、功労報償的要素の占める度合いがどの程度かという点は、後述する退職金の不支給・減額条項の合理性の判断に影響することになる。

2 退職金の支給根拠

　退職金請求権があるというためには、労働協約・就業規則・労働契約などに支給すること及び基準が規定されていることが必要である。

　個々の合意や労使慣行に基づいて支給されることもあるが、退職金支給の根拠につき、個々の合意や労使慣行に基づくものであると主張した場合には、そのような労使慣行や合意が存在するか否かが争われることが多い。

(1) 個別の合意による退職金

　合意に基づく場合は，使用者が支給の条件を明確にして支払を約した場合に初めて法的な権利として発生する。例えば，退職金を支払ったことのない会社において，代表取締役が従業員に対して労に報いたい旨述べていても，同人を雇用するに際して，法的な権利義務を発生させる退職金支給の明確な約定までしたとは認められないとした裁判例（北一興業退職金請求事件・東京地判昭59・2・28労経速1184号21頁）がある。

　合意の存在を肯定したものとしては，次のような裁判例がある。

　「原告の退職金額を2617万7700円とし，右金額から所得税と市府民税を控除した差引支給額2416万4800円を支払う旨の本件合意をして，その旨記載した本件計算書を作成交付し，同年1月21日，1416万4800円を支払ったことは当事者間に争いはない。本件合意中，残金1000万円の支払を約した部分が虚偽表示として無効である旨主張……本件合意中1000万円の支払を約した部分が虚偽表示であるとは認めるに足りない。」として，原告の会社に対する請求を認めた事例（ハード産業事件・大阪地判平7・3・29労経速1564号16頁）。

(2) 労使慣行による退職金

　労使慣行に基づいて具体的な退職金請求権が発生するためには，①支給条件が明確であるなど，当事者の規範意識として使用者に対し支払が義務付けられていると理解されるに至っていること，②当該事案につき金額が特定できることが必要である。

　①，②の要件を欠くため，労使慣行による退職金請求権を否定した裁判例に次のようなものがある。

　「その他に被告会社が給与規程，退職金規程を作成したことを認めるに足りる証拠はない。そうすると本件では退職金の支払いについて明示の規程の存在を認めることはできない。証言によれば同人が被告の関連会社である株式会社Dを退職する際200万円を受け取ったことが認められる。しかしながら，本件ではその支給条件や支給額の算出方法が明確なものとは認められない。したがって，右支給の事実をもって慣行により退職金の支給が原告と被告会社との間の雇用契約の内容となったとは認められない。」（なにわや事件・大阪地判平8・6・14労判705号107頁）。

過去に，労使慣行による退職金請求権が認められたものは，次の裁判例のように一定の基準により支給することが確立した労使慣行になっていた事例のほか，退職金規程案が存在しそれに基づいて長年支給してきた事例など，ごく限られたケースにすぎない。

「就業規則には退職基金財団の規程内で退職金を支払う旨の規定があるが，実際は，右就業規則実施の前後を通じ，退職基金財団から支払われた退職手当資金に，現実に在職した全期間による給付乗率に置き換えて算定した額との差額を被告『持出分』として加算し，これを退職金として支払っているものであって，右基準による退職金の支給は被告において確立した慣行になっていたと認められるから，右慣行は被告と原告との雇用契約の内容となっていたと認めるのが相当である。」（石川学園事件・横浜地判平9・11・14労判728号44頁）。

③ 自己都合退職と会社都合退職による増額，減額

退職金は，自己都合退職か会社都合退職かによって，支給率に差が設けられていることが多い（一般的に会社都合退職の方が支給率は高い）。

就業規則等の規定が，「解雇したとき」などになっていれば比較的，判断は容易である。しかし，「会社都合」は解雇に限らないため，これに該当するかどうかが，退職金の支給率との関係で問題になることがある。

まず，就業規則等に「会社都合」に関する規定があれば，これによることになる。しかし，就業規則等で明確に自己都合，会社都合退職の基準が定められていない場合，具体的事情の下で，自己都合退職と会社都合退職のいずれに該当するかを判断しなければならないことになる。

一般的には，退職に至った主たる原因が，労働者の意思や事情によるものなのか，会社側の経営上の必要や会社側の違法行為が大きいのかなどによって判断されることになる。判断に迷う場合には，雇用保険の特定受給資格者の類型（**第11章**「地位確認等請求事件」349頁参照）や雇用保険法33条の「雇用保険の受給制限のない自己都合退職」（平5・1・26職発26号）などが参考になる。

〈会社都合と判断された事例〉

【就業規則】
　支給率は，「やむを得ない業務上の都合による解雇又は定年」であるか，「社員の自己都合」かによって異なることと定められていた。

　原告は，被告に対し，平成9年4月8日到達の書面で，被告の賃金不払による債務不履行を理由に本件労働契約を解除する旨の意思表示をしたから，これによって原被告間の本件労働契約関係は終了したものというべきである。前記のような被告の債務不履行に起因する労働契約解除の場合は，やむを得ない業務上の都合による解雇の場合に準じた支給率で算出した退職金を支給することと解するのが相当であり，原告は，給与月額金50万円に4.5を乗じて得られる金225万円を下回らない退職金支払請求権を取得したものというべきであるとした（ペンション経営研究所事件・東京地判平9・8・26労判734号75頁）。

〈自己都合退職と判断された事例〉

【就業規則】
　「会社の業務上の理由による退職の場合には退職時の基本給1ヵ月分に31と12分の7を乗じた金額の退職金を支払う旨を定めており，自己都合により退職した場合には基本給に27と12分の7を乗じた金額の退職金を支払う」と定められていた。

　X（原告）は，退職の理由が賃金等の遅配及び未払にあり，「やむを得ない業務上の都合による解雇」に準じて退職金が支払われるべきである旨主張するが，解雇されたものではないから，右理由が「やむを得ない業務上の都合による解雇」に準ずるものとは認められない。したがって，退職金の額は，自己都合により退職した場合の算定方法によって算出されるべきものであり，これによると，967万0993円となるとした（株式会社ニチマ事件・東京地判平9・3・21労判725号88頁）。

④　退職金の不支給・減額条項

　退職金の支給に関する就業規則等には，「従業員を懲戒解雇したとき」あるいは「従業員に懲戒解雇事由があるとき」は，「退職金を支給しない」あるいは「減額して支給する」との規定が置かれていることが多い。このような規定の効力が，先に述べた，退職金の法的性格とも関連して問題となる。

　こうした退職金の不支給・減額条項の効力については，学説上は，賃金の後払いとしての性格から労働基準法16条又は24条に違反するとの見解や，退職金の額は退職時に具体的に確定して請求権が発生するものなので，賠償予定の禁

止や全額払いの原則の問題ではなく，成立要件に関する規定の有効性の問題であるとする見解などが主張されている。

しかし，判例は，一般的には不支給・減額条項は有効であることを前提とした上で，労働者に過酷で許容し難い結果を招く不支給条項・減額条項については，その適用を限定解釈するという方法をとっている。また，限定解釈の余地がない場合には，不支給条項自体が社会的相当性の見地からみて合理性を欠くとして，無効あるいは一部無効と判断している裁判例もある。

以下，不支給・減額条項の事由別に裁判例をみていく。

(1) 懲戒解雇，諭旨解雇と退職金の不支給・減額

懲戒解雇が有効となるためには，①懲戒処分の規定の存在，②懲戒事由への該当性，③相当性の要件を満たすことが必要であるが，懲戒解雇が有効とされた場合でも，判例は，退職金の不支給・減額条項を有効に適用できるのは，「労働者のそれまでの勤続の功労を抹消（不支給）ないし減殺（減額支給）してしまう程の著しく信義に反する行為があった場合」（日本コンベンションサービス事件・大阪高判平10・5・29労判745号42頁，旭商会事件・東京地判平7・12・12労判688号33頁）に限られるとしている。

次に，諭旨解雇については，懲戒解雇を若干軽減した懲戒処分であるが，懲戒規定に該当する事実がある場合，辞表等を提出させて退職扱いにする「諭旨退職」もあり，また，それに応じなければ懲戒解雇とする場合もあるなど，実際は厳然たる懲戒処分の一種であるので，諭旨解雇の場合の不支給・減額条項の有効性についても，上記懲戒解雇の場合と同様に解されている。

なお，諭旨解雇の場合の退職金は，全額支給するという規定もあるが，「情状によって不支給又は減額することができる」といった規定例が多い。

(a) 懲戒解雇は有効としながら，3割の退職金の支払を命じた裁判例
〈鉄道会社社員が電車内で痴漢行為を行い検挙起訴された事例〉

【退職金支給規則】
「懲戒解雇により退職するもの，または在職中懲戒解雇に該当する行為があって，処分決定以前に退職するものには，原則として，退職金は支給しない。」と定められていた。

上記のような退職金の支給制限規定は，一方で，退職金が功労報償的な性格を有

することに由来するものである。しかし，他方，退職金は，賃金の後払い的な性格を有し，従業員の退職後の生活保障という意味合いをも有するものである。そうすると，このような賃金の後払い的要素の強い退職金について，その退職金全額を不支給とするには，それが当該労働者の永年の勤続の功を抹消してしまうほどの重大な不信行為があることが必要である。そうすると，一定割合を支給すべきものであるとして3割の支払を命じた（小田急電鉄事件・東京高判平15・12・11判時1853号145頁）。

(b) **諭旨解雇が正当，退職金8割支給で違法はないとされた裁判例**
〈上司・同僚に対する度重なる恐喝，脅迫，強要，嫌がらせを行った事例〉

【就業規則】
「法令に違反したとき」「上長の命令に服さない」「職務上の規律を乱し，又は乱そうとする行為」「故意に業務の正常な運営を妨げる行為」「社員としての品位を傷つけ，又は信用を失うような非行」「みだりに執務場所を離れ，勤務時間を変更」「強要して，その就業を妨げたとき」「会社施設内において，風紀秩序を乱すような言動」「再三注意されてなお改悛の情がない」が懲戒事由とされていた。

「原告の各行為は，その内容及び態様並びにその回数等に照らし，原告の余りの無軌道振りや，原告の行為が被告会社の秩序風紀を乱し，職場規律の維持及び正常な業務運営を妨げたなどの点において，極めて著しいものがあるので，被告が原告に右弁明の機会を与えなかったとしても，それのみによって，直ちに被告による原告の解雇が違法無効となるとはいえない。
原告には，被告就業規則所定の各懲戒事由に該当する事実があり，かつ，その行為の内容及び態様並びにその回数も，尋常ならざるものがあるので，被告において，原告に対し，懲戒処分として，極刑ともいうべき懲戒解雇を選択する余地も十分にあったというべきところ，被告は，原告に対し，諭旨解雇をなすに止め，原告に対し，退職金の8割を支給することとしたのであって，本件解雇をもって，過酷と言うべき事情はなく，処分の公平・適正のいずれの観点からみても，これを違法無効と言うことはできない。また，以上によれば，本件解雇が解雇権の濫用であると言うこともできない」とした（日本電信電話（大阪淡路支店）事件・大阪地判平8・7・31労判708号81頁）。

(注) 「懲戒解雇の場合」には退職金を不支給とする旨の定めがある場合において，懲戒解雇に相当する事由があっても，依願退職など懲戒解雇以外の形式により解雇が行われた場合，被解雇者が退職金請求権を有するか否かが問題となった事案で，「依願退職の形式で前記の者らを退職させた場合であっても，依願退職処分は有効であり，被免職者らは退職金請求権がある」としたもの（荒川農協退職金請求事件・最判昭45・6・4判タ251号178頁），「退職者の将来の就職等の妨げ

とならないようにとの配慮から依願退職にした場合にも，退職金請求権は失われない」としたもの（チトセ退職事件・大阪地判昭47・1・24判時681号87頁）などがある。

　また，労働者が自己都合退職など懲戒解雇以外の形式により退職した後に，使用者が，在職中に懲戒解雇に相当する事由があったとして，改めて懲戒解雇の意思表示をした場合，使用者は退職金の支払を拒むことができるかが問題となった事案について，「会社が，従業員の自己都合による退職を承認して同人との雇用関係が終了した後に，同人に対して懲戒解雇の手続をしても，これによって自己都合退職による雇用関係終了の法的効力に影響を及ぼすものではないとして，会社に対して退職金の支払を命じたもの（ジャパン・タンカーズ退職金請求事件・東京地判昭57・11・22労経速1138号11頁）などがある。

(2) 競業避止義務と退職金の不支給・減額

　就業規則等に，同業他社に転職した者の退職金を不支給・減額する旨の規定が置かれていることがある。このような規定の有効性については，先に述べた退職金の性格に加え，労働者の職業選択の自由とも関係して問題となる。

　このような不支給・減額条項を有効とした裁判例もあるが，他方では，退職従業員に顕著な背信性がある場合に限り有効とした裁判例，また当該不支給事由に該当する事実が当該従業員の長年の功労を否定し尽くすだけの著しく重大なものであることを要するとして，具体的事情を勘案した上で限定解釈した裁判例もある。

(a) 減額条項を有効として，支給退職金の半額を不当利得として返還を認めた裁判例

〈「同業他社に就職した場合は会社の退職金規定に従い受領退職金の半額を返還する」旨念書を差し入れ，退職後同業他社に就職した事例〉

【就業規則】
　退職後同業他社へ転職のときは自己都合退職の2分の1の乗率で退職金が計算されると定められていた。

　被上告会社が営業担当社員に対し退職後の同業他社への就職をある程度の期間制限することをもって直ちに社員の職業の自由等を不当に拘束するものとは認められず，したがって，……その点を考慮して，支給額を一般の自己都合による退職の場合の半額と定めることも，本件退職金が功労報償的な性格を併せ有することにかんがみれば，合理性のない措置であるとすることはできない。すなわち，この場合の退職金の定めは，制限違反の就職をしたことにより勤務中の功労に対する評価が減殺されて，退職金の権利そのものが一般の自己都合による退職の場合の半額の限度においてしか発生しないこととする趣旨であると解すべきであるから，右の定めは，

その退職金が労働基準法上の賃金にあたるとしても，所論の同法3条，16条，24条及び民法90条等の規定にはなんら違反するものではないとした（三晃社事件・最判昭52・8・9労経速958号25頁）。

(b) **退職金を全額不支給にできるのは，退職従業員に顕著な背信性がある場合に限るとして，規程どおり全額の請求を認めた裁判例**
〈広告会社を退職後，広告代理業を自営することになった者の事例〉

【退職手当支給規程】
懲戒解雇の場合及び退職後6ヵ月以内に同業他社に就職した場合には退職金は支給されないと定められていた。

本件不支給条項が退職金の減額にとどまらず全額の不支給を定めたものであって，退職従業員の職業選択の自由に重大な制限を加える結果となる極めて厳しいものであることを考慮すると，単に退職従業員が競業関係に立つ業務に6ヵ月以内に携わったというのみでは足りず，退職従業員に，前記のような労働の対償を失わせることが相当であると考えられるような第一審被告に対する顕著な背信性がある場合に限ると解するのが相当である。
被告において，第一審原告に本件不支給条項を適用することは許されないものといわねばならず，同原告は，本件支給規程の原則に従って退職金請求権を有するものというべきである。減率の適用はないことが認められる。
よって，第一審原告は，退職時に右金額の退職金請求権を取得したものというべきであるとした（中部日本広告社事件・名古屋高判平2・8・31労判569号37頁）。

(c) **著しく重大とはいえない，として4割5分を減じた額を相当とした裁判例**
〈在職中に会社と競合する会社を設立。これにより，普通解雇された社員の事例〉

【退職金規程】
懲戒解雇された者には退職金を支給しない。本人在職中の行為で懲戒解雇に相当するものが発見されたときは，退職金を支給しないと定められていた。

使用者が従業員の退職金を支給しないことが正当であるというためには，退職金が賃金の後払い的性格を有する以上，当該不支給事由該当事実が当該従業員の長年の功労を否定し尽くすだけの著しく重大なものであることを要するものというのが相当である。大きな背信性を認めるものの，原告のこれまでの勤務における功労に照らすと，21年5ヵ月の長年の功労を否定し尽くすだけの著しく重大なものであるとまではいえないが，自らまたは第三者の利益を図るもので背信性が高いことを総合考慮すると，原告の退職金額は，所定額に4割5分を減じた額である434万0859

円とするのが相当であるとした（東京貨物社事件・東京地判平15・5・6労判857号65頁）。

(3) 不信行為と退職金の不支給・減額

　就業規則等に，退職金の支給規定がない場合において，退職前の個別の契約で退職金を支払う旨の合意があったケースで，従業員の非違行為を「その背信性は重大である」とした上，退職金の請求を権利の濫用に当たるとして認めなかったものがある。また，在職中の懲戒解雇事由が発覚する前に自主退職したケースなどで，労働者の行為の「背信性の大きさ」などを理由に退職金を不支給としたものもある。

(a) 権利の濫用として，退職金請求が棄却された裁判例

〈退職金の個別の契約をして，国際旅行の企画会社の顧客データを競合他社へ移動や消去等した事例〉

【就業規則】
　懲戒解雇事由として，従業員が「刑事事件に関し有罪判決を受けたとき」もしくは「会社内において，窃盗，横領，傷害等刑法犯に該当する行為を行ったとき」が挙げられていた。

　一般に，退職金とは，賃金後払いの性質及び在職中の功労に対する報償の性質を有するものと解され，前者の性質に照らせば，退職金支払請求権は，賃金支払請求権に関する労働基準法上の保護と同様の保護を受けるものということができる。しかし，このような一定の保護を受ける請求権であっても，これを請求することが権利の濫用に当たる場合を否定することはできない。右行為の背信性の程度にも照らせば，原告の被告に対する本件退職金請求は権利の濫用に当たると解するのが相当である（右行為が原告の退職後に被告に判明したことがこの判断に影響を及ぼすものではないことは，前記のとおりである。）とした（アイビ・プロテック事件・東京地判平12・12・18労判803号74頁）。

(b) 退職者からの退職金請求が棄却された裁判例

〈家具等の仕入れをあえて，1割高の価格で仕入れた元社員の行為〉

【就業規則】
　社員が次の一に該当するときは懲戒解雇に処する。「職務上の権限を越え，またはこれを乱用して専断的な行為をすること」「故意または重大な過失により会社に

損害を与えたとき。」と定められていた。
【退職金規程】
「背信行為など就業規則に反し懲戒処分により解雇する場合は退職金を支給しない」と定められていた。

> 本来，懲戒解雇事由と退職金不支給事由とは別個であるから，被告の右退職金規程のように退職金不支給事由を懲戒解雇と関係させて規定している場合，その規程の趣旨は，現に従業員を懲戒解雇した場合のみならず，懲戒解雇の意思表示をする前に従業員からの解約告知等によって雇用契約関係が，終了した場合でも，当該従業員に退職金不支給を相当とするような懲戒解雇事由が存在した場合には退職金を支給しないものであると解することは十分に可能である。
> 原告の前記背任行為は，いずれも悪質かつ重大なものであって，被告に対する背信性の大きさからして，本来懲戒解雇に相当するのみならず，これを理由に退職金不支給とすることも不当ではないと考えられるとした（大器事件・大阪地判平11・1・29労判760号61頁）。

⑤ 退職金の引下げ

退職金の支給基準の引下げは，就業規則の不利益変更の問題となる。詳しくは，**第5章**「賃金請求事件（定例賃金）」172頁以下を参照されたい。

⑥ 退職金の支払時期

就業規則において退職金の支払時期を定めた場合（労基89条3号の2）には，退職金は賃金ではあるが，定期的に支払われる通常の賃金とは性質を異にするから，退職後，一定期間経過後の日とすることも可能である。

その場合，就業規則に定められた支払期限を過ぎると遅延損害金が発生することになる。これに対して，就業規則に支払時期の定めがない場合には，労働基準法23条1項に基づき，使用者は労働者からの請求があった場合には7日以内に退職金を支払わなければならないとする考え方と，それでは民法412条3項を適用するより労働者に不利になるとして，労働基準法は適用されないという考え方がある。後者に従えば，退職後に労働者から請求があれば，それにより遅滞に陥ることになり（民412条3項），請求の日の翌日から遅延損害金が発生することになる。

利率は，使用者が，商人の場合，商事法定利率（商514条）として年6％とな

る。使用者が非商人である場合には，民事法定利率（民419条1項・404条）として年5％となる。

II 退職金請求訴訟

1 要件事実等

(1) 訴訟物

退職金請求事件の訴訟物は，実体法上の権利である「労働契約に基づく退職金支払請求権」である。

実体法上の退職金支払請求権は，当然に発生するものではなく，就業規則等に支給すること及び支給基準が定められ，使用者に支払義務があるものは，労働の対償として，賃金の性質を有するものとして，労働基準法上保護されることになる。そして，現実に退職することにより，具体的な退職金支払請求権が発生する。

(2) 請求の趣旨

原告の主張の結論を「被告は，原告に対し，金〇〇円及びこれに対する平成〇年〇月〇日から支払済みまで年〇分の割合による金員を支払え。」と簡潔に記載する。

退職金支払請求権の起算日は，就業規則に支払時期に関する定めがある場合にはそれにより，定めがなければ，催告した時が期日（民412条3項）となり，翌日から遅延損害金が発生する。損害金の利率は，使用者が会社及び商人の場合，年6％（商514条）となり，非商人の場合，年5％（民404条）となる。

(3) 請求原因

請求原因とは，退職金支払請求権の法律効果の発生要件であり，労働者側が主張立証すべき内容は，次のとおりである。

① 労働契約の締結
② 退職金規程等の存在
③ ②に対応する退職金額算定の基礎となる事実
④ 退職の事実
⑤ 退職事由

退職金を請求するには，原告被告間で労働契約を締結（①）したこと，及び退職時まで労務に服したことを主張する必要がある。そして，退職金の額を算定するのに，退職時の賃金額及び勤続年数が必要なときは，ここで主張する必要がある。また，労務に服したことについては，④の退職の事実を主張すれば，主張としては十分である。

②の就業規則，労働契約などに支給条件及び基準が規定されている場合，その支給規定を主張する必要がある。そして，③で支給基準に従い計算した金額を請求する。

⑤は，退職事由により退職金の支給率に違いがある場合，自己に有利な加減額事由は，その適用を主張する者が主張立証する必要がある。

(4) 抗　弁

(a) 退職金不支給・減額条項の存在

使用者側が主張する抗弁事由としては，就業規則に退職金の不支給・減額条項がある場合，その条項を主張する。

(b) (a)に対応する該当事実

上記，不支給・減額条項に該当する具体的事実を主張する。そして，その主張は「労働者の長年の勤続の功労を抹消又は減殺するほどの著しい背信行為」（限定解釈）に該当するものである必要がある。

　（注）被告会社から，労働者が在職中に会社に損害を与えたとして損害賠償請求の主張がなされることがある。しかし，具体的請求権として認められる退職金には労働基準法24条の賃金全額払いの原則（相殺禁止）の適用があるため，抗弁とはなり得ず，相殺の主張は主張自体失当ということになる。被告会社があくまで損害賠償請求したいのであれば，反訴提起か別訴提起によるべきことになる。

(5) 再 抗 弁

「退職金の不支給・減額条項の公序良俗違反の主張」

上記抗弁で，限定解釈の余地がない場合などには，原告側から退職金の不支給・減額条項の公序良俗違反を主張することになる。これはいわゆる規範的要件といわれるもので，評価を根拠付ける具体的事実が主要事実（要件事実）と捉えられる。

2 典型的な争点

(1) 労使慣行，個別合意と退職金

労使慣行を根拠に退職金を請求する場合，ポイントとなるのは，「支払条件が明確で使用者に支払が義務づけられていること」及び「支給額が計算できること」などの点である。

以上の点が満たされれば，労働契約の内容となり，保護されることになる。

具体例としては，本章325頁で紹介した裁判例のほか，次のようなものがある。

(a) 労使慣行の存在を肯定した裁判例

「案として作成された退職金規程に基づき支給する実績が積み重ねられ，退職金の支給慣行」が認められた事例（吉野事件・東京地判平7・6・12労判676号15頁）。

「退職時の基本給プラス諸手当に勤続年数を乗じた額の退職金を支給する慣行が成立していた」とした事例（宍戸商会事件・東京地判昭48・2・27労経速807号12頁）。

(b) 個別の合意の存在を肯定した裁判例

「幹部従業員たる原告らと被告会社間で，退職慰労金を支払う旨の合意が成立していた」として一部認容した事例（イオナインターナショナル事件・東京地判平7・2・27労判676号64頁）。

(2) 懲戒解雇と不支給・減額条項

懲戒解雇を根拠に退職金の不支給・減額を主張された場合に，ポイントとなるのは，次のような点である。

(a) 就業規則に退職金の不支給・減額条項が存在すること

就業規則に，「懲戒解雇された場合」「懲戒解雇された者」と規定されている場合（「懲戒解雇に該当する事由のある者」とは規定されていない場合）に，懲戒解雇以外の事由により従業員が退職した場合，退職金の支払を拒むことはできないとした裁判例（広瀬商事退職金請求事件・広島地判平2・7・27労民集41巻4号618頁，アイ・ケイ・ビー退職金請求事件・東京地判平6・6・21労判660号55頁）などがある。

(b) 退職金の不支給・減額条項の有効性

退職金の不支給・減額条項の適用の有効性の判断基準は「永年の勤続の功労を抹消してしまうほどの不信行為といえるか否か」である。

就業規則に，「懲戒解雇事由が存する場合」という規定が置かれ，現実に懲

戒解雇がなされた場合であっても，退職金を不支給又は減額とするのが相当かという点から，当該行為が上記の基準に該当するのかを判断すべきことになる。この基準の下でも，横領等の犯罪行為については，「永年の勤続の功労を抹消してしまうほどの不信行為」といえる場合が多い。

(3) 退職理由と支給率等

就業規則に定める退職金の不支給・減額条項の退職理由に該当したが，永年の勤続の功労を抹消してしまうほどの不信行為といえない場合に，退職金の支給率（支給額）をいくらにするのかについて問題となる。この点に関する判断要素としては，退職金の中に功労報償的要素の占める割合（会社都合を考慮する条項が入るほど功労報償的要素は大きくなる），会社が被った損害の大きさ，労働者の背信性の程度などが考慮され，個別に判断されることになる。

③ 証拠収集その他準備段階の留意点

退職金支払請求権の発生根拠となる個別の合意書，就業規則，労働協約など資料の確保が重要である。この場合，元同僚などの協力を得ることが必要となる場合がある。その他争点により，退職願，離職票，解雇通知書，給与明細，通帳などが必要になる。また，就業規則が労働基準監督署に届けられているのかを確認し，届けられているときには，閲覧して写しを取っておくことが重要である。

就業規則の退職金規定が労働者の不利益に変更されていることがあり，過去の規定の内容も確認する必要がある場合があるので，古い就業規則も捨てずに取っておいた方がよい。

企業が退職金共済制度や生命保険会社などの年金制度に加入している場合，その請求権は労働者に帰属し，会社が請求することはできないことになっているので，支払われない場合には確認を要する。

【退職金支払請求書記載例】

退職金支払請求書

平成24年4月20日

〇〇市〇〇町4丁目1番23号
株式会社□□□□
代表取締役△△△△　殿

　当職は，〇〇〇〇の代理人として，下記のとおり請求いたします。
　通知人〇〇〇〇は，貴社を平成24年4月7日付で退職をしましたが，未だに退職金の支払を受けておりません。貴社就業規則の退職金規定によれば，自己都合退職者に対しては退職時の基本給に年数（勤続年数－1）を乗じ，これに2分の1を乗じた金額を退職金として支払うことになっております。
　計算をしますと，185,000円×14×1/2＝1,295,000円となります。つきましては，上記金額を本請求書到達後1週間以内に，下記口座にお振り込みください。
　万が一，上記期間内に，お振り込みいただけない場合，当職が法的手続をとることになりますので，ご承知おきください。
　なお，本件につきましては，当職が受任しましたので，今後は当職宛，ご連絡をくださいますようにお願いします。
　（口座番号）

〇〇市〇〇区〇条〇丁目1番〇〇号
　通知人　〇〇〇〇
〇〇市〇〇区〇条〇丁目1番23号
　上記通知人代理人司法書士　☆　☆　☆　☆　　㊞
　　ＴＥＬ〇〇〇－〇〇－〇〇〇
　　ＦＡＸ〇〇〇－〇〇－〇〇〇

④ 訴状作成上の留意点──労働者側から
【訴状中の「請求の趣旨」及び「請求の原因」の記載例】

第1　請求の趣旨
1　被告は，原告に対し，金1,295,000円及びこれに対する平成24年4月23日から支払済みまで年6％の割合による金員を支払え。
2　訴訟費用は被告の負担とする。
との判決及び仮執行宣言を求める。

第2　請求の原因
1　雇用契約の締結
(1)　被告会社は，惣菜，弁当等の販売等を目的とする会社である。
(2)　原告は，平成9年4月1日，被告会社に採用され，以後，被告会社に勤務していたが，平成24年4月7日，自己都合により退職をした（甲1）。
　　原告の退職時の基本給は，185,000円であった（甲2）。
2　退職金規定の存在
就業規則第20条1項，2項に下記のとおり退職金規定が存在する（甲3）。
第20条（退職金）
　1　退職金は満2年をもって支給する。
　2　その計算は原則として次のとおりとする。
　　ア　普通解雇（定年退職）基本給×年数（在職年数－1年）＝退職金
　　イ　自己都合退職は前項の1/2
　　とする。
3　原告主張の退職金額
　退職金の額　　金1,295,000円
　計算式　　　　185,000円×14×1/2＝1,295,000円
4　関連する事情
(1)　原告は，被告に対して未払退職金を支払うように請求したが，営業成績及び勤務態度が悪い，勝手にやめたなど理由を付けて，支払わない。
(2)　原告は，被告に対して，平成24年4月20日付内容証明郵便で，1週間以内に支払うように催告し（甲4の1），同書面は，同年4月22日に被告会社に配達された（甲4の2）。
(3)　原告は，被告会社が催告期間を経過しても支払わないため，本件提訴に至った次第である。
5　よって，原告は，被告に対し退職金として金1,295,000円及びこれに対する平成24年4月23日から支払済みまで商法所定の年6％の割合による遅延損

害金の支払を求める。

　　　　　　　　　　証　拠　方　法
　1　甲第1号証　　　　　雇用保険被保険者離職証明書
　2　甲第2号証　　　　　給与支払明細書
　3　甲第3号証　　　　　就業規則（一部）
　4　甲第4号証の1　　　内容証明郵便
　5　甲第4号証の2　　　配達記録

　　　　　　　　　　附　属　書　類
　1　訴状副本　　　　　　1通
　2　甲号証写し　　　　　各1通
　3　現在事項全部証明書　1通
　4　訴訟委任状　　　　　1通

【訴状作成上の留意点】
(1) 請求の趣旨
　①　遅延損害金は，請求日の翌日から発生する。事前に内容証明郵便等請求日を特定できるものがない場合「本訴状送達日の翌日から」と記載する。
　②　利率は，商人の場合6％（商514条），非商人の場合5％（民419条1項・404条）である。賃確法6条の14.6％は，退職金には，適用されない。
(2) 請求の原因
　訴訟物の請求を根拠付ける，請求原因を記載する。具体的には，①労働契約の締結，②退職金規程等の存在，③②に対応する退職金額算定の基礎となる事実，④退職の事実などである。そして，「よって」書き以下で，訴訟物に基づき，請求の結論を記載し請求の趣旨と請求原因を関連付ける。
(3) 証拠方法
　書証の写しを添付する場合に記載する。立証の趣旨などは，別に証拠説明書に記載する。
(4) 附属書類
　相手方が法人であれば代表者の資格証明書を添付する。代理人が訴訟を行う場合は，訴訟委任状を添付する。また，被告への訴状の送達は，原告から提出

した副本でなされる，被告分の甲号証の写しも同じく添付する。
【証拠説明書記載例】

平成24年（ハ）第123号　退職金請求事件
原告　○　○　○　○
被告　□　□　□　□

　　　　　　　　　　　証拠説明書（1）

　　　　　　　　　　　　　　　　　　　　　平成24年6月5日

○○簡易裁判所民事○係　御中

　　　　　　　　　原告訴訟代理人司法書士　☆　☆　☆　☆　㊞

号証	標目(原本・写しの別)		作成年月日	作成者	立証趣旨	備考
甲1	雇用保険被保険者離職証明書	原本	平24.4.9	○○公共職業安定所長	被告会社を自己都合退職したこと	
甲2	給与支払明細書	原本	平24.3.25	被告株式会社□□□□	賃金額とその内訳	
甲3	就業規則(一部)	写し	昭60頃	被告株式会社□□□□	就業規則に退職金規定が存在し，支給条件及び基準が決められていること	
甲4の1	内容証明郵便	原本	平24.4.20	郵便事業株式会社	退職金を支払うように催告したこと	
甲4の2	配達記録	原本	平24.4.22	郵便事業株式会社	被告会社に配達されたこと	

5 答弁書作成上の留意点──使用者側から
【答弁書記載例】

平成24年（ハ）第123号　退職金請求事件
原告　○　○　○　○
被告　□　□　□　□

答　　弁　　書

平成24年7月4日

○○簡易裁判所民事○係　御中

　　　　　　　　　　〒○○○−○○○○
　　　　　　　　　　○○市○○区○丁目○番○号○○ビル2階
　　　　　　　　　　△　△　△　△　司法書士事務所（送達場所）
　　　　　　　　　　被告訴訟代理人司法書士　△　△　△　△　　㊞
　　　　　　　　　　電　話　＊＊＊−＊＊＊−＊＊＊＊
　　　　　　　　　　ＦＡＸ　＊＊＊−＊＊＊−＊＊＊＊

第1　請求の趣旨に対する答弁
　1　原告の請求を棄却する。
　2　訴訟費用は原告の負担とする。
　との判決を求める。

第2　請求の原因に対する認否
　1　請求原因1(1)(2)の事実は認める。
　2　請求原因2の事実は認める。
　3　請求原因3，4の主張は争う。

第3　被告の主張
　1　被告会社では，就業規則（乙第1号証）を定めているところ，原告には同規則所定の退職金の不支給事由に該当する次の事実があった。
　　(1) 原告は，在職中，得意先をほとんど回らず，そのため，営業成績が極めて悪く，勤務態度も従業員の中で最も悪かった。
　　(2) 原告は，被告会社から1日数回携帯電話で呼び出されても，昼頃までは

応答しなかった（乙第2号証）。
(3) 原告は，被告会社に提出すべき営業日報を1ヵ月以上過ぎてからまとめて提出したばかりでなく，営業日報に虚偽の記載をした（乙第3号証）。
(4) 原告は，得意先に荷物を配送せず，得意先から苦情がきてもすぐに適切に処理しなかった。
(5) 原告は，毎月なすべき得意先の集金に行かなかった。
(6) 原告は，被告会社の車両を使用して運送業者のために夜間アルバイトを数十回行い，1回につき5,000円を受け取り，翌日の午前中は寝ていた。
(7) 上記(1)ないし(5)は就業規則第13条4号に，(6)は就業規則第14条4号，6号にそれぞれ該当するから，被告会社は，就業規則20条2項エにより，原告に対して退職金を支払う義務はない。
2 なお，仮に退職金の支払義務があるとしても，過去に退職金の計算に関して，試用期間（3ヵ月）を在職年数に算入したことはなく，このことは，就業規則の付則13条からも明らかである。したがって，退職金の計算の基礎となる原告の在職年数は，14年9ヵ月である。

証　拠　方　法
1　乙第1号証　　　　　就業規則
2　乙第2号証　　　　　電話連絡通知記録簿
3　乙第3号証　　　　　営業日報

附　属　書　類
1　乙号証写し　　　　　各1通
2　訴訟委任状　　　　　1通

【答弁書作成上の留意点】
(1) **本案前の答弁**
訴状が訴訟要件を具備しているのかを検討する。具備しない場合，本案前の答弁をする（管轄違いによる移送の申立て，訴え却下の申立てなど）。
(2) **請求の趣旨の対する答弁**
原告の請求を棄却する。
(3) **請求原因に対する認否**
原告の主張について，認める点と，争う点を明らかにする。
(4) **被告の主張**

抗弁の要件事実に当たる具体的事実を記載する。
(5) その他
反訴を提起することが適当かを検討する。

【別紙　就業規則（抜粋）】

乙第1号証

（解雇）
第13条　社員が次のいずれかに当たるときは，解雇し損害賠償を求めることができる。
　① 不正行為をなしたる者
　② 会社に迷惑をかける，何らかの発言，宣伝をなしたとき
　③ 商品を私用に供した場合
　④ 社員の態度が，会社において，或いは，得意先に対して，きわめて不適当とおもわれる営業態度であると会社が認めたとき
　⑤ その他相当な理由があるとき
（懲戒）
第14条　会社は，社員が次のいずれかに当たる場合は懲戒解雇とし，その者に損害賠償を求める。
　　たとえ，時間を要しても，会社は，正確に調査し，退職後も改めて懲戒解雇できるものとし，社員は，当該賠償の責任は退職後も引き続き免れることはできない。
　① 商品の横流しを行った者
　② 会社の商品の仕入価格，販売先，営業方針，その他機密に関する事項を外に漏らしたる者
　③ 会社の社員，上司の批判をし，これを内外に宣伝したる者
　④ 会社の車両を使用して，他の作業を行い，金品の授受を行った者
　⑤ 集金の金，或いは，他社，他人の金を何のことわりもなく私用に供したる者
　⑥ 会社の勤務時間を利用して，他の仕事をし，金品の授受を行った者，もしくは，それに類する行為をなしたる者
　⑦ その他懲戒解雇に相当すると会社が認めた行為をなしたる場合
（退職金）

第20条
　1　退職金は満2年をもって支給する。
　2　その計算は原則として次のとおりとする。
　　ア　普通解雇（定年退職）基本給×年数（在職年数－1年）＝退職金
　　イ　自己都合退職は前項の1/2とする。
　　ウ　退職金には成績，状況により，プラス，マイナスがつく。
　　エ　退職金の支払前，後にかかわらず前記13条，14条等の行為が発覚した場合，時間がかかっても，正確に調査し，本人に損害賠償を求めるものとする。退職金は支払わず，又は返却させる。
（付則）
第22条　この規則に記されていない条項については，問題発生の都度，会社役員の協議によって定めるものとする。

6　準備書面

【第1準備書面記載例】

平成24年（ハ）第123号　退職金請求事件
原告　○　○　○　○
被告　□　□　□　□

第1準備書面

平成24年8月1日

○○簡易裁判所民事○係　御中

原告訴訟代理人司法書士　○　○　○　○　　㊞

第1　被告提出の答弁書の「第3　被告の主張」に対する認否
　1　被告会社の主張1の事実は否認し，その主張は争う。
　　(1)　「営業成績が極めて悪く」について，原告の営業成績が落ちたのは得意先が廃業したことが要因である。原告の責任ではない。
　　(2)　「昼頃までは応答しなかった。」について，意図的なものではなく，車の中に携帯電話を置いたままにしたためや，電源を夜に切ったまま，朝に入れ忘れたことなどによるものである。

(3) 「営業日報を1ヵ月以上過ぎて」「営業日報に虚偽の記載」について，他の従業員も1週間ないし2週間分くらいをまとめて書いて被告会社に提出しており，時間等の記載は他の従業員においても必ずしも正確には行われておらず，簡略化されている。原告だけ責められるのは納得がいかない。
(4) 原告が勤務に対する熱意を失った理由の1つは，被告会社の現代表者と気が合わなかったことにあり，この点が被告会社退職の動機にもなっている。
(5) 「得意先の集金に行かなかった。」について，得意先の集金については，遅れてはいたものの，集金自体はなされていた。回収はできていた。
(6) 運送業者のために配送業務を代行したのは，右業者（個人営業）であるT氏から体の不調を理由に配送を依頼されたためであり，当初，対価を受け取る意思はなかったこと，その期間，回数についても退職前の1ヵ月ほどの間に十数回程度行ったにとどまること，右業者は原告の担当する得意先に商品を配送していたため，もし右業者が配送できなければ，結局，原告が代わって配送する必要があったこと，原告は，自分の仕事が終わってから1時間程度配送を手伝っただけで，翌日の仕事に支障が出るほどの状況ではなかった。
2 被告会社の主張2について

試用期間を付した労働契約は，解約権留保付の労働契約であって，試用期間も在職年数に含まれる。

被告の就業規則などにも，試用期間が労働契約に基づくものでないという規定や，在職年数に含まれないという規定はないから，試用期間も退職金の算定基準となる在職年数に含まれるというべきである。

第2 原告の主張
1 被告会社の就業規則は，本件訴訟のために急遽作成されたものと強く疑われるのである。そうでないとしても，従業員に全く閲覧の機会を与えていないから，従業員に不利益な部分である退職金不支給の規定は無効である。

被告会社の就業規則の退職金支給条件自体は明確であり，使用者に支給が義務付けられているから（第20条1項，2項ア・イ），この退職金は賃金後払的性格を有するものと考えられる。一方，退職金の不支給については，就業規則第20条2項エ，第13条，第14条の各規定は極めて不明確であり，恣意的適用が可能であるから，このような規定は，退職金の賃金後払的性格からして，無効というべきである。

仮に就業規則第20条2項エの規定が有効であるとしても，退職金の賃金後払的性格から，これを限定的に解すべきである。すなわち退職金の不支給・

減額は「労働者の永年の勤続の功労を抹消ないし減殺してしまう程の著しく信義に反する行為があった場合に限られる」旨の規定として限定的に解釈されるべきである。そして、原告の勤務等について、上記の事由は存しない。

仮に被告会社主張のアルバイトの事実があったとしても、原告の退職の時点で、被告会社には原告が配送を代行していたという事実を含め原告の不正行為はすべて判明していたのに、被告会社は原告を自己都合退職の扱いにしたのであるから、既にその時点で退職金請求権が発生していたのであって、これを事後的に消滅させることはできない。

証 拠 方 法
1　甲第5号証　　　　　原告陳述書

附 属 書 類
1　陳述書　　　　1通

【手続上の留意点】

簡易裁判所では、口頭弁論は書面で準備することを要しない（民訴267条1項）としているが、通常は答弁書、準備書面を相手方と裁判所に対して事前に直送している。

実務では直送が原則である（民訴規83条1項）。直送の方法は、交付、郵送又はファクシミリによる（同47条1項）。

相手方が代理人等の場合、一般的には、ファクシミリを用いるが、書類の量が多い場合、書面が不鮮明な場合などは郵送で直送することも多い。このときに受領書面も一緒に送付し、相手方である受領者は、送付した相手方と裁判所に受領書をファクシミリ又は郵送で返送する。

受領書の返送を受けた準備書面は、相手方が口頭弁論期日に出頭しない場合にも主張することができ、場合によっては相手方が自白したものとみなされることもある（民訴159条3項）。

第11章
地位確認等請求事件

Ⅰ 地位確認等請求事件

使用者に対し，解雇無効を争う場合に検討すべき点は，**第8章**「労働契約終了に関する基礎知識」296頁以下で述べた。ここでは，実際に解雇無効を争う際に問題となる論点について手続上の観点から詳述する。

解雇無効を争う事件を受任する場合，相談者は一時の感情で無効を争う旨強く主張するケースがあるが，各々の手続の特徴を説明し，事情聴取からどの手続を選択するかを見極めることが重要となる。

1 準備段階における留意点

(1) 労働者の対応

解雇に関する紛争では，問題となる使用者の行為が解雇なのか否かを確認する必要がある。事実上労働契約が終了してしまった場合は，解雇であったのかどうか判然としないことも少なくないが，労働者に復職する意思がある場合は，できるだけ早急に内容証明郵便でその旨の意思表示をしておくべきである。その上で，使用者に対し，退職証明書の交付を請求し，退職理由を明確にすることを検討すべきである。もっとも，使用者が退職証明書を交付するとは限らないので，交付しない場合は，労働者側で作成し記入を促すのも方法の1つである。これは，後から退職理由を変更されたり，追加されたりすることを防ぐためである。なお，明確な解雇通知等がある場合は，それだけで使用者の解雇の意思は明らかとなるから，この場合は，内容証明郵便で解雇理由の不存在や解雇権濫用により解雇が無効であること，解決方法に対する労働者の希望などを回答しておき，併せて就労の意思を明確にすることが重要である。

退職証明書は，労働者が退職の場合において，使用期間，業務の種類，その事業における地位，賃金又は退職の事由（退職の事由が解雇の場合にあっては，その理由を含む）について証明書を請求した場合においては，使用者は，遅滞なくこれを交付しなければならないとされている（労基22条1項）。また，解雇の場合は，「就業規則の条項に該当することを理由として解雇した場合，該当する条項の内容および当該条項に該当するに至った事実関係」を具体的に記載しな

ければならないとされている（平11・1・29基発45号）。

【解雇事由にかかるモデル退職証明書】（資料：厚生労働省モデル様式）

```
（労働者名）殿

　以下の事由により，あなたは当社を平成　　年　　月　　日に退職したことを証
明します。
　　　　　　　　　　　　　　　　　　　　　　平成　　年　　月　　日
　　　　　　　　　　　　　　　　　　事業主氏名又は名称
　　　　　　　　　　　　　　　　　　使用者職名
```

```
①　あなたの自己都合による退職（②を除く。）
②　当社の勧奨による退職
③　定年による退職
④　契約期間の満了による退職
⑤　移籍出向による退職
⑥　その他（具体的には　　　　　　　　　　）による退職
⑦　解雇（別紙の理由による。）
```

※　該当する番号に○を付けること。
※　解雇された労働者が解雇の理由を請求しない場合には，⑦の「(別紙の理由による)」を二重線で消し，別紙は交付しないこと。

【別紙】

```
ア　天災その他やむを得ない理由（具体的には，
　　　　　　　によって当社の事業の継続が不可能になったこと。）による解雇
イ　事業縮小等の当社の都合（具体的には，当社が，
　　　　　　　　　　　　　　　　　　　　となったこと。）による解雇
ウ　職務命令に対する重大な違反行為（具体的には，あなたが
　　　　　　　　　　　　　　　　　　　　　したこと。）による解雇
エ　業務について不正な行為（具体的には，あなたが
　　　　　　　　　　　　　　　　　　　　　したこと。）による解雇
オ　相当期間にわたる無断欠勤をしたこと等勤務不良であること
　　　（具体的には，あなたが　　　　　　　　　　したこと。）による解雇
カ　その他（具体的には，　　　　　　　　　　　　　　　）による解雇
```

※　該当するものに○を付け，具体的な理由等を（　）の中に記入すること。

【解雇通告に対するモデル内容証明郵便】

平成24年9月5日

株式会社　○○○
代表取締役　○○○○　殿

○県○○市○○町○○番○○号
通知人　○　○　○　○　㊞

通　知　書

　通知人○○○○は次のとおりご通知申し上げます。
　通知人は，平成24年8月31日，貴社より同日をもって解雇する旨の通知を受けました。
　貴社によれば，本件解雇理由は，就業規則第32条1項による勤務状況が著しく不良で，改善の見込みがないこと及び同条3項による職務遂行能力，作業能率が著しく劣り，向上の見込みがないことに基づき解雇するとあります。
　具体的には，営業所から顧客や担当営業先への外出の際に，頻繁に時間に遅れることや，また，戻りの際にも時間を守らないことが多く，勤務状況が著しく不良である旨を挙げていますが，このような事実はなく，本件解雇は，解雇理由として合理的な理由があるとはいえず，明らかに無効です。
　また，通知人の職務遂行能力が著しく劣るとは，何を根拠に判断しているのか明らかではありません。
　通知人としては，今後も貴社で就労することを希望しておりますので，早急にお話をする機会を持ちたいと考えております。
　なお，万一，7日以内に貴社が話合いに応じて頂けない場合には，やむを得ず法的手段をとらせていただく旨併せて申し添えます。

（注）内容証明郵便は，26字20行以内か20字26行以内で作成のこと。

(2)　離職票の離職理由

　事業主は，労働者の退職後，雇用保険被保険者離職票（以下「離職票」という）に離職理由や賃金支払状況などを記載し，被保険者資格喪失届に添付して事業所の所在地を管轄する公共職業安定所（以下「職安」という）に提出することになる（雇保則7条1項）。この際，離職者は，同書面の離職理由について確認の署名・押印が求められるので，内容を十分確認する必要がある。離職票に記載

される離職理由によって，労働者が失業した際に受給できる失業給付の支払開始日や給付日数が異なってくるからである。

なお，事業主が離職者に離職票を交付しない場合には，離職者は職安の長に対し，被保険者であったことの確認を請求することができる（同17条）。

以下の事由で離職した者は，「特定受給資格者」又は「特定理由離職者」とされ，自己の責めに帰すべき重大な理由によって解雇された者，又は正当な理由がなく自己の都合によって退職した者のような3ヵ月間の給付制限を受けない。辞職届を提出していても該当する場合があるので注意すべきである。なお，会社が作成した離職票の離職理由に誤りがあれば，求職の申込みの際に職安に異議を出すことが可能である。

【特定受給資格者の範囲】

(1) 「倒産」等により離職した者
　① 倒産（破産，民事再生，会社更生等の各倒産手続の申立て又は手形取引の停止等）に伴い離職した者
　② 事業所において大量雇用変動の場合（1ヵ月に30人以上の離職を予定）の届出がされたため離職した者及び当該事業主に雇用される被保険者の3分の1を超える者が離職したため離職した者
　③ 事業所の廃止（事業活動停止後の再開の見込みのない場合を含む）に伴い離職した者
　④ 事業所の移転により，通勤することが困難となったため離職した者

(2) 「解雇」等の理由により離職した者
　① 解雇（自己の責めに帰すべき重大な理由によらない場合）により離職した者
　② 労働契約締結時に明示された労働条件が事実と著しく相違したことにより離職した者
　③ 賃金（退職手当を除く）の額の3分の1を超える額が支払期日までに支払われなかった月が引き続き2ヵ月以上となったこと等により離職した者
　④ 賃金，当該労働者に支払われていた賃金に比べて85％未満に低下した（又は低下することとなった）ため離職した者（当該労働者が低下の事実について予見し得なかった場合に限る）
　⑤ 離職前3ヵ月間に連続して労働基準法に基づき定める基準に規定する時間（各月45時間）を超える時間外労働が行われたため，又は事業主が危険若しくは健康障害の生ずるおそれがある旨を行政機関から指摘されたにもかかわらず，

事業所において当該危険若しくは健康障害を防止するために必要な措置を講じなかったため離職した者
⑥ 事業主が労働者の職種転換等に際して、当該労働者の職業生活の継続のために必要な配慮を行っていないため離職した者
⑦ 期間の定めのある労働契約の更新により3年以上引き続き雇用されるに至った場合において、当該労働契約が更新されないこととなったことにより離職した者
⑧ 期間の定めのある労働契約の締結に際し当該労働契約が更新されることが明示された場合において当該労働契約が更新されないこととなったことにより離職した者（上記⑦に該当する者を除く）
⑨ 上司、同僚等からの故意の排斥又は著しい冷遇若しくは嫌がらせを受けたことによって離職した者
⑩ 事業主から直接若しくは間接に退職するよう勧奨を受けたことにより離職した者（従来から恒常的に設けられている「早期退職優遇制度」等に応募して離職した場合は、これに該当しない）
⑪ 事業所において使用者の責めに帰すべき事由により行われた休業が引き続き3ヵ月以上となったことにより離職した者
⑫ 事業所の業務が法令に違反したため離職した者

【特定理由離職者の範囲】

(1) 期間の定めのある労働契約の期間が満了し、かつ、当該労働契約の更新がないことにより離職した者（その者が当該更新を希望したにもかかわらず、当該更新についての合意が成立するに至らなかった場合に限る）（上記「特定受給資格者の範囲」(2)の⑦及び⑧に該当する者を除く）
(2) 以下の正当な理由のある自己都合により離職した者
　① 体力の不足、心身の障害、疾病、負傷、視力の減退、聴力の減退、触覚の減退等により離職した者
　② 妊娠、出産、育児等により離職し、雇用保険法20条1項の受給期間延長措置を受けた者
　③ 父若しくは母の死亡、疾病、負傷等のため、父若しくは母を扶養するために離職を余儀なくされた場合のように、家庭の事情が急変したことにより離職した者
　④ 配偶者又は扶養すべき親族と別居生活を続けることが困難となったことにより離職した者
　⑤ 次の理由により、通勤不可能又は困難となったことにより離職した者

(i)　結婚に伴う住所の変更
　(ii)　育児に伴う保育所その他これに準ずる施設の利用又は親族等への保育の依頼
　(iii)　事業所の通勤困難な地への移転
　(iv)　自己の意思に反しての住所又は居所の移転を余儀なくされたこと
　(v)　鉄道，軌道，バスその他運輸機関の廃止又は運行時間の変更等
　(vi)　事業主の命による通勤又は出向に伴う別居の回避
　(vii)　配偶者の事業主の命による通勤若しくは出向又は配偶者の再就職に伴う別居の回避
⑥　その他，上記「特定受給資格者の範囲」(2)の⑩に該当しない企業設備による人員整理等で希望退職者の募集に応じて離職した者等

　なお，雇用保険の基本手当（いわゆる失業手当）の給付日数は，以下のとおりである。

【雇用保険の基本手当の所定給付日数】
①倒産・解雇等による離職者（③を除く）

	1年未満	1年以上5年未満	5年以上10年未満	10年以上20年未満	20年以上
30歳未満	90日	90日	120日	180日	───
30歳以上35歳未満	90日	90日	180日	210日	240日
35歳以上45歳未満	90日	90日	180日	240日	270日
45歳以上60歳未満	90日	180日	240日	270日	330日
60歳以上65歳	90日	150日	180日	210日	240日

②倒産・解雇等以外の事由による離職者（③を除く）

	1年未満	1年以上5年未満	5年以上10年未満	10年以上20年未満	20年以上
全年齢	90日	90日	90日	120日	150日

③就職困難者

	1年未満	1年以上5年未満	5年以上10年未満	10年以上20年未満	20年以上
45歳未満	150日	300日	300日	300日	300日
45歳以上65歳	150日	360日	360日	360日	360日

特定理由離職者については，受給資格に係る離職の日が平成21年3月31日から平成26年3月31日までの間にある者に限り，所定給付日数が特定受給資格者と同様になる。ただし，上記期間内に離職した場合であっても，「特定理由離職者の範囲」(2)に該当する者は，被保険期間が6ヵ月以上（離職前1年間），12ヵ月未満（離職前2年間）の場合に限り，所定給付日数が特定受給資格者と同様になる。

(3) **解雇の承認**

解雇は，使用者の一方的意思表示により将来に向かって労働契約を終了させる効果を持つ形成権であり，労働者の同意や承認は前提とならないのが原則である。しかし，労働者側に一定の言動や明らかに就労の意思と矛盾するような行為があった場合には，以後解雇を争う権利を放棄したとか，信義則上解雇無効を主張し得ないとされることがあるので注意を要する。

例えば，解雇無効を争った労働者が，「雇用契約の終了を前提として支給される退職金，予告手当等のいずれもその金員の性質を承知した上で受領した場合には，右労働者は，その解雇の効力を承認し，今後右効力を争わない意思を使用者に対して表明したものと認めるべきである」とした裁判例（三井炭鉱事件・札幌地判昭46・3・31判タ263号331頁）がある。この裁判例は，解雇通告後長期間にわたって解雇の効力を争う姿勢を示さなかったり，退職を前提に支給される金員をそれと認識しながら受領したり，解雇の効力を争う意思で受領を拒否していた退職金を受領するような行為を解雇の承認と評価しているようである。したがって，上記と異なり，単に解雇通告後，異議を述べなかったり，退職金を受領したりする行為のみを理由に直ちに解雇の承認と判断されることはなかろう。ただし，後日の紛争を防止するため，使用者が解雇予告手当や退職金を振り込んできたような場合は，返還し，拒否された場合は供託するなどの対応をしておくべきである。

(4) **失業手当の仮給付**

解雇無効を争う場合においては，雇用保険の失業手当（一般被保険者に対する求職者給付のうち基本手当）の受給の可否が問題となる。失業手当は，解雇や自己都合退職等によって失業した労働者の生活支援を目的とするところ，本給付を受給することは，使用者より退職に合意したと主張されることも考えられる。

このような場合，労働者は職安に係争中であることを証する書面を提出し（事件継続証明書，訴状，仮処分申立書の写し等），かつ，勝訴してバックペイの支払を受けた場合には保険給付を返還する旨を約すれば，失業給付の仮給付を受けることができる。

なお，詳細な手続については，所轄の職安に確認することを勧める。

② 訴状作成上の留意点——労働者側から
【地位確認等請求事件の訴状記載例】

訴　　状

平成24年9月14日

○○地方裁判所○○支部民事部　御中

原　告　○　○　○　○　㊞

地位確認等請求事件
　　訴訟物の価額　　　金384万円
　　貼用印紙額　　　　金2万5000円

請　求　の　趣　旨
1　原告が，被告に対し，労働契約上の権利を有する地位にあることを確認する。
2　被告は，原告に対し，平成24年9月から本判決確定に至るまで，毎月25日限り金32万円の金員並びにこれに対する各支払期日の翌日から支払済みに至るまで年6％の割合による金員を支払え。
3　訴訟費用は被告の負担とする。
との判決並びに第2項について仮執行宣言を求める。

請　求　の　原　因
第1　当事者及び労働契約の存在
1　原告は，平成24年4月1日から期間の定めなく，本件解雇に至るまで，総合職従業員として被告に雇用されていた者である。
2　被告は，プリンターやコピー機，パソコン等のOA機器のシステムの開発及び保守を主たる業務とする株式会社であり，原告が勤務する事業所の従業

員数は25名である。
3 原告は，平成24年4月1日，下記の約定で被告との間において労働契約を締結した（甲1，甲2）。
　(1) 業務内容　　　　　　　技術職
　(2) 賃金規定　　　　　　　1ヵ月当たり金32万円
　　　　　　　　　　　　　　（基本給29万円，役職手当2万円，技能手当1万円）
　(3) 支払方法及び時期　　　毎月末締め，翌月25日支払。ただし，当該支払日が休日等の場合は，その前日に支払うものとする。

第2　解雇通告
　1　解雇の意思表示
　(1) 被告は，平成24年8月31日，原告に対し，同日を以て，原告を解雇する旨の意思表示を行った（以下，「本件解雇」という）。
　(2) 被告が原告に対して提出した解雇通知書によると，就業規則第32条1項による勤務状況が著しく不良で，改善の見込みがないこと及び同条3項による職務遂行能力，作業能率が著しく劣り，向上の見込みがないことに基づき解雇するとのことであった（甲3）。
　(3) 具体的に次のような事由により解雇通告を受けた。
　　　すなわち，就業規則第32条1項の事実として，取引先のメーカーとの打合せや保守業務により事業所外で活動することがある場合において，①事業所を出発する時間や戻る時間等が頻繁に予定時刻を遅れることがあること，及び②外出中，連絡が付かないことが多く業務に支障を生じていること，その他，③遅刻や業務時間における離席が多く，業務に対する意欲が欠如していることなどを通告された。
　　　また，同規則第32条3項の事実として，エンジニアとしての能力も他の従業員と比較して劣り，顧客や取引先の評判も良くないことも告げられた。
　2　本件解雇に至る経過
　(1) 原告は，平成24年7月31日の業務終了後，原告の就業する部署の部長である訴外A氏（以下，「A」という）から，同年8月の最終出勤日を以て，退職して欲しい旨の通告を受けた。
　(2) 原告は，突然の通告に驚愕し，その理由をAに尋ねたところ，Aは，エンジニアとしての仕事に向いていないこと，及び職場の環境を配慮しての決断との返答が帰ってきた。以後，課長である訴外B氏（以下，「B」という）からも業務終了後に呼び出され，自己都合による退職を勧められるようになった。
　(3) 原告は，Aから本件勧奨はあくまで会社内で決まったこと及び解雇とな

れば原告の再就職にも影響が出る旨等の説得を受ける日々が続いた。
  (4) 原告は，このような正当な理由のない退職勧奨を平成24年8月25日付書面で拒否し，同時に就業の意思を伝えたところ，本件解雇に至った（甲4）。

第3 解雇無効
 1 解雇理由として指摘された事実の否認
  (1) 原告は，業務の都合上，事業所を外出する際は，出発する時刻と戻りの予定時刻を伝えており，被告が主張するような業務怠慢のような事実はない。
    過去に予定時刻を遅れて事業所を出たり，予定時刻を過ぎて帰社したりすることは何度かあったが，正当な理由によるものであり，これをもって解雇することは合理的な理由がない。また，遅刻や離席に関しては，他の従業員と比較して，原告の勤務態度が特に不良という事実もない。
  (2) また，原告が他の従業員と比較して，エンジニアとしての能力・技術が劣るということは根拠のない事実である。原告は，国立大学の電気・電子工学科を卒業後，事務機器の製造・販売会社である訴外株式会社Xに入社し，一貫して新技術の開発・販売の業務に従事してきた。保守事業部における技術研修会等においても講師として，配線や電子構造の仕組みを他の従業員に指導してきた立場である（甲5，甲6）。
    過去の職務経歴から判断しても，原告の能力が他の従業員と比較して劣っているということは事実無根であり，また，取引先や顧客の評判が悪いという事実もない。
 2 解雇権の濫用
    解雇は，客観的に合理的な理由を欠き，社会通念上相当であると認められない場合は，その権利を濫用したものとして，無効となる（労働契約法第16条）。
    本件解雇は，上記のとおり，就業規則に規定する解雇事由に該当する事実がないため，合理的な理由を欠く。
    よって，本件解雇は明らかに無効である。

第4 賃金請求
 1 原告は，本件解雇に至るまで，請求原因第1．3のとおり，毎月29万円の基本給のほか，役職手当2万円及び技能手当1万円の計32万円の賃金を受給していた。なお，賃金の支払方法は，毎月末日締めの翌月25日支払である（甲7の1乃至2，甲8）。

第5　結　語
　よって，原告は，被告に対し，下記1～3を求める。
1　原告が被告に対し，労働契約上の権利を有する地位にあることの確認。
2　労働契約に基づき，平成24年9月から本判決確定に至るまで毎月25日限り，1ヵ月金32万円の賃金の支払。
3　上記2に対する各支払期日の翌日から支払済みまで商事法定利率の年6％の割合による遅延損害金の支払。

証　拠　方　法
1　甲第1号証　　　　労働条件通知書
2　甲第2号証　　　　就業規則
3　甲第3号証　　　　解雇通知書
4　甲第4号証　　　　通知書
5　甲第5号証　　　　職務経歴書
6　甲第6号証　　　　技術研修会開催案内
7　甲第7号証の1乃至2　給与明細書
8　甲第8号証　　　　預金通帳の写し

附　属　書　類
1　訴状副本　　　　　1通
2　甲号証各写し　　　各1通
3　資格証明書　　　　1通

【訴状作成上の留意点】

(1) **訴額の算定**

　労働契約上の地位確認を求める場合の訴額は，民事訴訟費用等に関する法律4条2項後段から160万円と算定される。したがって，管轄は地方裁判所となる。

　この請求は，財産上の請求権であるが，労働者の地位が確認されたことによって，原告が得る経済的利益を金銭的に評価することは困難であることに基づく（法曹会『訴額算定に関する書記官事務の研究』119頁）。実務上は，地位確認は賃金の支払請求と併合して提起されることが通常であるが，この場合の訴額は，賃金請求と地位確認を分けてそれぞれ算定することに注意を要する。

　賃金請求における訴額は，訴え提起時に発生している賃金請求権がある場合

はその額及び訴え提起後に発生する請求額の合計金額となる。ここで問題となるのが，訴え提起後に発生する請求金額の算定である。

この点，実務では訴え提起後，平均審理期間が経過した時点までに発生する賃金額を請求額とする取扱いがなされている（法曹会・前掲299頁）。ここでいう，平均審理期間とは，地裁の平均審理期間である12ヵ月と算定するのが相当とされている（小川英明＝宗宮英俊『事例からみる訴額算定の手引〔改訂版〕』281頁）。

ただし，労働契約の期間が定められている場合，その期間の終期が訴え提起後12ヵ月以内に到来するときは，終期までの賃金額となる。

賃金請求における訴額の算定式は次のようになる。

訴え提起時における既発生未払賃金額 ＋ 月賃金額 × 12ヵ月

併合請求の場合は，上記請求金額と地位確認における訴額160万円との多額の一方による。これは，各請求によって，原告が受ける経済的利益は共通であるから吸収法則を採用したものである。また，地位確認と併せて，損害賠償として慰謝料を請求する場合は，慰謝料の請求額を加算することになる。

なお，本事案は，平成24年9月14日に訴え提起をしているため，訴え提起時において未払賃金請求権は発生していない。仮に訴えを提起したのが同年同月28日である場合，同年9月25日に支払われる賃金は，訴え提起時において発生している請求権となり，その支払がなされていない場合，訴額は32万円＋32万円×12ヵ月＝416万円となる。この場合，請求の趣旨には，未払賃金額の支払及び平成24年10月から本判決確定に至るまで毎月の賃金額を求める記載をする必要がある。

なお，本事案は，解雇予告手当の支払がなされているケースであり，残業代など他の争点は考慮していない。

(2) **請求の原因等について**

労働契約上の権利を有する地位確認と労働契約に基づく賃金請求を求める場合の要件事実は，以下のとおりである（山口幸雄＝三代川三千代＝難波孝一編『労働事件審理ノート〔第3版〕』11頁・87頁参照）。

① 労働契約の締結
② 使用者による労働契約終了の主張
③ 労務の遂行が不能となったこと
④ ③の履行不能が使用者の責めに帰すべき事由によること

　①の労働契約の締結を主張する場合，その当時の賃金額が請求原因事実となるかは問題であるが，賃金は労働契約の本質的要素であると解されることから主張するのが一般的である。しかし，地位確認を求める場合，解雇後の賃金も併せて請求するのが通常であるため，実務上は解雇時の賃金額が主張されていれば問題ないようである。
　②は，労働契約上の権利を有する地位確認を求めるための訴訟要件として確認の利益が必要であることから要求される。実務上は，後述する「解雇されたこと」を主張することになるため，個別に主張されることは少ない。
　上記③，④の具体的な事実の主張として，使用者により「解雇されたこと」を主張する必要がある。また，請求に対応する期間及びその間の労務不能の原因が解雇であることを明示する必要があることから，解雇日や賃金の支払日，締日などを具体的に主張することになろう。

(3)　請求すべき賃金額

　解雇期間中の賃金として請求することができる賃金は，解雇がなければ，原告が受給できたであろう賃金額と同一と考えられる。解雇当時，原告が受給していた賃金額のうち，基本給が請求すべき賃金に含まれることについては争いがない。問題は，労務の提供と直接関係のない各種手当や賞与が含まれるかである。通勤手当等の実費補償的な性質を有する手当や時間外手当等の現実に時間外労働がなされて初めて請求権が発生するものは，請求できないと解されるが，家族手当や住宅手当などの労働契約上の地位に基づき支給される各種手当は，請求できると解すべきであろう。
　賞与については，就業規則や労働協約等において算定基準や算定方法が明確になっている場合に労働基準法の賃金に該当し，その支給要件に従い，各期の支払対象期間における支払時期の到来によって請求権が発生すると解されているため（金子征史＝西谷敏編『基本法コンメンタール労働基準法〔第5版〕』40頁），請求すべき賃金額に含まれるかは問題である。

この点，具体的な請求金額については，使用者の考課や査定に基づいて決定されることが典型であり，そのような場合，解雇期間中の賞与額を認容することは困難な場合が多い。しかし，裁判例の中には，最低の査定額や定額・定率の支払実績をもって一時金の支払を認めた例もあるので（高宮学園事件・東京地判平7・6・19判タ889号245頁），就業規則等により算定基準や支払方法が明確な場合は，その基準に従い，請求することを検討すべきである。

③ 答弁書作成上の留意点――使用者側から
【答弁書記載例】

平成24年（ワ）第○○号　地位確認等請求事件
原告　○○○○
被告　株式会社○○

答　弁　書

平成24年10月10日

○○地方裁判所○○支部民事部　御中

被告　○　○　○　○　㊞

第1　請求の趣旨に対する答弁
　1　原告の請求をいずれも棄却する。
　2　訴訟費用は，原告の負担とする。
　との判決を求める。

第2　請求の原因に対する認否
　1　「請求の原因第1　当事者及び労働契約の存在」のうち，1項は認め，2項のうち前段は認め，後段は否認する。
　　　被告事業所の従業員は，現在23名である。
　2　同3項は，認める。
　3　「請求の原因第2　解雇通告」の「1　解雇の意思表示」のうち，(1)乃至(3)は，概ね認める。

4 同「2 本件解雇に至る経過」のう、(1)は概ね認める。
5 同(2)のうち、前段は概ね認めるが、後段については否認する。
　訴外B（以下、「B」という）は、原告に対して、退職勧奨をしていない。Bは、原告から退職勧奨を受けた事実を告げられ、その理由を問われただけである。Bから原告に対して積極的な勧奨行為はなされていない。
6 同(3)は、否認する。
　原告には、後述するとおり、解雇事由が存在しており、被告としては、解雇通告を行う前に、任意の退職で解決することが可能であれば、原告にとっても今後の就職に有利になると判断し、合意解約の申入れを行ったものである。原告の主張するような説得を行ったことは一度もない。
7 同(4)のうち、被告が原告から平成24年8月25日付書面を受け取った事実及び被告が原告を解雇した事実は認め、その余は否認する。
　被告は、合意解約の申入れを行ったものであり、退職を強制するような事実は一切ない。
8 「請求の原因第3 解雇無効」の「1 解雇理由として指摘された事実の否認」のうち、(1)は争う。
　本件解雇が有効であることは、後述第3 被告の主張で詳述するとおりである。
9 同(2)のうち、原告が国立大学の電子・電気工学科を卒業後、事務機器の製造・販売会社である訴外株式会社Xに入社した事実及び、技術研修会において講師を行った事実のみ認め、その余は争う。
10 「請求の原因第4 賃金請求」は、原告が記載された賃金の受給を受けていたこと、及び支払方法については認めるが、原告の請求権の存在については争う。
11 「請求の原因第5 結語」については、争う。

第3 被告の主張
　1 原告採用時の状況
　　原告は、被告の平成24年2月6日の専門技術スッタフの募集に応募し、平成24年2月10日、本社人事部長らの面接を受けた際、これまで、事務機器の製造・販売会社に勤務し、システム開発及びメンテナンス業務の経験が豊富である旨、及び営業等の経験もあるとの話をしていた。被告は、本件原告の職務経歴を重視し、採用を決定した経緯がある（乙1）。
　　したがって、賃金は、一定の技術、能力を有することを考慮し、同年代の学卒採用者より優遇していた。具体的には、役職手当として2万円を支給し、基本給も同年代の者の平均が月27万5000円であるところ、原告には29万円を

支給していた。被告は，原告に即戦力として稼働してもらえるものと期待していた。
2　就業規則第32条1項に該当する事実
　就業規則第32条1項に規定する「勤務状況が著しく不良で，改善の見込みがないこと」に該当する事実として以下の事実がある。
(1)　原告の業務は，保守業務が主たる業務となっており，顧客からサービスセンターへコピー機のメンテナンス及び故障等の連絡が入ると，保守事業部が対応し，顧客のもとへ出向く体制になっているところ，原告は，要請を受けてから約20分程度経過してからようやく事業所を出発する準備を開始し，その間特に早急に出発することができない特段の事情等もなく，喫煙室でたばこを吸っていたり，他の部署の女性従業員と会話を交わしていたり，事業所において時間をつぶすことが頻繁にあった。また，作業終了後も通常であれば30分程度で帰社が可能な距離にもかかわらず，1時間程度経過してからようやく帰社することが度々であった（乙2）。
(2)　上記の事実に加え，事業所外における業務の最中は，特に原告に対する連絡がとれなくなることが多く，業務上の支障が生じていた。
(3)　さらに，遅刻や業務中に離席することが他の従業員と比べても目立ち，一度離席すると，約20分間戻って来ないことが1日に何度かあるような状況であった（乙3）。
(4)　原告の直属の上司である訴外B課長（以下，「B」という）は，原告に対し，メンテナンス業務は，時間厳守が何より大切であることから規律ある行動をするよう指導し，始末書も一度提出させたが，その後も様々な理由を述べ，これに耳を傾けようとせず，改善が見られなかった（乙4）。
(5)　以上の事実を鑑みれば，原告は，勤務状況が著しく不良で，改善の見込みがないことは明らかである。原告には，客観的に合理的な解雇事由が存在し，また社会通念上相当でないとは認められず，被告の解雇は解雇権の濫用には当たらない。
3　就業規則第32条3項に該当する事実
　就業規則第32条3項に規定する「職務遂行能力，作業能率が著しく劣り，向上の見込みがないこと」に該当する事実として以下の事実がある。
(1)　原告は，被告に採用される前に，事務機器の製造・販売を主たる業務とする会社で技術開発に従事してきたとのことであったので，即戦力として採用を決定したのである。ところが，修理・メンテナンスサービスのため顧客のもとへ出向くと，簡単な作業であるにもかかわらず，1人で満足に修理することもできず，メーカーへ問い合わせたり，上司の指示を仰いだりすることが約3回の出張に対し，1回程度の割合で発生していた。その

ため，業務効率は，著しく悪かった。
(2) 被告は，平成24年2月専門技術スタッフを募集して，原告を採用したのであるから，原告を他の部署に配転することは考えておらず，また，技術職以外の人員も必要としていない。

原告は，職務能力の問題だけに留まらず，勤務態度にも問題があるのであるから，被告が行った本件解雇は明らかに有効であり，原告の請求は，棄却を免れない。

証　拠　方　法
1　乙第1号証　　　職務経歴書
2　乙第2号証　　　サービスセンター記録
3　乙第3号証　　　陳述書
4　乙第4号証　　　始末書

【答弁書作成上の留意点】
　使用者は，普通解雇の抗弁として，下記の事項を主張する必要がある。

① 解雇の意思表示をしたこと
② 解雇予告手当の提供，若しくは解雇予告期間の経過

　一般的に労働者は，使用者の上記抗弁に対し，普通解雇であれば，再抗弁として解雇権濫用の評価根拠事実を主張し，使用者は，再々抗弁として評価障害事実を主張することになるが，実務上は，解雇権濫用の評価根拠事実は，訴状の段階で主張される例がほとんどであり，使用者は，答弁書において，評価障害事実として，就業規則上の解雇事由の存在等を主張することになろう。
　なお，懲戒解雇の抗弁は，次のとおりとなる。

① 就業規則の懲戒事由の定め
② 懲戒事由に該当する事実の存在
③ 懲戒解雇をしたこと
④ 解雇予告手当の提供，若しくは解雇予告期間の経過

　使用者が抗弁として主張する評価障害事実から使用者の解雇の意思表示が普通解雇なのか懲戒解雇なのかが明らかになり得よう。

Ⅱ 地位保全・賃金仮払いの仮処分命令の申立て

【地位保全等仮処分命令申立書記載例】

地位保全等仮処分命令申立書

平成24年10月10日

○○地方裁判所○○支部民事部　御中

債権者　　○　○　○　○　㊞

当事者の表示　　　別紙当事者目録記載のとおり
保全すべき権利関係　解雇無効による労働契約上の地位保全
　　　　　　　　　　解雇無効による賃金請求

申立ての趣旨

1　債権者が債務者に対し，労働契約上の権利を有する地位にあることを仮に定める。
2　債務者は債権者に対し，平成24年9月から本案判決確定に至るまで，毎月25日限り金32万円の割合による金員を仮に支払え。
3　申立費用は債務者の負担とする。
との裁判を求める。

申立ての理由

第1　被保全権利の存在
　　本案事件の該当部分を参照されたい。

第2　保全の必要性
　1　地位保全の必要性
　　(1)　債権者は，不当な本件解雇により，従業員としての地位を否定され，就労の機会を奪われた。債権者は，現在42歳であり再就職も困難であるため，直ちに原職に復帰する必要がある。しかしながら，本案判決を待ったのでは，債権者の技術や社会的信用は失墜し，原職復帰は益々困難になり，債

権者の精神的苦痛や業務経歴上の不利益を回復することはできなくなる。
(2) 一方，地位保全が認められることによって，債務者が被る損害は，本件解雇理由に鑑みれば，企業秩序に混乱が生ずるとまでは言い難く，債権者のそれとは比較にならない。
(3) 債権者は，高血圧であるため，社会保険の被保険者としての地位を失うことは大きな損害が発生し，また厚生年金に関しても将来の年金給付に多大な影響を及ぼすことになる（甲5）。
(4) したがって，賃金仮払いだけでなく，労働契約上の地位保全が必要である。

2 賃金仮払いの必要性
(1) 債権者は，妻と14歳の長男と12歳の長女との4人暮らしであり，妻は5年前までパートタイマーとして稼働していたが，現在は体調を崩し，稼働していないため，債権者にとっては，債務者から得る賃金が唯一の生活の糧である。
　債権者は平成19年，現在居住している住居を新築したが，その住宅ローンの返済に月々8万5000円，ボーナス時は15万円を支払っており，現時点の残高は2700万円である。また，私立中学へ通う長男と来年中学校へ入学する予定の長女の学費が必要不可欠である（甲6）。
(2) したがって，債務者からの賃金を得られなければ，上記の支払ができなくなり，生活が困窮し，回復しがたい損害を被るおそれがある。
(3) 債権者の本件解雇前の基本給は，1ヵ月32万円であるが，債権者が上記の返済や生活を維持するためには，毎月の賃金として少なくともこれと同額が必要である（甲7の1乃至2，甲8）。
よって，本申立てに及んだ次第である。

疎　明　方　法

1　甲第1号証　　　　　労働条件通知書
2　甲第2号証　　　　　就業規則
3　甲第3号証　　　　　解雇通知書
4　甲第4号証　　　　　通知書
5　甲第5号証　　　　　診断書
6　甲第6号証　　　　　住宅ローン償還表
7　甲第7号証の1乃至2　給与明細書
8　甲第8号証　　　　　預金通帳の写し
9　甲第9号証　　　　　陳述書

	添 付 書 類	
1	甲号証各写し	各1通
2	資格証明書	1通

【仮処分命令申立書作成上の留意点】

　申立ての理由中の「被保全権利の存在」の主張については，本案事件とほぼ同様な書式（本章357頁参照）になろう。「保全の必要性」は，地位保全の必要性と賃金仮払いの必要性を主張するのが一般的であるが，地位保全の必要性までは認められないケースが多いことは既述のとおりである。

　賃金仮払いの必要性は，賃金の支払がなされなければ労働者の生活に著しい損害を被るおそれがあることを主張する。具体的には，債権者に固定収入や資産がないことや同居家族の状況，今後予想される支出等を主張する必要がある。賃金仮払いの金額は，本稿では解雇前の基本給を基準に本案訴訟の判決確定の日まで求める例を挙げた。

III　労働審判の申立て

　解雇事件において，労働審判制度を利用するメリットは非常に大きい。解雇無効と判断された場合，労働者は労働者としての地位は復活するが，特段の事情のない限り，就労請求権までは認められていない。したがって，長期間にわたる本案手続を経て判決に至ったとしても，従前と同じ待遇で就労することが困難な場合もあり，真の紛争解決に至らないケースもある。また，最初から復職を望まず，一定の金銭を受領して労働契約の終了を望む者もいよう。労働審判は，当事者間の権利関係及び審理の経過を踏まえて，紛争の解決のために相当と認める事項を定めることができる（労審20条）ことから，訴訟と比較して柔軟な解決が期待できる。

　平成18年4月から平成22年12月までの労働審判事件の終局事件総数は10,629件であるところ，全体の約7割に当たる7,384件が調停成立で終了し，審判まで至ったものはわずか18.6％にすぎない（最高裁判所司法統計）。労働審判手続は，3回以内の期日と労働審判委員会の関与により，適正な調停手続が期待でき早期に終局的解決が可能となる。

そこで，本項では労働審判手続において，①復職を望む場合，②金銭補償による紛争解決の意向を含む場合に分けて検討する。今後，積極的に活用すべき手続といえる。

1 復職を望む場合

労働審判において解雇無効を争う場合は，本訴における地位確認・賃金請求と同様に両請求を併せて請求するのが一般的であるが，ここでは，地位確認・賃金請求に加えて就労請求まで求める例を挙げる。

就労請求権は，特段の事情のない限り認められないとするのが，裁判例の支配的な立場であるが，就労請求権そのものを肯定する見解や（下井隆史『労働基準法〔第4版〕』217頁），「個別労働関係民事紛争の解決をするために相当と認める事項を定めることができる」（労審20条2項）との規定から就労を命じる審判まで求めることも可能と考える。

使用者が解雇無効を争い，職場復帰を拒んでいるケースでも，審判で解雇が無効と判断されれば，使用者は当該労働者を従業員として扱わなければならないため，就労請求を求めることのみによって，使用者の異議申立率が高くなるとは考えにくいであろう。以下，記載例を示すが，筆者の私見が含まれていることをあらかじめお断りしておく。

【就労を命ずる審判を求める場合の「申立ての趣旨」の記載例】

> 1 申立人が相手方に対し，労働契約上の権利を有する地位にあることを確認する。
> 2 相手方は，労働審判告知の日の翌日から従前どおり，申立人を相手方○○営業所において就労させなければならない。
> 3 相手方は申立人に対し，平成○○年○○月から毎月末日限り金○○円及びこれに対する各支払日の翌日から支払済みまで年6％の割合による金員を支払え。
> 4 申立費用は，相手方の負担とする。
> との労働審判を求める。

2 金銭的解決の意向を含む場合

復職を望まず金銭的解決を図る手段として，解雇予告手当の請求や退職強要などの一定の場合に慰謝料などの損害賠償請求まで認められることは既に述べ

た。訴訟上，解雇無効と判断された労働者の多くは，復職し，係争期間中の賃金が支払われるのみであり，一方，解雇が有効と判断されれば何ら保護されることはない。

　労働審判は，訴訟と異なり，請求の趣旨に縛られることなく，調停を試み，また審判においても当事者間の権利関係を踏まえて，相当と認める事項を定めることができる。ここでは，地位確認及び賃金請求をしつつ，申立ての理由中で一定額の金銭請求を求める申立てを検討する。なお，金銭補償による労働契約終了の申立ては，労働者側からのみ認められると解されている点に注意を要する。

【金銭的解決の意向を予備的に主張する場合の申立書記載例】

労働審判申立書

平成24年4月23日

○○地方裁判所○○支部民事部　御中

申立人　○　○　○　○　㊞

地位確認等請求労働審判事件
　　申立ての価額　　金160万円
　　貼用印紙額　　　金6500円

申立ての趣旨
1　相手方が申立人に対し，労働契約上の権利を有する地位にあることを確認する。
2　申立人は債務者に対し，平成24年4月から本労働審判確定に至るまで，毎月25日限り金25万円及びこれに対する各支払期日の翌日から支払済みまで年6％の割合による金員を支払え。
3　申立費用は債務者の負担とする。
との労働審判を求める。

申立ての理由
第1　当事者及び労働契約の存在

1　相手方は，自動車製品の組立，製造等を主たる業務とする株式会社である。本社は，東京都千代田区〇〇に所在し，申立人が勤務していた相手方Ａ工場は，神奈川県相模原市〇〇に所在している。
2　申立人は，平成22年6月1日，相手方との間で，下記の条件で期間の定めのない労働契約を締結し，Ａ工場において雇用されていた者である（甲1，甲2）。現在の賃金は下記のとおりである（甲3）。
　(1)　賃金規定　　　　基本給　　月額23万円
　　　　　　　　　　　　役職手当　月額2万円
　(2)　支払方法及び時期　毎月末締め，翌月25日支払。ただし，当該支払日が休日等の場合は，その前日に支払うものとする。

第2　解雇の事実
　1　解雇の意思表示
　(1)　相手方は，平成24年3月29日，同年3月31日付で申立人を解雇するとの通知を内容証明郵便にて行った（以下，「本件解雇」という）。
　　　本件書面は，平成24年3月31日，申立人に送達された。
　(2)　相手方が申立人に対して送達した解雇通知書によると，就業規則第26条2項に基づき，休職期間の満了する平成24年3月31日付で解雇するというものであった（甲4）。
　(3)　ところが，本件解雇は，後述第3で詳述するとおり，客観的に合理的な理由を欠き，社会通念上相当とは認められないため無効である。
　2　よって，申立人は，相手方に対し，労働契約上の権利を有する地位にあることの確認と，平成24年4月から本件労働審判確定の日まで毎月25日限り月額25万円の賃金の支払とこれに対する各支払期日の翌日から支払済みまで年6％の割合による金員の支払を求める。
　3　しかし，解雇後の交渉過程において相手方が申立人の復職を拒否していることは明らかであり，申立人と相手方との信頼関係はすでに破綻に至っている。
　　　そのため，申立人は紛争を早期に解決する観点から，相手方が平成24年〇〇月〇〇日までに金〇〇円を支払うことを条件に，相手方と申立人との労働契約は平成24年3月31日をもって終了することの確認を予備的に求める。

第3　予想される争点及び争点に関する重要な事実
　1　予想される争点
　　　本件の争点は，申立人に就業規則上の解雇事由に該当する事実が存在するか否か，また仮に解雇事由が存在する場合であっても，本件解雇は客観的に

合理的な理由を欠き，社会通念上相当であると認められず，権利濫用として無効であるか否かである。
　また，金銭補償として，相手方がどの程度の金銭を支払うことで労働契約の終了に合意するかも争点となる。
2　解雇に至る事情
(1)　相手方の就業規則には，以下の定めがある。
　　第24条（休職事由）
　　　従業員が次の各号に該当するときは，休職とすることがある。
　　　　①業務外の傷病により欠勤が2週間以上にあたるとき（以下，省略）
　　第25条（休職期間）
　　　前条の休職期間は，次のとおりとする。
　　　　①前条1号の場合　6ヵ月（以下，省略）
　　第26条（復職，解雇）
　　　1　休職期間が満了し，休職事由が消滅しているとき又は，休職期間中であっても休職事由が消滅したときは，復職させる。
　　　2　休職期間が満了した時点で，休職事由が消滅していないときは，休職期間満了日において解雇する。
(2)　申立人の業務と休職事由の発生
　　申立人は，平成23年1月からエンジン箇所の部品製造の班長となったが，製造機種の変更による長時間労働や新たな業務に対する不安や責任などにより，軽うつ状態に陥り，神経科医の診断を受けるようになった。
　　①　過重な労働
　　　平成23年1月から工場の製造機種の変更に伴い，これまで1時間当たり約900個の製造数から約1100個まで増加し，また，製造数の増加に伴い，不良品の数も10％ほど増加した。このような状況のなかで，申立人が製造機械の調整から計画製造数の管理まですべてを行わなければならなくなった。そのため，休日出勤や時間外労働が増加し，申立人は心身ともに疲弊し，体調が悪化した。
　　②　休職事由
　　　申立人は，当該製品の品質管理まで求められるようになったのだが，申立外課長Ｘ（以下，「Ｘ」という）からは，度々，「製品の出来が悪い。メーカーとの打合せを密にしてほしい」と指示されていた。申立人は，相手方に対し，新たな業務に加え，当該機械に対して十分な知識を持っている従業員が少ないことや配置の人員数及び当面の間技術者が必要である旨を進言していたが，受け入れてもらえなかった。
　　　このような事情で，申立人は平成23年3月頃から業務に対する重責と

不安からうつ状態に陥り，仕事上のミスも多くなった。そこで，申立人は同時期○○クリニックへ通院するようになり，同年4月7日，抑うつ状態と診断された。
(3) 申立人は，平成23年7月以降，症状が悪化し，2ヵ月間で計15日の傷病休暇を取得したため，相手方より休職を命ぜられた。申立人もこれに同意し，主治医である○○クリニックの診断書を提出して平成23年10月1日から休職となった。
(4) 申立人は，休職期間中，本件休職は業務上の傷病によるものであり，労働災害である旨書面にて通告したが，相手方は，「本件は，私傷病であり，申立人の労働と本件傷病との間に因果関係がないことは，担当医である△△医院の医師からも報告を受けている」との主張でこれを受け入れなかった（甲5）。
(5) 平成24年1月23日，申立人は，「当面の間，業務内容を考慮する必要があるが，通常の業務は可能である」旨の○○クリニックの診断書を相手方に提出し，同年2月1日から復職したい旨を相手方に申し出た。ところが，相手方は，自社担当医である△△医院の診断を受けるよう強く求め，その診断の結果，復職は困難と判断した（甲6）。
(6) 申立人は，平成24年3月16日，再度○○クリニックの診断書を添えて就労が可能である旨主張したが，相手方はこれを受け入れず，平成24年3月31日付解雇に至った。
3　解雇権の濫用
(1) 申立人は，休職期間の満了する平成24年3月31日時点においては，復職できる程度に健康状態を回復していたのであるから，就業規則第26条2項による解雇事由には該当せず，本件解雇は客観的に合理的な理由を欠き無効である。
(2) また，本件申立人の症状は，申立人の日々の業務に起因するものであることから，労働災害であり，申立人の現在の症状に関わりなく解雇することは，労働基準法第19条1項に反し無効である。
(3) 申立人は，平成24年1月及び同年3月の2度にわたり，就労が可能である旨の診断書を提出しているのであり，復職することが可能であった。
　仮に，従前のようにエンジン箇所という重要な製品の製造部署に復帰することが困難であったとしても，比較的負担を伴わない軽作業である検品部署やアルミ材スクラップの回収部署等において就労することは十分可能であり，また，これに従事する従業員は多数存在する。また，当該部署には，正規従業員以外に派遣社員やパートタイマー等も約20名程度稼働している。しかも，申立人は，これまで班長としてエンジン箇所の品質管理に

従事してきたのであるから，上記業務に就くスキルは当然に有しているといえる（甲7）。
(4) 相手方は，申立人が就労することが可能と考えられる他の職務が存在するにもかかわらず，配置転換等による解雇回避措置を何ら講ずることなく，本件解雇に至ったものであり，このような解雇は解雇権の濫用であり無効である。

第4 申立てに至る経緯の概要
1 申立人は，平成24年4月3日付内容証明郵便にて本件解雇は無効であること及び就労の意思がある旨を通知し，本書面は相手方に同年同月5日に送達された（甲8の1乃至2）。ところが，相手方は，本件解雇は担当医の適正な診断に基づくものであり，申立人が従前の業務に加え，他の職務においても現在の状況では就労に耐えないことを告げ，交渉は平行線のままに終わった。
2 そこで，申立人は平成24年4月13日，復職を求めずに金銭的解決の意向がある旨を伝え，相手方が解決金として月額の1年分の給料相当額である300万円を支給するのなら退職しても良い旨打診した。これに対し，相手方は，給料の3ヵ月分である75万円以上の譲歩は考えていないと主張するばかりで合意に至らなかった。
3 そこで，これ以上当事者間の交渉は困難であると判断し，本件申立てに及んだ次第である。

証 拠 方 法

1　甲第1号証　　　　労働条件通知書
2　甲第2号証　　　　就業規則
3　甲第3号証　　　　給料明細書
4　甲第4号証　　　　解雇通知書
5　甲第5号証　　　　通知書
6　甲第6号証　　　　診断書
7　甲第7号証　　　　陳述書
8　甲第8号証の1　　 内容証明郵便
9　甲第8号証の2　　 配達証明書

添 付 書 類

1　申立書写し　　　　4通
2　甲号証各写し　　　各2通

```
    3  証拠説明書          2通
    4  資格証明書          1通
```

（注）本事例においては，割増賃金請求や損害賠償請求なども争点となり得るが，ここでは省略する。また，金銭的解決を図る場合に求める金員は，解雇無効の可能性や本人の復職への意欲，申立人の年齢や収入状況，会社の経営状態などを総合的に考慮して決することになるであろう。本稿では，1年間分を求める設定とした。

【労働審判申立書作成上の留意点】

(1) 申立書の記載事項

申立書には，申立ての趣旨及び理由（労審5条2項）に加え，下記事項を記載する必要がある（労審規9条1項）。

```
① 予想される争点及び当該争点に関連する重要な事実
② 予想される争点ごとの証拠
③ 当事者間においてなされた交渉その他申立てに至る経緯の概要
④ 代理人（代理人がない場合にあっては，申立人）の住所の郵便番号，電話番号（ファクシミリの番号を含む）
```

(a) 申立ての趣旨及び理由

申立ての趣旨は，原則として訴状における請求の趣旨となり得るものを記載することになる。これは，労働審判に対する異議の申立てがあったときなどは，労働審判手続の申立書が訴状とみなされるからである（労審22条3項）。ただし，就労請求や金銭的解決の意向を申立ての趣旨に記載することは妨げられないと解される。

申立ての理由は，申立てを特定するのに必要な事実及び申立てを理由付ける具体的な事実を含むものでなければならない（労審規9条2項）。したがって，民事訴訟規則53条1項の「請求の原因」と「請求を理由づける事実」の方法を含むと考えられる。

(b) 予想される争点等

「予想される争点」とは，相手方が申立人の主張を争うため，申立人において，実際上立証すべきことになると予想する事由をいう（最高裁判所事務総局行政局監修『条解労働審判規則』21頁）。記載すべき事項は，予想される争点及びこの争点に関連する重要な事実，すなわち間接事実を記載し，更にその争点ごとの

証拠として，具体的な証拠方法を記載する必要がある。
　(c)　申立てに至る経緯の概要
　労働審判は，3回以内の期日で審理を終結させる必要があることから，第1回期日から実質的な審理に入ることになる。申立てに至る経緯を記載することにより，紛争の背景や解決の方向性を見出すことができ，迅速な手続進行を図ることができる。また，当事者間の権利関係を踏まえつつ，事案の実情に即して，当該紛争の解決のために相当と認める審判を行う際にも役立つことになる（労審20条2項）。
　具体的には，当事者間で行われた交渉過程や行政等への申請やあっせんの結果などを記載することになろう。
　(2)　申立書等の提出数
　申立書については，裁判所に提出する正本のほかに，相手方の数に3を加えた数の写しを提出しなければならない（労審規9条4項）。この3通とは，労働審判委員会の各委員の分である。したがって，相手方が1名の場合は，4通の写しを提出することになる。一方，証拠書類は，申立書と異なり，正本のほかに，相手方の数と同じ通数を提出することになる（同条4項）。これは，主張書面の写しと比較し，証拠書類の写しは大部になる可能性があるため，当事者の負担等を考慮した結果であるようであるが，実務上の運用については，所轄の裁判所に確認されたい。
　(3)　申立費用等
　(a)　申立手数料
　民事調停の場合と同一の額とされている（労審附則3条，民訴費別表第1・14）。この額は，申立ての価格が1,000万円までであれば，通常訴訟の2分の1の額となる。
　なお，労働審判に対して異議が出され，通常訴訟へ移行した場合には，訴えを提起する場合の手数料から労働審判手続の申立てにおいて納付した手数料を控除した額を納付しなければならない（民訴費3条2項2号）。
　(b)　手数料の算定
　申立手数料の算出の基礎となる「労働審判を求める事項の価額」は，訴額の算定と同様，労働審判手続の申立てをもって主張する利益によって算定する

(民訴費4条6項・4条1項，民訴8条1項)。

　以下，具体的な算定例を示す。

　①　賃金，退職金，残業代，損害賠償等の金銭の支払を求める場合は，請求金額が申立ての価額となる。

　②　審判確定の日までの賃金の支払を求めるような場合は，労働審判手続の申立てのときまでに発生している請求額と労働審判申立て後，労働審判手続の平均審理期間経過時点までに発生する請求額との合計額を労働審判を求める事項の価額と考える。この場合，平均審理期間は3ヵ月とするのが相当であろう（最高裁判所事務総局行政局監修『労働審判手続に関する執務資料』145頁)。

　具体的には，解雇の効力を争い，地位確認と解雇後の賃金を請求する場合の賃金請求の算定がこれに当たる。なお，地位確認と解雇後の賃金請求は併合して請求することが一般的であり，この場合は，訴え提起の場合と同様に各々の算定額の多額の一方によると考えられる。

　③　配転命令の無効のみを求めるような場合は，労働審判を求める事項の価額を算定することができないか又は極めて困難である場合として，一律160万円とみなされる（民訴費4条7項）。

【傍聴許可申立書記載例】

> 平成24年（労）第〇〇号　地位確認等請求労働審判事件
> 申立人　〇〇〇〇
> 相手方　株式会社〇〇〇〇
>
> 傍聴許可申立書
>
> 平成〇〇年〇〇月〇〇日
>
> 労働審判委員会　御中
>
> 申立人　〇　〇　〇　〇　㊞
>
> 　標記事件について，労働審判法第16条に基づき，次の者の傍聴を許可していただきたく，申し立てる。
>
> 【傍聴の許可を求める者】
> 　　　〒〇〇〇-〇〇〇〇
> 　　　〇〇県〇〇市〇〇町〇〇番〇〇号
> 　　　司法書士　　〇　〇　〇　〇
> 　　　ＴＥＬ　〇〇〇-〇〇〇-〇〇〇
> 　　　ＦＡＸ　〇〇〇-〇〇〇-〇〇〇
> 　　　申立人との関係　　労働審判手続申立書類作成者
>
> 【傍聴の許可を求める理由】
> 　申立人は，本件労働審判手続申立書の作成を上記の者に依頼しており，後日，第1回期日の内容について，司法書士法第3条1項5号に基づく相談をする予定である。
> 　また，補充書面を作成する必要がある場合には，司法書士法第3条1項4号に基づき，当該裁判書類作成を依頼することを予定している。

（注）労働審判手続は原則非公開であるが，労働審判委員会は，「相当と認める者の傍聴を許すことができる」とされている（労審16条）。ただし，司法書士の傍聴が認められた例は，まだ少数にとどまっている。

第12章
職場のいじめ

I 職場のいじめ問題の現状

　職場内のいじめ・嫌がらせに関する相談が年々急速に増加している。
　全国の総合労働相談センターに寄せられる「いじめ・嫌がらせ」に関する民事上の個別労働紛争に係る相談は，平成14年度には約6,600件であったものが，平成22年度には39,405件となり，全体の13.9%を占め，解雇に次いで2番目に多い相談内容となっている。
　職場のいじめ・嫌がらせは，職場内の人間関係を悪化させ，労働者に身体的・精神的苦痛を与え，メンタルヘルスの悪化の原因ともなっている。また，職場の士気の低下，生産性の低下につながるとも指摘されている。
　しかし，現在のところ，「職場のいじめ」に関する法律上の定義があるわけではなく，どこまでを「職場のいじめ」に含めるべきなのかもはっきりしているわけではない。上記の相談例の中にも，暴力などを伴う深刻なものから，コミュニケーション・エラーのようなものまで，様々な態様や程度のものが含まれており，どのような対処法が適切なのかも一律には論じられない。
　そこで，まず，わが国の職場におけるいじめの実態を知る上で参考となる，平成19年12月12日に社団法人日本産業カウンセラー協会が産業カウンセラー440人に実施した「職場のいじめ」調査結果の一部を引用させていただく。

【1】いじめの相談等
　「ある」80.5%，「ない」19.5%
【2】相談等の内容（複数回答可）
　「パワハラ」78.2%，「人間関係」58.8%，「仕事のミスに対するいじめ」43.8%，「セクハラ」36.4%，「ノルマ未達成に対するいじめ」26.3%，「身分的なこと（パート・派遣社員）について」26.0%，「モラル・ハラスメント／モラル・ダウン」25.4%，「リストラへの圧力」25.1%，「性格・容姿など個人的なことに関して」22.6%，「その他」3.7%
【3】いじめの形態（複数回答可）
　「罵る・怒鳴る・威嚇する」67.5%，「無視・仲間はずれ」53.7%，「嫌がらせ」49.7%，「侮辱・無礼な身振り」37.6%，「中傷」36.7%，「不快なメッセージを残す」33.1%，「あてこすり」17.5%，「不当解雇」14.7%，「殴打など身体的暴力」

7.6%，「仕事で使う道具や設備の妨害」4.5%，「その他」5.1%
【4】いじめが生じた関係（複数回答可）
「上司から部下に対して」85.3%，「社員間」55.9%，「同性間」42.9%，「年長者から若年者に対して」29.7%，「男性から女性に対して」27.7%，「派遣社員・パート間」25.4%，「正社員から派遣・パート・請負社員に対して」24.9%，「女性から男性に対して」7.6%，「部下から上司に対して」5.9%，「社員から障害を持つ従業員に対して」5.6%，「若年者から年長者に対して」5.4%，「本社から支店へのいじめ」3.7%，「その他」2.5%

Ⅱ 職場のいじめへの法的対応の可能性と限界

1 職場のいじめを規制する法律の不在

　職場のいじめの広がりは，日本に限らず世界共通の現象とされており，フランス，スウェーデン，ベルギー，ポルトガル，カナダ・ケベック州など，既に職場でのいじめを規制する法律が制定されている国もある。

　しかし，現在のところ，日本では職場のいじめを防止する特別法は存在しない。のみならず，被害の実態が社会に十分に認識されていないため，周囲の人間の歯止めがかからない，また，被害を告発しても理解されないために，被害者は沈黙し，更に精神的に追いつめられてしまうなどの問題も生じてしまっている。他方，事業者側からも，職場のいじめ・嫌がらせ問題の対応に当たって，業務上の指導との線引きが難しい，事実確認が難しいといった悩みが挙げられている。さらに，労働局の相談窓口においても，職場のいじめの定義がはっきりしないため，相談内容がいじめかどうかの判断が難しいといった悩みがあると報告されている。

2 厚生労働省の取組状況

　こうした状況の下，厚生労働省は，平成23年7月に職場のいじめ・嫌がらせ問題に関する円卓会議を開催し，平成24年3月15日，同会議が取りまとめた「職場のパワーハラスメントの予防・解決に向けた提言」を公表した。

　同提言は，企業，労働組合，職場の1人ひとり，そして政府及び関係団体な

どすべての人たちに向け，職場のパワーハラスメントの問題を意識し，予防・解決に向けた取組を求める内容となっている。また，同提言は，同会議のワーキング・グループ報告を受け，労使が予防・解決に取り組むべき行為を「職場のパワーハラスメント」と呼ぶことを提案し，その概念と典型的な行為類型を次のように整理している。

> 【職場のパワーハラスメントの概念】
> 　職場のパワーハラスメントとは，同じ職場で働く者に対して，職務上の地位や人間関係などの職場内の優位性を背景に，業務の適正な範囲を超えて，精神的・身体的苦痛を与える又は職場環境を悪化させる行為をいう。
> 【職場のパワーハラスメントの行為類型（典型的なものであり，すべてを網羅するものではないことに留意する必要がある）】
> 　① 暴行・傷害（身体的な攻撃）
> 　② 脅迫・名誉毀損・侮辱・ひどい暴言（精神的な攻撃）
> 　③ 隔離・仲間外し・無視（人間関係からの切り離し）
> 　④ 業務上明らかに不要なことや遂行不可能なことの強制，仕事の妨害（過大な要求）
> 　⑤ 業務上の合理性がなく，能力や経験とかけ離れた程度の低い仕事を命じることや仕事を与えないこと（過小な要求）
> 　⑥ 私的なことに過度に立ち入ること（個の侵害）
>
> 　①については，業務の遂行に関係するものであっても，「業務の適正な範囲」に含まれるとすることはできない。
> 　②，③については，業務の遂行に必要な行為であるとは通常想定できないことから，原則として「業務の適正な範囲」を超えるものと考えられる。
> 　④〜⑥までについては，業務上の適正な指導との線引きが必ずしも容易でない場合があると考えられる。こうした行為について何が「業務の適正な範囲を超える」かについては，業種や企業文化の影響を受け，また，具体的な判断については，行為が行われた状況や行為が継続的であるかどうかによっても左右される部分もあると考えられるため，各企業・職場で認識をそろえ，その範囲を明確にする取組を行うことが望ましい。

　上記提言を踏まえ，厚生労働省では，平成24年度から，「職場のパワーハラスメントの実態を把握するための調査研究」，「予防・解決に向けた社会的気運を醸成するための周知・広報」を実施している。

厚生労働省が，初めて職場のいじめの概念を公表し，予防・解決に向けた取組を開始したことの意義は大きいというべきであるが，ここで示された概念は，職場のいじめに関わるすべての人たちをメッセージの宛先とし，職場のいじめ問題の周知を図り，予防・解決に向けた社会的気運を醸成するという目的で示されたものであることに注意を要する。職場のいじめの概念は，保険原理が働く労災保険適用の場面，行政機関などによる助言・指導，あっせんの場面，私人間で損害賠償などを請求する裁判などの場面など様々な場面で問題となり得るのであり，各場面における指導原理や目的，法的効果が異なる以上，それぞれの場面における概念も相対的なものにならざるを得ないと考えられるからである。

③　職場のいじめの定義と違法性の判断枠組み

　さて，職場のいじめに関する特別法や特別な判例法理が未だ形成されていない現状では，法的対応は通常の損害賠償法理や労働法理の適用を通じて行わざるを得ないことになる。

　厚生労働省の円卓会議は，「職場におけるパワーハラスメント」という用語を当てることを提言しているが，諸外国では職場における類似の行動に対してモラルハラスメント（Moral Harassment：精神的いじめ），モビング（Mobbing：集団でのいじめ），ブリング（Bullying：弱い者いじめ）など様々な用語が用いられている。

　職場のいじめには多様性ないし多面性があり，その切り取り方によって様々な捉え方があり得ることを示している。

　また，日本の職場におけるいじめについても，前述した調査結果や各種の労働相談機関の報告などから，優越的地位を利用したいじめに限らず，様々な態様のものが含まれていることが明らかになっている。

　もともと「いじめ」は，個性を持った特定の個人と個人の関係性の中で起こるものであり，客観的な行為・態様だけでは括りにくいという性格を持っている。例えば，自己愛的傾向が強い上司（上司とは限らず，同僚や部下の場合もある）などが典型例であるが，ターゲットとなる者が苦痛・打撃を受けることを意識的・非意識的に知りながら，悪意をもって，1つ1つの行為を見れば些細なこ

とと思われる言葉，態度，しぐさなどを繰り返すことがある。しかし，それを受けた本人の精神的苦痛は大きく，精神疾患に罹患したり健康障害を起こすこともまれではない。

優越的地位の利用など特定の観点のみが過大に重視されると，多面的な相を持ち，複合的に様々な要素が絡んでいる職場のいじめ行為が，入り口の段階で限定されてしまうことになりかねない。

この点につき，「いじめ概念は，複雑かつ多様ないじめ現象の違法性基準に直結するため，ある程度の概念の開放性も必要とされる」とした上で，いじめ事案を類型化し，各類型ごとに「違法性を判断するための判断要素は明瞭にしておく必要がある。」(根本到「『職場におけるいじめ』問題の法的考察」季刊労働法218号26頁)という見解が示されており，今後，こうした方向で職場のいじめ行為の違法性に関する判断枠組みが形成されていくことを期待したい。

④ 職場のいじめに関する相談上の留意点

職場のいじめに対して，損害賠償請求などの法的対応を考える場合には，相談者から背景事情まで含めた事案の詳しい聞き取りを行い，トータルな状況の中でいじめ行為の持つ意味を明らかにした上で，いじめの事実を裏付ける証拠の収集方法を工夫することなどが必要になってくる。

ところで，職場のいじめに関する相談には困難なものが多いが，その理由の1つとして，職場でのいじめのストレスから，うつ状態，不眠，頭痛，吐き気，下痢・腹痛，拒食・過食などの神経症状が出て，健康障害を起こしている相談者が多いことが挙げられる。既に精神科にかかって，うつ病，自律神経失調症，不安障害などの診断名が付けられていることもある。

そうしたケースでは，相談に長時間を要することが多く，また，相談者が「誹謗・中傷された」「侮辱された」など具体性のない言葉，あるいは断片的な出来事しか話してくれないために，話にリアリティーが感じられず，本当にいじめといえるのか確信が持てないこともある。

そのようなとき，先を急いでつい詰問口調になったり，否定的な発言をしてしまうと，信頼関係を築けないばかりか相談者に2次被害を及ぼすことにもなりかねないので注意を要する。

いじめの被害に遭って心の傷を負った相談者は，被害の事実を知ってもらいたいけれども，辛い体験である事実に接近したくないというアンビバレントな欲求を持ち，葛藤を抱えた存在であることを理解しておく必要がある。

　相談を受ける者は，まずは相談者との信頼関係の構築に努めるべきであり，相談者の話を共感的・受容的に聴くことから始めないと，相談者に安心して話をしてもらうことができず，トータルな事案の状況を把握することは難しい。手紙などの形で思いつくままに書いてきてもらい，「これは，こういうことですか」「そのときの様子を，もう少し詳しく教えてもらえますか」といったやり取りを繰り返していくと，核心的な部分に辿り着くことがあり，そこから，バラバラであった出来事が1つの糸で繋がり始めることもある。

　また，精神疾患を罹患している相談者の場合には，裁判などを行うことにより症状が悪化してしまうことがあるので，手続に耐えうる健康状態であるのかどうか，主治医やカウンセラーなどの専門家の判断を聞いた上で進めた方がよい。もしも受診していない場合は，受診して医師等の意見を聞くことを勧めるのが望ましい。

Ⅲ　職場のいじめへの対処法

1　民事裁判手続以外の対処法

(1)　いじめの事実を公然化する

　いじめに黙って耐えていると，かえってエスカレートしてしまうことがあるため，いじめにブレーキをかける必要がある。

　第三者がいる場で，いじめが行われたそのときに，いじめの相手方に対して，「あなたのやっていることはいじめです。やめてください。」とはっきりという。いじめを公然化することで，相手に自覚させるとともに，社内における監視の目の存在がいじめの抑止力になることがある。

(2)　社内にある資源の利用

　理解を得られそうな上司（できれば加害者より上位の），人事部，労働組合，健康管理室等があれば，相談をして支援を求める。社内に協力者がいることがわかると，加害者に対する抑止力になることもある。

しかし、理解を得られないと、話を聞いただけで終わってしまったり、加害者や他部署に情報が伝わったりして、かえっていじめがひどくなることもあるので、社内でプライバシー保護などの体制が確立されているか確認することが必要である。

(3) **社外の相談機関や公的機関の利用**

社内の資源を使って解決できない場合、あるいは労働者の身に危険があったり、精神的に追い詰められている場合などには、社外の資源を利用することを検討する。

職場のいじめに関する相談機関や公的機関には、次のようなものがある。

(a) **労働相談情報センター**

東京都の労働相談情報センターは、職場のいじめ問題に早い時期から取り組んでいる。事実上のあっせんを行ってもらうことにより、いじめの抑止力となったり、解決に至ることもある。

(b) **紛争調整委員会のあっせん**

会社があっせんに応じるかが問題であるが、会社に一定の社会的信用があり裁判を避けたいと望んでいるようなケースでは、解決の可能性がある。

(c) **個人加盟組合による交渉**

個人として加入できる労働組合に加入して、組合に交渉してもらい会社に改善を求める。例えば、東京管理職ユニオンなどは早くからパワハラ問題に取り組んでいる。管理職でなくても、加入は可能であるとのことである。

(d) **代理人による交渉**

弁護士に委任して、内容証明郵便でいじめをやめることと損害賠償請求する旨の通知を出し、その後、会社と交渉して解決を図ってもらう。

(e) **弁護士会の人権擁護委員会への人権救済申立て**

人権救済申立手続は、人権侵害行為に対しては、警告、勧告、要望などの処置をとることができる点、人権擁護委員会の調査が行われる過程で、環境調整が図られることもある。

(f) **刑事告訴**

いじめの態様が常軌を逸しており、暴行・傷害、名誉毀損、強要、強制わいせつ等がある場合には、刑事告訴を考える。

2 民事裁判手続による対処法

(1) いじめの実態についての証拠の収集と記録化

民事裁判手続によって職場のいじめに対処するためには、いじめの事実を裏付ける証拠をどこまで収集できるかが重要となってくる。

録音、Eメールの記録、文書、写真などの客観的な証拠が収集できれば、もっとも望ましい。小型録音機を携帯したり、電話を録音するなどの工夫が必要な場合もある。

そうした客観的な証拠がない場合には、抽象的な表現（誹謗中傷されたなど）ではなく、いつ、どこで、どのようにいじめが行われたのかなど、客観的事実をできるだけ具体的に記録した方がよい。また、その場にいた人や会社の上司の対応などについても記録を残した方がよい。

(2) 民事裁判手続の種類

職場のいじめに対して利用できる民事裁判手続の種類としては、(ⅰ)不法行為や契約責任に基づく損害賠償請求訴訟（慰謝料、逸失利益）、(ⅱ)いじめ行為の差止め・禁止の仮処分の申立て、(ⅲ)人事権限の無効確認訴訟が挙げられる。

そのほかに、使用者責任若しくは職場環境配慮義務違反を根拠として会社を相手方とし、いじめ行為をさせない措置を講じることや損害賠償を求めて労働審判の申立てを行い、同時に直接の加害者である労働者を利害関係人として労働審判手続に参加させることを求める（上申する）という方法をとることもできる。ただし、調停がまとまらなかった場合、加害労働者に対して労働審判を出すことはできないので注意を要する。

(a) 不法行為や契約責任に基づく損害賠償請求訴訟（慰謝料、逸失利益）

いじめ行為が労働者の名誉、プライバシー、行動の自由、性的自由等の人格権を侵害したことを理由に、直接の加害者に対しては民法709条、710条に基づく損害賠償請求、使用者に対しては同法715条に基づく損害賠償請求が考えられる。村八分や他の従業員との接触や交際を妨げたようなケースにおいては、職場における自由な人間関係を形成する権利（関西電力事件・最判平7・9・5労判680号28頁）を被侵害利益として構成できることもある。

また、職場環境配慮義務など使用者の契約上あるいは信義則上の義務違反を理由として、民法415条に基づく損害賠償請求が可能なケースもある。

ただし，いじめ行為の違法性が認められるためには，明確な権利・利益の侵害があるか，いじめ行為の態様が社会的許容度を超えて違法評価を行いうるほど重大・悪質であることが要求される。

そのため，労働者にはいかに耐え難いいじめと感じられても，客観的にはそれほど悪質には見えない侮辱的な言動や態度，短期間仕事を外された程度のことである場合には，違法性が認められるのは難しいことが多い。

単なる侮辱的な言動の限度を超えて名誉毀損に当たるような言動であるか，1つ1つの言動それだけをとれば重大とは考えられないケースにあっては，いかに執拗に繰り返されたかが重要なポイントになる。後者の場合には，できる限り具体的な日時・場所・態様を特定して，1つ1つの具体的な事実を積み上げて主張立証していくことが必要になる。

以下，いじめの類型ごとに，損害賠償責任を認めた裁判例を紹介する。

【上司の発言や態度に関する裁判例】

上司によるいじめが問題となるケースでは，その優越的地位や権限を利用した場合には違法性が推認されやすい。表現の回数，態様などからみて社会的許容限度を超え，労働者の名誉や人格的利益などを侵害していると認められる場合に，損害賠償責任が肯定されている。

①	保険会社サービスセンターの所長が，課長代理である部下に，ポイントの大きな赤文字で，「意欲がない。やる気がないなら会社を辞めるべきだと思います。当SCにとっても，会社にとっても損失そのものです。」等のメールを本人だけでなく同じ職場の従業員十数名に送信したケースで，部下の「名誉感情をいたずらに毀損するものであることは明らかであり，上記送信目的が正当であったとしても，その表現において許容限度を超え，著しく相当性を欠く」として名誉毀損の不法行為に当たるとした事例（三井住友海上火災保険事件・東京地判平16・12・1労判914号86頁）。
	認容額：慰謝料5万円
②	家主との賃貸借についてのトラブルについて，上司が，会社若しくは自らの都合から，会社における職制上の優越的地位を利用して，執拗に和解あるいは明渡請求に応じるよう強要したケースで，「職制上の優越的地位を利用して……執拗に強要すること」あるいは「人事上の不利益取扱を示唆しながら，執拗に本件建物の明渡を強く迫った」点に違法性があるとして，上司及び会社に

	対する慰謝料請求を認容した事例（ダイエー事件・横浜地判平2・5・29労判579号35頁）。
	認容額：慰謝料被告ら各自30万円
③	医学部単科大学の助手が，教室主任の教授に対し，教室管理，勤務管理に名を借りて，助手を職場から排除するために，教授がもてる権限をフルに活用・濫用し，日常的に嫌がらせ，いじめを繰り返したと主張し，教授個人の不法行為責任と県の国家賠償法上の責任を追及したケースで，「本件は公務員たる地位を有する県立大学の教室員に対し，休暇届，出張届，職務専念義務等の厳格な励行を求める教室主任と，それに従うのをよしとしない教室員との継続的な対立の事例である。」とした上で，兼業承認申請への押印を拒否した行為は嫌がらせ行為とみるのが相当であり国家賠償法上の違法行為であるが，その余の行為については嫌がらせ行為とは評価できないとした事例（奈良県立医科大学事件・大阪高判平14・1・29労判839号9頁）。
	認容額：県に対し慰謝料10万円，弁護士費用1万円

【仕事外し・業務の取上げに関する裁判例】

　労働者の仕事外し・業務の取上げなどが問題となるケースは，精神的苦痛を科する以外の何ものでもなく，見せしめ的な処遇は名誉及び信用を著しく侵害したものであるなどとして，不法行為責任が肯定されることが多い。

　過去の裁判例を分析した上で，業務を取り上げたり，「業務に重大な変更・停止を伴うかどうかが大きな問題であり，そのような『嫌がらせ』については，」「50万円程度を基準として，50万円×嫌がらせが継続した年数という判断があるのではないかと思われる。」（千葉県弁護士会編『慰謝料算定の実務』172頁）との指摘もなされている。

④	業務遂行のあり方に不満を持つ一部従業員の反発を背景に，ある労働者を懲戒解雇にした後，再び内勤業務としたが，約2ヵ月間にわたり具体的な仕事を与えず，その後も仕事らしい仕事を与えなかった。また，その間も他の従業員からホワイトボードに「永久に欠勤」と書かれたり，侮辱的な発言を受けるなど，繰り返し嫌がらせを受けたが，被告会社の代表者らは当初からこのような事実を知りながら特段の防止措置をとらず，一部の行為は業務命令として行われた事案で，「原告を被告会社の中で孤立化させ，退職させるための嫌がらせといわざるを得」ないとして，会社代表者らと会社の不法行為責任を認めた事

例（国際信販事件・東京地判平14・7・9労判836号104頁）。

	認容額：慰謝料150万円，休業損害約32万円
⑤	使用者が労働者の権利主張と組合活動を嫌悪していたところ，高等学校の女性教諭が産休を取得し，労働組合結成の準備をする中で，それまで担当していた校務分掌の一切の仕事を外され，10年以上にわたって出勤することだけを義務付けられ，他の教職員から隔離されたまま，具体的な仕事もなく机の前に座っていることを強制され，その間の賃金は据え置かれたままで，諸手当，一時金の支給がなかった事案で，「精神的な苦痛を科する」以外の何ものでもなく，見せしめ的な処遇は，「名誉及び信用を著しく侵害」したものであるとして使用者の損害賠償責任を認めた事例（松蔭学園事件・東京高判平5・11・12判時1484号135頁）。
	認容額：慰謝料600万円

【退職勧奨に関する裁判例】

退職勧奨行為については，⑥，⑦のように不法行為に基づく精神的損害を請求する事案が多いが，⑧のように退職に関わる逸失利益の請求を認めた事案も存在する。

⑥	高校教諭であった労働者2人に対し，教育委員会への出頭を命じた上で，1回20分から2時間超にわたって，6名の担当者が1人ないし4人で，短期間に多数回（11～13回）にわたって勧奨行為をし，しかも，「あなたが辞めたら2，3人は雇えます」であるとか，市教育委員会への配転を示唆するなどしていた事案で不法行為の成立を認めた事例（下関商業高校事件・最判昭55・7・10労判345号20頁）。
	認容額：原告2人に対し，それぞれ慰謝料4万円と5万円
⑦	労災認定を受け，労働者が4年間休職した後，復職の際に，上司に当たる者達が30数回の面談を行い，その中には一度で8時間の長時間にわたるものがあり，「寄生虫」「他の客室乗務員の迷惑」と述べたり，大声を出したり，机をたたいたりすることがあったケースで，就業規則中の解雇自由に該当しないとともに，上司の態度，行為は社会通念上許容しうる範囲を超えて不法行為に該当するとした事例（全日本空輸事件・大阪地判平11・10・18労判772号9頁）。
	認容額：慰謝料50万円

⑧	転勤義務がないにもかかわらずあるかのように誤信させて退職届を提出させたり，定年まで勤務する意思のある労働者らを，虚偽，弾圧的な言動や執拗な退職強要・嫌がらせによって退職のやむなきに至らしめた事案で，労働者が意に反して退職することがないように職場環境を整備する義務があるとして，不法行為に基づき慰謝料に加えて6ヵ月分の賃金を逸失利益として認めた事例（エフピコ事件・水戸地下妻支判平11・6・15労判763号7頁）。
	認容額：原告6人に対し，それぞれ慰謝料100万円（3人）と50万円（3人），逸失利益6ヵ月分の賃金

【業務命令・人事権限の濫用に関する裁判例】

使用者には業務命令について裁量権を有しているため，仕事外し，無意味な作業を労働者に指示したりするなど，使用者の報復意図や懲罰目的など他の不当な動機・目的を推認できる場合には，業務命令権の濫用として違法性を認めるというのが，判例の一般的な傾向といえる。

しかし他方で，使用者の安全配慮義務違反など労働契約上あるいは信義則上の義務違反が明確なケースでは，使用者の動機・目的よりも労働者への侵害結果を重視して違法性の判断をしたものもある。

⑨	国労組合員に対し真夏の炎天下で終日，工場内踏切横断者の指差確認状況を監視，注意する作業への従事命令は，肉体的精神的に過酷で，労働者の健康に配慮を欠いたもので，合理性を欠き，使用者の裁量権を逸脱したとして，上司と使用者に不法行為の成立を認めた事例（JR西日本吹田工場事件・大阪高判平15・3・27労判858号154頁）。
	認容額：慰謝料被告ら各自約22万円

【いじめによる自殺に関する裁判例】

職場のいじめによって精神疾患に罹患し，その結果として自殺に至った事案について，使用者の損害賠償責任を認めた事例が現れている。

⑩	職場でのいじめを受けたことにより心因反応を起こし自殺した職員の事案につき，いじめの制止，精神的負担の軽減，防止策等の適切な措置をとらなかった管理職の行為が安全配慮義務違反に当たるとして使用者の損害賠償責任を認

	めた事例（川崎水道局事件・横浜地川崎支判平14・6・27労判833号61頁・東京高判平15・3・25労判849号87頁）。
	認容額：本人の資質ないし心因的要因も加わって自殺への契機となったものと認め7割を減じ、逸失利益、慰謝料、弁護士費用等合計で原告である両親に対し各約1,172万円（合計約2,345万円）
⑪	男性看護師の後輩看護師に対する、冷かし・からかい、嘲笑・悪口、他人の前で恥辱・屈辱を与える、叩くなどの暴力などの違法ないじめが3年近くに及び自殺した事案で、男性看護師の不法行為責任を認めるとともに、職員旅行や会議などで雇用主である病院も十分認識する可能性があり、これを認識していじめを防止する措置を講じなかった安全配慮義務違反があるとして債務不履行責任に基づき事業主が損害賠償責任を負うとした事例（誠昇会北本共済病院事件・さいたま地判平16・9・24労判883号38頁）。
	認容額：慰謝料男性看護師は両親に対して各500万円（合計1,000万円）、病院は両親に対して各250万円（合計500万円）

(b) **いじめ行為差止め・禁止の仮処分の申立て**

　判例は、「労働者の人格的利益が生命、身体及び名誉と同様に極めて重要な保護法益であり、その人格権が物権の場合と同様に排他性を有する権利といえる場合には、その人格権に対する侵害又は侵害のおそれがあることを理由に被害者は加害者に対して侵害行為の差止めを求めることができる」として、いじめ行為の差止請求ができることを認めている（西谷商事事件・東京地決平11・11・12労判781号72頁）。

　ただし、差止請求の場合は、損害賠償請求の事案と異なり、表現の自由活動への直接的な侵害となるおそれが高いため、いじめ行為が将来的にも継続するおそれがあることが必要とされている。

　いじめ行為の差止請求を認めたものとしては、希望退職募集に関して退職届の提出を拒否したところ、支店長、部長代理らから暴行を受け、嫌がらせ行為が継続していた事案で、暴行、脅迫、名誉毀損などの行為の差止請求を認めた（エールフランス事件・千葉地決昭60・5・9労判457号92頁）ものなどがある。

(c) **人事権限の無効確認訴訟**

　使用者がいじめを伴う形で配置転換・出向命令、降格処分などの労働条件に関する具体的な人事権限を行使した場合、当該権限の行使が無効となることが

ある。

　例えば配置転換・出向命令であれば、それが就業規則等の根拠に基づくものである限り、権利濫用に当たるかという形で問題となり、基本的には、当該命令の業務上の必要性と、その命令がもたらす労働者の職業上ないし生活上の不利益との比較衡量によって判定されることになる。具体的には、当該業務命令が業務上の必要性に基づいていない、退職強要など不当な動機・目的に基づいてなされている、あるいは当該命令等が労働者に対して通常甘受すべき程度を著しく超える不利益を与えていると認められれば権利の濫用となる。

　しかし、人事権の濫用についての立証責任は労働者側にあること、また通常甘受すべき程度を著しく超える不利益を与えていると認められるケースはほとんどないとされていることから、使用者のいじめの意図が客観的な事情から明瞭なケースでないと、労働者にとって立証はそれほど容易ではない。

　また、人事権限の無効確認がなされた場合であっても、配転命令と降格処分による精神的損害については、当該法律行為を無効とすることで足り、これを超える損害は認められないと判断されることもある（フジシール事件・大阪地判平12・8・28労判793号13頁）。

③ 職場のいじめと労災

　前述したとおり、職場のいじめに遭った労働者の中には、神経症状が出現して、健康障害を起こしている者が多くみられる。

　中央労働災害防止協会が平成17年1月に実施した「パワー・ハラスメント（職場における職権などの力関係を利用して、相手の人格や尊厳を侵害する言動を繰り返し行い、精神的な苦痛を与えることにより、その人の働く環境を悪化させたり、あるいは雇用不安を与えることと仮に定義している）の実態調査」では、回答した東証一部上場企業209社の人事担当者の43％が、パワハラが「ときおり発生した」「発生したことがある」と回答しており、しかも回答者の83％が「パワハラを受けた社員にメンタル面で何らかの問題が生じたと認識している」との調査結果が公表されている。相談現場での実感が一部裏付けられた格好である。

　さて、職場のいじめによって精神疾患に罹患し、休職に至る例も多いが、そのほとんどは就業規則に規定された私傷病休職制度を利用してのものである。

この私傷病休職は，公務員については明文の定めがあるが，民間企業の場合には法律上の規定が一切なく，私傷病休職制度を設けるか否かの点も含めて，制度をどのように構築するかは使用者の制度設計に任せられている。そして，多くの企業の就業規則では，私傷病休職期間中に傷病が治癒すれば復職，治癒しなければ自然退職又は解雇と定められている。

　これに対し，業務上，精神障害にかかったと認められれば，療養のために休業する期間及びその後30日間は解雇が禁止される（労基19条1項）。

　このため，従業員の罹患している精神障害が業務上のものか業務外のものかが争いになることがある。

　精神障害に関する行政での労災認定は，平成23年12月26日から，「心理的負荷による精神障害の認定基準」（平23・12・26基発1226第1号）によってなされている（**第14章**「メンタルヘルス問題と企業の健康配慮義務」429頁以下参照）。同認定基準の別表1「業務による心理的負荷評価表」においては，「（ひどい）嫌がらせ，いじめ，又は暴行を受けた」を業務による心理的負荷と認められる具体的出来事の1つとして掲げ，心理的負荷の強度を次のように評価するとしている。

【別表1　業務による心理的負荷評価表】（一部抜粋）

出来事の類型	平均的な心理的負荷の強度			心理的負荷の総合評価の視点	心理的負荷の強度を「弱」「中」「強」と判断する具体例		
	具体的出来事	心理的負荷の強度 I / II / III	★		弱	中	強
29　⑤対人関係	（ひどい）嫌がらせ，いじめ，又は暴行を受けた	（★はIII欄）	★	・嫌がらせ，いじめ，暴行の内容，程度等 ・その継続する状況 （注）上司から業務指導の範囲内の叱責等を受けた場合，上司と業務をめぐる方針等において対立が生じた場合等は，項目30等で評価する。	【解説】部下に対する上司の言動が業務指導の範囲を逸脱し，又は同僚等による多人数が結託しての言動が，それぞれ右の程度に至らない場合について，その内容，程度，経過と業務指導からの逸脱の程度により「弱」又は「中」と評価 【「弱」になる例】 ・複数の同僚等の発言により不快感を覚えた（客観的には嫌がらせ，いじめとはいえないものも含む）	【「中」になる例】 ・上司の叱責の過程で業務指導の範囲を逸脱した発言があったが，これが継続していない ・同僚等が結託して嫌がらせを行ったが，これが継続していない	○ひどい嫌がらせ，いじめ，又は暴行を受けた 【「強」である例】 ・部下に対する上司の言動が，業務指導の範囲を逸脱しており，その中に人格や人間性を否定するような言動が含まれ，かつ，これが執拗に行われた ・同僚等による多人数が結託しての人格や人間性を否定するような言動が執拗に行われた ・治療を要する程度の暴行を受けた

なお，同認定基準は，上記の具体例は，「いじめやセクシュアルハラスメントのように出来事が繰り返されるものについては，繰り返される出来事を一体のものとして評価し，また，『その継続する状況』は，心理的負荷が強まるもの」という考えに基づくものであり，この考え方は個々の事案の判断においても適用すべきものであるとしている。また，出来事の評価の留意事項として，「いじめやセクシュアルハラスメントのように，出来事が繰り返されるものについては，発病の6か月よりも前にそれが開始されている場合でも，発病前6か月以内の期間にも継続しているときは，開始時からのすべての行為を評価の対象とすること。」としている。

第13章
セクシュアルハラスメント

I　セクシュアルハラスメントの概念と法理

1　セクシュアルハラスメントの定義

　セクシュアルハラスメント（以下「セクハラ」という）は，相手の意に反する性的な言動を意味するが，これはさらに，①職場において行われる性的な言動に対する労働者の対応により当該労働者が労働条件につき不利益を受ける「対価型」と，②性的な言動により当該労働者の職場環境が害される「環境型」の2つに分類されることが多い（雇用の分野における男女の均等な機会及び待遇の確保等に関する法律11条〔以下「男女雇用機会均等法」という〕）。

　①の「対価型」に当たる典型的な例は，事務所内において性的な関係を要求したが，拒否されたため，当該労働者を解雇した場合や，営業所内において事業主が日頃から女性労働者に係る性的な事柄について公然と発言していたが，抗議されたため，当該女性労働者を降格したりする場合などである。

　②の「環境型」に当たる典型的な例は，事務所内において事業主が女性労働者の腰，胸等に度々触ったため，当該女性労働者が苦痛に感じてその就業意識が低下している場合や，労働者が抗議しているにもかかわらず，事業所内にヌードポスターやわいせつな絵，写真などを掲示（コンピューターのスクリーンセーバーとして使用することなども含む）しているため，当該労働者が苦痛に感じて業務に専念できない場合などである。

　ただし，この分類によりセクハラとなり得る言動に差異が生じたり，救済方法が異なったりするものではなく，当該行為がセクハラとして私法上違法となるか否かは，不法行為や債務不履行等の要件に照らして個別具体的に判断される。

　なお，「性的な言動」とは，性的な内容の発言及び性的な行動を指し，この「性的な内容の発言」には，性的な事実関係を尋ねること，性的な内容の情報を意図的に流布すること等が，「性的な行動」には，性的な関係を強要すること，必要なく身体に触ること，わいせつな図画を配布すること等が，それぞれ含まれる（平18・10・11厚生労働省告示615号2(4)）。

　また，「職場」とは，事業主が雇用する労働者が業務を遂行する場所を指し，

当該労働者が通常就業している場所以外の場所であっても，当該労働者が業務を遂行する場所については，「職場」に含まれる。例えば，取引先の事務所，取引先と打合せをするための飲食店，顧客の自宅等であっても，当該労働者が業務を遂行する場所であればこれに該当する（同2(2)）。

2 事業主のセクハラ防止措置義務
(1) 男女雇用機会均等法によるセクハラ防止措置義務

男女雇用機会均等法は，政府が昭和55（1980）年に調印した国際連合の「女性に対するあらゆる形態の差別の撤廃に関する条約」の批准に向けて，昭和60（1985）年に雇用の分野における女性差別を改め，男女平等社会の推進に向け制定されたものである。本法は，平成9年に男女差別の規制をより強化し，セクハラについては，事業主に配慮義務規定が新たに置かれたが，平成18年法改正により措置義務へと強化されている。すなわち，「事業主は，職場において行われる性的な言動に対するその雇用する労働者の対応により当該労働者がその労働条件につき，不利益を受け，又は当該性的な言動により当該労働者の就業環境が害されることがないよう，当該労働者からの相談に応じ，適切に対応するために必要な体制の整備，その他の雇用管理上必要な措置を講じなければならない。」（雇用均等11条）とされた。また，本改正により，男性に対するセクハラも対象に加えられた点に注意すべきである。

事業主は，措置義務とされたことで，より高度な積極的義務が課せられるようになったと解される。

具体的には，厚生労働省が事業主が講ずべき措置についての「指示」（平18・10・11厚生労働省告示615号）を告示しており，①職場におけるセクハラに関する方針の明確化，労働者に対するその方針の周知・啓発を図ること，②相談（苦情を含む）に応じ，適切に対応するために必要な体制の整備を図ること，③事後の迅速かつ適切な対応をとること，④相談や事後対応におけるプライバシーの保護，相談や事実確認への協力を理由とする不利益扱い禁止の周知・啓発を図ること，などが挙げられている。

また，厚生労働大臣（都道府県労働局長）は，上記「指針」に照らし必要があれば，事業主に対し，報告を求め，助言，指導又は勧告を行い（雇用均等29条），

その勧告に従わなかったときは，企業名を公表でき（同30条），更に報告に応じない場合又は虚偽の報告を行った場合は20万円以下の過料に処することができる（同33条）。

(2) 措置義務の効力

　上記措置義務自体は，私法上の効力を生じさせるものではないと考えられるが，実務上，事業主がこの措置義務についての指針に定められた防止措置を誠実に講じていなかった場合，その事実は，裁判所が使用者責任や使用者の債務不履行責任を判断する際に斟酌されると解される。

　裁判例は，「平成11年4月1日をもって，セクシュアル・ハラスメントの防止に係る事業主の責務を明示した改正男女雇用機会均等法及び事業主が配慮すべき事項に係る具体的指針が施行されており，被告会社の不作為はこうした諸法規に反するものであった。これら改正法や具体的指針が直ちに裁判規範としての性質を有するとはいえないが，公序の一翼を担うものとして，使用者に係る法的義務違反の判断に当たっては，当然に斟酌されると解すべきである。」と判示し（下関セクハラ事件・広島高判平16・9・2労判881号29頁），使用者の指針に沿った雇用管理上の対応が不十分だったことを斟酌して不法行為責任を認めた。この裁判例は，①公的機関から社内のセクハラの存在を示唆されるなど，いわば危急の事態を迎えていながら，社内会議の場で一般的な注意を与えるなど通り一遍の措置をとったにすぎない点，②その出席者である被告がセクハラや性的誹謗中傷に及んでおり，被告会社の対応はこうした不法行為の歯止めとなり得ていない点，③被告らがその当時，管理職の地位にあった点などを考慮している。

　つまり，事業主は，措置義務を適正に講じていない場合，使用者の不法行為責任又は債務不履行責任はより肯定されやすくなり，適正に講じていれば，使用者の責任は免責されやすくなると考えられる。

　セクハラに関する各通知・指針などは，当然に私法上の効力を持つものではないが，紛争を未然に防止する観点からも果たすべき役割は大きく，事業主は今後，益々厳正な実施が求められることになるであろう。

③ セクハラの概念と事実認定

　セクハラ行為の態様は，「からかい」や「いたずら」などを契機として行われる性的な発言から明確な意識・感情を持ってなされる性的関係の強要まで様々である。他方，被害者が受ける不快感や精神的な苦痛の大きさも，セクハラ行為の態様，当該被害者の性格，職務上の地位，当該言動が行われた場所などによって異なる。とりわけ，同じ内容の性的言動であったとしても，その行為が誰によってなされたのかにより，受け手側の意識や感情は大きく異なり得る。

　したがって，セクハラ行為の判断に当たっては，問題の性質上，被害者の意思に反するという「主観」を出発点とせざるを得ない。

　しかし，それが一定の法的効果と結びつく概念である以上，被害者の不快感や嫌悪感といった被害者の「主観」（気持ち）のみを問題にすることはできない。

　この点に関し，解釈指針では，「『女性労働者の意に反する性的な言動』及び『就業環境を害される』の判断に当たっては，女性労働者の主観を重視しつつも，事業主の防止のための配慮義務の対象となることを考えると一定の客観性は必要である。具体的には，セクシュアルハラスメントが，男女の認識の違いにより生じている面があることを考慮すると『平均的な女性労働者の感じ方』を基準とすることが適当であること。ただし，女性労働者が明確に意に反することを示しているにもかかわらず，さらに行われる性的言動は職場におけるセクシュアルハラスメントと解されるものであること。」（「雇用の分野における男女の均等な機会及び待遇の確保等に関する法律の施行について」平10・6・11女発168号）としている。

　上記解釈指針によれば，被害者の意思に反するという主観性を前提としつつも，その判断に当たっては一定の客観性が必要とされ，その客観的な判断基準としては，原則として「平均的な女性（男性）労働者の感じ方」がベースになるが，当該被害者が明確に意に反することを示しているにもかかわらず，更に行われる性的言動はセクハラと解されることになる。

　ただし，セクハラの判断には一定の客観性が要求されるとはいえ，性的な言動に対する意識や被害者の反応などは個人間において大きな違いがあるものであり，また，一見ささいな行為と見える言動であっても，それが執拗に繰り

返されたり，加害者との関係，当該言動が行われた状況によっては，被害者に，身体的，精神的，社会的に重大な悪影響を及ぼすこともある。

したがって，セクハラ行為に当たるかの判断は，当該事案の状況の下で，個別具体的に判断されなければならない。

Ⅱ 民事的救済方法の構成

1 セクハラと不法行為の成立要件

セクハラは，被害者の人格的利益や働きやすい職場環境で就業する利益を侵害する行為として，民法709条の不法行為に該当し，被害者は当該行為者に損害賠償を請求しうる。不法行為の成立要件は，①加害者の故意又は過失，②被害者が一定の利益，保護法益を有すること，③加害行為の違法性，④損害の発生と行為との因果関係であるが，検討事項としては，②の保護法益と③の加害行為の違法性が重要である。以下，個別に検討する。

(1) 加害者の故意又は過失

加害者の故意・過失については，実務上，行為の態様や手段，方法などから不法行為を構成することは明らかであるとして明示しないケースが多い。

加害者の故意とは，結果発生を知りながらあえて加害する心理状態をいい，セクハラの場合，強制わいせつなどの実力行使を故意による侵害行為と判断することが多い。

また，過失とは，注意を欠いた行為を行ったという行為の態様ないし注意して行動すべき義務に違反することと解されており，その存在は客観的に判断される。注意義務については，「現代社会の中における働く女性の地位や職場管理層を占める男性の間での女性観等」（福岡セクハラ事件・福岡地判平4・4・16労判607号6頁）に鑑みて，通常人としての注意義務を判断基準とした裁判例もある。

(2) 利益・保護法益の侵害と違法性

(a) 利益・保護法益の侵害

セクハラ行為に対して不法行為による責任追及を行う場合の被害者の被侵害利益・保護法益は，人格権ないし人格的利益と考えられる。人格権とは，個

人として，身体的利益であるか精神的利益であるかを問わず，人間たる尊厳にかかわる人格的利益として保護されるべきものであり，その侵害は違法とされ，侵害者は故意又は過失がある限り，不法行為責任を問われることになる。

　以下，裁判例に現れた権利・保護法益を整理してみたい。

　(ア)　**名誉，プライバシー等の人格権**　身体や容姿についての侮辱的な発言，異性関係や性的私生活についての噂の流布などが当てはまり，これらは，個人の名誉や性のプライバシーの侵害に当たるとされる。例えば，「おばん，ばばぁ，くそばばぁ」などの侮辱的な呼称で呼び，原告の胸や尻等を原告の意に反して触り，性的に露骨な表現を用いてからかうなどした各行為を原告の人格権を侵害する不法行為として認定した裁判例（和歌山セクハラ事件・和歌山地判平10・3・11判時1658号143頁）や職場や取引先などに部下の女性について，その性的私生活に関連して性的な噂を流布した行為につき，原告の意に反し，その名誉その他の人格権の侵害を肯定した裁判例がある（前掲福岡セクハラ事件）。

　(イ)　**性的自由・性的自己決定権等の人格権**　ここでいう，性的自由ないし性的自己決定権の概念については，法律上，必ずしも明確・一義的な内容のものとはいえないが，一般的には自己の意思に反した性的行動を強制されない自由ないし権利と解される。例えば，家政婦的な仕事に従事する女性に対し，会社社長による当該女性に対する意に反した性的要求や身体的接触行為が社会的見地から不相当である場合には，性的自由ないし性的自己決定権等の人格権を侵害するものとして違法性を肯定している（後掲金沢セクハラ事件。同趣旨の裁判例として千葉セクハラ事件・千葉地判平10・3・26判時1658号143頁）。

　(ウ)　**雇用継続及び働きやすい職場環境で働く権利・利益**　また，言動の内容・性質等の行為内容によって，「性的領域における人格の尊厳を故意に侵害する不法行為にあたると同時に，原告の雇用関係継続に対する権利をも不当に侵害する行為」であるとするものや（旭川セクハラ事件・旭川地判平9・3・18労判717号42頁），「労働者にとって働きやすい職場環境のなかで働く利益」の侵害とするものもある（前掲福岡セクハラ事件）。

　(b)　**違法性判断の要素**

　セクハラの違法性評価については，理論上，被侵害利益が法律上の権利として確立されたものであれば，行為の違法性が小さい場合にも不法行為は肯定さ

れやすくなり，一方，被侵害利益が法律上まだ十分に権利性が確立されていない場合には，行為の違法性が大きくなければ不法行為は肯定されにくいという侵害利益の性質と侵害行為の態様を相関的に考慮する判断枠組みを採用するものが多い。

　この点，裁判例は，「違法性の有無を決するためには，行為の態様（場所，内容，程度など），当事者相互の関係など総合的に吟味する必要がある。……（省略）……行為の態様は軽微でも，被害者が置かれた状況等によっては，その人格権を侵害し，重大な損害をもたらすものとして，厳しく指弾されなければならない事案もある」（大阪セクハラ事件・大阪地判平8・4・26判時1589号92頁）としている。

　また，違法性の判断要素につき，判例は，「職場において，男性の上司が部下の女性に対し，その地位を利用して，女性の意に反する性的言動に出た場合，これがすべて違法と評価されるものではなく，その行為の態様，行為者である男性の職務上の地位，年齢，結婚暦の有無，両者のそれまでの関係，当該言動の行われた場所，その言動の反復・継続性，被害女性の対応等を総合的にみて，それらが社会的見地から不相当とされる程度のものである場合には，性的自由ないし性的自己決定権等の人格権を侵害するものとして，違法となる」（金沢セクハラ事件・最判平11・7・16労判767号14頁・名古屋高金沢支判平8・10・30労判707号37頁）と判示している。

　具体的には，まず，刑罰法規に違反するような行為は，侵害された被害の種類や程度を問わず，違法性があると判断されることになる。また，身体的接触等の直接的な行為があった場合も，違法性が肯定されやすい。

　これに対して，加害者の行為が単に性的な発言にとどまる場合には，その性的言動について，その態様・性質，行為者の職務上の地位，当該言動の行われた状況，反復・継続性等を個別具体的に検討して，それらを総合的にみて社会的見地から不相当とされる程度のものである場合に，はじめて違法性が肯定されることになる。

2 法人の不法行為責任と使用者責任
(1) 法人の不法行為責任
　セクハラの加害者の行為が不法行為責任を問われることは当然であるが，加害者が使用者であるような場合，法人の不法行為責任を問えるかが問題となる。この点に関し過去の裁判例は，改正前民法44条1項（現在の一般社団法人及び一般財団法人に関する法律78条）を適用し企業としての不法行為責任を認容している。すなわち，セクハラの加害行為は，使用者個人の言動であるとともに，職務上の言動という面があるとして，改正前民法44条1項の「職務を行うについて」行われたものであると判断している。なお，この「職務を行うについて」とは，後述する民法715条の「事業の執行につき」とほぼ同じ意であるとされる（我妻榮ほか『我妻・有泉コンメンタール民法―総則・物権・債権』133頁）。
　以下，参考となる裁判例を挙げる。
　① 被告社長の自宅で清掃・洗濯，食事などの用意をする家政婦的女性雇用者に対し，その地位を利用して，身体に触ったり，抱きついたりした事実につき，原告の仕事が被告社長の自宅における家政婦的な仕事であり，被告社長の自宅での言動は個人の言動であるとともに，職務上の言動という面があるとして，被告社長の行動は，改正前民法44条1項の「職務を行うについて」行われたものであるとして，被告社長個人と連帯して企業としての責任を認容した事例（請求認容額120万円・弁護士費用18万円／前掲金沢セクハラ事件）。
　② 学習塾を経営する会社の代表取締役であり，講師として授業を行っている者が，補習授業に出席した高校3年生の女性に対し，同人の意に反して「腰をもんでやる」などといって，背中から腰の辺りをマッサージし，女性の体に覆いかぶさり，顔を頬にすり寄せた行動に対して，補習授業という被告会社の職務につき行われたものとして会社の不法行為責任を認めた事例（学習塾経営事件・東京地判平10・11・24判時1682号66頁）。

(2) 使用者責任（民715条）
　使用者は，その被用者が行ったセクハラが不法行為に当たる場合，使用者は民法715条1項により損害賠償責任を負うことがある。使用者責任は，被用者の行為が不法行為の成立要件を備え，かつ，使用者と加害者との間に使用・被用関係があること，加害行為が使用者の「事業の執行につき」なされたことが

要件となる。

　一方，使用者は加害者とされる被用者の選任・監督につき，相当の注意をしたとき，又は相当の注意をしても損害が生ずべきであったと認められる場合には，使用者責任を免れ得る（民715条1項ただし書）。しかしながら，判例はこの免責事由を厳格に解しており，使用者が免責されたケースはほとんどない。実務上，被害者は，加害行為が「事業の執行につき」なされたことを主張立証することで足りると考えられる。

　「事業の執行につき」とは，一般に非常に広く解されており，いわゆる取引行為については，被用者の遂行過程で付随して起こした加害行為のみならず，職務を逸脱，濫用して起こした加害行為であっても，その行為外形から観察してあたかも被用者の職務の範囲内の行為に属するものとみられる場合には，使用者は民法715条の使用者責任を負うものと解される（外形標準説）。具体的には，出張中や外回りの最中に行われた加害行為は，「事業の執行につき」なされた行為であると認定されるであろうが，勤務終了後の酒場の席などにおけるセクハラが「事業の執行につき」行われたか否かの判断については，事業執行を契機とし，これと密接に関連性を有するといえるか否かにより判断される。例えば，上司が職場の懇親を図るために飲み会を企画した上，二次会に誘い，カラオケボックス内で嫌がる女性社員に対して仕事の話を持ち出しながら，押し倒し，抱きついたりする等の行為については，上司たる地位を利用して行ったものとして事業の執行につきなされたものと認めている（大阪セクハラ（S運送会社）事件・大阪地判平10・12・21労判756号26頁）。

　一方，勤務終了後に食事・飲食した後，原告の上司による原告の自宅で行われたセクハラ行為について，個人的な行為であるから事業の執行性が否定されるとする裁判例もある（岡山セクハラ事件・岡山地判平14・11・6労判845号73頁）。

　裁判例を整理すると，職務上の地位を利用して行われたものである場合や勤務時間中である場合は，職務と密接に関連しているものとして事業の執行性を認める傾向にあるといえる。

　以下，使用者責任を認めた裁判例を参考に挙げる。

　① 　上司と人間関係上対立した部下の女性につき，上司による同女性の異性関係等に関する噂の流布などから，上司と職場内で対立し，その上で会社か

ら退職を求められたため，退職するに至った事案につき，「使用者は，被用者との間において，社会通念上伴う義務として被用者が労務に服する過程で生命及び健康を害しないよう職場環境等につき配慮すべき注意義務を負うが，そのほかにも労務遂行に関連して被用者の人的尊厳を侵しその労務提供に重大な支障をきたす事由が発生することを防ぎ，又はこれに適切に対処して，職場が被用者にとって働きやすい環境を保つよう配慮する注意義務もあると解されるところ，被用者を選任監督する立場にある者が右注意義務を怠った場合には，右の立場にある者に被用者に対する不法行為が成立することがあり，使用者も民法715条により不法行為責任を負うことがあると解すべきである。」とした事例（請求一部認容額として慰謝料150万円・弁護士費用15万円／前掲福岡セクハラ事件）。

② 被告の原告に対する性的嫌がらせ行為及び職場におけるいじめは，勤務場所において，勤務時間内に，職場の上司であるという立場から，その職務行為を契機としてされたものであるから，右一連の行為は，外形上，被告国の事業の執行につき行われたものであるとの認定の下，国立病院の洗濯係である女性職員の意思を無視して，性的嫌がらせ行為を繰り返し，同職員が明確に拒絶の意思を示した後は，上司の地位を利用して女性職員の職場環境を悪化させた行為につき，当該女性職員の人格権を著しく侵害する不法行為であるとし，国に対しても使用者責任を免れないとした事例（請求一部認容額100万円・弁護士費用20万円／兵庫セクハラ事件・神戸地判平9・7・29労判726号100頁）。

(3) **使用者の契約責任**

セクハラ訴訟は，これまで被害者の人格権侵害に対する加害者の不法行為責任を問い，これに関連して使用者責任が問題となるケースが多かった。しかし，平成9年頃から労働契約上の配慮義務（信義則上の義務）に基づいて，使用者の債務不履行責任を直接認める裁判例が増えている。

すなわち，女子更衣室のビデオ盗撮の発覚につき，使用者は，労働契約に付随して，女性労働者のプライバシーが侵害されることがないように職場の環境を整える義務があり，当該女性労働者がその意に反して退職することがないように職場環境を整える義務があるとし（京都セクハラ事件・京都地判平9・4・17労判716号49頁），また，使用者は，雇用契約上良好な職場環境の維持確保に配慮すべき義務を負い，事件が発生した場合，誠実かつ適切な事後措置をとる義務

を負っている，としている（仙台セクハラ事件・仙台地判平13・3・26労判808号13頁）。

　これらは，そもそも，使用者には，労務遂行に関連して労働者の人格的尊厳を侵したり，その労務提供に重大な支障をきたす事由が発生することを防ぎ，労働者にとって働きやすい環境を保つよう配慮すべき労働契約上の付随義務として，職場環境配慮義務があることを前提とする。

　使用者に対して直接の契約責任を請求する構成は，セクハラ加害者を特定できない場合や加害者の行為の業務関連性が疑わしい場合，被害者の主張立証責任の軽減を図る場合には有効な構成となる。

　一般的には，不法行為責任ないし使用者責任を求める構成と債務不履行を求める構成は併存的に請求することが可能であり，実務上も双方の構成を記載して請求する例がみられる。

　以下，使用者の契約責任を認めた裁判例を挙げるので参考にされたい。

　①　深夜勤務中，准看護師副主任であった被告男性が看護婦ないし准看護婦として病院に勤務していた原告らに対し，休憩室において腰や太腿部等を触った被告男性の行為は，不法行為に該当すると認定した上で，当該行為は，「業務中，休憩室で行われたものとはいえ，原告らを起こしたり呼びかけるための行為とは認められず，被告男性の個人的な行為であるから，業務を契機としてなされたものではなく業務との密接な関連性は認められない。」として使用者責任を否定した。一方，(i)被告男性が従前から日常勤務中に卑猥な言動が認められたこと，(ii)被告県厚生農協連合会は，被告男性に対し何も注意していなかったこと，(iii)原告らから被告男性との深夜勤をやりたくないと聞きながらその理由を尋ねず，何ら対策をとらず，被告男性に注意することもしなかったこと，(iv)その結果，前記休憩室での行為が行われたこと，などが認められ，被告連合会は原告らに対する職場環境配慮義務を怠ったとして，被告連合会の債務不履行による損害賠償責任を認容した事例（三重セクハラ事件・津地判平9・11・5労判729号54頁）。

　②　被告である呉服会社の男性社員による女性更衣室のビデオ盗撮について，被告会社は誰がビデオ撮影したかなどの真相を解明する努力をして，再び同じようなことがないようにする義務があったというべきであるとして，ビデオカメラの向きを逆さまにしただけで，ビデオカメラが撤去されると，その後，何

の措置もとらなかったため，再び女性更衣室でビデオ撮影される事態になったとして，被告会社の債務不履行による損害賠償責任を認容した事例（前掲京都セクハラ事件）。

③ セクハラと労災

　前述の職場のいじめと同様に，セクハラが原因となって精神障害等を発病するケースは少なくない。精神障害に関する行政での労災認定は，平成23年12月26日から，「心理的負荷による精神障害の認定基準」（平23・12・26基発1226第1号）によってなされている（**第14章**「メンタルヘルス問題と企業の健康配慮義務」429頁以下参照）。

　同認定基準は，セクハラは，その性質から，被害を受けた精神障害を発病した労働者自身の労災請求や労働基準監督署での事実関係の調査が困難となる場合が多いことなど他の出来事と異なる特有の事情等があるため，実態を適切に把握した上で，精神障害の労災認定の基準の検討を行うことが必要であるとの考えの下，別表1「業務による心理的負荷評価表」（**次頁**参照）の中で独立した類型とするとともに，同認定基準の中で特に「セクシュアルハラスメント事案の留意事項」を挙げている。

　なお，同認定基準は，上記の具体例は，「いじめやセクシュアルハラスメントのように出来事が繰り返されるものについては，繰り返される出来事を一体のものとして評価し，また，『その継続する状況』は，心理的負荷が強まるもの」という考えに基づくものであり，この考え方は個々の事案の判断においても適用すべきものであるとしている。また，出来事の評価の留意事項として，「いじめやセクシュアルハラスメントのように，出来事が繰り返されるものについては，発病の6か月よりも前にそれが開始されている場合でも，発病前6か月以内の期間にも継続しているときは，開始時からのすべての行為を評価の対象とすること。」としている。

【セクシュアルハラスメント事案の留意事項】

　セクシュアルハラスメントが原因で対象疾病を発病したとして労災請求がなされた事案の心理的負荷の評価に際しては，特に次の事項に留意する。

　　① セクシュアルハラスメントを受けた者（以下「被害者」という）は，勤務

【別表1　業務による心理的負荷評価表】（一部抜粋）

出来事の類型	具体的出来事	平均的な心理的負荷の強度			心理的負荷の総合評価の視点	心理的負荷の強度を「弱」「中」「強」と判断する具体例		
		I	II	III		弱	中	強
36	⑥セクシュアルハラスメント	セクシュアルハラスメントを受けた		★	・セクシュアルハラスメントの内容，程度等 ・その継続する状況 ・会社の対応の有無及び内容，改善の状況，職場の人間関係等	【「弱」になる例】 ・「○○ちゃん」等のセクシュアルハラスメントに当たる発言をされた場合 ・職場内に水着姿の女性のポスター等を掲示された場合	○セクシュアルハラスメントを受けた 【「中」である例】 ・胸や腰等への身体接触を含むセクシュアルハラスメントであっても，行為が継続しておらず，会社が適切かつ迅速に対応し発病前に解決した場合 ・身体接触のない性的な発言のみのセクシュアルハラスメントであって，発言が継続していない場合 ・身体接触のない性的な発言のみのセクシュアルハラスメントであって，複数回行われたものの，会社が適切かつ迅速に対応し発病前にそれが終了した場合	【「強」になる例】 ・胸や腰等への身体接触を含むセクシュアルハラスメントであって，継続して行われた場合 ・胸や腰等への身体接触を含むセクシュアルハラスメントであって，行為は継続していないが，会社に相談しても適切な対応がなく，改善されなかった又は会社への相談等の後に職場の人間関係が悪化した場合 ・身体接触のない性的な発言のみのセクシュアルハラスメントであって，発言の中に人格を否定するようなものを含み，かつ継続してなされた場合 ・身体接触のない性的な発言のみのセクシュアルハラスメントであって，性的な発言が継続してなされ，かつ会社がセクシュアルハラスメントがあると把握していても適切な対応がなく，改善がなされなかった場合

を継続したいとか，セクシュアルハラスメントを行った者（以下「行為者」という）からのセクシュアルハラスメントの被害をできるだけ軽くしたいとの心理などから，やむを得ず行為者に迎合するようなメール等を送ることや，行為者の誘いを受け入れることがあるが，これらの事実がセクシュアルハラスメントを受けたことを単純に否定する理由にはならないこと。

② 被害者は，被害を受けてからすぐに相談行動をとらないことがあるが，この事実が心理的負荷が弱いと単純に判断する理由にはならないこと。

③ 被害者は，医療機関でもセクシュアルハラスメントを受けたということをすぐに話せないこともあるが，初診時にセクシュアルハラスメントの事

実を申し立てていないことが心理的負荷が弱いと単純に判断する理由にはならないこと。
④ 行為者が上司であり被害者が部下である場合，行為者が正規職員であり被害者が非正規労働者である場合等，行為者が雇用関係上被害者に対して優越的な立場にある事実は心理的負荷を強める要素となり得ること。

第14章
メンタルヘルス問題と企業の健康配慮義務

I 日本におけるメンタルヘルス問題の動向

1 メンタルヘルス問題の現状

　産業・経済の構造や労働環境の急激な変化に伴い，労働者のストレスが増大し，メンタルヘルスの問題が深刻化している。今日の労働安全衛生問題における重点は，安全から健康に移行しつつあると指摘されているが，その中心的な課題として，このメンタルヘルスの問題がある。

　さて，メンタルヘルス不全とは，心の不健康状態を総称する用語で，心身症，精神疾患，行動障害などが含まれる。職場に関係する行動障害には，出勤困難，無断欠勤，職場での人間関係や仕事上のトラブルの多発，多量飲酒・薬物依存・ギャンブル依存などがある。

(1) ストレスとメンタルヘルスの関係

　労働者のストレスの現況を知る上で有用な大規模調査としては，厚生労働省が5年ごとに実施している「労働者健康状況調査」がある。平成19年度の同調査によれば，仕事，職業生活に関して強い不安や悩みストレスを持っている労働者は58.0%にも達しており，ストレスの内容としては，職場の人間関係の問題（38.4%），仕事の質の問題（34.8%），仕事の量の問題（30.6%）が上位を占めている。

　精神的ストレスの大きさとメンタルヘルスの問題は密接に関連しており，急性の強いストレスがかかったり，慢性ストレス状態が持続すると，脳の伝達物質の代謝や内分泌，自律神経系，免疫系のバランスが保てなくなり，うつ病，高血圧，脳血栓，心筋梗塞などのストレス関連疾患と呼ばれる健康障害が発生するというメカニズムがあるとされている。

(2) メンタルヘルス不全と休職

　メンタルヘルス不全者の増加傾向は，病気欠勤や休職に関する各種の調査結果にも現れている。例えば，厚生労働省が公表した平成22年の労働衛生基本調査の結果によれば，メンタルヘルス上の理由により連続1ヵ月以上休職した労働者がいる事業所の割合5.9%（5年前の前回調査では2.6%），退職した労働者がいる事業所の割合は7.3%となっている。また，事業所規模別では，1,000人以

上の規模では90.3％，100人～299人規模でも30.4％の企業で１ヵ月以上の休職者が発生している。

(3) 精神疾患と自殺

警察庁の調べによると，平成23年中の自殺者は３万0,651人で，平成10年以降14年連続して３万人を超えているが，このうち，「被雇用者・勤め人」は8,207人（26.8％）に上っている。自殺は様々な要因が絡んだ現象で，通常，単一の原因だけですべて説明できるものではないとされるが，原因・動機が明らかなものの中では，健康問題が１万4,621人で最多となっている。

このような状況の下，厚生労働省は，平成22年１月，「自殺・うつ病等対策プロジェクトチーム」を設立し，今後，厚生労働省が自殺対策に取り組む方針のとりまとめが行われた。とりまとめにおいては，「職場におけるメンタルヘルス対策・職場復帰支援の充実」が重点対策の１つとされるとともに，今後の検討事項として，職場におけるメンタルヘルス不調者の把握と，把握の後，適切な対応が行われることが盛り込まれた。

また，新成長戦略（平成22年６月18日閣議決定）において，平成32年までの目標として「メンタルヘルスに関する措置を受けられる職場の割合100％」が掲げられた。

さらに，平成23年７月６日，厚生労働省は，これまで「４大疾病」とされてきたがん，脳卒中，急性心筋梗塞，糖尿病に精神疾患を追加して「５大疾患」とすることとし，国の医療政策基本方針に精神疾患を加え，都道府県の医療計画にも反映させる方針を決めた。

なお，平成18年６月15日「自殺対策基本法」が成立し，事業主に対しても，「事業主は，国及び地方公共団体が実施する自殺対策に協力するとともに，その雇用する労働者の心の健康の保持を図るため必要な措置を講ずるよう努めるものとする。」（自殺対策基本法５条）との努力規定が明文化されている。

② メンタルヘルス問題と現代の労働問題

職業性ストレスと疾病に関する多くのモデルが提唱されているが，最も包括的で信頼性が高いとされる米国立労働安全衛生研究所（NIOSH：National Institute for Occupational Safety and Health）の職業性ストレスモデルを紹介する（**図表１**参照）。

図表1　NIOSH（米国立労働安全衛生研究所）の職業性ストレスモデル

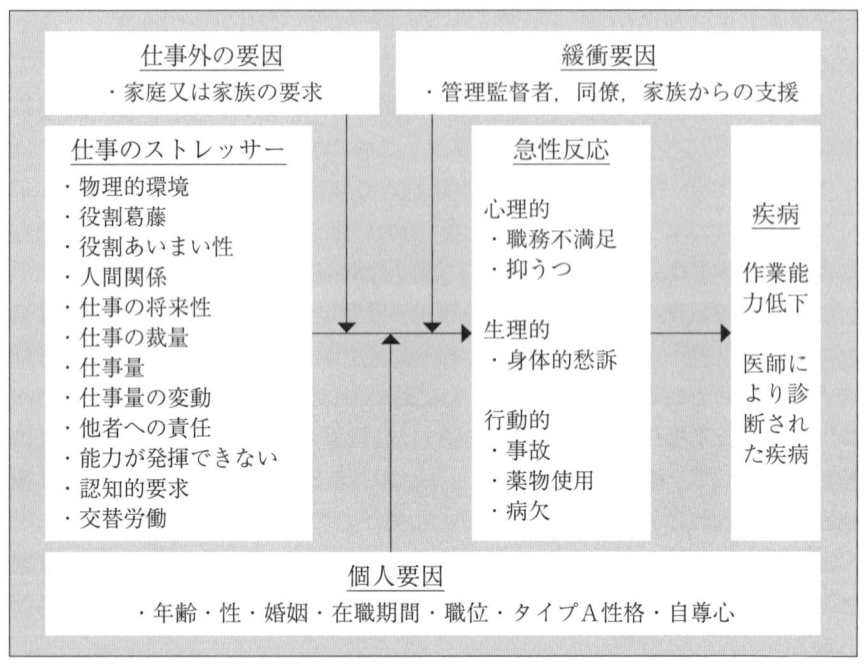

```
┌─────────────────────────┬─────────────────────────┐
│ 仕事外の要因            │ 緩衝要因                │
│ ・家庭又は家族の要求    │ ・管理監督者，同僚，家族からの支援 │
└─────────────────────────┴─────────────────────────┘

┌──────────────────┐   ┌──────────────┐   ┌──────────┐
│ 仕事のストレッサー│   │ 急性反応     │   │ 疾病     │
│ ・物理的環境     │   │ 心理的       │   │ 作業能   │
│ ・役割葛藤       │   │ ・職務不満足 │   │ 力低下   │
│ ・役割あいまい性 │ → │ ・抑うつ     │ → │          │
│ ・人間関係       │   │              │   │ 医師に   │
│ ・仕事の将来性   │   │ 生理的       │   │ より診   │
│ ・仕事の裁量     │   │ ・身体的愁訴 │   │ 断され   │
│ ・仕事量         │   │              │   │ た疾病   │
│ ・仕事量の変動   │   │ 行動的       │   │          │
│ ・他者への責任   │   │ ・事故       │   │          │
│ ・能力が発揮できない│ │ ・薬物使用   │   │          │
│ ・認知的要求     │   │ ・病欠       │   │          │
│ ・交替労働       │   │              │   │          │
└──────────────────┘   └──────────────┘   └──────────┘

┌───────────────────────────────────────────────────┐
│ 個人要因                                          │
│ ・年齢・性・婚姻・在職期間・職位・タイプA性格・自尊心 │
└───────────────────────────────────────────────────┘
```

このモデルによれば，仕事上のストレス要因が非常に強い場合や仕事外のストレス要因を含めいくつか重なったとき，あるいは長期にわたって持続して，個人のストレス耐性を超えたときに，何らかの健康障害が発生するとされる。ストレス反応の強さは，年齢，性別，性格や行動パターン，自己評価などの個人要因の影響を大きく受け，上司や同僚，家族など周囲からの支援があれば，ストレス反応や健康障害の発生を防ぐ緩衝要因になるとされる。

これらのストレス要因のうち，労働問題との関係で特に重要と思われる①長時間労働，②仕事の質，③職場の人間関係について解説する。

(1)　長時間労働について

バブル崩壊以降，わが国の産業界では人員削減が進められ，また，成果主義・能力主義が強調される中で，特に30歳代の男性を中心に週60時間以上の長時間労働に従事する労働者の割合が4分の1近くまで増加している。

長時間労働は必然的に睡眠時間に影響することになるが，睡眠は，メンタル

ヘルス問題を考える上で欠かせない重要な要因と考えられている。「脳血管疾患及び虚血性心疾患等（負傷に起因するものを除く。）の認定基準について」（平13・12・12基発1063号）において発症直前の時間外労働月100時間以上が労災認定の基準の1つとされたのも，時間外労働100時間の状況が平均睡眠時間5時間以下というライフスタイルに該当し，このグループでの脳・心臓疾患のリスクが高率に認められたという医学データに基づいている。

また，労働時間と血圧などとの関係についても，時間外労働が月60時間以上の人に関しては有意的な差で血圧上昇がみられ，時間外労働が月80時間以上の人は心筋梗塞を発症するリスクが高まるとの研究結果が出されている。

(2) **仕事の質について**

近年，多くの企業において成果主義人事や個別的労務管理制度が取り入れられ，労働者間の競争の激化が進んでいる。こうした制度は一方で労働者個人の労働負荷の増加をもたらすとともに，管理職によるマネジメントの強化や管理職による評価と自己の評価の不一致などもストレス要因となることがあるとされ，実際にそのような事例が増えつつあるといわれる。

成果主義における評価の公正性や透明性という労務管理上の重要問題は，メンタルヘルス問題とも無関係ではない。

(3) **職場の人間関係について**

長らく日本企業には，企業共同体と呼ばれるような，職場の一体性や協調性が尊重される集団主義的な傾向があった。しかし，若年層を中心に，個人主義的傾向が強い，あるいは集団順応性が乏しい従業員が増えてきている。

各種の調査で，職場における最も大きなストレス要因として上司との関係を挙げる者が多いが，上司が部下との意識や価値観の違いを認めず，コミュニケーション障害が起こると，部下にとっては大きなストレス要因となり，トラブルに発展することもある。

職場のストレス要因を作りやすい環境として，例えば，上からの命令が絶対で自己裁量性が低い，上司の指示があいまい（役割不明瞭），自分の仕事を自分でコントロールしている感覚（統制可能性）が低い，何が起こるかわからない（予測可能性が低い），周囲からのサポートがない環境などが挙げられている。

3 メンタルヘルス問題を捉える視点

　経営者の中には，依然としてうつ病などのメンタルヘルス不全を特殊な人の心の病と考える者が少なくない。「気の持ちよう」「なまけている」としか考えない者さえ存在する。しかし，前記①で紹介した各種の調査結果が示しているとおり，現在ではメンタルヘルス不全は決して珍しい病気でも，例外的なものでもなくなっている。

　また，うつ病などのメンタルヘルス不全は，長期の休業が必要となり，退職に結びつくこともあるため，労働者自身や家族の経済的，心理的生活を脅かし，更にそのうちの一定数の者は死に至るという問題である。

　前述したとおり14年連続して年間の自殺者が3万人を超えているが，死亡に至らなかった自殺未遂者は自殺で亡くなった人の約10倍いるといわれ，更に自殺による経済的，精神的な影響は配偶者や子どもにも及ぶことになる。

　このような観点から，メンタルヘルス問題については，目先の業務上の都合だけにとらわれるのではなく，次のようなスタンスで関わるべきであろう。

(1) CSR（企業の社会的責任）

　第1章「個別労働紛争の現状」で紹介したCSRの考え方によれば，従業員も利害関係者の1人として位置付けられ，従業員の働き方に十分な考慮をはらい，かけがえのない個性や能力を活かせるようにしていくことは，企業にとって本質的な責務と考えられるが，特にメンタルヘルス問題に取り組む上では重要な視点といえる。

　なお，厚生労働省が発足させた「労働におけるCSRのあり方に関する研究会」が平成16年6月25日に取りまとめた中間報告書でも，企業が従業員に対して取り組むべき重要な項目として，様々な資質と才能を持った個人（従業員）が能力を十分に発揮できるようにするための取組を挙げ，その取組の1つとして「心身両面の健康確保対策及び労働災害の防止対策を行い，労働者（従業員）が安心して働ける環境の整備を図る」ことを指摘している。

(2) 法令遵守（コンプライアンス）

　従業員の健康管理問題は，企業にとってCSRの1つの課題であるとともに，法令遵守の問題でもある。後述するように，企業には，公法的規制として労働安全衛生法等が定められ，また，私法的規制として安全・健康配慮義務等の注

意義務が課せられている。安全配慮義務については，労働契約法5条に立法化されたが，同条は確立した判例法理を明文化したものであるから，使用者は労働契約の締結に伴い当然に安全配慮義務を負担することになり，就業規則，労働協約，労働契約等に明文化されていないことをもって責任を回避できる余地はないと解されている。

(3) 民事損害賠償請求等のリスクマネジメント

企業が安全配慮義務に違反し，企業内で過労自殺や過労死が発生した場合には民事上の損害賠償責任が生じ，高額の損害賠償責任を負担するほか，企業内のモラルの低下，対外的な企業イメージの低落等，甚大な損失を被る。

また，病気であるのに病気としてみてもらえず，具合の悪さを我慢して働き続けてメンタルヘルスの状態を悪化させ，結果として会社の誠意のない対応に対して憤りや怒りが高じ（長時間労働や過重労働，職場でのいじめなどが重なっていればなおさらである），それが行動の引き金となって訴訟提起などに至ることも少なくない。

その最たる例が，過労死や過労自殺の事案であり，遺族から企業に対する損害賠償請求訴訟が急増しており，しかも原告勝訴で被告会社に高額な損害賠償責任を認める判決が相次いでいる。

従業員の健康管理問題は，企業のリスクマネジメントの一環としても真剣に取り組む必要がある問題である。

II メンタルヘルス不全と休職

1 「私傷病休職」の制度趣旨

メンタルヘルス不全を理由として休職する場合，ほとんどのケースでは私傷病休職制度を利用することになり，現状では，業務上の疾病（労災）として扱われるケースはごく少数にとどまっている。そこで，メンタルヘルス問題に関わる私傷病休職制度の論点について解説する。

まず「休職」とは，ある従業員について労務に従事させることが不能又は不適当な事由が生じた場合に，使用者がその従業員に対し労働関係そのものは維持させながら労務への従事を免除又は禁止する処分のことである。

公務員については国家公務員法61条，75条，地方公務員法27条，28条など休職に関する明文規定があるのに対し，民間企業の場合は法律上の根拠となる規定が一切なく，休職制度を設けるか否か，休職期間の長さ，休職期間を有給とするか無給とするかなど，すべて各企業の就業規則や労働協約での制度設計に委ねられている。

　次に「私傷病休職」とは，業務外の傷病による長期欠勤が一定期間（1～3ヵ月が多い）に及んだときに行われるもので，その制度目的は「解雇猶予」と解されている。すなわち，私傷病により，労働者の基本的な義務である労務の提供が長期間不可能であれば，会社は本来，普通解雇を行うことが可能であるが，一定の期間，解雇することを猶予して，療養に専念して復職することができる状態に達すれば復職を認めるというものである。

　ところで，多くの企業の就業規則には普通解雇事由として「身体，精神の故障で業務に耐えないとき」などの規定が置かれているが，解雇猶予としての私傷病休職制度が設けられているにもかかわらず，私傷病休職を先行させずにいきなり普通解雇がなされた場合には，解雇権濫用となる可能性が高い。

　しかし，私傷病休職制度は就業規則で定められた休職期間中に傷病が治癒して就労可能な状態に戻る可能性があることを前提とする制度であり，「私傷病による欠勤が一定期間に及んだときは休職とする旨の規定があったとしても，ただちに休職を命じるまでの欠勤期間中解雇されない利益を労働者に保障したものとはいえない」として，休職期間を経過したとしても就労不能であることが明らかな場合には，休職期間をおくことなく解雇することができる（岡田運送事件・東京地判平14・4・24労判828号22頁）とした裁判例もある。

② 復職判定

　多くの企業の就業規則では，私傷病休職期間中に傷病が治癒すれば復職となり，治癒せずに休職期間が満了すれば自然退職又は解雇すると定められている。私傷病休職していた従業員が復職する場合には，会社に対して復職願を提出しなければならず，その際，医師の診断書の提出も求められるのが通常である。

　しかし，主治医による診断書の内容は，病状の回復程度を中心に記載されていることが多く，必ずしも労働者の業務の実態を把握した上で作成されたもの

ではないため，復職判定のために，従業員に対して会社指定医（産業医等）の診断を受けるよう命じることができるかが，労働者のプライバシーとの関係で問題となる。

　この点については，就業規則などで受診義務に関する規定が定められていれば，その内容が合理的で相当性がある限り，受診を命じることができる（電電公社帯広局事件・最判昭61・3・13労判470号6頁）。

　そのような規定がない場合には，原則として従業員の個別の同意を得た上で行うべきことになるが，労働者の提出した診断書の内容等に合理的な疑問があるような場合には，就業規則上の規定の有無にかかわらず信義則や公平の観念から受診を命じることができる（京セラ事件・東京高判昭61・11・13判時1216号137頁）と解されている。

　次に，復職の要件である「治癒」について，従前の裁判例は，「従前の職務を通常の程度に行える健康状態に復したとき」（平仙レース事件・浦和地判昭40・12・16労民集16巻6号1113頁）をいい，「ほぼ平癒したけれども従前の職務を遂行する程度には回復していない場合には，復職は権利としては認められない」（アロマカラー事件・東京地決昭54・3・27労経速1010号25頁）という立場を原則としてきた。

　しかし，その後，「労働者が職種や業務内容を特定せずに労働契約を締結した場合においては，現に就業を命じられた特定の業務について労務の提供が十全にはできないとしても，その能力，経験，地位，当該企業の規模，業種，当該企業における労働者の配置・異動の実情及び難易度等に照らして当該労働者が配置される現実的可能性があると認められる他の業務について労務の提供をすることができ，かつ，その提供を申し出ているならば，なお債務の本旨に従った履行があると解するのが相当である。」（片山組事件・最判平10・4・9労判736号15頁）とする最高裁判決が出され，その影響により，その後においても「休職からの復職後，直ちに原職に復帰できない場合でも，比較的短期間で復帰可能な場合には，短期間の復帰準備時間の提供などが信義則上求められ，このような信義則上の手続をとらずに解雇することはできない」（全日本空輸事件・大阪高判平13・3・14労判809号61頁）という立場に立脚する裁判例が増えてきている。

③ 職場復帰に際しての健康配慮義務

　復職が可能となった場合，具体的な復職条件を決定することになるが，企業に対し，復職に際して作業時間の制限や職種の変更を含めた広範な健康配慮義務を課すのが判例の立場である。例えば，復職時に従来の健康状態にまで戻っていなかったにもかかわらず，復職と同時に従前と同様の業務に従事させたことをもって健康配慮義務違反を認めた裁判例（石川島興業事件・神戸地姫路支判平7・7・31労判688号59頁），復職と同時に遠隔地への異動を命じたことが人事権の濫用に当たるとして無効とされた裁判例（損害保険リサーチ事件・旭川地判平6・5・10労判675号72頁）などがある。

　ところで，うつ病などの精神疾患の場合には，精神症状や職務遂行能力の評価そのものに確立された方法があるわけではなく，また，症状軽減と職務遂行能力の回復にはタイムラグがあるなど，身体疾患の場合とは異なったいくつかの難しさがあると指摘されている。

　こうしたことから，厚生労働省は平成16年10月14日に「心の健康問題により休業した労働者の職場復帰支援の手引き」を発表し，事業者に対してこれを参考にしながら事業場の持つ人的資源やその他実態に即した形で職場復帰支援プログラムやルールを策定するよう求めている。なお，同手引きの改訂版が，平成21年3月23日付で公表されている。

　企業としても，復職判断に際して，当初軽度の業務に就けることによる復帰の可能性と現実的な配置可能性を検討する必要があり，また，時間制限や職種転換を含めた健康配慮義務を尽くさなければならないが，そのためには，労働者のプライバシー保護との調整を図った上で，主治医との情報交換や産業保健スタッフの関与の仕方などに関する社内ルールを明確にしておくことが必要になる。さらに，リハビリ出勤制度の創設，リハビリ出勤制度における賃金の支払や労災発生時の取扱い，短縮勤務や職種転換を行った場合の賃金の取扱いなどについても，労使双方の実情に合った規定の整備などが必要になってくる。

Ⅲ　メンタルヘルスに関する労働関係法規と労働安全衛生行政の指針

1　労働安全衛生法（労安衛法）

　労働者の健康管理については，公法的規制と私法的規制という2つの方面から規制がなされているが，公法的規制については，労働安全衛生法によってなされている。同法は，事業主に対して，労働者の安全・衛生・健康を確保するため一定の措置を義務付けているが，同法は最低労働条件基準を定める取締法規としての性格を持ち，これに違反した場合には，一定の範囲で刑事罰の対象となる。

　労安衛法が定める義務と私法上の安全配慮義務との関係が問題になるが，同法が定めているのは，安全配慮義務の中核部分について罰則をもって履行を強制している最低基準にすぎないため，同法を遵守しているからといって，必ずしも安全配慮義務を尽くしたことにはならない。しかし，逆に，労安衛法違反の事実があれば，単なる形式的な違反である場合は別として，一般的には安全配慮義務違反が認められることになる。

　具体的に，労安衛法が労働者の健康管理について事業主に義務付けているものとしては，①安全衛生教育の実施（労安59条），②中高年齢者等に対する配慮義務（同62条），③作業環境測定義務（同65条），④作業の管理義務（同65条の3），⑤健康診断実施義務（同66条），⑥健康診断実施後の措置義務（同66条の5），⑦病者の就業禁止にかかる措置義務（同68条）等がある。

　なお，平成17年の労安衛法の改正により，過重労働・メンタルヘルス対策の一環として，「1週間当たり40時間を超えて行う労働が1月当たり100時間を超え，かつ，疲労の蓄積が認められる者であって，申出を行った者」に該当する労働者に対しては，医師による面接指導を実施し，その結果に応じた措置を講ずることが企業に義務付けられた（同66条の8）。この改正は，平成20年4月から常時使用する労働者が50人未満の事業場にも適用され，すべての事業場が対象となった。

　しかし，その後も自殺者数は3万人台を維持したままで，精神障害等による労災請求件数も急増し続けている。そこで，厚生労働省は，「定期健康診断

において，労働者が不利益を被らないよう配慮しつつ，効果的にメンタルヘルス不調者を把握する方法」の検討を行い，平成23年12月2日，第179回国会に「労働安全衛生法の一部を改正する法律案」を提出した。同法律案の概要は，次のとおりである。

① 医師又は保健師による労働者の精神的健康の状況を把握するための検査を行うことを事業者に義務付ける。
② 労働者は，事業者が行う当該検査を受けなければならないこととする。
③ 検査の結果は，検査を行った医師又は保健師から，労働者に対して通知されるようにする。医師又は保健師は，労働者の同意を得ないで検査の結果を事業者に提供してはならないこととする。
④ 検査の結果を通知された労働者が面接指導の申出をしたときは，医師による面接指導を実施することを事業者に義務付ける。
⑤ 面接指導の申出をしたことを理由として不利益な取扱いをしてはならないこととする。
⑥ 事業者は，面接指導の結果，医師の意見を聴き，必要な場合には，作業の転換，労働時間の短縮その他の適切な就業上の措置を講じなければならないこととする。

② 労働安全衛生行政の指針

メンタルヘルスに関する労働安全衛生行政を推進する上で，平成12年8月に労働省労働基準局（当時）が策定した「事業場における労働者の心の健康づくりのための指針」が大きな役割を果たしてきた。同指針は，平成18年4月の改正労働安全衛生法の施行の際に見直され，労働安全衛生法に基づく健康保持増進措置の実施に係る指針として位置付けられ，「過重労働による健康障害防止のための総合対策」とともに，「労働者の心の健康の保持増進のための指針」として公示された。

Ⅳ 労働災害補償

1 労働者災害補償保険法（労災法）

　労働基準法は，第8章を「災害補償」と定め，労働者が業務上，負傷し，疾病にかかり，身体に障害が残り，死亡した場合に，使用者に一定の補償をするよう定めている。この責任は，損害賠償責任などの過失責任と異なり無過失責任と解されている。

　もっとも，労働基準法84条1項は，労災法に基づく給付が行われるべきものである場合においては使用者は補償の責を免れるとしており，現在は1人でも労働者を使用する事業場は労災保険が強制的に適用されるため，使用者が補償を支払うまでもなく，労災保険から補償が支給されることになる。

2 労災保険と健康保険，厚生年金の関係

　本章Ⅱで解説したとおり，メンタルヘルス不全で休職する場合，そのほとんどのケースで私傷病休職制度が利用されており，休職期間が終了しても治癒しなければ自然退職か解雇になる。また，治療費については健康保険を使い，休職中に賃金の全部又は一部が支給されない場合には健康保険から傷病手当金を受給するのが通例である。

　これに対して，精神疾患が業務上の傷病（労災）と認められた場合には，療養のための休業期間及びその後の30日間は解雇が禁止される（労基19条1項）。また，補償の点においても，労災保険給付の方が健康保険給付よりも支給率が高く，更に従業員が死亡したり，障害が残った場合には，厚生年金からの給付に加えて労災保険給付が併給されるなど，労災の方が労働者の保護に厚くなっている。そのため，傷病が業務上のものか否かをめぐっては，しばしば争いになることがある。

　そこで，まず労災保険，健康保険，厚生年金の給付内容を確認しておく。

(1) 治療費と休業損害

　業務上の事由又は通勤による労働者の傷病については労災保険から保険給付がなされ（労災1条），業務外の事由による傷病については健康保険から保険給

付がなされる（健保1条）。このように両者は排他的な関係にある。

　まず，治療費については，健康保険では医療費の3割が本人負担であるのに対して，労災保険では医療費の全額が支給され本人負担分はない（ただし，通勤災害については1月200円の本人負担がある）。

　次に，休業補償については，連続して仕事を休み賃金が受けられない場合，健康保険では4日目から標準報酬日額の3分の2が1年6ヵ月の範囲で支給される。これに対して，労災保険では，同じく4日目から（最初の3日間については，通勤災害を除き，使用者が休業補償しなければならない）給付基礎日額（原則として平均賃金相当額）の6割と社会復帰促進等事業から特別支給金として2割，合計8割が支給される。支給される期間は，治癒又は死亡するまでである。1年6ヵ月たって治癒（症状固定）しない場合であって，当該傷病による障害の程度が1～3級の傷害等級に該当する場合は傷病補償年金（給付基礎日額の313～245日分）が支給される。

(2) 障害年金，遺族年金

　厚生年金に加入している労働者は，在職中にかかった傷病がもとで，一定以上の障害が残れば厚生年金から障害厚生年金が支給され，死亡した場合には，死亡した従業員によって生計を維持されていた遺族に遺族厚生年金が支給される。

　業務上の事由又は通勤による傷病に基づく障害，死亡と認められれば，上記の厚生年金からの支給と労災保険から障害補償給付（給付基礎日額の313～131日分の年金あるいは503～56日分の一時金），遺族補償給付（給付基礎日額の245～153日分の年金あるいは1000日分の一時金）が併給調整の上支給される。

　具体的には，厚生年金は全額支給され，労災保険からは障害補償年金の83％，遺族補償年金の84％が支給されることになる（労働者災害補償保険法施行令4条）。

③ 業務上災害の認定基準

　精神疾患が業務上の傷病であると認められるためには，業務起因性があること，すなわち業務と傷病との間に相当因果関係の存在が認められなければならない。ところで，ケガについては，比較的，業務上外の判断が容易であるのに対し，疾病については，健康に有害な労働条件，環境などの下で徐々に健康を

損ねて発病に至ることが多く，また個体要因に影響されるという性質上，判断には困難が伴う。そこで，業務上外の判断基準が問題となる。

業務上外の判断は，第1次的には労働基準監督署長等の行政機関，第2次的には裁判所の判断に従うことになる。行政機関における精神疾患や過労自殺に関する労災認定は，平成11年9月14日以降，労働省（当時）が公表した「心理的負荷による精神障害等に係る業務上外の判断指針」（平11・9・14基発554号）によって行われてきた。同判断指針の施行後，精神障害等の労災請求件数は，平成10年度には42件であったものが，平成23年度には1,272件まで増加した。また，精神障害の事案の審査に平均して約8.6ヵ月（平成22年度）の期間を要していたことから，審査の迅速化と効率化を図ることが必要となった。そこで，平成23年11月8日，「精神障害の労災認定の基準に関する専門検討会報告書」がまとめられ，公表された。

厚生労働省は，平成23年12月26日，同報告書の内容を踏まえ，「心理的負荷による精神障害の認定基準」（平23・12・26基発1226第1号）を都道府県局長宛に発出した。同通達の施行に伴い，判断指針は廃止された。

認定基準の要旨は，次のとおりである。

【心理的負荷による精神障害の認定基準】

第1　対象疾病
　対象とする疾病（以下「対象疾病」という）は，WHOによる国際疾病分類第10回修正版（ICD－10）第V章「精神および行動の障害」であって，器質性のもの及び有害物質に起因するものを除く。対象疾病のうち業務に関連して発病する可能性のある精神障害は，主としてICD－10のF0からF4に分類される精神障害である。ここには，気分障害（うつ病など），神経症障害，ストレス関連障害などが含まれる。しかし，いわゆる心身症は，本認定基準における精神障害には含まれない。

第2　認定要件
　次の1，2及び3のいずれの要件も満たす対象疾病は，労働基準法施行規則別表第1の2第9号に該当する業務上の疾病として取り扱う。
　1　対象疾病を発病していること。
　2　対象疾病の発症前おおむね6ヵ月の間に，業務による強い心理的負荷が認められること。
　3　業務以外の心理的負荷及び個体側要因により対象疾病を発病したとは認めら

れないこと。
第3　認定要件に関する基本的な考え方
　対象疾病の発病に至る原因の考え方は，「ストレス—脆弱性理論」に依拠している。このため，業務起因性を判断する要件としては，当該対象疾病の発病の前おおむね6ヵ月の間に業務による強い心理的負荷が認められることを掲げている。
　この場合の強い心理的負荷とは，精神障害を発病した労働者がその出来事及び出来事後の状況が持続する程度を主観的にどう受け止めたかではなく，同種の労働者が一般的にどう受け止めたかという観点から評価されるものであり，「同種の労働者」とは職種，職場における立場や職責，年齢，経験等が類似する者をいう。
　さらに，これらの要件が認められた場合であっても，明らかに業務以外の心理的負荷や個体側要因によって発病したと認められる場合には，業務起因性が否定される。
第4　認定要件の具体的判断
　1　発病の有無等の判断
　　　主治医の意見書や診療録等の関係資料，請求人や関係者からの聴取内容，その他の情報から得られた認定事実により，医学的に判断される。
　2　業務による心理的負荷の強度の判断
　　　別表1「業務による心理的負荷評価表」（**次頁**以下参照）を指標として「強」，「中」，「弱」の三段階に区分する。別表1においては，業務による強い心理的負荷が認められるものを心理的負荷の総合評価が「強」と表記し，業務による強い心理的負荷が認められないものを「中」又は「弱」と表記している。
　　　総合評価が「強」と判断される場合には，上記第2の2の認定要件を満たすものとする。
　3　業務以外の心理的負荷及び個体側要因の判断
　　　上記第2の認定要件のうち，3の「業務以外の心理的負荷及び個体側要因により対象疾病を発病したとは認められないこと」とは，次の①又は②の場合をいう。
　　① 業務以外の心理的負荷及び個体側要因が認められない場合
　　② 業務以外の心理的負荷又は個体側要因は認められるものの，業務以外の心理的負荷及び個体側要因によって発病したことが医学的に明らかであると判断できない場合

(別表1)	業務による心理的負荷評価表

特別な出来事

特別な出来事の類型	心理的負荷の総合評価を「強」とするもの
心理的負荷が極度のもの	・生死にかかわる,極度の苦痛を伴う,又は永久労働不能となる後遺障害を残す業務上の病気やケガをした(業務上の傷病により6か月を超えて療養中に症状が急変し極度の苦痛を伴った場合を含む) …項目1関連 ・業務に関連し,他人を死亡させ,又は生死にかかわる重大なケガを負わせた(故意によるものを除く) …項目3関連 ・強姦や,本人の意思を抑圧して行われたわいせつ行為などのセクシュアルハラスメントを受けた …項目36関連 ・その他,上記に準ずる程度の心理的負荷が極度と認められるもの
極度の長時間労働	・発病直前の1か月におおむね160時間を超えるような,又はこれに満たない期間にこれと同程度の(例えば3週間におおむね120時間以上の)時間外労働を行った(休憩時間は少ないが手待時間が多い場合等,労働密度が特に低い場合を除く) …項目16関連

※「特別な出来事」に該当しない場合には,それぞれの関連項目により評価する。

特別な出来事以外

(総合評価における共通事項)
1 出来事後の状況の評価に共通の視点
　出来事後の状況として,表に示す「心理的負荷の総合評価の視点」のほか,以下に該当する状況のうち,著しいものは総合評価を強める要素として考慮する。
　① 仕事の裁量性の欠如(他律性,強制性の存在)。具体的には,仕事が孤独で単調となった,自分で仕事の順番・やり方を決めることができなくなった,自分の技能や知識を仕事で使うことが要求されなくなった等。
　② 職場環境の悪化。具体的には,騒音,照明,温度(暑熱・寒冷),湿度(多湿),換気,臭気の悪化等。
　③ 職場の支援・協力等(問題への対処等を含む)の欠如。具体的には,仕事のやり方の見直し改善,応援体制の確立,責任の分散等,支援・協力がなされていない等。
　④ 上記以外の状況であって,出来事に伴って発生したと認められるもの(他の出来事と評価できるものを除く。)

2 恒常的長時間労働が認められる場合の総合評価
　① 具体的出来事の心理的負荷の強度が労働時間を加味せずに「中」程度と評価される場合であって,出来事の後に恒常的な長時間労働(月100時間程度となる時間外労働)が認められる場合には,総合評価は「強」とする。
　② 具体的出来事の心理的負荷の強度が労働時間を加味せずに「中」程度と評価される場合であって,出来事の前に恒常的な長時間労働(月100時間程度となる時間外労働)が認められ,出来事後すぐに(出来事後おおむね10日以内に)発病に至っている場合,又は,出来事後すぐに発病には至っていないが事後対応に多大な労力を費しその後発病した場合,総合評価は「強」とする。
　③ 具体的出来事の心理的負荷の強度が,労働時間を加味せずに「弱」程度と評価される場合であって,出来事の前及び後にそれぞれ恒常的な長時間労働(月100時間程度となる時間外労働)が認められる場合には,総合評価は「強」とする。

(具体的出来事)

出来事の類型	具体的出来事	平均的な心理的負荷の強度			心理的負荷の総合評価の視点	心理的負荷の強度を「弱」「中」「強」と判断する具体例		
		I	II	III		弱	中	強
1	①事故や災害の体験 / (重度の)病気やケガをした			★	・病気やケガの程度 ・後遺障害の程度、社会復帰の困難性等	【解説】 右の程度に至らない病気やケガについて、その程度等から「弱」又は「中」と評価		○重度の病気やケガをした 【「強」である例】 ・長期間（おおむね2か月以上）の入院を要する、又は労災の障害年金に該当する若しくは原職への復帰ができなくなる後遺障害を残すような業務上の病気やケガをした ・業務上の傷病により6か月を超えて療養中の者について、当該傷病により社会復帰が困難な状況にあった、死の恐怖や強い苦痛が生じた
2	①事故や災害の体験 / 悲惨な事故や災害の体験、目撃をした		★		・本人が体験した場合、予感させる被害の程度 ・他人の事故を目撃した場合、被害の程度や被害者との関係等	【「弱」になる例】 ・業務に関連し、本人の負傷は軽症・無傷で、悲惨とまではいえない事故等の体験、目撃をした	○悲惨な事故や災害の体験、目撃をした 【「中」である例】 ・業務に関連し、本人の負傷は軽症・無傷で、右の程度に至らない悲惨な事故等の体験、目撃をした	【「強」になる例】 ・業務に関連し、本人の負傷は軽症・無傷であったが、自らの死を予感させる程度の事故等を体験した ・業務に関連し、被害者が死亡する事故、多量の出血を伴うような事故等特に悲惨な事故であって、本人が巻き込まれる可能性がある状況や、本人が被害者を救助することができたかもしれない状況を伴う事故等を目撃した（傍観者的な立場での目撃は、「強」になることはまれ）
3	②仕事の失敗、過重な責任の発生等 / 業務に関連し、重大な人身事故、重大事故を起こした			★	・事故の大きさ、内容及び加害の程度 ・ペナルティ・責任追及の有無及び程度、事後対応の困難性等	【解説】 負わせたケガの程度、事後対応の内容等から「弱」又は「中」と評価		○業務に関連し、重大な人身事故、重大事故を起こした 【「強」である例】 ・業務に関連し、他人に重度の病気やケガ（長期間（おおむね2か月以上）の入院を要する、又は労災の障害年金に該当する若しくは原職への復帰ができなくなる後遺障害を残すような病気やケガ）を負わせ、事後対応にも当たった ・他人に負わせたケガの程度は重度ではないが、事後対応に多大な労力を費した（減給、降格等の重いペナルティを課された、職場の人間関係が著しく悪化した等を含む）

(以下、省略)

【精神障害等の労災補償状況】（厚生労働省労働基準局）

年　度		H13	H14	H15	H16	H17	H18	H19	H20	H21	H22	H23
精神障害等	請求件数	265	341	438	524	656	819	952	927	1136	1181	1272
	認定件数	70	100	108	130	127	205	268	269	234	308	325
うち自殺（未遂含む）	請求件数	92	112	121	121	147	176	164	148	157	171	202
	認定件数	31	43	40	45	42	66	81	66	63	65	66

なお，長時間労働，過重労働との関係で問題となることが多い脳・心臓疾患に関する労災認定基準についても併せて紹介しておく。いわゆる過労死が問題となるのは，多くはこの脳・心臓疾患による死亡をめぐってである。

【脳血管疾患及び虚血性心疾患等（負傷に起因するものを除く。）の認定基準】（平13・12・12基発1063号）

① 発症前1ヵ月間ないし6ヵ月間にわたって，1ヵ月間当たりおおむね45時間を超える時間外労働が認められない場合は，業務と発症との関連性は弱いが，おおむね45時間を超えて時間外労働時間が長くなるほど，業務と発症との関連性が徐々に強まると評価できること。

② 発症前1ヵ月間におおむね100時間又は発症前2ヵ月間ないし6ヵ月間にわたって，1ヵ月当たりおおむね80時間を超える時間外労働が認められる場合は，業務と発症との関連性が強いと評価できることを踏まえて判断すること。

【脳・心臓疾患の労災補償状況】（厚生労働省労働基準局）

年　度		H13	H14	H15	H16	H17	H18	H19	H20	H21	H22	H23
脳・心臓疾患	請求件数	690	819	742	816	869	938	931	889	767	802	898
	認定件数	143	317	314	294	330	355	392	377	293	285	310

V　労災保険給付と民事損害賠償

1　民事損害賠償の範囲

　精神疾患が業務上のものと認められれば，労災保険から補償が受けられる。しかし，労災保険からの補償は労働者が被った損害のすべてをカバーするわけではないので，労働者やその遺族が労災保険からの補償では十分とは考えず，その疾病の原因が使用者である会社の落ち度にあると考えた場合には，会社に対して民事損害賠償を請求していくことになる。民事損害賠償の範囲は，次のとおりである。

【民事損害賠償の範囲】
　①財産的損害……積極損害——治療費，入院費，入院雑費・付添看護費・葬儀費等
　　　　　　　　　消極損害——休業損害，逸失利益
　②慰　謝　料……入通院，後遺症，死亡に対する精神的損害
　③弁護士費用……安全配慮義務違反を理由とする損害賠償訴訟では通常認められている
　④遅延損害金

2　労災保険給付と民事損害賠償の調整

　使用者は労災保険給付がなされた場合には，同一の事由については，給付額の限度で民事上の損害賠償責任を免れる（労基84条）。
　将来支給される年金については，労災保険給付（遺族補償年金，障害補償年金）の前払一時金が支給される場合には，その限度で履行を猶予し，ないしは免責される（労災64条）ことになる。
　なお，労災保険の特別支給金は，損害の填補の趣旨ではないので，民事損害賠償から控除することはできない（コック食品事件・最判平8・2・23労判695号13頁）とされている。
　上記の労災給付と民事損害賠償の関係をまとめると，次のようになる。

治　療　費	労災保険の療養補償給付・介護補償給付・葬祭料給付
入院雑費・付添看護費等	＊　民事損害賠償
逸失利益（賃金の喪失）	労災保険の休業補償給付・障害補償給付・遺族補償給付・傷病補償給付
	＊　民事損害賠償
慰　謝　料	＊　民事損害賠償
弁護士費用	＊　民事損害賠償
遅延損害金	＊　民事損害賠償

Ⅵ 民事上の損害賠償請求

1 債務不履行責任と不法行為責任

　労働災害の場合，労災保険では補償されない損害については，使用者に対して民事上の損害賠償を請求することができる。使用者の損害賠償責任を請求する法律構成としては，使用者に安全配慮義務違反があれば債務不履行責任（民415条），管理職等の会社の被用者に会社の事業の執行につき注意義務違反があれば使用者責任（同715条）の追及が可能である。

　債務不履行責任と不法行為責任とでは，帰責事由の立証責任，消滅時効期間，遺族固有の慰謝料，遅延損害金の起算点などに違いがある。

　しかし，安全配慮義務と不法行為上の注意義務の内容は，ほとんど変わらないとされている（電通事件・最判平12・3・24労判779号13頁参照）。また，主張立証責任の点についても，債務不履行構成の場合にも，労働者側が「安全配慮義務の内容を特定し，かつ，義務違反に該当する事実」を主張立証しなければならず（航空自衛隊航空救難群芦屋分遣隊事件・最判昭56・2・16民集35巻1号56頁），かつ，義務違反の主張は，事実上，帰責事由の立証と不可分なことが多いため，両者の違いはそれほど大きくない。そのため，訴訟の実務においても，使用者の責任を問う場合には，両者の請求を併せて選択的に請求することが多い。

　そこで，以下では安全配慮義務違反を理由として損害賠償請求を行う場合を

中心に解説し，不法行為において異なる点について付言することにする。

② 安全配慮義務違反に基づく損害賠償請求

安全配慮義務違反に基づく損害賠償請求事件では，①相当因果関係の有無，②安全配慮義務違反（過失）の有無，③過失相殺の3点が主として問題になる。

(1) 相当因果関係

労働災害について使用者に対し安全配慮義務違反又は不法行為を理由として損害賠償請求を行うには，業務従事と負傷，疾病又は死亡との間に相当因果関係が存在することが必要となる。

民事訴訟を提起する前に，労災保険の給付請求を行うことがあるが，そこで労災認定がなされても，労災保険給付制度と損害賠償制度とは趣旨・目的が異なる以上，労災認定の存在は損害賠償請求事件における因果関係存否を判定する上での一資料として用いられるべきものであって，拘束力を持つものではない。しかし，「労災の認定基準は基本的には合理的なものとして，本件を検討するに際しても考慮に値すべきものといえる」とする裁判例もあり（鉄鋼会社脳出血事件・名古屋地判平15・7・2判時1848号88頁，中の島事件・和歌山地判平17・4・12労判896号28頁等），重要な目安とされている。

しかし，逆に労災認定が否定されても，労災保険の場合は，給付を認めるか否かの二者択一の問題であって，かつ，過失の有無は無関係であるのに対し，損害賠償請求の場合は，因果関係の存在を認めた上で，過失相殺や寄与率による減額を行うことも可能であることから，必ずしも因果関係が否定されるとは限らない。

(2) 安全（健康）配慮義務の具体的内容

安全配慮義務は一般的に「使用者が，労働者が労務提供のため設置する場所，設備もしくは器具等を使用し又は使用者の指示のもとに労務を提供する過程において，労働者の生命及び身体等を危険から保護するよう配慮すべき義務」（陸上自衛隊事件・最判昭50・2・25労判222号13頁）と定義されている。そして，この安全配慮義務の具体的態様として健康配慮義務が認められている。

健康配慮義務の具体的な内容として，裁判例は次の2つの義務があるとしている（システムコンサルタント事件・東京高判平11・7・28労判770号58頁）。

> ① 労働時間，休憩時間，休日，休憩場所等について適正な労働条件を確保する義務
> ② 健康診断を実施した上で，労働者の年齢，健康状態等に応じて従事する作業時間及び内容の軽減，就労場所の変更等適切な措置をとるべき義務

　使用者は，①の義務の前提として，労働者の労働時間や休日の取得状況等を把握することが必要となり，また，②の義務は「労働者の年齢，健康状態等に応じて」としているように，特定の労働者の個別具体的な健康状態を把握することが必要となる。

　裁判所の上記①，②に関する判断は，企業にとって大変厳しいものになっているといえる。すなわち，使用者は健康診断結果に異常が認められる場合には，単に診断結果を本人に伝えたり，精密検査を受けるように勧めたりするだけでは十分でなく，具体的な業務軽減措置をとらなかった場合には，健康配慮義務を尽くしたことにはならないという判断をしているのである。

　以下に，使用者の健康配慮義務違反を認めた裁判例を紹介する。

【損害賠償責任が認められた裁判例】

①	労働基準法及び就業規則に定める労働時間，休日の保障を全く行わず，恒常的な過重労働を行わせながら，採用して以降，健康診断を実施せず，健康状態の把握を怠ったうえ，就職当初から高血圧症の基礎疾患を有することを認識できたにもかかわらず，その後の勤務内容等について，年齢，健康状態等に応じた作業内容の軽減等適切な措置を全くとらなかった。その結果，基礎疾患と相まって，脳梗塞を発症させたものであるから，安全配慮義務に違反したものというべく，民法415条に基づき，原告に生じた損害を賠償すべき責任があるとした事例（富士保安警備事件・東京地判平８・３・28労判694号34頁）。
②	長時間残業と休日出勤が常態化していることを把握しながら，労働者が疲れているように感じて，担当の仕事を引き受けようかといったが，労働者がこの申出を断るとそれ以上の措置を採らなかったこと，更に業務上の課題について相談を受けながら単なる指導に止まり，業務上の負荷ないし長時間労働を軽減させるための具体的方策を採らなかった債務不履行があるとした事例（川崎製鉄事件・岡山地倉敷支判平10・２・23労判733号13頁）。
③	労働者のおかれた作業環境が劣悪であり，作業員が身体的な慢性疲労の状態を生じやすくなっていることを認識することが可能であり，……現に労働者が

	勤務時間中に病院を受診している。……右のような環境であることは十分に理解していた……労働者から一般的には理解し難い内容の申出があった時点で，労働者の心身の変調を疑い，同僚や家族に対して労働者の日常の言動を調査して然るべき対応をするべきであったとして，安全配慮義務を怠った過失を認めた事例（オタフクソース事件・広島地判平12・5・18労判783号15頁）。
④	Yは，労働基準法36条1項に基づく協定を締結することなく，……同法の定める労働時間等に関する規制を逸脱して，AらY大阪支店の労働者に時間外労働及び休日労働を行わせ，しかもAは，日々の業務に不慣れで，著しい精神的ストレスを受けながら，ときに深夜に及ぶ極めて長時間の勤務を重ね，特に，死亡直前の9日間には休日をまったく取得できないなど疲労解消に必要十分な休日や睡眠時間を確保できないまま業務に従事することを余儀なくされたのであるから，Yが，前記適正な労働条件を確保すべき義務を怠ったことは明らかであるとした事例（ジェイ・シー・エム事件・大阪地判平16・8・30労判881号39頁）。

(3) 過失相殺

使用者の責任が認められても，労働者の基礎疾患の状況やそれへの対応方法について，労働者側にも相当の寄与要因が認められる場合には，過失相殺法理の類推適用によって，損害賠償額の算定に当たって斟酌されることになる（民418条・722条2項）。

裁判例に現れた労働者の寄与要因とみられる具体的事由としては，性格や心因的要素，喫煙，業務上要求されていない仕事を自ら背負い込んだ，医師の指導にもかかわらず禁煙・減量をしなかった，検診で指示された治療を受けず自己の体調等を使用者に報告しなかった，健康に異変を感じながら健康診断を受診しなかった，高血圧の治療が必要であることを知りながら精密検査や治療を受けなかったなどがある。

なお，過失相殺が認められる場合に，労災補償金などの給付金を控除する前に過失相殺するのか（控除前相殺説），過失相殺後に労災保険等からの給付金を控除するのか（控除後相殺説）という問題があるが，判例は控除前相殺説を採用している（大石塗装・鹿島建設事件・最判昭55・12・18民集34巻7号888頁）。

③ 裁量労働制と安全配慮義務

　1990年代の後半以降，成果主義人事制度が急速に普及しつつある。そして，裁量労働制は，労働時間の長さではなく，労働の質や成果を基準に報酬を決定することに適合した制度として広く導入されている。

　しかし，他方でこの裁量労働制については，立案段階から単なる割増賃金節約の手段として濫用されないかと懸念する声があった。

　安全配慮義務との関係では，労働者の裁量に任せた働き方が原則である裁量労働制をとっている場合，この制度の下での働き過ぎは労働者自身の責任であるのか，あるいは使用者の責任であるのかが問題となる。

　結論からいえば，裁量労働制によって時間管理を労働者に任せたからといって，企業の労働者に対する安全配慮義務は免除されるものではない，というのが基本的な判例の立場といえる。

　過労死の事案であるが，裁量労働制の下で働く女性週刊誌編集者が，連日深夜までの勤務に加えて土曜日・日曜日も仕事から解放されることがなく，入社1年3ヵ月経過後に24歳で急性左心機能不全により死亡したというケースで，労働基準監督署は最初，裁量労働制をとっていたことなどを理由に労災と認めなかったが，平成12年12月に過労死の新認定基準が出されたことにより逆転認定された。また損害賠償を求めた訴訟でも7,500万円を支払う内容の和解が成立したと報じられている（光文社過労死事件）。

　また，同じく過労死の事案であるが，年間3,500時間にも及ぶ恒常的な過重業務についていたシステムエンジニアが脳幹部出血により死亡したケースで，企業の安全配慮義務違反による損害賠償責任を認めたものがある（システムコンサルタント事件・最判平12・10・13労判791号6頁）。同判決は，使用会社の「労働者の業務は裁量労働であり時間外労働につき業務命令がなかったことを理由に安全配慮義務違反はない」との主張に対し，「取引先からの作業の完了が急がされている本件プロジェクトリーダーとして，Aを業務に就かせている以上，仮に，Aの労働者の業務がいわゆる裁量労働であることをもって，B社の安全配慮義務違反がないとすることはできない。」と判示している。

　さらに，過労自殺の事案としては，管理監督者としては認定されていないが，裁量労働的な扱いがなされていた管理職の自殺について，企業に安全配慮義務

違反に基づく損害賠償責任を認めたものとして，先にも紹介した川崎製鉄事件がある。

　ただし，裁量労働制の下や管理監督者として働く労働者には，一般の労働者と比べてより強い健康管理に関する自己責任が求められる傾向があり，労働者が自己の健康保持に配慮を行っていなかったことなどを理由として，システムコンサルタント事件と川崎製鉄事件では，5割の過失相殺による損害賠償額の減額を認めている。

付録 CD-ROM
残業代等計算ソフトについて

付録CD-ROM収録『残業代等計算ソフト』のご案内

残業代等計算ソフト（Around40）の主な特長

○ 週40時間超の時間外手当，深夜手当，休日手当をエクセルで楽々計算！
○ 賃金締切日，週計算の始まりの曜日を自由に設定できる！
○ 暦日を超える勤務時間，法定内超勤の計算にも対応！
○ 未払賃金の集計表を一発作成。そのまま訴状に添付可能！

　本書付録CD-ROMには，1日8時間超・週40時間超の時間外労働，深夜労働及び休日労働の時間ならびにそれらに対する割増賃金を計算する残業代等計算ソフト（エクセル上で動作するアプリケーション）が収録されています。通常の賃金や法定内の超過勤務時間も計算することができます。そのほか，計算期間（賃金締切日）や週計算の始まりの曜日を任意に設定でき，任意の項目についての集計表を作成できるなど，大変便利なソフトになっていますので，本書とあわせてご利用ください。

■付録ソフト（残業代等計算ソフト）の概要

　ソフト名（ファイル名）：Around40.xlsm
　ファイル形式：マクロ有効エクセルファイル
　動作確認環境　OS：Windows XP/Vista/7　エクセル：Excel2007/2010
　制作者（著作権者）：梅垣晃一（鹿児島県司法書士会所属）

■付録ソフトの利用方法

① 付録CD-ROMには，「Around40 汎用版」と「Around40 時間外手当等計算用」という名称の2つのフォルダが収録されています。
② 通常の労働時間の賃金（所定賃金）を含む全ての賃金項目の計算を行いたいときは，「Around40 汎用版」のフォルダに納められている「Around40Ver.1.0B1」をエクセルから開いてください。
　　※　一般的な給与計算を行うには，「汎用版」が便利です。

③　通常の労働時間の賃金以外の賃金（いわゆる残業代等）の計算を行いたいときは，「Around40 時間外手当等計算用」フォルダに納められている「Around40Ver.1.0B2」をエクセルから開いてください。

　※　残業代等を計算して，訴状等を作成するには，「時間外手当等計算用」が便利です。

④　付録ソフトはマクロを有効にしないと利用できません。エクセルのオプション画面からマクロを有効に設定するか，エクセルの警告表示に従って，マクロを有効にしてください。

⑤　付録ソフトを最初に使用するとき又は前回使用したユーザーと異なるユーザーが使用するときは，購読者パスワードの入力が必要です。次の9文字のパスワードを入力してください。

購読者パスワード（すべて半角。英字は小文字）								
t	b	g	h	a	7	@	k	u
ティー	ビー	ジー	エイチ	エー	7	アットマーク	ケー	ユー

⑥　付録ソフトの具体的な利用方法については，各フォルダに納められている「ユーザー　マニュアル」を参照してください。

■**使用条件そのほか**

　付録ソフトの営利目的での再頒布又は改変はご遠慮ください。制作者は本ソフトについての個別のサポートは行っていません。付録ソフトの使用等により生じる損害について，制作者は一切の責任を負いかねます。

判 例 索 引

■最高裁判所

最判昭31・11・2民集10巻11号1413頁〔関西精機事件〕……………………………147, 168
最判昭35・3・11民集14巻3号403頁〔細谷服装事件〕……………………………………307
最判昭35・7・14判タ106号35頁〔小島撚糸事件〕…………………………………………217
最判昭36・5・25民集15巻5号1322頁〔山崎証券事件〕……………………………………82
最判昭36・5・31民集15巻5号1482頁〔日本勧業経済会事件〕……………………147, 168
最判昭37・5・18民集16巻5号1108頁〔大平製紙事件〕……………………………………78
最判昭43・3・12民集22巻3号562頁〔小倉電話局事件〕…………………………146, 171
最判昭43・12・25民集22巻13号3459頁〔秋北バス事件〕………………70, 73, 172, 173
最判昭44・12・18民集23巻12号2495頁〔福島県教組事件〕……………………148, 169
最判昭45・6・4判タ251号178頁〔荒川農協退職金請求事件〕…………………………329
最判昭45・10・30民集24巻11号1693頁〔群馬県教組事件〕………………………………148
最判昭48・1・19民集27巻1号27頁
　　〔シンガー・ソーイング・メシーン・カムパニー事件〕………………141, 148, 171, 324
最判昭48・3・2民集27巻2号191頁〔林野庁白石営林署事件〕…………………268, 271
最判昭48・12・12民集27巻11号1536頁〔三菱樹脂事件〕…………………………………91
最判昭49・7・22民集28巻5号927頁〔東芝柳町工場事件〕……………………………105
最判昭50・2・25労判222号13頁〔陸上自衛隊事件〕……………………………………436
最判昭50・3・6裁集民114号299頁〔福岡県公立学校教職員給与請求事件〕…………169
最判昭50・4・25民集29巻4号456頁〔日本食塩事件〕…………………………………284
最判昭50・7・17判時783号128頁〔江東ダイハツ自動車事件〕………………………313
最判昭51・7・8民集30巻7号689頁〔茨城石炭商事事件〕……………………………185
最判昭52・1・31労判268号17頁〔高知放送事件〕………………………………………284
最判昭52・8・9労経速958号25頁〔三晃社事件〕………………………………………331
最判昭54・7・20民集33巻5号582頁〔大日本印刷事件〕…………………………………89
最判昭54・10・30民集33巻6号647頁〔国鉄札幌運転区事件〕…………………………285
最判昭55・7・10労判345号20頁〔下関商業高校事件〕……………………………279, 392
最判昭55・12・18民集34巻7号888頁〔大石塗装・鹿島建設事件〕……………………438
最判昭56・2・16民集35巻1号56頁〔航空自衛隊航空救難群芦屋分遣隊事件〕………435
最判昭56・5・11労経速1083号12頁〔前田製菓事件〕……………………………………88
最判昭56・9・18民集35巻6号1028頁・判タ435号56頁
　　〔三菱重工業長崎造船所賃金カット事件〕………………………………………………168
最判昭57・3・18民集36巻3号366頁〔電電公社此花電報電話局事件〕………………270
最判昭57・10・7労判399号11頁〔大和銀行事件〕………………………………………140
最判昭58・9・8判時1094号121頁〔関西電力事件〕……………………………………285
最判昭58・9・16判時1093号135頁〔ダイハツ工業事件〕………………………………181
最判昭61・3・13労判470号6頁〔電電公社帯広局事件〕………………………………423
最判昭61・7・14労判477号6頁〔東亜ペイント事件〕…………………………………183

最判昭61・12・4労判486号6頁〔日立メディコ事件〕……………………………………105
最判昭62・4・2判タ644号94頁〔あけぼのタクシー事件〕……………………………297
最判昭62・7・10労判499号19頁〔弘前電報電話局事件〕………………………………271
最判昭62・7・17民集41巻5号1283頁〔ノースウエスト航空事件〕……………………165
最判昭62・9・18労判504号6頁〔大隈鉄工所事件〕……………………………………281
最判昭62・9・22労判503号6頁〔横手統制電話中継所事件〕…………………………271
最判昭63・2・16民集42巻2号60頁〔大曲市農業協同組合事件〕……………………174
最判昭63・7・14労判523号6頁〔小里機材割増賃金請求事件〕…………………234, 263
最判平元・12・14民集43巻12号1895頁〔日本シェーリング事件〕…………………47, 272
最判平2・6・5民集44巻4号668頁〔神戸弘陵学園事件〕………………………………92
最判平2・11・26民集44巻8号1085頁〔日新製鋼事件〕……………………………148, 170
最判平4・2・18労判609号13頁〔エス・ウント一・エー事件〕………………………272
最判平4・12・18民集46巻9号3006頁〔取締役報酬事件〕………………………………84
最判平5・6・25民集47巻6号4585頁〔沼津交通事件〕…………………………………272
最判平7・2・9労判681号19頁〔興栄社事件〕……………………………………………88
最判平7・9・5労判680号28頁〔関西電力事件〕…………………………………………389
最判平8・2・23労判695号13頁〔コック食品事件〕……………………………………434
最判平8・3・26労判691号16頁〔朝日火災海上保険（高田）事件〕……………………179
最判平8・9・26判時1582号131頁〔山口観光事件〕……………………………………290
最判平8・11・28判時1589号136頁〔横浜南労基署長（旭紙業）事件〕…………………82
最判平9・2・28民集51巻2号705頁〔第四銀行事件〕……………………………173, 174
最判平9・3・27労判713号27頁〔朝日火災海上保険（石堂）事件〕……………………178
最判平10・4・9労判736号15頁〔片山組事件〕……………………………………287, 423
最判平11・7・16労判767号14頁〔金沢セクハラ事件〕……………………………405, 406
最判平12・3・9民集54巻3号801頁〔三菱重工業長崎造船所事件〕…………………213
最判平12・3・24労判779号13頁〔電通事件〕……………………………………………435
最判平12・3・31労判781号18頁〔日本電信電話事件〕…………………………………272
最判平12・9・7民集54巻7号2075頁〔みちのく銀行事件〕……………………………175
最判平12・10・13労判791号6頁〔システムコンサルタント事件〕……………………439
最判平14・2・28判タ1089号72頁〔大星ビル管理事件〕………………………………214
最判平15・4・11労判849号23頁〔エーシーシープロダクション製作スタジオ事件〕……81
最判平15・10・10労判861号5頁〔フジ興産事件〕…………………………………173, 285
最判平15・12・4労判862号14頁〔東朋学園事件〕………………………………………47
最判平15・12・18労判866号15頁〔北海道国際航空事件〕……………………………171
最判平17・6・3民集59巻5号938頁〔関西医大研修医事件〕…………………………79
最判平19・6・28労判940号11頁〔藤沢労基署長事件〕…………………………………83
最判平23・4・12労判1026号27頁〔INAXメンテナンス事件〕…………………………80
最判平23・4・12労判1026号6頁〔新国立劇団合唱団員事件〕…………………………81

■高等裁判所
大阪高判昭29・5・31……………………………………………………………………311

判例索引　*447*

東京高決昭33・8・2労民集9巻5号831頁〔読売新聞事件〕⋯⋯⋯⋯⋯⋯⋯⋯⋯⋯⋯⋯⋯⋯⋯302
東京高判昭54・10・29労判330号71頁〔東洋酸素事件〕⋯⋯⋯⋯⋯⋯⋯⋯⋯⋯⋯⋯⋯⋯⋯⋯292
東京高判昭58・12・19判時1102号24頁〔八洲測量事件〕⋯⋯⋯⋯⋯⋯⋯⋯⋯⋯⋯⋯⋯⋯⋯⋯93
広島高判昭60・1・25労判448号46頁〔第一学習社事件〕⋯⋯⋯⋯⋯⋯⋯⋯⋯⋯⋯⋯⋯⋯⋯302
東京高判昭61・11・13判時1216号137頁〔京セラ事件〕⋯⋯⋯⋯⋯⋯⋯⋯⋯⋯⋯⋯⋯⋯⋯⋯423
高松高判昭63・4・27労判537号71頁〔御国ハイヤー賞与請求事件〕⋯⋯⋯⋯⋯⋯⋯⋯⋯⋯140
大阪高判平2・3・8労判575号59頁〔千代田工業事件〕⋯⋯⋯⋯⋯⋯⋯⋯⋯⋯⋯⋯⋯⋯⋯⋯94
名古屋高判平2・8・31労判569号37頁〔中部日本広告社事件〕⋯⋯⋯⋯⋯⋯⋯⋯⋯⋯⋯⋯331
東京高判平5・11・12判時1484号135頁〔松蔭学園事件〕⋯⋯⋯⋯⋯⋯⋯⋯⋯⋯⋯⋯⋯⋯⋯392
東京高判平8・3・27労判706号69頁〔エールフランス事件〕⋯⋯⋯⋯⋯⋯⋯⋯⋯⋯⋯⋯⋯280
名古屋高金沢支判平8・10・30労判707号37頁〔金沢セクハラ事件〕⋯⋯⋯⋯⋯⋯⋯405,406
高松高判平8・11・29労判708号40頁〔実正寺事件〕⋯⋯⋯⋯⋯⋯⋯⋯⋯⋯⋯⋯⋯⋯⋯⋯⋯81
大阪高判平10・5・29労判745号42頁〔日本コンベンションサービス事件〕⋯⋯⋯⋯⋯⋯328
東京高判平11・7・28労判770号58頁〔システムコンサルタント事件〕⋯⋯⋯⋯⋯⋯⋯⋯436
東京高判平12・4・19労判787号35頁〔日新火災海上保険事件〕⋯⋯⋯⋯⋯⋯⋯⋯⋯⋯⋯94
東京高判平12・7・26労判789号6頁〔中根製作所事件〕⋯⋯⋯⋯⋯⋯⋯⋯⋯⋯⋯⋯⋯⋯178
大阪高判平13・3・14労判809号61頁〔全日本空輸事件〕⋯⋯⋯⋯⋯⋯⋯⋯⋯⋯⋯⋯280,423
仙台高判平13・8・29労判810号11頁〔岩手第一事件〕⋯⋯⋯⋯⋯⋯⋯⋯⋯⋯⋯⋯⋯⋯⋯242
東京高判平13・9・12労判817号46頁〔ネスレ日本事件〕⋯⋯⋯⋯⋯⋯⋯⋯⋯⋯⋯⋯⋯⋯282
福岡高判平13・12・6労判825号72頁〔M運輸事件〕⋯⋯⋯⋯⋯⋯⋯⋯⋯⋯⋯⋯⋯⋯⋯⋯185
東京高判平13・12・11労判821号9頁〔八王子信用金庫事件〕⋯⋯⋯⋯⋯⋯⋯⋯⋯⋯⋯⋯176
大阪高判平14・1・29労判839号9頁〔奈良県立医科大学事件〕⋯⋯⋯⋯⋯⋯⋯⋯⋯⋯⋯391
大阪高判平14・5・9労判831号28頁〔関西医大研修医事件〕⋯⋯⋯⋯⋯⋯⋯⋯⋯⋯⋯⋯⋯79
東京高判平14・5・23労判834号56頁〔つばさ証券事件〕⋯⋯⋯⋯⋯⋯⋯⋯⋯⋯⋯⋯⋯⋯185
東京高判平14・7・11労判832号13頁〔新宿労基署長事件〕⋯⋯⋯⋯⋯⋯⋯⋯⋯⋯⋯⋯⋯81
東京高判平15・1・29労判856号67頁〔平和学園事件〕⋯⋯⋯⋯⋯⋯⋯⋯⋯⋯⋯⋯⋯⋯⋯292
東京高判平15・3・25労判849号87頁〔川崎水道局事件〕⋯⋯⋯⋯⋯⋯⋯⋯⋯⋯⋯⋯⋯⋯394
大阪高判平15・3・27労判858号154頁〔JR西日本吹田工場事件〕⋯⋯⋯⋯⋯⋯⋯⋯⋯⋯393
東京高判平15・8・27労判868号75頁〔NHK西東京営業センター事件〕⋯⋯⋯⋯⋯⋯⋯83
東京高判平15・12・11判時1853号145頁〔小田急電鉄事件〕⋯⋯⋯⋯⋯⋯⋯⋯⋯⋯⋯⋯329
広島高判平16・9・2労判881号29頁〔下関セクハラ事件〕⋯⋯⋯⋯⋯⋯⋯⋯⋯⋯⋯⋯⋯402
東京高判平16・11・24労判891号78頁〔オークビルサービス事件〕⋯⋯⋯⋯⋯⋯⋯⋯⋯214
東京高判平17・7・20労判899号13頁〔ビル代行事件〕⋯⋯⋯⋯⋯⋯⋯⋯⋯⋯⋯⋯⋯⋯⋯214
名古屋高判平18・1・17労判909号5頁〔山田紡績事件〕⋯⋯⋯⋯⋯⋯⋯⋯⋯⋯⋯⋯⋯⋯292
東京高判平18・6・29労判921号5頁〔マイスタッフ事件〕⋯⋯⋯⋯⋯⋯⋯⋯⋯⋯⋯⋯⋯123

■地方裁判所

浦和地判昭40・12・16労民集16巻6号1113頁〔平仙レース事件〕⋯⋯⋯⋯⋯⋯⋯⋯⋯⋯423
名古屋地判昭45・9・7労判110号42頁〔レストラン・スイス事件〕⋯⋯⋯⋯⋯⋯⋯⋯302
札幌地判昭46・3・31判タ263号331頁〔三井炭鉱事件〕⋯⋯⋯⋯⋯⋯⋯⋯⋯⋯⋯⋯⋯⋯356
大阪地判昭47・1・24判時681号87頁〔チトセ退職事件〕⋯⋯⋯⋯⋯⋯⋯⋯⋯⋯⋯⋯⋯⋯330

大阪地判昭47・5・24労判155号53頁〔大阪電業懲戒解雇事件〕……………………140
東京地判昭48・2・27労経速807号12頁〔宍戸商会事件〕………………………………336
名古屋地決昭48・7・11労判183号35頁〔NHK名古屋放送局事件〕……………………302
大阪地判昭49・3・6判時745号97頁〔吉田鉄工所一時金等請求事件〕………………140
東京地判昭49・3・26労経速846号3頁〔明治屋賃金カット事件〕……………………169
福岡地小倉支判昭50・2・25労民集26巻1号1頁〔九州電力委託検針員事件〕………79
仙台地判昭50・5・28判時795号97頁〔ソニー懲戒解雇事件〕………………………140
京都地判昭50・8・22判時803号120頁〔千切屋織物退職金請求事件〕…………………84
長崎地大村支判昭50・12・24判時813号98頁〔大村野上事件〕………………………292
東京地判昭51・12・24判時841号101頁〔ブラス資材事件〕……………………………308
名古屋地判昭52・3・30労判277号61頁〔日本印章事件〕………………………………308
静岡地判昭53・3・28判時297号39頁〔静岡銀行割増賃金等請求事件〕………………236
東京地決昭54・3・27労経速1010号25頁〔アロマカラー事件〕…………………………423
大阪地判昭56・3・24労判361号11頁〔すし処「杉」事件〕……………………………315
東京地判昭57・11・22労経速1138号11頁〔ジャパン・タンカーズ退職金請求事件〕……330
東京地判昭59・2・28労経速1184号21頁〔北一興業退職金請求事件〕…………………325
広島地判昭60・4・25労判487号84頁〔全自交広島タクシー支部事件〕………………281
千葉地決昭60・5・9労判457号92頁〔エールフランス事件〕…………………………394
東京地判昭60・5・24労経速1227号6頁〔硬化クローム工業事件〕……………………291
浦和地判昭61・5・3労民集37巻2＝3号298頁〔サロン・ド・リリー事件〕………144
大阪地判昭62・3・31労判497号65頁〔徳洲会割増賃金請求事件〕…………………235, 239
名古屋地判昭62・7・27労判505号66頁〔大隈鉄工所事件〕……………………………185
東京地判昭63・4・27労判517号18頁〔日本プレジデントクラブ割増賃金請求事件〕……235, 239
東京地判昭63・6・29判時530号91頁〔加藤運送事件〕…………………………………317
大阪地決昭63・9・6労経速1337号11頁〔塩野義製薬事件〕……………………………281
大阪地判昭63・10・26判時530号40頁〔関西ソニー販売事件〕…………………………234
横浜地判平2・5・29労判579号35頁〔ダイエー事件〕…………………………………391
広島地判平2・7・27労民集41巻4号618頁〔広瀬商事退職金請求事件〕………………336
大阪地決平2・8・31判時570号52頁〔大阪築港運輸事件〕………………………………295
名古屋地判平3・9・6判タ777号138頁〔名鉄運輸事件〕………………………………234
岡山地判平3・11・19労判613号70頁〔岡山電気軌道事件〕……………………………282
福岡地判平4・4・16労判607号6頁〔福岡セクハラ事件〕…………………404, 405, 409
東京地決平5・10・13労判648号65頁〔日本メタルゲゼルシャフト事件〕……………291
東京地判平6・2・25労判656号84頁〔丸善住研事件〕…………………………………315
旭川地判平6・5・10労判675号72頁〔損害保険リサーチ事件〕………………………423
東京地判平6・6・21労判660号55頁〔アイ・ケイ・ビー退職金請求事件〕……………336
東京地判平6・11・5労判666号32頁〔小暮釦製作所事件〕……………………………140
東京地判平7・2・27労判676号64頁〔イオナインターナショナル事件〕………………336
大阪地判平7・3・29労経速1564号16頁〔ハード産業事件〕……………………………325
東京地決平7・4・13労判675号13頁〔スカンジナビア航空事件〕……………………294
東京地判平7・6・12労判676号15頁〔吉野事件〕………………………………………336

東京地判平7・6・19判タ889号245頁〔高宮学園事件〕	363
大阪地決平7・6・19労判682号72頁〔太平洋証券事件〕	83
東京地判平7・7・3労判695号157頁〔総合計画研究所事件〕	88
神戸地姫路支判平7・7・31労判688号59頁〔石川島興業事件〕	423
東京地判平7・9・25労判683号30頁〔国民金融公庫事件〕	236
東京地決平7・10・20労経速1588号17頁〔ジャレコ事件〕	293
大阪地決平7・10・20労判685号49頁〔社会福祉法人大阪暁明館事件〕	292
横浜地決平7・11・8労判701号70頁〔学校法人徳心学園事件〕	283
東京地判平7・12・4労判685号17頁〔バンク・オブ・アメリカ・イリノイ事件〕	182
東京地判平7・12・12労判688号33頁〔旭商会事件〕	328
東京地判平8・3・28労判694号34頁〔富士保安警備事件〕	437
大阪地判平8・4・26判時1589号92頁〔大阪セクハラ事件〕	406
大阪地判平8・6・14労判705号107頁〔なにわや事件〕	325
大阪地判平8・7・31労判708号81頁〔日本電信電話（大阪淡路支店）事件〕	329
東京地判平8・10・29労経速1639号3頁〔カツデン事件〕	140
東京地決平8・12・11労判711号57頁・判時1591号118頁〔アーク証券事件〕	183
旭川地判平9・3・18労判717号42頁〔旭川セクハラ事件〕	405
東京地判平9・3・21労判725号88頁〔株式会社ニチマ事件〕	327
京都地判平9・4・17労判716号49頁〔京都セクハラ事件〕	302,409,411
東京地判平9・5・26労判717号14頁〔長谷工コーポレーション事件〕	144
神戸地判平9・7・29労判726号100頁〔兵庫セクハラ事件〕	409
東京地判平9・8・26労判725号48頁〔オスロー商会ほか事件〕	88
東京地判平9・8・26労判734号75頁〔ペンション経営研究所事件〕	327
大阪地判平9・8・29労判725号40頁〔白頭学院事件〕	281
東京地決平9・10・31労判726号37頁〔インフォミックス事件〕	90
津地判平9・11・5労判729号54頁〔三重セクハラ事件〕	410
横浜地判平9・11・14労判728号44頁〔石川学園事件〕	326
東京地判平10・2・2労判735号52頁〔美浜観光事件〕	88
岡山地倉敷支判平10・2・23労判733号13頁〔川崎製鉄事件〕	437
和歌山地判平10・3・11判時1658号143頁〔和歌山セクハラ事件〕	405
東京地判平10・3・17労判734号15頁〔富士重工業事件〕	144
千葉地判平10・3・26判時1658号143頁〔千葉セクハラ事件〕	405
大阪地判平10・7・17労判750号79頁〔株式会社大通事件〕	281
大阪地判平10・8・31労判751号38頁〔大阪労働衛生センター第一病院事件〕	295
東京地判平10・9・25労判746号7頁〔新日本証券事件〕	144
浦和地判平10・10・2労判750号86頁〔与野市社会福祉協議会事件〕	291
大阪地判平10・10・23労判758号90頁〔遠山商事事件〕	89
大阪地判平10・10・30労判750号29頁〔丸一商店事件〕	94,316
東京地判平10・11・24判時1682号66頁〔学習塾経営事件〕	407
大阪地判平10・12・21労判756号26頁〔大阪セクハラ（S運送会社）事件〕	408
大阪地判平11・1・29労判760号61頁〔大器事件〕	333

横浜地判平11・2・16労判759号21頁〔藤沢医科工業事件〕…………………………………140
東京地判平11・4・2労判772号84頁〔東京セクハラ事件〕……………………………………302
東京地判平11・4・23労判770号141頁〔協和機工事件〕………………………………………89
水戸地下妻支判平11・6・15労判763号7頁〔エフピコ事件〕………………………………303,393
東京地決平11・10・15労判770号34頁〔セガ・エンタープライゼス事件〕……………………286
大阪地判平11・10・18労判772号9頁〔全日本空輸事件〕………………………………………392
東京地決平11・11・12労判781号72頁〔西谷商事事件〕………………………………………394
東京地判平11・11・15労判786号86頁〔ザ・クロックハウス事件〕……………………………88
鹿児島地判平11・11・19労判777号47頁〔ケイエスプラント事件〕……………………………293
東京地判平11・11・30労判789号54頁〔バベル事件〕……………………………………………88
東京地判平11・12・24労判777号20頁〔ポップマート事件〕…………………………………85,89
東京地判平12・1・14労判788号85頁〔加藤産商事件〕…………………………………………89
東京地判平12・1・31労判785号45頁〔アーク証券事件〕……………………………………180
東京地判平12・2・8労判787号58頁〔シーエーアイ事件〕……………………………………316
東京地判平12・4・14労判791号80頁〔大東実業事件〕………………………………………317
東京地判平12・4・25労判791号79頁〔東亜化成事件〕…………………………………………88
広島地判平12・5・18労判783号15頁〔オタフクソース事件〕………………………………438
大阪地判平12・8・28労判793号13頁〔フジシール事件〕……………………………………394
東京地判平12・12・18労判803号74頁〔アイビ・プロテック事件〕…………………………332
金沢地判平13・1・15労判805号82頁〔鳥屋町職員事件〕……………………………………280
水戸地龍ヶ崎支判平13・3・16労判817号51頁〔ネスレ日本事件〕…………………………283
仙台地判平13・3・26労判808号13頁〔仙台セクハラ事件〕…………………………………410
岡山地判平13・5・16労判821号54頁〔チボリ・ジャパン事件〕………………………………81
東京地判平13・6・26労判816号75頁〔江戸川会計事務所事件〕……………………………139
東京地判平13・7・25労判813号15頁〔黒川建設事件〕…………………………………………88
福岡地小倉支判平13・8・9労判822号78頁〔九州自動車学校事件〕…………………………175
東京地決平13・8・10労判820号74頁〔エース損害保険事件〕………………………………286
大阪地堺支判平13・8・29労判813号5頁〔関西医大研修医事件〕……………………………79
大阪地判平13・10・19労判820号15頁〔松山石油事件〕………………………………………312
東京地判平13・11・19労判816号83頁〔オー・エス・ケー事件〕………………………………88
東京地判平14・1・31労判825号88頁〔上野労基署長（出雲商会）事件〕…………………318
大阪地堺支判平14・3・13労判828号59頁〔今川学園木の実幼稚園事件〕…………………280
札幌地判平14・4・18労判839号58頁〔育英舎事件〕…………………………………………237
東京地判平14・4・24労判828号22頁〔岡田運送事件〕………………………………………422
東京地八王子支判平14・6・17労判831号5頁〔キョーイクソフト事件〕……………………176
横浜地川崎支判平14・6・27労判833号61頁〔川崎水道局事件〕……………………………394
東京地判平14・7・9労判836号104頁〔国際信販事件〕………………………………………392
大阪地判平14・8・30労判837号29頁〔大阪シルバー人材センター事件〕……………………54
東京地判平14・10・22労判838号15頁〔ヒロセ電機事件〕……………………………………286
大阪地判平14・10・25労判844号79頁〔システムワークス事件〕……………………………184
岡山地判平14・11・6労判845号73頁〔岡山セクハラ事件〕…………………………………408

東京地判平15・5・6労判857号65頁〔東京貨物社事件〕……………………………………332
東京地判平15・6・9労判859号32頁〔加部建材・三井道路事件〕………………………………83
名古屋地判平15・7・2判時1848号88頁〔鉄鋼会社脳出血事件〕………………………………436
大阪地判平15・7・16労判857号13頁〔大阪第一信用金庫事件〕………………………………175
東京地判平15・10・29労判867号46頁〔N興業事件〕……………………………………………185
大阪地判平15・10・29労判866号58頁〔大阪中央労基署長（おかざき）事件〕………………88
東京地判平15・12・12労判870号42頁〔株式会社G事件〕………………………………………185
東京地判平16・1・26労判872号46頁〔明治生命保険事件〕……………………………………144
横浜地川崎支判平16・2・26労判875号65頁〔ノイズ研究所事件〕……………………………177
大阪地判平16・8・30労判881号39頁〔ジェイ・シー・エム事件〕……………………………438
さいたま地判平16・9・24労判883号38頁〔誠昇会北本共済病院事件〕………………………394
東京地判平16・12・1労判914号86頁〔三井住友海上火災保険事件〕…………………………390
大阪地判平17・3・11労判898号77頁〔互光建物管理事件〕……………………………………214
和歌山地判平17・4・12労判896号28頁〔中の島事件〕…………………………………………436
東京地判平18・8・7労判924号50頁〔アクト事件〕……………………………………………237
東京地判平18・8・30労判925号80頁〔アンダーソンテクノロジー事件〕………………………88
大阪地判平18・8・31労判925号66頁〔ブレックス・ブレッディ事件〕…………………………88
大阪地判平18・10・12労判928号24頁〔アサヒ急配事件〕…………………………………………81
東京地判平19・4・26労判955号32頁〔国・磐田労働基準監督署長（レースライダー）事件〕………83
東京地判平20・1・28労判953号10頁〔マクドナルド事件〕……………………………………238
東京地判平21・3・9労判981号21頁〔東和システム事件〕……………………………………238

事項索引

あ

アルバイト･････････････････････････････96
安全配慮義務････････････････････････435
育児休業･･･････････････････････････････46
育児休業，介護休業等育児又は家族介護を行う労働者の福祉に関する法律（育児・介護休業法）業････････････････････46
いじめ行為差止め・禁止の仮処分･････394
慰謝料･･･････････････････303, 389, 434
遺族年金････････････････････････････428
1ヵ月単位の変形労働時間制･･･････242
逸失利益･････････････････302, 389, 392, 434
一般先取特権････････････････････153, 154
　　　──に基づく差押え･･････190, 199
　　　──による差押え･････････････161
一般的拘束力････････････････････････178
一般労働者派遣事業･････････････････110
委任契約････････････････････････････167
請負契約････････････････････････127, 167
うつ病･･････････････････････････417, 420
ADR･･････････････････････････････････17
ADR促進法･･･････････････････････････17

か

介護休業･･･････････････････････････････48
解雇権濫用法理････････････････････284
解雇の承認･･････････････････････････356
解雇予告････････････････････････････306
解雇予告手当･･･････････････････････306
解雇理由の事後的追加･･････････････290
会社更生手続････････････････････････153
会社都合退職･･･････････････････････326
解約の申入れ･･･････････････････････278
過失相殺････････････････････････････438
仮眠時間･･････････････････････213, 214
仮差押え･･･････････････････････････33, 190
仮処分･････････････････････････････33, 297
過労死････････････････････････････433, 439
過労自殺･････････････････････････429, 439
環境型セクハラ･････････････････････400

簡裁訴訟代理権･･････････････････････････8
管理監督者･･････････････････････････234
企画業務型裁量労働制･･････････････224
期間の定めのない労働契約･････････278
期間満了による終了････････････････278
企業の社会的責任（CSR）･････････15, 420
企業法務･････････････････････････････13
偽装請負･････････････････････････126, 129
偽装業務委託････････････････････････129
規範的効力･･････････････････････････177
休業損害････････････････････････････427
休業手当･････････････････････････150, 164
休業補償････････････････････････････428
休憩時間･･････････････････････････212, 214
　　　──の原則････････････････････212
休日････････････････････････････････212
　　　──の原則････････････････････212
　　　──の振替････････････････････220
休日労働･････････････････････････215, 220
休職････････････････････････････････421
求人票･･･････････････････････････････93
給付日数････････････････････････････355
競業避止義務････････････････････････330
強行的効力･･････････････････････････211
業務委託契約････････････････････････127
業務起因性･･････････････････････････428
均等処遇の原則･････････････････････62, 142
苦情類型･･･････････････････････10, 17, 19
契約社員･･････････････････････････････96
月給制･･････････････････････････････137
減給制裁の制限･････････････････････149
健康配慮義務･･･････････････････424, 436
健康保険････････････････････････････427
　　　──の傷病手当金･･････････････36
研修費･･････････････････････････････143
権利濫用の戒め･･･････････････････････63
合意解約････････････････････････････280
　　　──の撤回･･･････････････････281
合意による相殺･･････････････････148, 170
合意の原則･･･････････････････････････62
公益通報者保護法････････････････････13

降格 …………………………………… 181
厚生年金 ……………………………… 427
拘束時間 ……………………………… 210
高年齢者等の雇用の安定等に関する法律
　（高年齢者雇用安定法）…………… 52
個人加盟組合 ……………… 5,31,163,388
個別的労働関係法 …………………… 40
個別的労働関係紛争の解決の促進に関する法
　律（個別労働関係紛争解決促進法）…55
個別労働紛争 ………………………… 2
雇用の分野における男女の均等な機会及び
　待遇の確保等に関する法律（男女雇用機
　会均等法）…………………… 44,401
雇用保険 ………………………… 102,355
　──の失業給付 ………………………35
雇用保険法 …………………………… 51
雇用保障法 …………………………… 50
コンプライアンス　→法令遵守

さ

サービス残業 ………………………… 3
最低基準効 …………………………… 65
最低賃金制度 ………………………… 141
最低賃金法 …………………………41,141
裁判準拠型モデル ……………………18
採用内定 ……………………………… 89
裁量労働制 …………………………… 439
先取特権 ……………………………… 152
　──による差押え ……………………34
三六協定 ……………………………… 216
差別的取扱いの禁止 ……………… 98,142
CSR　→企業の社会的責任
時間外手当 ……………… 210,224,232
時間外労働 …………………… 215,219
時季変更権 …………………………… 270
支給日在籍要件 ……………………… 140
事業場外のみなし労働時間制 ……223,240
時効の中断 …………………………… 243
自己都合退職 …………………… 313,326
事後の振替 …………………………… 221
私傷病 ………………………………… 287
私傷病休職 ……………………… 396,421
辞職 …………………………………… 280
事前の振替 …………………………… 220

失業手当の仮給付 …………………… 356
失業等給付 …………………………… 51
実労働時間 ………………………210,213
支払督促 ……………………………… 32
司法書士会調停センター …………19,32
週給制 ………………………………… 137
週休2日制 …………………………… 212
従業員兼務役員 ……………………… 83
就業規則 …………………………… 65,68
　──の最低基準効 ……………………70
　──の不利益変更 ……………………73
　──の変更 ……………………… 172,184
集団的労働関係法 …………………… 49
就労請求権 …………………………… 302
出向契約 ……………………………… 127
障害者の雇用の促進等に関する法律（障害
　者雇用促進法）……………………… 54
障害年金 ……………………………… 428
紹介予定派遣 ………………………… 121
少額訴訟 ……………………………… 32
試用期間 ………………………… 91,309
証拠保全手続 ………………………… 186
使用者責任 …………………………… 407
使用従属性 …………………………… 76
傷病手当金 …………………………… 427
消滅時効 ………………… 150,165,273
賞与 …………………………………… 139
職業安定法 ………………………… 50,108
嘱託 …………………………………… 96
職場環境配慮義務 …………………… 389
職場のいじめ ………………………… 382
職場のパワーハラスメント ………… 384
所定休日における労働 ……………… 215
所定時間外労働 ……………………… 215
所定内賃金 …………………………… 137
所定労働時間 ………………………… 210
人格権 ………………………………… 405
信義誠実の原則 ……………………… 63
人事権限の無効確認訴訟 …………… 394
深夜労働 ……………………………… 221
心理的負荷による精神障害の認定基準
　………………………………… 396,429
正規労働者 ………………… 4,6,62,97
精神障害 ……………………………… 429

事項索引　*455*

性的自由 …………………………………405
整理解雇 …………………………………291
セクシュアルハラスメント（セクハラ）
　　 ……………………………………45, 400
全額払いの原則（賃金）…………146, 168
専門業務型裁量労働制 ……………224, 241
総合労働相談コーナー ……………2, 28, 56
相殺禁止 ……………………………147, 168
相当因果関係 ………………………428, 436
措置義務 ……………………………100, 402

た

対価型セクハラ …………………………400
代休 ………………………………………221
待遇格差 …………………………………97
退職勧奨 ……………………………279, 392
退職強要 …………………………………279
退職金 ………………………………140, 324
　　――の不支給・減額条項
　　 ……………………………141, 147, 327, 336
退職証明書 …………………………318, 350
退職の意思表示の瑕疵 …………………283
対話促進型モデル ………………………18
短時間労働者の雇用管理の改善等に関する
　法律（パートタイム労働法）…13, 45, 96
男女雇用機会均等法　→雇用の分野における
　男女の均等な機会及び待遇の確保等に関する法
　律
男女同一賃金の原則 ……………………142
地位確認等請求事件 ……………………350
地位保全・賃金仮払の仮処分………33, 367
遅延損害金 …………………………204, 312
懲戒解雇 …………………………………288
　　――の普通解雇への転換 …………290
懲戒処分 …………………………………181
調整的相殺 …………………………148, 169
直接払いの原則（賃金）…………145, 171
直律的効力 ………………………………211
治療費 ……………………………………427
賃金 ………………………………………136
賃金カット …………………………167, 271
賃金債権の譲渡 …………………………171
賃金債権の放棄 ……………………148, 171
賃金支払に関する諸原則 ………………145

賃金の支払の確保等に関する法律（賃確
　法）…………………………43, 165, 257
賃金額の引下げ …………………………171
賃金の非常時払い ………………………149
賃金不払残業 ……………………………210
賃金不払残業総合対策要綱 ……………210
通貨払いの原則（賃金）………………145
定額の割増賃金 …………………………233
定年 ………………………………………52
定例賃金 …………………………………166
出来高払制 ………………………………151
手待時間 ……………………………214, 258
店員派遣 …………………………………127
特定受給資格者 ……………………326, 353
特定労働者派遣事業 ……………………110
特別加入制度 ……………………………46
特別清算手続 ……………………………154
独立行政法人労働者健康福祉機構 ……154
都道府県主管の労政事務所………………30
都道府県労働局長による助言・指導
　　 ………………………………………29, 55
努力義務 ……………………………99, 118

な

二重派遣の禁止 …………………………131
日給制 ……………………………………137
任意的恩恵的給付 …………138, 139, 140
年休の買上げ ……………………………273
年次有給休暇 ………………………101, 268
年俸制 ………………………………183, 239
脳・心臓疾患 ……………………………433
ノーワーク・ノーペイの原則 ……147, 167

は

パートタイマー …………………………96
パートタイム労働者 ……………………96
パートタイム労働法　→短時間労働者の雇用
　管理の改善等に関する法律
賠償予定の禁止 …………………………143
配転 …………………………………181, 183
派遣可能期間 ……………………………110
派遣先の直接雇用義務 …………………118
派遣労働者 ………………………………108
破産手続 …………………………………152

働きやすい職場環境で働く権利 ……… 405
非正規労働者 ……………… 4, 6, 11, 62, 97
日雇労働者 ………………………… 112
付加金 …………………………… 257, 312
復職 ………………………………… 422
福利厚生給付 …………………… 138
附帯請求 ………………………… 312
普通解雇 ………………………… 288
プライバシー …………………… 405
振替休日 ………………………… 240
フレックスタイム制 …………… 223
紛争調整委員会 ………………… 29
　　――によるあっせん ……… 29, 55, 388
併給調整 ………………………… 428
平均賃金 ………………………… 309
変形労働時間制 ………………… 223
変更解約告知 …………………… 294
弁護士会の仲裁センター ……… 31
法定労働時間 …………………… 210
法的倒産手続 …………………… 152
法令遵守（コンプライアンス）…… 14, 420
法令上の解雇制限 ……………… 295
本案訴訟 ………………………… 296
本人訴訟支援 …………………… 8

ま

毎月1回以上一定期払いの原則 …137, 148
前借金との相殺禁止 …………… 144
みなし労働時間制 ……………… 223
未払賃金確認書 ………………… 186
未払賃金の立替払制度 ………… 37, 154, 164
未払賃金の遅延損害金 ………… 165
民事再生手続 …………………… 153
民事調停 ………………………… 34
名誉 ……………………………… 405
メンタルヘルス ………………… 210, 416
モラルハラスメント …………… 385

や

雇止め …………………………… 103, 278
有期雇用労働者 ………………… 103
有期労働契約 …………………… 276
　　――の締結，更新及び雇止めに関する基
　　準 ………………………………… 107
諭旨解雇 ………………………… 328

要件事実 ……………… 166, 313, 334, 361

ら

リーガル・カウンセリング ……… 27
離職票 …………………………… 352
リスクマネジメント …………… 13, 421
労災 ……………………………… 395
労災保険 ………………………… 427
労使慣行 ………………………… 325, 336
労使協定 ………………………… 242, 243
労働安全衛生法（労安衛法）…… 43, 425
労働委員会 ……………………… 31
労働関係調整法 ………………… 50
労働基準監督署 ………………… 30
　　――への申告 ………………… 187
労働基準法 ……………………… 40
労働協約 ………………………… 66, 177
労働組合の組織率 ……………… 5
労働組合法 ……………………… 49
労働契約 ………………………… 59
　　――終了時の賃金の清算 …… 149
　　――の判例法理 ……………… 58
労働契約法 ……………………… 14, 58
労働契約法理 …………………… 65
労働時間 ………………………… 213
労働時間の特例 ………………… 211
労働者 …………………………… 74
労働者性 ………………………… 25, 88
労働者供給事業 ………………… 108, 127
労働者供給事業の禁止 ………… 127
労働者災害補償保険法 ………… 46
労働者派遣事業と請負により行われる事業
　との区分に関する基準 ………… 130
労働者派遣事業の適正な運営の確保及び派
　遣労働者の保護等に関する法律（労働者
　派遣法）………………………… 44, 109
労働条件 ………………………… 97
　　――の明示義務 ……………… 93
労働審判 ………………… 34, 298, 369
労働政策立法 …………………… 65
労働相談情報センター ………… 388

わ

ワークライフ・バランス ……… 62
割増賃金 ………………………… 218, 224

■編者
　日本司法書士会連合会

〔執筆者〕
　伊藤　文秀（東京司法書士会）
　梅垣　晃一（鹿児島県司法書士会）
　鈴木　修司（静岡県司法書士会）

〔初版執筆者〕
　伊藤　文秀（東京司法書士会）
　内田　宜枝（福島県司法書士会）
　鈴木　修司（静岡県司法書士会）
　田中　克行（札幌司法書士会）
　松村　哲也（大分県司法書士会）

労働紛争対応の手引

2012年9月25日　初版第1刷印刷
2012年10月10日　初版第1刷発行

Ⓒ編　者　日本司法書士会連合会
　発行者　逸見　慎一

発行所　東京都文京区本郷6丁目4の7　株式会社　青林書院
振替口座　00110-9-16920／電話03(3815)5897～8／郵便番号113-0033

http://www.seirin.co.jp

印刷・星野精版印刷㈱　落丁・乱丁本はお取り替え致します。
Printed in Japan　ISBN 978-4-417-01577-2

〈JCOPY〉〈㈳出版者著作権管理機構　委託出版物〉
本書の無断複写は著作権法上での例外を除き禁じられています。
複写される場合は，そのつど事前に，㈳出版者著作権管理機構
（電話 03-3513-6969，FAX 03-3513-6979，e-mail:info@jcopy.
or.jp）の許諾を得てください。